中央高校基本科研业务费专项资金（2010RW005）

华中农业大学农林经济管理学科建设专项基金

农业与农村经济管理研究

投入品价格上涨对园艺产品国际竞争力的影响研究

TOURUPIN JIAGE SHANGZHANG DUI YUANYICHANPIN
GUOJI JINGZHENGLI DE YINGXIANG YANJIU

◆ 何 劲/著

人民出版社

总　序

截至"十二五"末期，我国农业取得了粮食生产"十二连增"、农民增收"十二连快"的卓越成就。"十三五"伊始，我国农业发展的物质技术装备基础愈加雄厚，主要农产品供给充足，新技术、新产业、新业态不断涌现，现代农业提质增效的发展机遇非常难得。与此同时，各种新老矛盾交织叠加，农业发展不平衡、不协调、不持续问题仍然存在；农产品供需失衡、结构性过剩现象十分突出，推进供给侧结构性改革的任务较为艰巨；农业资源环境约束不断加强，农业现代化发展相对滞后，农村经济社会转型发展依然需要时日。在这种背景下，加快推进传统农业向现代农业转变，探求农业现代化发展之路和农业供给侧结构性改革之策，农业经济管理学科应承担起为农业产业发展和农村经济建设提供智力支持的重要职责。

华中农业大学农业经济管理学科是国家重点学科和湖北省优势学科，农林经济管理专业是国家特色专业，农林经济管理学科是湖北省重点学科。长期以来，学科点坚持以学科建设为龙头、以人才培养为根本、以科学研究和社会服务为己任，紧紧围绕"三农"发展中出现的重点、热点和难点问题开展理论研究与实践探索，"十一五"以来，先后承担完成国家自然科学基金41项，国家社会科学基金34项，其中重大项目1项、重点项目8项；1项成果入选2015年度《国家哲学社会科学成果文库》；出版学术专著35部；获省部级以上优秀成果奖22项。学科点丰硕的研究成果推动了现代农业和区域经济的较大发展。

近年来，学科点依托学校农科优势，加大资源融合力度，重点围绕农业经济理论与政策、农产品贸易与市场营销、食品经济与供应链管理、农业资源与环境经济、农业产业与农村发展等研究领域，开展系统深入、科学规范的跨学科交叉研究，积极推进农业经济管理学科与经济学、管理学、社会学、农学、生物学和土壤学等学科融合和协同创新，形成了柑橘、油菜、蔬菜、食用菌和水禽等 5 个特色鲜明、优势突出的现代农业产业经济研究团队，以及农产品流通与贸易、农业资源与环境经济、食物经济与食品安全等 3 个湖北省高等学校优秀中青年科技创新团队，有力支撑了本学科的持续发展。

为了进一步总结和展示本学科点在农业经济管理领域的研究成果，特推出这套《农业与农村经济管理研究》丛书。丛书既包括粮食安全、产业布局等宏观经济政策的战略研究，也涉及农户、企业等市场经济主体的微观分析。其中，一部分是国家自然科学基金和国家社会科学基金项目的结题成果，一部分是区域经济或产业经济发展的研究报告，还有一部分是青年学者的学术力作。正是这些辛勤耕耘在教学科研岗位上的诸多学者们的坚守与付出，才有了本学科点的坚实积累和繁荣发展。

本丛书的出版，既是对作者辛勤工作的肯定，更是借此向各位学科同行切磋请教，以使本学科的研究更加规范，也为本学科的发展奉献一份绵薄之力。最后，向一直以来对本学科点发展给予关心和支持的各位领导、专家表示诚挚的谢意！

目　录

第一章 投入品价格上涨对园艺产品国际竞争力影响的研究概述

本章作为全书的鸟瞰，提出了拟研究的科学问题，阐述了研究的理论价值与现实意义、研究的基本思路和主要方法等。全章分为研究背景及拟解决的科学问题、几个关键概念的界定与说明、研究的理论价值与现实意义、研究的基本思路与技术路线、研究的主要方法与数据资料来源等几个部分。

一、研究背景及拟解决的科学问题

（一）研究背景

1. 我国园艺产品供给出现结构性过剩，亟待开拓国际、国内两个市场

中国是世界园艺产品生产与消费大国，也是世界园艺产品进出口大国。改革开放以来，随着农村经济体制改革的不断深化和农业科技进步，我国园艺产业得到了快速发展，现已成为农业种植业中不可或缺的重要组成和园艺产品主产区农村中的一大支柱产业。据统计，2011 年，我国园艺产品种植面积已达 195 万公顷，总产量为 2202 万吨，年产值约 14118 亿元，种植农户超过 250 万户，其种植面积和年产量均居世界第一。成为全球闻名的园艺产品生产与消费大国。但是应该看到，近几年来由于园艺产品种植面积扩大，年产量逐年上升，园艺产品供给已出现了结构性过剩，加之国内外农产品贸易政策的变动和营销渠道不畅，国内水果消费结构、消费水平、消费质量也发生了新的变化以及物价上涨带来的消费者在园艺

产品消费方面的需求减少等因素的影响，造成了全国园艺产品主产区"卖果难、卖菜难、卖茶难、卖花难"问题十分突出。园艺产品滞销价廉在一定程度上挫伤了农民生产积极性，因此亟待调整园艺产业结构和产品结构，转变发展方式，拓宽国际国内两个市场，扩大内需、增加出口。

2. 国内通胀和汇率升值压力加大，投入品价格持续上涨对园艺产品生产与贸易出口的负面影响加剧

自20世纪90年代以来，随着农村流通体制改革的不断深入和农业的持续稳定发展，投入品价格呈现明显的波动上升趋势。进入21世纪后，随着我国工业化、城镇化进程加快，促进了大批农民向非农产业转移和农村闲置土地向种田大户流转，导致农村劳动力机会成本大幅上升和农业生产资料价格较快上涨，不仅加大了园艺产品生产成本、挤压农民增收空间、挫伤了农民发展园艺产品生产的积极性，而且推动了园艺产品生产者价格乃至出口价格上涨，在一定程度上弱化了我国园艺产品比较优势。值得注意的是，进入后金融危机时代，全球经济复苏有所看好，但许多不确定不稳定的因素仍然制约着各国经济发展，特别是国际货币市场游资泛滥和跨国资金涌入对新兴市场经济国家乃至中国冲击效应日渐显现，在国外能源价格普遍上涨和国内通货膨胀与人民币升值压力不断加大的态势下，投入品价格上涨对园艺产品生产和出口贸易的负面影响不断加剧。为有效防止我国园艺产品生产和出口贸易下滑，确保园艺产业持续稳定发展和农民持续增收，亟待进一步明确政府、涉农企业和生产园艺产品经营者的责任定位，加大政策调控力度、强化企业和园艺产品生产经营的科学管理，从宏观和微观层面降低投入品价格上涨的负面影响程度。

3. 后WTO时代的园艺产品市场竞争更加激烈，提升我国园艺产品国际竞争力势在必行

进入后WTO时代，国际市场格局发生了深刻变化，对中国出口园艺产品贸易带来新的机遇和严峻挑战。一方面是WTO农业框架下的农产品关税下调等贸易自由化政策，有利我国充分利用国内国际两个市场，根据比较优势配置资源，能最大限度地发挥中国园艺产品价格的比较优势，有

效抵御国外园艺产品进口，巩固和发展本国消费者市场；同时有利于开拓亚洲、非洲、拉丁美洲发展中国家市场，挤进欧、美一些发达国家市场，不断提高园艺产品的国际市场占有率，促进我国园艺产业的持续健康发展。另一方面是随着世界园艺产业的发展，全球园艺产品总量的增加和质量的提升，使得世界园艺产品市场已由价格竞争向质量品牌竞争转变，尤其是一些发达国家高筑市场准入门槛，农产品技术性贸易壁垒和绿色壁垒日趋森严而隐蔽，导致园艺产品国际市场竞争更为激烈而不公平，这对园艺产业的持续稳定发展乃至出口贸易提出了更加严峻的挑战。因此，面对后 WTO 时代的机遇与挑战，立足提高园艺产品质量与安全，精心打造国际品牌，努力降低生产成本，保持园艺产品价格的比较优势，不断提升园艺产品的国际竞争力已迫在眉睫、势在必行。

（二）拟解决的科学问题

在国内农业投入品价格大幅上涨、国际市场竞争日趋激烈的背景下，着力降低园艺产品生产成本，提高园艺产品质量和安全，保持园艺产品价格的相对稳定，无疑是提升我国园艺产品国际竞争力的必然选择。根据波特的"钻石理论"，从决定和影响园艺产品国际竞争力的直接和间接因素分析，成本是价格的主要组成部分，成本的高低决定了产品是否具有国际竞争力和获利能力。而投入品的价格又是决定园艺产品成本的基础，投入品价格高低决定了园艺产品成本的高低。那么，投入品价格高低又是否能影响和在多大程度上影响园艺产品的国际竞争力和获利能力呢？这一问题至今尚未引起国内学者的关注。因此，本书研究运用投入品（化肥、农药和劳动力）价格的时序数据和面板数据对我国园艺产品国际竞争力的动态影响进行深入研究与探讨。主要解决以下几个问题：（1）投入品价格上涨对园艺产品整体国际竞争力的影响；（2）投入品价格上涨对园艺产品各类品种显性国际竞争力的影响；（3）投入品价格上涨对园艺产品各类品种潜在国际竞争力的影响；（4）投入品价格上涨对不同规模和不同经营方式的园艺产品国际竞争力的影响；（5）针对上述分析的负面影响效应提出有效对策措施及政策建议。

二、研究的理论价值与现实意义

（一）研究的理论价值

以往的相关研究主要聚焦在农资价格上涨对农民收入和大宗农产品生产的影响上，或者就农产品国际竞争力的实证比较及其影响因素进行探讨，尚无学者将农资价格上涨与园艺产品国际竞争力联系起来进行考究。本书研究探讨投入品价格与园艺产品国际竞争力的因果关系，有助于人们在理论上弄清楚投入品及其价格与园艺产品国际竞争力之间的关联性。并从多层面辨识前者对后者的影响方向和大小及其内在变化的规律性，这在理论上可能弥补了农业及农产品国际竞争力领域研究的不足。

目前关于投入品价格上涨的研究大多关注其对农产品成本收益的负面影响上，很少有学者论及生产成本对农产品出口价格的影响。本书研究拟运用多学科理论观点解读投入品价格上涨对园艺产品国际竞争力影响的作用机理，有助于人们从多层面辨识前者对后者的影响符号及其内在变化规律，这在理论上弥补了园艺产品国际竞争力领域研究的不足。

在研究投入品价格上涨对园艺产品国际竞争力的影响过程中，不仅探讨投入品价格上涨对园艺产品整体及其各类品种（水果、蔬菜、茶叶、花卉）国际竞争力显性指标的影响，而且探讨投入品价格上涨对园艺产品各类品种国际竞争力潜在指标的影响，同时还要研究投入品价格上涨对不同规模和不同经营方式的园艺产品国际竞争力的影响，这在理论上进一步充实了我国园艺产品国际竞争力的研究内容。

（二）研究的现实意义

通过理论解读投入品价格上涨对园艺产品国际竞争力的影响，揭示了投入品价格与园艺产品国际竞争力的因果关系，探讨投入品价格上涨对园艺产品国际竞力影响的作用机理，有利于人们了解和认识投入品与园艺产品国际竞争力之间的内在联系，优化和改进投入品结构，科学施用化肥、农药，合理使用劳动用工，有效降低园艺产品生产成本，提高园艺产品品质与安全，充分发挥我国园艺产品的比较优势，提升柑橘的国际竞争力。

通过实证分析投入品价格上涨对园艺产品整体及其各类品种国际竞力的显性指标和潜在指标影响的方向及大小，可为政府制定和完善投入品价格上涨的宏观调控政策和园艺产品出口贸易政策提供科学依据，切实有效地抑制和改善投入品价格上涨过快对园艺产品国际竞争力的负面影响。

通过研究投入品价格上涨对我国园艺产品主产区不同规模和经营方式的园艺产品国际竞争力的影响，有助于深化园艺产品主产区土地制度改革，以加快现阶段农村分散小规模的园艺产品经营方式向区域化、规模化、专业化、集约化的发展方式转变，从而降低园艺产品生产成本，提高园艺产品生产效率，从根本上提升园艺产品的品质与安全，增强中国园艺产品的国际竞争力。

三、几个关键概念的界定与说明

（一）农业投入品

农业投入品的概念是从生产要素的含义引申而来的，目前国内尚无这一名词的确切界定。就生产要素而言，迄今国内外也没有一个明确的定义，但事实上却存在着生产要素含义的狭义与广义的区别。"一般而言，狭义的生产要素，指的是劳动力、土地、资本和生产资料等。广义的生产要素是指人类从事社会生产活动所必需的一切社会资源。它不仅包括狭义的生产要素，而且包括技术进步、制度等非物质要素及其相互作用。"① 显然，一般意义上的农业投入品是从狭义生产要素引申而来的，或者说是农业生产要素的代名词。因此，本书将农业投入品界定为从事农业生产活动所必需的土地、水资源、劳动力、肥料、农药、农用薄膜、农机具、农用

---

① 徐善长：《生产要素市场化与经济体制改革》，人民出版社 2005 年版，第 49—50 页。

能源、种子（种苗）与种衣剂、农用技术与信息等农业生产投入物品，即农业投入品，简称投入品。但在本书中的投入品是指从事园艺种植必须投入且在其生产成本构成中所占比重最大的化肥、农药和劳动力。

根据园艺作物的自然属性和其生长规律，园艺品种植中所需投入品主要包括土地、水资源、资金、劳动力和技术与信息等。按照资金的投入分类园艺作物生产过程中所需要的投入品包括固定资产投入和流动资金投入，固定资产投入包括农业基础设施建设和农田水利设施建设等；流动资金投入包括化肥、农家肥、农药、农机具、农用薄膜、种子（种苗）以及劳动用工等生产消费品。上述投入品中土地、固定资产和技术与信息等开支一般是由国家（中央政府和地方政府）和村集体免费提供，而园艺品生产环节中的租用土地费用（租金）、排灌用水、劳动用工和化肥、农药、农机具等农用物质消费品费用则由园艺品生产者自己承担。

（二）国际竞争力

在世界经济学界，对于何谓"国际竞争力"，至今尚无公认的明确定义。《世界经济论坛》（WEF）1985 年的《关于竞争力的报告》提出，竞争力就是"企业主目前和未来在各自的环境中以比它们国内和国外的竞争者更有吸引力的价格和质量来进行设计生产并销售产品及提供服务的能力和机会"。1994 年的《国际竞争力报告》又指出国际竞争力就是"一国或一公司在世界市场上均衡地生产出比其他竞争对手更多财富的能力"。迈克尔·E. 波特（1990）认为，竞争优势来自于企业所能为其消费者创造的价值和为此付出成本的差异。而优胜的价值来自低于竞争者的价格提供同等的效用，或者以较高的价格提供超出其价格的特殊效用。美国《关于产业竞争力的总统委员会报告》认为，"国际竞争力是在自由良好的市场条件下，能够在国际市场上提供好的产品、好的服务同时又能提高本国人民生活水平的能力。"

《中国工业品国际竞争力比较研究》课题组认为，关于国际竞争力的各种定义尽管存在差异，但基本的含义还是一致的，即所谓国际竞争力就是一个国家的特定产业通过在国际市场上销售其产品而反映出的生产力。由于在市场经济中经济活动的关键因素是生产效率和市场营销，所以国际竞争力归根结底就是各个国家同类产业或同类企业之间相互比较的生产力。从一个国家特定产业参与国际市场竞争的角度看，特定产业的国际竞争力就是该产业相对于外国竞争对手的生产力的高低。因此，产业国际竞争力实质可以定义为：在国际自由贸易条件下（或在排除了贸易壁垒因素的假设条件下），一个国家特定产业以其相对于其他国家的更高生产力向国际市场提供符合消费者（顾客）需求的更多产品，并持续地获得赢利的能力。金碚等在《竞争力经济学》中指出，由于产业是同类企业或者产品的总合，而竞争关系总是体现在相互有替代性的主体或者产品之间，所以当研究产业竞争力时，总是关系到一国某一产业同其他国家的同一产业之间的比较。因此说产业国际竞争力就是一国的某一产业能够比其他国家的同类产业更有效地向市场提供产品或服务的综合素质。

（三）园艺产品国际竞争力

基于国内外相关研究对国际竞争力的界定，本书将园艺产品国际竞争力定义为：在国际间自由贸易条件下（或在 WTO 农业框架下），一个国家的园艺产品以其相对于其他国家的更高生产力向世界市场提供符合消费者需求的更多产品，并持续地营利的能力。从本质来看，园艺产品竞争力是在交易过程中所表现出来的一种对市场的占有能力。与国外园艺产品比较的市场占有能力称为国际竞争力，与国内园艺产品比较的市场占有能力称为国内竞争力。

园艺产品国际竞争力可以从园艺产品价格、成本、质量、品牌、特色、安全性、市场营销和满足消费需求程度等多方面表现出来，并贯穿于园艺品生产、加工、流通与贸易的各个环节。一个国家的园艺产品满足国外消费者需求的能力越强，这个国家的园艺产品国际竞争力就越强。

（四）影子价格

资源的影子价格是以线性规划为基础，反映资源得到最佳配置的价格，也就是在线性规划的最优生产方案下，某种资源每增加（或减少）一种单位投入量时，目标函数的增长量（或减少量）。[①] 影子价格能够反映资源的利用对系统总效用的贡献程度，根据它来衡量资源的使用价值。它是一种同时反映要素投入效益和要素本身稀缺性双方共同制约产生的一种交易关系处于均衡状态的价格。理解影子价格的经济含义，可以提高线性规划的价值。在企业生产计划决策和经营活动中有着重要的指导作用。目前，国内外对影子价格有如下定义。[②]

在生产计划问题的线性规划模型有最优解的情况下，存在下列关系：

$$f^* = w^* = b_1 y_1^* + b_2 y_2^* + \Lambda + b_m y_m^* \tag{1-1}$$

对式 1-1 关于 b_i 求偏导数可得到 $\dfrac{\partial f^*}{\partial b_i} = y_i^*$（$i = 1, 2, \Lambda, m$）

这表明，如果约束条件右端常数 b_i 增加一个单位，则目标函数值的增量将是 y_i^*（$i = 1, 2, \Lambda, m$），这里 y_i^* 是对偶变量 y_i 的最优取值，它代表对一个单位第 i 种资源的估价，这种估价不是资源的市场价格，而是根据资源在生产中所做的贡献而作出的估价。为区别起见，荷兰经济学家詹恩·丁伯恩（Jan Tinbergen）将这种经济结构中的第 i 种资源在最优决策下的边际价格 $\dfrac{\partial f^*}{\partial b_1} = y_i^*$ 称之为该资源在这个经济结构中的影子价格。影子价格实际上是一种机会成本，但不是完全等同机会成本。在纯市场经济条件下，当某种资源的市场价格低于其影子价格时，可以买进该资源，反之可以卖出该资源。随着资源的买进卖出，它的影子价格也随之发生变化，一直到影子价格与市场价格保持同等水平时，才处于平衡状态。

本书运用影子价格作为计算本国不可通用贸易行为获得的自有资源价值的手段，应该可以更加准确地反映一国生产要素资源的真实价值。

（五）机会成本

机会成本是指一定的资源用于某种物品生产而必须放弃的、能够用于

---

① 唐志丹：《影子价格与产品成本》，《商业研究》2001 年第 12 期。
② 吴书和：《影子价格的计算与经济分析》，《长春理工大学学报》（社科版）2003 年第 3 期。

生产除此之外最大可得收益的物品的代价。当一种资源用来生产某物品时，必须放弃其生产另一种物品而获利的机会，所以放弃物品生产的最大收益就是投入物品生产的机会成本。机会成本反映了人们在利用稀缺资源时必须作出选择，为了获得一单位某种物品，必须放弃一定数量的另一种物品。[1]

在西方经济学中，企业的生产成本应该从机会成本的角度来理解。它只反映要素投资报酬即要素创造的效益，不反映因为要素稀缺性产生的要素供给成本。从理论上讲，只有两者相等时，才可以通用。但因为要素的投资报酬率在不同的资源总量和结构情况下会有不同表现，所以一般可以采用机会成本的概念替代影子价格。

（六）人民币汇率

1. 人民币实际有效汇率

人民币实际有效汇率（REER，即 Real Effective Exchange Rate），是指经过消费者物价指数（CPI）进行调整的双边汇率的几何加权平均值。它是根据国际清算银行的定义计算的，采用的是直接标价法表示。

2. 人民币兑美元的汇率

人民币兑美元的汇率，是指以 100 元人民币兑换美元的金额。本书研究采用的是间接标价法表示。

3. 人民币影子汇率

所谓人民币影子汇率，是指能正确反映外汇真实价值的人民币汇率，即以人民币计的外汇的影子价格。1994 年以前我国虽经几次汇率制度改革，但因人民币汇率长期以来由中央政府管控，一直存在不同程度的高估，从 1994 年汇率并轨至今，基本上形成了以市场为基础的有管理的浮动汇率制度。因此，本书研究以 1990—1993 年官方公布的人民币兑美元的汇价微调值和 1994—2011 年官方公布的人民币兑美元的年均市场汇价作为

---

[1]　李崇光等主编：《经济学原理》，内蒙古教育出版社 1995 年版，第 84 页。

1990—2011 年的人民币影子汇率近似值，尽管两个时期的货币政策和汇率的形成机制不同，而使人民币影子汇率的差异较大，但因汇率并轨前的年限较短，不会影响整个时序区间实证分析的结论。

需要特别提及的是，本书考虑到人民币汇率是影响园艺产品国际竞争力的重要因素之一，所以将人民币汇率作为辅助变量与农业投入品价格同时在实证研究中出现。书中常用的"人民币实际有效汇率上升"或"人民币影子汇率下降"均为人民币升值的不同表述。

四、研究的基本思路与技术路线

（一）研究的基本思路

本书旨在研究投入品价格上涨对园艺产品国际竞争力的影响，研究的基本思路如下：

首先，基于投入品价格和国际竞争力视角在对前人研究的相关文献进行梳理的基础上，作出归纳总结和简评，肯定前人的研究成果，提出已有研究尚未探讨农业投入品价格上涨对园艺产品国际竞争力的影响问题，作为全书的逻辑起点。

接着，从投入品价格和国际竞争力入手，构建了投入品价格上涨对园艺产品国际竞争力影响的理论分析框架，运用国际经济学、竞争力经济学、微观经济学、新制度经济学、市场价格学等学科的相关理论诠释园艺产品国际竞争力形成的理论根源及表现形式，分析和解读农业投入品价格对园艺产品国际竞争力影响的因果关系及作用机理并提出有待检验的推论，为后续章节实证研究作了理论上的准备和铺垫。

然后，以 1992—2011 年的时序数据为样本区间，就投入品价格上涨对园艺产品国际竞争力的影响进行实证研究。实证研究是本书的主体，分为四个部分：（1）投入品价格上涨对园艺产品整体国际竞争力影响的实证研究；（2）投入品价格上涨对园艺产品各类品种显性国际竞争力影响的实证研究；（3）投入品价格上涨对园艺产品各类品种潜在国际竞争力影响的实证研究；（4）投入品价格上涨对不同规模和经营方式的园艺产品国际竞争力影响的实证研究——基于9省（区、市）28县（市）867户橘农调查数据的分析。

最后，基于上述理论与实证分析对本书研究作出总结归纳，得出主要结论并阐释其政策含义，在此基础上提出相应的对策措施与政策建议。

（二）研究的技术路线与逻辑框架

本书研究采用现代经济学的研究方法，遵循国际学术研究规范，拟就投入品价格上涨对园艺产品国际竞争力的影响展开研究。研究的技术路线与逻辑框架如图1.1所示。

五、研究的主要方法与数据资料来源

（一）研究的主要方法

本书研究综合运用国际经济学、竞争力经济学、微观经济学、市场价格学、新制度经济学及计量经济学的相关理论与原理，遵循科学研究的一般逻辑和研究范式，采用规范研究与实证研究相结合、定性分析与定量分析相结合、整体研究与分类研究相结合、案例分析与比较分析相结合以及统计描述与分析等多种方法，就投入品价格上涨对园艺产品整体及各类品种国际竞争力和不同规模不同经营方式的园艺产品（柑橘）国际竞争力的影响进行全面系统研究。在实证研究的各章中主要运用以下几种分析方法。

1. 统计分析法

本书在第四章至第七章的实证研究中对大量时序数据和面板数据进行统计分析，并对投入品价格上涨的基本特征进行描述与分析；同时运用多种度量指标对园艺产品整体及各类品种的显性国际竞争力和潜在国际竞争力进行估计，并对各指标的变化走势进行简要的描述和分析。

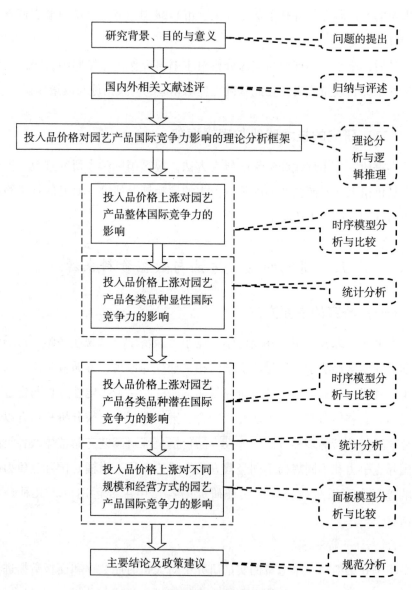

图 1.1   技术路线图与逻辑框架示图

2. 计量分析法

本书在各章的实证分析中运用多元线性回归分析和面板数据回归分析两种计量分析法，分别就两个以上自变量对多个因变量的影响效应进行计量分析：（1）运用多元线性回归分析法。在第四章、第五章、第六章中通过构建多元线性回归模型分别就投入品（化肥、农药、劳动力）价格和人民币汇率变动对园艺产品整体及各类品种显性国际竞争力和潜在国际竞争力的多个度量指标的影响符号和大小进行考量，得出结论及解释。（2）运用面板数据回归分析法。在第七章中通过构建变系数固定效应面板数据模型就投入品价格和人民币汇率变动对不同规模和经营方式的园艺产品（柑橘）潜在国际竞争力度量指标的影响方向和大小进行考量，得出结论及解释。

3. 比较分析法

本书在实证研究的各章中运用纵向比较和横向比较相结合的分析方法，分别就两个以上自变量对多个因变量的影响效应进行比较分析：（1）在第四章，通过构建多元线性回归模型就投入品价格和人民币汇率变动对园艺产品整体国际竞争力各指标的影响方向和大小按照当期和前期进行纵向和横向比较分析，得出结论及解释。（2）在第五章、第六章中通过构建多元线性回归模型分别就投入品价格和人民币汇率变动对园艺产品各类品种国际竞争力的显性和潜在指标的影响方向和大小按照当期和前期时序进行纵向和横向比较分析，得出结论及解释。（3）在第七章中通过构建面板数据回归模型分别就投入品价格和人民币汇率变动对不同规模和经营方式的园艺产品（柑橘）国际竞争力各指标的影响方向和大小进行纵向和横向比较分析，得出结论及解释。

（二）研究的数据资料来源

本书中所用化肥价格指数、农药价格指数、劳动力价格、人民币实际有效汇率、人民币影子汇率、中国柑橘进口额、中国柑橘出口额和出口量、世界柑橘出口额和出口量、中国商品出口总额、世界商品出口总额等数据以及柑橘成本收益的相关数据主要来源于《中国统计年鉴》、《中国农村统计年鉴》、国际清算银行网站、联合国国际贸易在线统计数据库、世界贸易组织 WTO 在线统计数据库、《建设项目经济评估方法与参数》和《全国农产品成本收益资料汇编》。

　　需要特别说明的是：由于我国园艺产品类别品种繁多，目前国内外有关园艺产品各类品种的统计资料数据不全，且仅有的统计数据并非完全一致，因此本书只能选用仅有资料数据的园艺产品类别品种和相关调查数据作为样本展开实证研究与探讨。

第二章 投入品价格上涨与园艺产品 国际竞争力研究的理论基础

自 20 世纪 70 年代以来，随着发展中国家经济迅速崛起和世界经济格局的演变，中国农业乃至世界农业得到快速发展，带来投入品需求不断增长和农业生产成本持续上升。尤其是进入 21 世纪以来，随着中国工业化、城镇化和农业现代化进程加快，全球范围内的化肥、农药和农村劳动力等投入品价格较快上涨，已对农民收益和农产品国际竞争力产生一定的负面影响，引起国内外学者的广泛关注，至今仍然是农业经济学界关注的重要问题。为此，诸多学者从不同视角、不同层面运用经济学、管理学和计量经济学的相关理论及方法，对投入品价格上涨的影响效应和农产品国际竞争力及其影响因素展开表深入研究与探讨，并已取得丰硕成果，在理论和实践上均具有重要的指导意义，但也存在进一步研究与完善的空间。本章基于影响效应和实证比较视角，对中外投入品价格上涨的影响问题与园艺产品国际竞争力的大量研究文献进行梳理和述评，作为后续几章理论分析与实证研究的基础和铺垫。全章分为投入品价格上涨的影响及应对策略研究、园艺产品国际竞争力的影响因素及对策研究、园艺产品及其各类品种国际竞争力的实证分析与国际比较研究和本章研究的理论基础简要评价等几个部分。

一、投入品价格上涨的影响及应对策略研究

(一) 投入品价格上涨的影响效应研究

国外关于投入品价格上涨对农民收入影响的研究，早见于 20 世纪 70

年代初。1971 年，路德·奎腾和勒罗伊·邱安斯（Leroy Quance and Luther Tweeten）模拟分析了农业生产资料价格上涨对农民收入的影响，发现农业生产资料价格上涨不大于 2%时，会抑制农民对生产资料的使用而使得产出减少。但在生产资料价格上涨达到每年 4%时，农民的纯收益则会急剧下降。[①] 此后，霍兰德·D. W.（D. W. Holland，1993）通过对 477 户农民的投入产出进行跟踪分析，得出 "农民产出收益的变化是由技术进步、国内需求、进出口状况和投入成本共同决定的" 结论。[②] 道尔顿·J. 提莫斯（Timothy J. Dalton etc.，1997）等通过对津巴布韦小规模生产农户进行生产成本变化和农业生产资料替代品选择的研究，结果表明 95%的农户会采取最优化选择，即在农业生产资料价格出现波动后，他们会选择增加其替代物品的投入量（劳动力、土地等）来提高农业产量。[③] 2005 年，列弗特·M. 威廉（William M. Liefer）对俄罗斯转型经济中农业生产资料的投入效率尤其是化肥进行了分析，结果表明化肥的购买价格超过了投入后的边际产出，会对农民收入产生负面影响。[④] 厄格曼·R. 卡瑞斯（ChrisR. Eggerman，2006）等评估了燃料价格上涨对德克萨斯州种植业收入的影响，指出生产成本的增加和低下的农产品价格对农民收入以及农村经济起着负面影响。[⑤]

　　国内关于投入品价格上涨对农产品成本收益影响的研究始于 20 世纪 80 年代末，比较广泛而深入的研究多见于 21 世纪的近 10 年。2007 年，王恩斗、王献宝发表《农资价格问题研究及其解决对策》一文，分析了农资

① Leroy Quance and Luther Tweeten, "Simulating the Impact of Input-price Inflation on Farm Income", *Southern Journal of Agricultural Economics*, 1971, 3 (1).

② D. W. Holland, "Out Change in U. S. Agriculture: An Input-Output Analysis", *Southern Agricultural Economics Association*, 1973 (12).

③ Timothy J. Dalton, William A., Mastersb and Kenneth A., "Foster Production Costs and Input Substitution in Zimbabwe's Smallholder Agriculture", *Agricultural Economics*, Volume 17, Issues 2-3, December 1997.

④ William M. Liefe, "The Allocative Efficiency of Material Input Use in Russian Agriculture", *Comparative Economics Studies*, 2005, Vol. 47, Issue 1.

⑤ Chris R. Eggerman, "Impact of Fuel Price Increases on Texas Crops", *Southern Agricultural Economics Association Annual Meetings*, 2006 (2).

价格上涨对农民收入的影响，认为农资价格上涨增加了农业生产成本、降低了农户的名义收入和实际收入，是影响农民增收的重要因素。① 许松涛、艾忠岩（2005）研究认为，农资价格上涨迫使农民减少生产投入，降低化肥、农药使用数量和质量，以求降低生产成本。② 2006 年，张颢泽、陈晓明在《农业生产资料价格对农民收入增长的影响——基于动态 VAR 模型解释》一文中，模拟农资价格与农民收入之间的动态影响关系，解释了农资价格与农民收入增长之间的相关性及经济含义，认为农资价格的平稳上涨与农民收入增加存在长期稳定的正向交互响应的作用。③ 何劲、祁春节（2009）通过建立向量自回归模型，考量了农资价格上涨对橘农收入的影响。结果表明，橘农每亩纯收入对农资价格上涨有负向响应并趋向稳定；农资价格上涨对橘农每亩纯收入增长有正向响应并趋向稳定。④ 梁庆文等（2006）计量分析了农资价格上涨对农业总产值的影响，发现往年农资价格对当年的农业总产值影响较大且具有滞后性，但往年的农业总产值对当年的农资价格影响不大，说明农资价格不受农业产出影响。⑤ 2012 年，何劲、祁春节构建计量模型动态考察了农业投入品价格上涨对我国园艺产品比较优势的影响，认为化肥、农药、劳动力价格上涨，前期引致甜橙国内资源成本系数上升和社会净收益下降，但当期带来国内资源成本系数下降和社会净收益上升，说明农业投入品价格上涨对甜橙成本收益的影响存在滞后性和不确定性，其影响方向和大小主要取决于化肥、农药和劳动力价格的涨幅、投入品资源的优化配置以及科技进步贡献率大小。⑥ 郑少锋（2002）在《农产品成本核算体系及控制机理研究》一文中研究发现，劳

---

① 王恩斗、王献宝：《农资价格问题研究及其解决对策》，《价格与市场》2007 年第 7 期。

② 许松涛等：《农资价格上涨对农民生产的影响》，《金融调研》2005 年第 7 期。

③ 张颢泽、陈晓明：《农业生产资料价格对农民收入增长的影响——基于动态 VAR 模型解释》，《财贸研究》2006 年第 6 期。

④ 何劲、祁春节：《农业生产资料价格上涨对橘农收入的影响》，《四川农业大学学报》2009 年第 4 期。

⑤ 梁庆文等：《农业生产资料价格波动与农业经济发展关系的实证分析》，《运筹与管理》2006 年第 4 期。

⑥ 何劲、祁春节：《农业投入品价格、人民币汇率对我国园艺产品比较优势的影响》，《经济纵横》2012 年第 4 期。

动力、化肥、种子等费用变动对不同地区的生产成本有较大影响，尤其是物化劳动和活化劳动费用的大幅提高，导致农产品亩平总成本上升；但因各地区资源、地理、环境、人地关系、科技水平存在差异，各要素的作用力大小和方向并不相同。①胡恒洋、张俊峰（2008）通过深入安徽、浙江、江苏等地农村考察后认为，随着工业化、城镇化和农业现代化发展，农村劳动力转移速度加快，尤其是青壮年男性劳动力大量外出务工经商，在一定程度上缓解了人多地少矛盾，促进了农业生产要素重新配置和土地适度规模经营，但带来了一些农村青壮年劳动力短缺，甚至出现断层现象，导致部分地区农村土地撂荒、生产率下降，农业基础设施投入减少和农业科技推广难度加大，尤其使得劳动用工价格较快上涨，致使水稻、小麦、玉米、蔬菜、水果等大宗农产品机会成本大幅上升，已成为影响我国粮食安全和菜篮子食品价格上涨的重要因素。②

（二）投入品价格上涨的应对策略研究

梳理归纳国内外有关调控农业投入品价格上涨的研究文献，主要集中在宏观、中观、微观三个层面。

1. 在宏观层面上要加大投入品价格调控力度，确保农业增效农民增收

2006 年，谭仲池在《健全农业生产资料价格调控体系》一文中，提出要建立健全我国农资市场宏观调控体系和稳定农资价格的长效机制，即建立农资调节基金，完善淡季商业储备制度，综合运用税收、货币政策加强对化肥、农药进出口管理，加强县、乡、村三级农资价格、质量和流通环节的监管，取消农资生产、流通环节的补贴政策，实行用肥用药的直接补贴办法，以降低农业生产成本；依法查处囤积居奇、哄抬物价、价格欺诈、牟取暴利等违法行为；建立农资价格上涨的预警机制和应急处理工作

---

① 郑少锋：《农产品成本核算体系及控制机理研究》，博士学位论文，西北农林科技大学，2002 年，第 29—48 页。
② 胡恒洋、张俊峰：《农村劳动力转移对农业生产的影响及政策建议》，《中国经贸导刊》2008 年第 13 期。

预案，强化农资价格信息导向，引导农民科学消费农资产品。[1] 何劲、祁春节（2012）针对农村劳动力价格持续较快上涨的负向影响，建议建立城乡劳动力就业创业的新机制，即建立健全城乡劳动力平等就业制度，逐步形成农村劳动力有序流动的可控局面；完善农村社会保障体系，切实解决农民老有所养、病有所医、灾有所赔等后顾之忧；加大农村、农业基础设施、农产品加工与流通设备设置建设投入，增强农业、农民抵御自然风险和市场风险的能力，确保农业增产农民增收；制订财税金融优惠政策，支持农民工回乡创业；建立利益激励机制，增加农业吸引力，促进农村劳动力在城乡一、二、三产业双向流动，有效抑制农村劳动力机会成本过快上升。

2. 在中观层面上要加快农业产业链发展，有效降低农产品产销成本

2008 年，王华峰在《河南省农村劳动力转移对农业生产影响的调查》一文中，提出大力培育农业龙头企业，依托资源建基地，面向市场求发展，促进技术、信息、资金、人才流入农村，推行产加销一体化的农业产业化经营，加快农业向深度、广度开发，从根本上解决农村劳动力就地创业就业问题的政策建议。[2] 蔺丽莉（2009）建议要重视扶持农资生产经营龙头企业发展，创新流通方式，建立完善农资连锁经营体系，打造"龙头企业+配送中心+连锁店"的现代农资流通模式，减少流通环节、降低农资流通成本，从根本上解决农资产销费用过高向题。[3] 任素娟、高洋（2008）提出要建立新型农村科技服务体系，帮助农民科学施肥、用药，以减少化肥、农药浪费和污染，降低农资使用成本。[4] 胡恒洋、张俊峰（2008）建议大力发展农村专业合作社，减少使用高成本雇工，以降低农村劳动力机会成本。

---

[1]　谭仲池：《健全农业生产资料价格调控体系》，《红旗文稿》2006 年第 9 期。
[2]　王华峰：《河南省农村劳动力转移对农业生产影响的调查》，《金融发展研究》2008 年第 7 期。
[3]　蔺丽莉：《当前我国农资价格异常变动的原因及对策》，《中国统计》2009 年第 2 期。
[4]　任素娟、高洋：《农资价格上涨的原因分析及对策》，《金融调研》2008 年第 6 期。

3. 在微观层面上要进一步明确涉农企业、科研院所和农民的角色定位

2010 年，党夏宁在《农村劳动力转移提升农业生产效率的机制分析》一文中，提出健全农村科教培训体系，加快实施"绿色证书工程""新型农民创业培训工程""农村富于劳动力转业就业工程"，从根本上提升农民的科技文化素质和科学种田水平。① 何劲、祁春节（2012）建议依靠科技进步，优化投入品资源配置，着力提高农产品单产和质量；大力推广农业新品种、栽培新技术和科学施肥用药新方法，推行农业标准化生产和科学管理，打造园艺产品国内外知名品牌，建立健全园艺产品质量检验、检测、检疫体系及质量追溯制度，不断提高园艺产品质量竞争力。任素娟、高洋（2008）建议加大农资企业新产品研发力度，加快低价高效农资新产品生产与供给，是解决农资价涨的重要途径。郑有贵（2007）强调大力提高农业、畜牧业、渔业、林果业机械化和农产品加工装备水平，加大先进适用的农机产品研发力度，重点做好高效植保、节能环保和设施农业等重点农机化技术的普及与推广，加快发展农机社会化服务，从根本上降低农村劳动力费用。② 胡恒洋、张俊峰（2008）提出深化农村基本经营制度改革，加快农村土地流转，推进农业适度规模经营；同时要探索建立农地租赁、抵押、入股机制，以快农地由资源向资本化转化。

二、园艺产品国际竞争力的影响因素及对策研究

（一）园艺产品国际竞争力的影响因素研究

世界上有关国际竞争力影响因素的最早研究文献现已无法考证，但对国际竞争力影响因素的系统研究始于 20 世纪 80 年代至 90 年代，其中最有权威和影响的代表人物是美国哈佛大学迈克尔·E. 波特（Michael E. Porter）教授。1990 年，波特在《国家竞争优势》一书中，首次提出了国

---

① 党夏宁：《农村劳动力转移提升农业生产效率的机制分析》，《管理现代化》2010 年第 2 期。
② 郑有贵：《劳动力机会成本提高对粮食生产影响分析》，《农业展望》2007 年第 10 期。

家竞争力影响因素的"钻石模型"理论。[1] 得到国际理论界的广泛认同并应用于一国产业、企业或产品的国际竞争力研究中，也为农产品国际竞争力的影响因素研究提供了一个科学完整的理论分析框架。1994 年，梅代罗斯·V. X. 泰克赛拉·E. C. (Medeiros, V. X. Teixeira, E. C.) 考察了丹麦农业生产和出口的情况，发现丹麦食品行业竞争力下降的主要影响因素在于生产、加工和销售组织化水平低以及农业政策制约。[2] 里德·M. R. (Reed, M. R., 1994) 考察了一些影响美国农产品加工出口的因素，认为市场竞争成功的关键在于产品差异化，有利于农产品在价格或非价格因素上展开竞争。[3] 萨尔瓦库·C. 约瑟夫 (Joseph C. Salvacruz, 1996) 采用回归分析法表明，利率、劳动力可得性和农场规模驱动的内生技术进步是影响农产品国际竞争力的重要因素。[4] 杰斐·S. 马萨库勒 (Jaffee, S. Masakure, 2005) 研究指出，食品质量安全是影响蔬菜出口企业产品国际竞争力的主要因素。[5] 约诺·M. 姆兰达 (Munandar Jono M. etc., 2001) 测算了印度尼西亚茶叶的显示性比较优势指数，并指出贸易自由化程度、收入、汇率等因素是影响该国茶叶贸易的主要因素。[6] 贾亚苏日亚·R. T. (Jayasuriya, R. T., 2003) 研究了 1960—1995 年间斯里兰卡茶叶生产力的影响因素主要是技术改进、生产成本消耗等。[7] 亨利·威格 (Henry Veger,

① Michael E. Porter, *The Competitiue Advantage of Nations*, London: The Macmillan Press, 1990, pp. 57–125.

② Medeiros, V. X. Teixeira, E. C., "Competitiveness of Beef, Pig Meat and Chicken Meat Exports of the Mercosul Countries in the International Market", *Desafio Do Estado Diante De Uma Agricultura Em Transformacao*, Anais Do XXXII Congresso Brasileiro De Economia E. Sociologia Rural, Brasilia, DF, Brasil, 1994, 25 a 28 De Julho. 5.

③ Reed, M. R., "Importance of Non-price Factors to Competitiveness In International Food Trade", *Competitiveness in International Food Markets*, 1994, 15ref.

④ Joseph. C. Salvacruz, "Competitiveness of the United States and the Asian in the international Agricultural Market", *Journal of Food Distribution Research*, 1996 (2).

⑤ Jaffee, S. Masakure, O., "Strategic Use of Private Standards to Enhance International Competitiveness: Vegetable Exports from Kenya and Elsewhere", *Food Policy*, 2005, 30.

⑥ Munandar Jono M., *Key Determinants of Export Competitiveness of the Indonesian Palm Oil and Tea Agro-industries*, Philippines: UPLB, 2001, pp. 216–218.

⑦ Jayasuriya, R. T., "Economic Assessment of Technological Change and Land Degradation in Agriculture: Application to the Sri Lanka Tea Sector", *Agricultural Systems*, 2003.

1999）比较了世界上几个主要国家鲜切花的成本，在厄瓜多尔鲜切花的实证分析中发现除了时间和运输在成本中占主要外，基础设施和制度也是影响成本的重要因素。[①]

国内有关农产品国际竞争力影响因素的研究始于 20 世纪末期，进入 21 世纪后便成为学术界广泛关注的热点、难点问题。这些研究主要以波特理论为基础、从不同视角对我国蔬菜、水果、茶叶、花卉等不同类型园艺产品国际竞争力的影响因素展开探讨。

2010 年，王晓英在《人民币汇率变动对中国园艺产品出口的影响》一文中，利用引力模型实证检验人民币实际有效汇率每上升 1%，会使中国园艺产品出口额减少 0.43%。[②] 杨颖虹（2006）利用引力模型实证检验人民币每升值 1%，我国蔬菜出口将会减少 0.26%。[③] 韩冰（2011）运用"钻石模型"分析指出，从生产要素状况来看，较好的天然资源禀赋增强了蔬菜出口竞争力，但高级要素中的生产技术投入不足，生产者素质整体水平较低，导致基础设施落后和抗灾害能力较差；从相关及支持产业来看，发展比较迅速，但仍然存在加工产业发展不充分等问题；从需求现状来看，市场需求规模较大，但需求结构和层次较低；从竞争与战略因素来看，经营规模小且分散，农民组织化程度依然很低；从政府支持来看，政府对蔬菜出口已有直接和间接支持，但其支持力度不足。所有这些不利因素都对辽宁省蔬菜产业的出口竞争力起到制约作用。[④] 问嵩冉（2011）采用实证分析与对比分析的方法，对江苏蔬菜国际竞争力及其影响因素进行了系统研究，认为蔬菜的质量、成本、价格和品牌等方面的因素是影响蔬菜国际竞争力的直接因素，而深层次的影响因素则为生产要素、需求条件、相关

---

　　① Henry Veger, "Transportation Costs of Fresh Flowers: A Comparison Across Major Exporting Countries", *Candidate Center for Transportation Policy*, 1999.

　　② 王晓英：《人民币汇率变动对中国园艺产品出口的影响分析》，硕士学位论文，华中农业大学，2010 年，第 18—32 页。

　　③ 杨颖虹：《人民币升值对农产品进口贸易的影响及对策分析》，《农业经济》2006 年第 3 期。

　　④ 韩冰：《辽宁省蔬菜产业出口竞争力研究》，硕士学位论文，沈阳理工大学，2011 年，第 21—33 页。

和支持产业以及政府作用等。① 张涛（2004）在《中日蔬菜生产效率比较分析》一文中，就中国出口日本蔬菜受到的绿色壁垒问题进行了研究，并度量了日本的绿色壁垒对我国蔬菜比较优势的影响较大。②

2002年，乔娟、颜军林在《中国柑橘鲜果国际竞争力的比较分析》一文中，从生产成本和价格、产品质量和安全、生产力水平和品种资源、品牌和市场营销能力、企业经营规模和经营方式等产业内部和外部的各种商业环境层面，系统地考察了如何决定和影响中国柑橘的国际竞争力，提出了提高中国柑橘国际竞争力的政策建议。③ 纪萍（2011）运用贸易引力模型，采用随机效应和固定效应的估计方法实证分析了中国桃及其制品出口的影响因素。结果表明，中国农业生产总值、进口国生产总值、中国农业人均生产总值、进口国人均生产总值、距离、双边实际汇率和 APEC 变量对中国桃及其制品的出口有显著影响；从政府、企业和合作社与行业协会三个层面提出提高中国桃产业国际竞争力的对策建议。④ 刘颖、祁春节（2009）从柑橘供给、出口流向、出口企业性质、贸易模式和国际竞争力差距等方面分析了制约中国柑橘国际竞争力的诸多因素，并针对中国柑橘面临的技术性贸易壁垒，提出了增强中国柑橘国际竞争力的对策措施。⑤ 2013年，耿献辉等人计量分析认为，劳动力成本上升对我国梨面积区域变动具有明显的负效应，且对产业集聚的影响存在显著的地区差异。⑥ 张磊（2012）运用恒定市场份额模型对影响中国水果出口的因素进行了实证分析，分析结果表明，"入世"前国际市场需求规模的扩大是中国水果出口增

① 问嵩冉：《江苏蔬菜国际竞争力问题研究》，硕士学位论文，南京农业大学，2011年，第19—31页。

② 张涛：《中日蔬菜生产效率比较分析》，《现代经济探讨》2004年第6期。

③ 乔娟、颜军林：《中国柑橘鲜果国际竞争力的比较分析》，《中国农村经济》2002年第11期。

④ 纪萍：《中国桃产业国际竞争力及出口影响因素研究》，硕士学位论文，西北农林科技大学，2011年，第21—35页。

⑤ 刘颖、祁春节：《中国柑橘出口现状及其面临的国际环境分析》，祁春节等，《柑橘产业经济与发展研究》，中国农业出版社2009年版，第68页。

⑥ 耿献辉等：《中国梨出口影响因素及贸易潜力》，《华南农业大学学报》（社会科学版）2013年第1期。

长的主要动因，"入世"后其竞争力效应取代市场规模效应成为促进中国水果出口增长的最重要影响因素，并且国际竞争力变化对水果出口增长的促进作用日益显著。[①] 陈军（2014）分析了国内水果出口贸易的现状和特征，认为价格优势逐渐弱化、水果品质不优是影响中国水果国际竞争力的关键因素，水果加工生产的结构构成是影响中国水果出口竞争力的重要因素，国际绿色贸易壁垒是影响中国水果国际竞争力的外部因素等。[②] 2007 年，沈佐民、宛晓春在《促进中国茶叶出口贸易发展的思路与对策》一文中研究表明，影响中国茶叶出口贸易的主要因素在于茶叶出口经营管理体制滞后，出口经营主体素质不高；出口产品结构不合理，出口茶叶均价低；茶叶生产、出口规模小，缺少世界知名品牌和出口产品的质量与安全等。[③] 许咏梅、林坚（2008）研究指出，农户的生产经营行为、采摘工短缺、茶叶的品质和销路等都会对绿茶的市场竞争力产生影响。[④] 顾国达等学者（2007）在《技术壁垒对国际贸易影响的实证分析——以中日茶叶贸易为例》一文中，采用引力模型实证分析了技术性贸易壁垒对我国茶叶贸易的影响。[⑤] 姚文（2011）实证研究认为，中国现实的国情下内生型农业产业化进展缓慢，严重滞后导致组织功能主体缺位，市场化改革实质上沦为组织化改革，从而导致政府失灵，茶叶国际竞争力下降。[⑥] 黄文静（2013）运用"钻石模型"对影响浙江茶叶（绿茶）市场竞争力的因素进行了深层分析。研究发现，自然资源、劳动力资源、基础设施、科技资源、需求条件、相关及支持产业发展水平、主体战略、竞争方式以及政府

① 张磊：《实现农村劳动力有序转移的对策》，《经济纵横》2012 年第 4 期。

② 陈军：《中国水果产品的出口竞争力分析及对策研究》，《价格月刊》2014 年第 11 期。

③ 沈佐民、宛晓春：《促进中国茶叶出口贸易发展的思路与对策》，《农业经济问题》2007 年第 5 期。

④ 许咏梅、林坚：《西湖龙井村茶农户生产经营状况调查》，《茶叶》2008 年第 3 期。

⑤ 顾国达等：《技术壁垒对国际贸易影响的实证分析——以中日茶叶贸易为例》，《国际贸易问题》2007 年第 6 期。

⑥ 姚文：《市场化改革对中国茶叶国际竞争力影响的实证研究》，《国际贸易问题》2011 年第 4 期。

和机遇等因素，对浙江茶叶市场竞争力产生了一定的影响。[1] 黄璐茜（2013）在《生态位视角下安化黑茶品牌竞争力评价研究》一文中，认为茶园基础设施薄弱，生产力水平低下；产业组织化程度低，龙头企业实力不强；质量管理体系不够完善，市场经营秩序混乱；品牌经营过于分散，品牌打造机制欠缺；品牌定位不足，品牌同质化现象明显；品牌传播力度不够，渠道形象建设缺乏等是湖南安化黑茶品牌发展的制约因素。[2]

2011 年，耿献辉、齐博发表《中国鲜切花出口：市场规模、市场分布与竞争力效应》一文，利用因子分析模型测度 1998 年以来中国切花产地之间的竞争态势，发现影响鲜切花产地之间竞争的主要因素是产业规模，其贡献率达到 75.79%；气候等自然资源禀赋又是形成鲜切花规模优势的主要原因；技术等因素对鲜切花产地间竞争的影响程度较低。[3] 封紫等（2014）研究认为制约我国花卉产业发展瓶颈在于：缺乏自主知识产权品种，在国际花卉市场缺乏话语权；花卉质量标准体系不完善，与国际标准差距甚远；花卉信息闭塞，难以把握市场脉搏；花卉流通体系不健全，市场经营无序；行业协会职能不明确，缺乏引导力度。[4] 程堂仁、王佳（2013）分析了我国花卉种业竞争力不强的原因是：对我国特有种质资源的挖潜不够，没有发挥基因资源优势；育种技术落后，难以培育新、美、奇、特的优良品种；新品种培育缺乏原始积累，知识产权保护意识淡薄；缺乏"良种"的认定和准入，难以形成有竞争力的国际品牌、特色品牌；科技投入不足，科技支撑不够。[5] 王娜、李海军（2014）研究表明，影响中国花卉产业单位面积产量和质量的制约因素包括花卉品种资源匮乏，本土品种的研发推广进程缓慢；花卉生产规模小，技术水平较低；花卉产业

---

① 黄文静：《浙江省茶叶市场竞争力评价及提升对策研究》，硕士学位论文，浙江农林大学，2013 年，第 28—39 页。

② 黄璐茜：《生态位视角下安化黑茶品牌竞争力评价研究》，硕士学位论文，中南林业科技大学，2013 年，第 29—42 页。

③ 耿献辉、齐博：《中国鲜切花出口：市场规模、市场分布与竞争力效应》，《农业经济问题》2011 年第 10 期。

④ 封紫等：《论我国花卉产业发展瓶颈及应对措施》，《云南农业大学学报》2014 年第 6 期。

⑤ 程堂仁、王佳：《发展我国创新型花卉种业的思考》，《北方园艺》2013 年第 10 期。

缺乏完善的产业链和高效的产品流通体系；花卉产品在本土的消费水平低，在出口上尚未形成成熟的出口运营体系等。[①] 李秋杰（2004）在《加入 WTO 对我国花卉业的影响与对策》一文中认为 WTO 的相关规则对我国的花卉种业、鲜切花产业、盆景业的不利影响是制约我国花卉业发展的主要因素之一。[②]

（二）提升园艺产品国际竞争力的对策研究

国内外有关调控园艺产品国际竞争力影响因素的研究文献比较丰富，梳理归纳起来主要集中在蔬菜、水果、茶叶、花卉四类品种层面上。

一是在蔬菜产业层面上，2013 年，梁成亮等学者在《提升我国蔬菜种业国际竞争力的对策研究》一文中，针对我国蔬菜种业发展过程中遇到的突出问题，从技术创新、人才培养、品牌建设、市场监管、行业整合、基地建设、政策支持等方面，提出了提升我国蔬菜种业国际竞争力的对策与措施。[③] 韩冰（2011）根据辽宁省蔬菜产业出口竞争力的影响因素，给出提高基本生产要素素质，提高创造性要素素质，促进相关产业发展及产业间整合，规范制度与管理，增强政府支持力度，善于抓住机遇及应对挑战等方面的政策建议。陈珏颖等人（2014）针对中国马铃薯进出口的主要制约因素，提出了提高综合生产水平，构建科技支撑系统，推行标准化生产，打造品牌，提升品质，制定进出口扶植政策等增强中国马铃薯进出口竞争力的措施建议。[④]

二是在水果产业层面上，张磊（2013）针对我国水果出口竞争力的影响因素，提出在国家层面健全法律法规、完善相关标准，完善政府职能、提供制度保证，增加技术投入、提高果农素质；在产业层面优化果品种植结构、调整水果产业布局，发展水果加工业、提高产品附加值，组建水果

① 王娜等：《国内外花卉产业核心竞争力的对比分析》，《北方园艺》2014 年第 17 期。
② 李秋杰：《加入 WTO 对我国花卉业的影响与对策》，硕士学位论文，中国农业大学，2004 年，第 16—28 页。
③ 梁成亮等：《提升我国蔬菜种业国际竞争力的对策研究》，《安徽农业科学》2013 年第 24 期。
④ 陈珏颖等：《中国马铃薯进出口贸易分析及对策》，《世界农业》2014 年第 12 期。

产业组织、加强区域贸易合作，实行品牌营销、提高营销水平等对策措施。① 吕霜竹、霍学喜（2013）认为提高中国苹果出口欧盟的竞争力，除了降低价格来获得竞争优势外，还要采取完善应对欧盟贸易壁垒的机制，加强检验检疫部门对苹果质量的监督和苹果生产源头的监管措施；提高中国苹果的科技含量和绿色竞争力。② 李京栋等人（2014）针对我国水果竞争力水平较低且生产面积规模并不匹配的现状，提出加大产业扶持力度、提高水果品质，均衡种植品种、优化水果结构，整合农耕土地、实现规模经营等对策建议。③ 陈军（2014）提出建立果品质量标准的全面质量控制体系，积极开拓国际水果市场，促进果实的品种改良和种植技术的更新，采取国际先进的果品生产技术、保鲜及贮藏技术，加快水果加工业的发展等政策建议。此外，耿献辉等人（2013）在《劳动力成本上升对我国水果产业的影响——以梨产业为例》一文中，提出应大力培育发展水果省力化栽培模式，降低劳动力成本；把握水果布局变化规律，适时适地引导各种资源向优势产区集中，实现优质优价。

三是在茶叶产业层面上，2013 年，宋莎等人针对我国茶叶出口国际竞争力的影响因素，提出了加快与国际农药残留限量标准接轨，优化产品结构、加快茶叶产业化进程，培养一批规模较大、实力较强的龙头企业，逐步形成茶叶生产、加工和销售有机结合的产业机制；并通过产业集聚效应来不断提高我国茶叶生产和出口整体实力的政策建议。④ 谢庆（2013）针对广东茶叶贸易与产业经营发展面临的问题，提出了优化贸易结构，继续保持和强化传统优势，充分挖掘潜在优势；努力扩大和创造内需，以高品质、高吸引力的茶叶产品满足不断扩大的高端内需市场；加大对茶业相关和支持产业的扶持力度，努力培养一批具有规模优势和国际竞争力的茶叶

---

① 张磊：《中国水果出口影响因素及竞争力的研究》，硕士学位论文，江南大学，2013 年，第 12—29 页。

② 吕霜竹、霍学喜：《中国苹果出口欧盟市场价格竞争力研究》，《华中农业大学学报》（社会科学版）2013 年第 4 期。

③ 李京栋、张吉国：《中国水果国际竞争力分析》，《国际商贸》2014 年第 3 期。

④ 宋莎等：《我国茶叶国际竞争力及出口影响因素分析》，《农业现代化研究》2013 年第 3 期。

产业企业；建立和完善茶叶产业持续发展的创新机制，充分发挥中央和地方的宏观调控作用，弥补市场机制调节的不足等提升广东茶叶产业国际竞争力的对策建议。[①] 李清光（2012）建议政府加强宏观管理，采用综合手段扶持茶叶出口；发挥行业组织作用，建立茶叶出口的公共服务体系；充分整合企业资源，搭建优势资源平台；建立茶叶安全控制体系，保障茶叶出口质量；加强茶叶技术创新和知识创新，提升产品附加值；细化市场需求，实施差异化竞争等政策建议。[②] 黄文静（2013）针对影响浙江茶叶市场竞争力的制约因素，提出发挥资源优势，优化生产要素条件；适应市场需求，强化品牌影响力；培育新型经营主体，拓展销售和流通渠道；明确经营战略，转变竞争方式；加大政府扶持和管理力度，增强茶叶竞争力等对策措施。李梅生（2013）分析了安溪铁观音茶存在的问题及成因，提出了提高安溪铁观音的五大战略措施，即文化战略、品牌战略、产业战略、管理战略和资本战略。通过不断弘扬茶文化、提高品牌知名度、优化产业结构、加强管理和增加资金投入五个方面全面提升安溪铁观音的产业竞争力。[③] 黄璐茜（2013）分析了湖南安化黑茶品牌发展现状与制约因素，探讨了生态位理论在安化黑茶品牌竞争力提升中的具体应用及评价方法，构建了生态位视觉下品牌竞争力的评价指标体系，提出提升安化黑茶品牌生态位熟化能力，协同共生能力，非平衡发展与泛化能力，维护与控制能力等政策建议。朱步泉（2014）深入分析了我国红茶在国内产销和外销中出现的问题，提出积极引导企业形成合力，走茶叶产业联盟，实现集团化、现代化、标准化，打造红茶统一品牌；不断提高茶园管理水平，改进制茶工艺，有效提高红茶品质，增强红茶在国内市场的竞争力；适当简化包装，适度调整红茶产品分级结构比例；要修订红茶国家执行标准，加强质

---

① 谢庆：《广东省茶叶产业国际竞争力分析——基于钻石理论模型的分析》，《南方农村》2013 年第 10 期。

② 李清光：《在中国茶叶国际竞争力的形成和提升研究》，博士学位论文，江南大学，2012年，第 11—39 页。

③ 李梅生：《安溪铁观音茶产业竞争力提升研究》，硕士学位论文，福建农林大学，2013 年，第 9—27 页。

量监督，严格禁止制茶操作违章，抵制加糖与添加色素等歪风，提高产品安全卫生水平等对策建议。①

四是在花卉产业层面上，2013年，杨跃辉发表《中国主要花卉产品国际竞争力研究》一文，针对中国主要花卉产品进出口贸易总额增长迅速，但种球、干切花及鲜切枝/叶等的出口市场结构趋于恶化，主要花卉产品显性国际竞争力的业绩与质量存在差异等问题，提出积极开拓国际新市场，加快发展中国花卉产品的水平型产业内贸易；同步推进出口数量扩张与出口品质提升，提高花卉产品的出口份额；大力发展现代花卉物流；保持相关产业的平稳较快发展；不断提高花卉产能；适度提高花卉产品的进口额；加大花卉产业的资本投入力度；培养高级生产要素以提高花卉产品生产技术水平及积极应对花卉产品国际贸易壁垒等对策建议。② 封紫等学者（2014）针对影响我国花卉产业发展与竞争力存在的主要问题，提出了建立完善的科研体系，合理利用科研资源；严格花卉质量标准，加强监督力度和检测职能；加大花卉信息公布力度，提高市场预测能力；完善花卉流通体系，促进市场有序经营；加强协会自身改革，充分发挥协会职能等对策。此外，王娜等人（2014）在《国内外花卉产业核心竞争力的对比分析》一文中，提出了提升中国花卉产业国际竞争力的发展策略，即加强花卉新品种培育，引进推广先进的生产管理技术，合理规划花卉产业布局，构建顺畅的花卉流通体系，扩大花卉出口品种与规模等等。

三、园艺产品及各类品种国际竞争力的实证分析与国际比较研究

（一）园艺产品及各类品种国际竞争力的实证研究

1. 园艺产品整体国际竞争力的实证研究

国外有关园艺产品国际竞争力的实证研究多见于20世纪80年代以后，

① 朱步泉：《浅谈红茶在国内市场可持续发展的思考》，《福建茶叶》2014年第2期。
② 杨跃辉：《中国鲜切花显性国际竞争力分析》，《西北林学院学报》2013年第6期。

国内研究相对滞后，诸多国内外学者基于竞争优势理论和比较优势理论，先后从不同视角、采用不同研究方法对园艺产品国际竞争力问题展开了深入研究与探讨。2009 年，伊尔坎·M. 尔斯科里·E.（Yercan, M. Lsikli, E.）采用国内资源成本系数法对土耳其的园艺产品国际比较优势进行了测算。结果表明土耳其的土豆最具有比较优势，其次是柠檬、西瓜和宽皮柑橘。[①] 2001 年，国内学者程国强在《WTO 农业规则与中国农业发展》一书中，运用国内资源成本系数、社会净收益、ERP 分析法分别对中国农产品的比较优势进行测算，认为我国园艺产品具有比较优势。[②] 祁春节（2006）在《中国园艺产业国际竞争力研究》一书中，采用显性和潜在竞争力指标评价法对我国园艺产品国际竞争力进行了综合测评，认为中国园艺产品总体上具有一定的价格优势、劳动资源优势，但并不明显，主要是因生产技术、产品质量和产后加工等问题制约着园艺产业发展。[③] 吴芳、张向前（2011）从价格竞争力、质量竞争力、管理竞争力视角分析了我国园艺产业竞争力及其存在的问题，提出保持成本价格优势，实施优质化、产业化发展战略和多元化市场战略以及优化产业结构布局等对策建议。[④] 吕建兴等学者（2011）在《中国园艺产品出口增长的成因分析——基于 CMS 模型的分解》一文中，实证分析中国园艺产品出口增长的成因时指出，世界贸易规模的扩大是中国园艺产品出口持续增长的主要原因，商品出口结构对园艺产品出口起阻碍作用且越趋明显，市场分布由阻碍作用逐渐转为促进作用且渐趋突出，市场竞争力下降是中国园艺产品出口放缓的主要原因。[⑤]

2. 蔬菜国际竞争力的实证研究

2002 年，刘雪在《中国蔬菜产业的国际竞争力研究》一文中，基于波

① Yercan, M. Isikli, E., "Domestic Resource Cost Approach for International Competitiveness of Turkish Horticultural Products", *African Journal of Agricultural Research*, 2009, 43.

② 程国强:《WTO 农业规则与中国农业发展》, 中国经济出版社 2001 年版, 第 133—143 页。

③ 祁春节:《中国园艺产业国际竞争力研究》, 中国农业出版社 2006 年版, 第 76—79 页。

④ 吴芳、张向前:《我国园艺产业国际竞争力研究》,《科技管理研究》2011 年第 3 期。

⑤ 吕建兴等:《中国园艺产品出口增长的成因分析——基于 CMS 模型的分解》,《经济与管理》2011 年第 8 期。

特的"钻石模型"理论实证分析了要素条件、市场需求、运输成本、科学技术等诸多因素对蔬菜产业国际竞争力的影响，并构建了综合评价指标体系评估了中国蔬菜产业的国际竞争力，认为只有创造条件实现其比较优势向竞争优势转变，才是提升中国蔬菜竞争力的未来取向。[1] 汤勇等学者（2006）运用 DRC 法对中国蔬菜生产与出口优势进行了测算，认为我国蔬菜具有很强的潜在优势，但在国际市场上的竞争力不强，可能是中国蔬菜生产的比较优势尚未转化为出口市场的竞争优势。[2] 申爱民（2007）分析了我国茄子的发展现状与趋势，指出当前制约茄子种植效益提高的关键问题在于缺乏综合性状优良的品种，栽培方式单调、落后，茬口安排过于集中，病虫害危害严重，种子质量参差不齐，高新技术推广普及的程度还比较差和无公害生产程度偏低等，提出了增强我国茄子竞争力的对策建议。[3] 王威（2014）运用贸易竞争力指数、质量指数、比较优势指数等对外贸易指数来进一步对我国蘑菇在国际市场中的国际竞争力以及出现的问题进行研究，从整体上去探讨了我国蘑菇在国际市场中与一些相关贸易国之间在贸易结构、贸易规模、贸易成本等方面的优势与差距。[4]

3. 水果国际竞争力的实证研究

1997 年，巴西圣保罗大学商学院教授勒乌斯·法瓦·马可罗斯（Macros Faua Neves）发表的《橘农与橙汁加工厂之间的关系：以巴西为例》一文指出，由于地理、人口、生理变化导致人们越来越需要消费橙汁，巴西的柑橘竞争优势体现在种植、采收、托运和加工成本上。[5] 科亨·G. 拉达咖、S. P. 德·格尔·罗格·J. M.（Cohen, G. Ladaga, S. P. deGilroig, J. M., 2000）选用波士顿集团 BCG 测算了阿根廷的宽皮柑橘、

① 刘雪：《中国蔬菜产业的国际竞争力研究》，博士学位论文，中国农业大学，2002 年，第 36—59 页。

② 汤勇等：《中国蔬菜的比较优势与出口竞争力分析》，《农业技术经济》2006 年第 4 期。

③ 申爱民：《我国茄子生产概况及发展趋势》，《现代农业科技》2007 年第 21 期。

④ 王威：《我国蘑菇出口的国际竞争力及影响因素华中分析》，硕士学位论文，山西财经大学，2014 年，第 10—29 页。

⑤ Macros Faua Neves, "The Relationship of Orange Growers and Fruit Juice Industry: An Overview of Brazil", 1997.

甜橙、柠檬、柚、苹果、梨6种水果竞争力及其在欧盟市场上的竞争力表现。结果表明，柠檬和梨的竞争力强，宽皮柑橘、苹果的竞争力次之，橙和葡萄柚的竞争力弱。[1] 2001年，哲科瑞·S. 拉基姆·A. (Zekri, S. Laajimi, A.) 采用市场集中度指数（RCA、罗森布鲁斯指数和基尼指数）分析了突尼斯柑橘出口市场结构。结果表明，相对减少出口数量可以形成适度集中度；用政策分析矩阵和RCA测算结果显示，整个柑橘产业具有比较优势。[2] 皮拉左里·C. 帕尔米瑞·A. 瑞瓦罗里·S（Pirazzoli, C. Palmieri, A. Rivaroli S. 2004）列举了20世纪90年代以来世界水果贸易统计数据分析认为，柑橘、梨和桃等水果种植业在面对全球产量增加和贸易全球化影响时必须增强竞争力，要重点关注水果产品质量。特别指出意大利的水果在世界市场的份额正在下降，仅有猕猴桃产销形势最好。[3] 德瓦多斯·斯特芬 (Stephen Devadoss etc., 2009) 等通过对苹果进口国的市场需求和供给的估计，将各国关税内生化并建立世界苹果市场空间均衡贸易模型，量化分析了关税对于美国和世界苹果贸易的影响，研究结果表明，取消关税将会成倍增加美国苹果的出口量。[4]

祁春节（2003）采用总体比较优势和区域比较优势分析法，分别以国内资源成本系数、社会净收益、有效保护率、贸易竞争力指数、显示性比较优势指数和资源禀赋系数、区位商等评价指标对我国柑橘主要品种甜橙和宽皮橘的比较优势与苹果进行了比较分析。结果表明：苹果比柑橘更具有比较优势，在柑橘类果品中宽皮橘及其橘瓣罐头具有更强的国际竞争力，而柚、柠檬、甜橙及其加工品均无比较优势；同时指出，在我国内地

① Cohen, G. Ladaga, S. P. de Gil Roig, J. M., "Analysis Using the Methods of the Boston Consulting Group (BCG) and the Refined Matrix of Viaene-Gellynck", *Revista de la Facultad de Agronomia* (*Universidad de Buenos Aires*), 2000, 20, 15.

② Zekri, S. Laajimi, A., "Survey on The Competitiveness of the Citrus Sub-sector in Tunisia", *Cahiers Options Mediterraneennes*, 2001, 57, 7.

③ Pirazzoli, C. Palmieri, A. Rivaroli, S., "Competitiveness of Fruit Farming Systems between Globalization, Marketing and Quality", *Rivista di Frutticoltura e di Ortofloricoltura*, 2004, 66.

④ Stephen Devadoss, Prasanna Sridharan, Thomas Wahl, "Effects of Trade Barriers on U. S. and World Apple Markets", *Canadian Journal of Agricultural Economics*, 2009, 57 (1).

18 个栽培柑橘的省（市）、自治区中具有区域比较优势的依次是：浙江、福建、湖南、重庆、湖北、四川、广东和江西。提出保持我国柑橘产品的比较优势，挖掘其竞争潜力的主要领域在于：依靠技术进步，提高内在品质和外观质量，降低产后营销成本，提高经营管理效率；按照生态适宜性原则，充分发挥区域比较优势进行适度规模经营。① 唐晓华（2008）基于竞争优势理论，考察了重庆市柑橘产业发展的竞争优势与劣势，提出了完善柑橘产业发展规划、提高行业组织化程度、拓展融资渠道、加强柑橘疫病防控、完善柑橘市场体系等政策建议。② 张玉婷、刘宏曼（2009）选用了国际市场占有率、贸易竞争力指数和显示性比较优势指数对中国柑橘鲜果国际竞争力水平进行了测算，认为中国柑橘产品中的宽皮橘和其他类柑橘具有一定的比较优势，但近几年来呈现减弱趋势。③ 孙佳、霍学喜（2013）通过协整检验和脉冲响应分析表明，中国苹果产量的增长与中高端市场鲜苹果出口量和低端市场鲜苹果出口量呈正相关，与高端市场鲜苹果出口量呈负相关；我国苹果产业化水平、整体规划与出口市场需求存在着较大差距；中国苹果出口高端市场对苹果产业发展影响较大，而出口中、低端市场对苹果产业发展的影响较小。进而提出依靠技术进步提高苹果产业整体生产技术水平，继续保持低端市场稳定的国际市场占有率，攻质量保安全创品牌积极拓展欧盟中高端市场等对策建议。④ 张计育等（2014）分析认为中国猕猴桃栽培面积和产量虽居世界第一，但存在单产低、质量差、出口竞争力弱、进出口贸易逆差较大等问题。针对生产和贸易中存在的问题提出了改善中国猕猴桃产业发展和提高国际竞争力的

---

① 祁春节：《中国柑橘产业经济分析与政策研究》，中国农业出版社 2003 年版，第 191—217 页。

② 唐晓华：《基于"钻石模型"的重庆市柑橘产业发展研究》，硕士学位论文，西南大学，2008 年，第 13—25 页。

③ 张玉婷、刘宏曼：《中国柑橘鲜果国际竞争力的现状、影响因素及对策》，《世界农业》2009 年第 4 期。

④ 孙佳、霍学喜：《中国鲜苹果出口市场分析与苹果生产结构研究》，《西北农林科技大学学报》（社会科学版）2013 年第 1 期。

措施。①李京栋、张吉国（2014）分析了我国水果生产与出口贸易规模，具体测评了几种主要水果的国际竞争力，得出我国水果国际竞争力水平总体较低且生产面积规模并不匹配的结论。

4. 茶叶国际竞争力的实证研究

1983 年，B. B. 斯尔瓦（Silwal B. B.）运用国内资源成本指标研究认为，尼泊尔茶叶产业在贴现率为 6%—10% 时，具有比较优势。② S. R. 达斯·勒特科（Dass S. R. 等，1994）等研究印度茶叶比较优势时发现，在研期内国内收入提高和人口增长，会使茶叶国内需求增加而出口下降。③2007 年，许国权、陈春根在《基于 RCA 和国家钻石模型对我国茶叶国际竞争力的分析》一文中，从我国茶叶的要素禀赋、国内需求、相关产业、产业组织四个方面，实证分析了我国茶叶竞争力与发达国家的差距，提出了提高茶叶国际竞争力的政策建议。李清光（2012）综合运用产业经济学理论、国际贸易理论，对我国茶叶的生产、贸易等比较优势和竞争力进行了系统研究。并对如何发挥茶叶的生产和贸易比较优势，提升国际市场竞争力，促进茶叶可持续发展提出政策建议。管曦（2010）在《中国出口茶叶产品的比较优势探讨——基于不同类别和包装的分析》一文中，根据茶叶不同品种及包装的细分，分析了中国不同茶叶的出口价格竞争力，认为现阶段中国出口茶叶中大包装绿茶最具比较优势，大包装发酵茶比较优势最弱，而小包装绿茶和发酵茶的比较优势上升最快。④

5. 花卉国际竞争力的实证研究

2011 年，耿献辉、齐博在《中国鲜切花出口：市场规模、市场分布与竞争力效应》一文中，分析影响鲜切花产地之间竞争力的主要因素后指

---

① 张计育等：《21 世纪以来世界猕猴桃产业发展以及中国猕猴桃贸易与国际竞争力分析》，《中国农学通报》2014 年第 213 期。

② Silwal B. B., "Domestic Resource Cost of Tea Production in Nepal", *Research Paper Series*, 1983（19）.

③ Dass S. R., Mathur, V. C., Singh J., "Comparative Advantage, Trends and Exportable Surplus in India's Tea Exports", *Indian Journal of Agricultural Marketing*, 1994（Special Issue）.

④ 管曦：《中国出口茶叶产品的比较优势探讨——基于不同类别和包装的分析》，《中国农村经济》2010 年第 5 期。

出，鲜切花产业政策的制定应引导鲜切花合理布局与产地竞争，促进鲜切花生产的规模化、专业化，鼓励基于技术创优势的新兴鲜切花主产地的形成与发展。张帆（2013）在《洛阳牡丹花卉产业出口竞争力研究》一文中，深入分析了洛阳牡丹花和菏泽牡丹花的发展现状与存在的主要问题，提出了加大科技投入，建立牡丹产品创新专利制度来提高牡丹花卉产业的科技水平；依靠龙头企业的带动作用，推广"公司+基地+农户"的生产模式，实行生产社会化和分工专业化来提高洛阳牡丹花的产业化水平；在完善市场法规的基础上，还要以市场需求为导向，加大国内外宣传和交流，实施品牌战略来拓展牡丹产品市场；积极参与国际分工、提高牡丹花卉产品质量、改善出口产品结构来优化国际环境等提升洛阳牡丹花卉产业的出口竞争力对策建议。[①]

（二）园艺产品整体及各类品种国际竞争力的国际比较研究

1. 园艺产品整体国际竞争力的国际比较研究

国外有关园艺产品国际竞争力的实证比较研究多见于 20 世纪 70 年代以后。1982 年，罗卡普·哈德哈拉·T. 韦尔施·D. E.（Lokap hadhana, T.; Welsch D. E.）运用 NSP 和 DRCC 法测量了泰国 8 种园艺产品的经济效率和为获得外汇收入所需付出的真实成本。[②] 拉里·马丁、兰德尔·瓦斯格兰、艾玛·万·杜伦（Larry Martin, Randall Westgren& Ema van Duren, 1991）提出了利润和市场份额两个衡量和监测竞争力的概念。实证对比分析了加拿大和美国家禽、果蔬、肉类等五类食品的竞争力。发现加拿大五类产品中有果蔬等四类产品的竞争力下滑。[③] 2007 年，阿兹佐尔兹、E. 雷

---

① 张帆:《洛阳牡丹花卉产业出口竞争力研究》，硕士学位论文，河南科技大学，2013 年，第 15—25 页。

② Lokap hadhana, T. Welsch, D. E., "Net Social Profitability and Domestic. Resource Cost of Eight Agricultural Commodities in Thailand", *Staff Paper University of Minnesota*, Dept. of Agricultural and Applied Economics, 1982.

③ Larry Martin, Randall Westgren, Erna van Duren, "Agribusiness Competitiveness across National Boundariesl", *American Journal of Agricultual Economics*, 1991, (9).

提姆、A. 阿必达·A.（Azzouzi, E. Laytimi, A. Abidar, A.）采用产区农场调查数据，运用名义保护系数、有效保护系数、国内资源成本系数方法对摩洛哥宽皮柑橘、晚熟甜橙、西红柿等园艺产品的竞争优势进行了测算。结果显示名义保护系数、有效保护系数、国内资源成本系数均小于1，表明摩洛哥的园艺产品在生产上都具有竞争优势。其中番茄（国内资源成本系数为 0.36）最具竞争力，其次是宽皮柑橘（国内资源成本系数为 0.41）、甜橙（国内资源成本系数为 0.5）。① 伊尔坎·M. 尔斯科·E.（Yercan, M. Lsikli, E., 2009）采用国内资源成本系数法对土耳其的园艺产品国际竞争优势进行了测算。结果表明，土耳其的土豆最具竞争力，其次是柠檬、西瓜和宽皮柑橘。②

2. 蔬菜国际竞争力的国际比较研究

国外学者拉里·马丁、兰德尔·瓦斯格兰、艾玛·万·杜伦（Larry Martin, Randall, Westgren, Emavan Duren, 1991）提出检测和衡量竞争力的两个概念：市场份额和利润，并实证分析了加拿大和美国蔬菜加工产业的竞争力，认为加拿大的蔬菜加工产品竞争力弱于美国。③

国内有关园艺产品国际竞争力的测度比较研究多见于"入世"以后。2006 年，张吉国等学者发表《中国蔬菜产品国际竞争力实证研究》一文，采用经验指标法对中国蔬菜产品国际竞争力进行了测算，并与意大利、美国和西班牙进行了比较研究。认为中国蔬菜总体竞争力有所下降，除大蒜、姜、干菜、土豆等品种具有很强竞争力外，洋葱、胡萝卜、韭葱等品种次之，其他蔬菜品种竞争力很弱。④ 凌华，王凯（运用及出口渗透率指

---

① Azzouzi, E. Laytimi, A. Abidar, A., "Effect of Incentive Policy on Performance and International Competitiveness of Greenhouse Tomatoes, Clementine Mandarins, Maroc-late Oranges, and Olive-oil in Morocco", *Food Economics*, 2007, 4.

② Yercan, M. Isikli, E., "Domestic Resource Cost Approach for International Competitiveness of Turkish Horticultural Products", *African Journal of Agricultural Research*, 2009, 4, 32.

③ Larry Martin, Randall Western, Erna van Duren, "Agribusiness Competitiveness across National Boundaries", *American Journal of Agricultural Economics*, 1991, (9).

④ 张吉国：《中国蔬菜产品国际竞争力实证研究》，《山东农业大学学报》（社会科学版）2006 年第 3 期。

标对中国蔬韩出口竞争力进行了实证分析，得出结论：中国蔬菜对韩出口有绝对优势；从详细品目看，中国蔬菜简单加工和深加工对比韩国都有较强的竞争力，鲜冷蔬菜的竞争力却较低（以美国为参照国）。[①] 2007 年，刘学忠在《我国大蒜国际竞争力的比较分析》一文中，运用国际市场占有率、贸易竞争力指数、显示性比较优势指数和国际市场价格等指标，对我国大蒜的国际竞争力进行了测算和比较分析，提出了调整出口结构，积极发展深加工；依靠科学技术，提高创汇能力；实施品牌战略，提高竞争能力；发展行业协会，规范竞争秩序；采取得力措施，积极应对贸易壁垒；建立健全信息服务体系，积极发展仓储等提升大蒜国际竞争力的对策与措施。[②]

3. 水果国际竞争力的国际比较研究

2001 年，简·L. 苏、乔伊斯·J. 瓦恩（Jane L. Hsu, Joyce J. Wann）通过市场调查方法来考量美国水果在台湾市场的竞争力。调查表明，无论对零售商还是消费者，进口的美国水果在台湾市场比当地水果更具竞争力。[③] 1992 年，普洛克特·W. 菲利普斯、B. 克里、J. 希尔斯特、R. 万·阿巴尔（Proctor, W. Phillips, B. Kelly, J. Hilst, R. van. Abare）运用案例研究法对澳大利亚和美国柑橘市场竞争力进行了比较分析，认为澳大利亚生产者面临不断增加的通过扩大国际市场来维持和提高投资回报的压力。[④] 菲丹·哈利勒（Halil Fidan, 2009）采用显示性比较优势指数法对土耳其和欧盟国 15 国的柑橘产品出口比较优势进行了检测。结果显示，希腊、西班牙、意大利和葡萄牙是土耳其的主要竞争对手，表明土耳其的柠檬/酸橙和柚子出口竞争力均比以上四国要强。[⑤] 2006 年，刘晓光、葛立群

① 凌华、王凯：《中国蔬菜对韩出口竞争力及贸易空间的拓展——以美国为参照》，《国际贸易问题》2010 年第 1 期。

② 刘学忠：《我国大蒜国际竞争力的比较分析》，《国际贸易问题》2007 年第 6 期。

③ Jane L. Hsu, Joyce J. Wann, "Competitiveness and Consumer Preferences of US Fruits in Taiwan", *Annual Meeting of the American Agricultural Economics Association–Canadian Agricultural Economics Society*, 2001, (8).

④ Proctor, W. Phillips, B. Kelly, J. Hilst, R. van. Abare, "Australian Citrus: Competitiveness of the US and Australian Citrus industries", *Research Report*, 1992, 92, 14, 43.

⑤ Halil Fidan, "Comparison of Citrus Sector Competitiveness between Turkey and EU-15 Member Countries", *HortScience*, 2009, 44 (1).

在《中国水果产业国际竞争潜力评价及提升途径》一文中，采用潜力综合评价指标（STD）对中国水果产业国际竞争潜力进行了测评，并与美国、比利时、荷兰、法国等中外9国的国际竞争潜力进行了实证比较分析，结果表明美国水果产业最具竞争潜力，中国竞争潜力较弱，但中国的生产要素竞争力最强。[①] 吕霜竹、霍学喜（2013）测算了欧盟市场苹果的进口需求价格弹性和交叉价格弹性，并比较分析中国苹果与主要竞争国苹果在欧盟市场的价格竞争力。结果表明，相对欧盟苹果而言，中国苹果在欧盟市场上的竞争力不足；相对美国、智利、俄罗斯苹果来说，中国苹果在欧盟市场上具有比较优势。王利云（2014）运用国际市场占有率、生产成本、显示性比较优势指数等指标，对中国与美国水果贸易的国际竞争力进行了比较。研究表明，中国水果贸易的出口竞争力整体弱于美国，但在某些品种上具有一定的竞争优势，加工水果的竞争力高于鲜冷冻水果。[②] 潘伟光（2005）对中韩两国的苹果和柑橘的国际竞争力进行了实证比较分析，认为中国水果业在生产成本和价格方面优势明显，而韩国在单位生产率方面优势明显。[③] 余艳锋（2007）从成本收益视角比较分析了中美柑橘竞争力，结果表明中国柑橘的生产成本具有微弱优势，主要得益于廉价的劳动力和低价的农用物质，但其成本收益率远低于美国。[④] 何劲、祈春节（2010）对中外10大柑橘出口国的柑橘国际竞争力进行比较分析，认为西班牙和摩洛哥的柑橘出口竞争优势最为明显，中国柑橘具有一定的价格竞争力。[⑤]

4. 茶叶国际竞争力的国际比较研究

2007年，李道和、池泽新在《中国茶叶产业国际竞争力实证分析》一文中，分别利用LA-AIS、CMS模型和RCA法对中国茶叶（红茶、绿茶）

[①] 刘晓光、葛立群：《中国水果产业国际竞争潜力评价及提升途径》，《沈阳农业大学学报》（社会科学版）2006年第4期。

[②] 王利云：《中国与美国水果国际竞争力比较研究》，《对外经贸》2014年第2期。

[③] 潘伟光：《中韩两国水果业生产成本及价格竞争力比较——基于苹果、柑橘的分析》，《国际贸易问题》2005年第10期。

[④] 余艳锋：《中国甜橙国际竞争力的实证研究》，硕士学位论文，华中农业大学，2007年，第16—30页。

[⑤] 何劲、祁春节：《中外柑橘产业发展模式比较与借鉴》，《经济纵横》2010年第2期。

的生产成本和价格与斯里兰卡、日本和越南进行了比较分析。结果表明中国茶叶具有一定的价格优势，但这种价格优势正在逐步下降。[①] 闫伟伟、徐秀英（2007）综合比较优势指数、贸易竞争指数法、显示性比较优势指数法比较分析表明，浙江省绿茶国内比较优势明显，具有较强的竞争力，但是竞争力不稳定。[②] 2013 年，揣江宇、胡麦秀基于 1991—2010 年相关茶叶贸易数据，运用回归模型实证分析了中国茶叶对美国出口的影响。实证分析发现，技术性壁垒是中国茶叶对美出口的主要障碍；此外，中国茶叶单位平均价格和总产量等也会对两国茶叶贸易产生显著影响。为此提出中国茶叶出口应对美国技术性壁垒的政策建议：即政府应建立健全中国茶叶管理的标准化体系，企业提高技术创新能力并增强标准化意识，行业协会要自我改进信息服务工作等。[③]

5. 花卉国际竞争力的国际比较研究

2005 年，左锋、曹明宏在《中国花卉国际竞争力的比较研究》一文中，对中外 12 国的花卉国际竞争力进行了比较研究，认为荷兰花卉最具竞争力，其次是哥伦比亚和意大利，中国花卉的国际竞争力相对较弱。[④] 祁春节、彭可茂（2002）运用国际市场占有率、显示性比较优势指数、贸易竞争指数对中、日、欧、美等国的花卉竞争力进行了测评与比较，认为中国花卉整体竞争力逊于他国，但切花的竞争力正在不断增强，出口潜力很大。[⑤] 杨跃辉（2013）基于联合国 2002—2011 年时序数据，采用国际市场占有率、显示性比较优势指数、贸易竞争力指数、进出口价格比、质量升级指数及质量竞争力指数等多个评价指标，对主要鲜切花出口国和中国鲜切花的显性国际竞争力进行实证分析与比较，认为中国鲜切花具有一定的国际竞争力，鲜切花出口质量呈上升趋势，鲜切花出口比进口具有更高的

①　李道和、迟泽新:《中国茶叶产业国际竞争力实证分析》,《农业技术经济》2007 年第 4 期。

②　闫伟伟、徐秀英:《浙江茶叶竞争力实证分析》,《林业经济问题》2007 年第 27 期。

③　揣江宇、胡麦秀:《美国技术性壁垒对中美茶叶贸易影响的实证分析》,《中国农学通报》2013 年第 20 期。

④　左锋、曹明宏:《中国花卉国际竞争力的比较研究》,《世界农业》2005 年第 9 期。

⑤　祁春节、彭可茂:《我国花卉进出口贸易分析与对策》,《林业经济》2002 年第 11 期。

附加值。陆继亮（2014）通过对云南昆明斗南花卉批发市场鲜切花价格统计分析发现，清明节前夕云南菊花尤其是单头菊和多头菊价格创历史新高，按近几年国内外菊花行情走势分析，云南菊花因具低成本比较优势，较荷兰和日本便宜，其需求量呈逐年上升态势，已成为日本第二大菊花贸易伙伴。①

四、本章研究的理论基础简评

（一）研究领域覆盖面较宽，但理论分析缺乏一定深度

一是国外对于投入品价格上涨的影响效应研究主要聚焦在对农民收入影响的实证分析及其替代品的应对措施上，而国内的相关研究主要集中在对农产品成本收益影响的统计描述及其政策层面的建议上，所得结论和政策建议科学合理具有可操作性，能为政府、企业和农民科学决策提供参考。但在对策措施上宏观层面研究较多，中观层面次之，微观层面甚少，尤其是在如何调控农村劳动力价格较快上涨的政策建议方面明显欠缺，导致政府、企业、农民的角色定位不够明确。

二是国外关于园艺产品国际竞争力领域的研究不仅关注研究主体类别与品种的广泛性、国际竞争力评价指标的多样性，而且注重实证比较的针对性和影响因素的多元性；国内对于园艺产品国际竞争力的研究主要聚焦在园艺产品国际竞争力经验指标的评价比较和基于"钻石模型"框架的实证分析上，尤其是在理论运用上，偏重单一以比较优势理论或竞争优势理论为基础，对园艺产品国际竞争力进行比较研究，却忽视了这两种理论的关联性与统一性，缺乏有效运用两种理论对所研究对象进行综合分析与论证，以致理论分析欠缺一定的深度和与实践的结合，所得结论及政策含义显然欠缺应有的完整性和可操作性。

此外在理论分析上，尚未形成一个科学、合理的分析框架和一个完

---

① 陆继亮：《斗南国际花卉产业园区：成功实现升级换代》，《中国花卉园艺》2014 年第21 期。

整、系统的评价指标体系，难以对园艺产品国际竞争力进行综合考量和对其影响因素进行不同层面的分析与判断，因而对不同国家或地区园艺产品国际竞争力的评估及其影响因素分析欠缺规范性、系统性乃至所得结论的准确性，有待后续研究的深化与完善。

（二）研究方法具有多样性，但分析范式欠缺创新

就现有的园艺产品国际竞争力研究文献来看，尽管学者们的研究视角各异、基于理论的应用并不相同，但在园艺产品国际竞争力的分析范式上多数文献呈现国际比较分析较多、国内比较分析较少，同类产品分析较多、异类品种分析较少，尤其是在园艺产品国际竞争力的影响因素分析上，可能是受资料数据可获得性制约，多以定性分析、统计分析法为主来研究外生因素对园艺产品国际竞争力的影响效应，而欠缺采用计量分析方法动态考察内生和外生变量对园艺产品国际竞争力的影响符号和大小，所得结论缺乏准确性和说服力，其政策含义也欠缺一定的针对性与完整性。

（三）研究对象具有广泛性，但存在偏颇

一是关于投入品价格的研究，国内学界大多聚焦在农资价格上涨的影响效应上，较少以劳动力价格、化肥、农药为样本；在因变量选择上，较多关注投入品价格上涨对土地密集型农产品成本收益的影响，而对劳动密集型园艺产品成本收益影响的研究相对较少；国外较多关注农资价格上涨对园艺产品成本收益的影响，而对其他农产品影响的研究相对欠缺。

二是有关园艺产品国际竞争力研究，许多学者常以园艺产品整体或以蔬菜、水果、茶叶、花卉为研究对象，虽然符合世界园艺产业发展的现实需要，基本适应全球园艺产品消费的主流和偏好，但却欠缺具有潜在市场的蔬菜、水果类细分品种国际竞争力的研究与开发，尤其是对蔬菜、水果加工制品国际竞争力的研究关注不够，导致现有研究文献中以园艺产品总体或蔬、果、茶、花类品种整体研究较多、细分品种研究较少，以鲜菜鲜果产品研究较多、加工制品研究较少，主导产品研究较多、一般品种研究

较少，特色品种竞争力的研究尚未引起国内外学者的关注，可能对世界园艺产业内部的协调与可持续发展带来一定的负面影响。

通过认真梳理归纳国内外大量研究文献发现，对于投入品价格上涨对园艺产品国际竞争力的影响问题至今并未引起国内外同行的关注，涉及这一命题的文献也不多见。尽管如此，现有的相关文献却为我们深入开展投入品价格上涨对园艺产品国际竞争力影响的研究，提供了大量值得参考的素材和研究的思路与方法，为本书研究奠定了理论铺垫。

需要指出的是，本章仍有部分研究文献分散于后续的个别章节中，这样的安排更有利于这些章节具体问题的把握，对文献的评价部分也将在对具体问题的研究中有针对性的展开。本书将在前人研究的基础上尝试新的扩展，力图有所新贡献。

第三章　投入品价格上涨对园艺产品国际竞争力影响的理论分析框架

从投入品价格和竞争力视角来探讨园艺产品国际竞争力的影响问题，迄今尚无其他学者专门研究。本章试图构建一个投入品价格上涨对园艺产品国际竞争力影响的理论分析框架，运用国际经济学、竞争力经济学、微观经济学、市场价格学、新制度经济学等多学科的相关理论，诠释园艺产品国际竞争力形成的理论根源及表现形式，分析和解读投入品价格对园艺产品国际竞争力影响的因果关系及作用机理，得出结论和有待检验的推论，作为后续章节实证研究的理论准备和铺垫。全章分为园艺产品国际竞争力形成的理论根源及表现形式、投入品价格与园艺产品国际竞争力、投入品价格与园艺产品国际竞争力的因果关系、投入品价格上涨对园艺产品国际竞争力影响的作用机理和分析结论与推论等几个部分。

一、园艺产品国际竞争力形成的 理论根源及表现形式

在就投入品价格上涨对我国园艺产品国际竞争力影响进行实证分析之前，有必要先对园艺产品国际竞争力形成的理论根源及其表现形式进行探讨。追溯园艺产品国际竞争力形成的理论根源说法种种，但概括起来主要来源于以下三个方面：一是源于国际经济学比较优势理论的诠释。这一理论的分析范式是以比较优势为主线来论述的。二是源于管理学竞争优势理论的诠释。这一理论的分析框架是以竞争优势为核心来展开的，此种分析

方法与国际贸易理论的诠释有很多相关之处，但是为了分析园艺产品国际竞争力的需要，还是有必要分开解读。三是源于马克思供求理论的诠释。马克思从竞争的视角，把竞争力看作是供求双方较量的一种关系和结果。通过对供求关系的描述，解读园艺产品竞争力来源于产品的生产成本、生产价格、生产率、生产规模和生产者数量。马克思的供求关系论与上述理论有相同之处，但不同之处在于它仅局限在企业竞争的层面。本章对园艺产品国际竞争力形成的理论根源进行诠释之后，还要对其国际竞争力的表现形式进行分析。

（一）园艺产品国际竞争力形成的理论根源

世界各国之间只要有农产品贸易等经济活动，就会存在农业产业及其农产品竞争力问题。那么园艺产品国际竞争力究竟怎样形成呢？这一问题可以从国际经济学、管理学和马克思资本论中的相关理论得到诠释。

1. 源于比较优势理论的诠释

（1）源于以比较优势为主导的传统国际贸易理论的解释

国际贸易理论的起源与发展，可追溯到古希腊时代的重商主义。1776 年亚当·斯密（Smith Adam）在其《国民财富的性质和原因的研究》（简称《国富论》）一书中批判重商主义观点的基础上，把劳动分工理论引入国际贸易领域，提出了基于国家之间生产技术绝对差别的"绝对优势学说"。斯密认为，绝对优势是在用各国之间生产同一产品的绝对技术差异从而出现单位产品生产成本绝对差异产生的。一般来说，一国产品的绝对成本优势首先来源于先天优势（自然禀赋优势）即"一国在地理、环境、土壤、气候、矿产品等自然条件方面的优势"，其次来源于后天优势（可获得性优势）即"通过后天学习、经验积累、教育与培训等所得到的优势"。[①]如果一国具备其中至少一种优势，则其产品就有绝对的成本优势或处于绝对优势地位，即具有国际竞争力。1817 年大

---

① A. Smith, *The Wealth of Nations*, New York: The Modem Library, 1937, pp. 123–128.

卫·李嘉图（Ricardo David）针对绝对优势理论的局限性，从相对生产效率的角度首次提出了生产技术相对差别的"比较优势学说"。他认为，"只要一国在某种产品上具有相对优势，那么该产品则具有一定的国际竞争力"，强调指出"决定国际贸易的因素是两国商品的相对劳动成本，而不是绝对劳动成本"，阐明了国际贸易分工的基础不在于绝对成本的差异，只要各国之间产品的生产成本存在相对差异（比较成本差异），即产生国际竞争力。① 1933 年瑞典经济学家俄林（B. Ohlin）基于比较优势理论存在的严重缺陷，进一步完善并发展了比较优势理论，从资源配置视角用生产要素的丰裕程度来解释国际竞争力产生的原因，提出了要素禀赋理论。俄林阐释了一国要素禀赋差异所产生的国际贸易对收益分配的影响，强调国际贸易的前提条件是一国某产品生产要比在其他国生产便宜，产品价格差异是由其生产成本比例的差异决定的，而生产成本比例的差异又是由生产要素的价格比例即要素禀赋程度不同产生的。所以要素禀赋理论认为，"某产品的国际竞争力是由该国生产要素的禀赋程度决定的，只要能充分利用本国相对丰裕的生产要素密集生产其出口的商品，就会拥有竞争优势与竞争力"。②

（2）源于以规模经济为核心的现代国际贸易理论的解释

20 世纪 70 年代，保罗·克鲁格曼（Paul Krugman，1989）等人用内在规模经济和外在规模经济解释了发达国家之间和产业内贸易。修正了传统古典贸易理论的假设前提条件，即批评了假设技术是一个外生不变量的观点，把现代微观经济学、产业组织学和博弈论的研究成果尤其是把规模报酬递增原理与垄断竞争原理成功地引入到现代国际贸易分析中，提出了基于技术进步的内生动态的规模经济理论，从而使其成为现代贸易理论的代表性学说即"新贸易学说"，阐明了在不完全竞争和产业内贸易条件下，

---

① David Ricardo, *The Principles of Political Ecomomy and Taxation*, Homewood：lrwin, 1963, pp. 36–81.

② B. Ohlin, *Interregional and International Trade*, Cambridge, Mass：Harvard University Press, 1933，pp. 39–130.

企业（或产品）国际竞争优势的形成和竞争力的来源。① 规模经济分为外部规模和内部规模经济两种：一是外部规模经济，来源于产业或行业的生产规模大小，即当一国在某个产业或行业发展规模较大时，在技术开发和节约成本方法上的影响容易传播和推广，可在同样单位要素投入下得到更多产出，提高产品的成本优势和价格优势，从而可获得企业（或农户）自身规模条件不变情况下的额外经济收益。反之，如果一个产业或行业的规模较小，则要求企业必须"小而全"、农户必须多种经营才能维持生存和发展。因此，必然导致农产品生产成本较高，从而使该种农产品在国际市场上缺乏竞争力。二是内部规模经济，产生于单个企业内部生产规模的扩大，包括企业和产品规模经济。在新贸易理论中，企业（或农户）的竞争优势与竞争力来源于内部规模经济和外部规模经济两个层面，前者可使企业自身产生竞争优势与竞争力，后者是借助产业或行业优势产生竞争优势与竞争力。由此可见，农产品国际竞争力不仅来源于企业（或产品）规模经济优势，而且来源于产业（或行业）规模经济优势。在现阶段我国农地制度条件下需要政府的宏观干预才能获得农业产业（或行业）的规模经济优势和企业（或农户）的某种规模经济优势。

（3）源于以内生比较优势为主体的新兴古典贸易理论的解释

20世纪90年代，杨小凯等人对传统比较优势理论进行了挖掘与创新，构建了新兴古典经济学理论框架，即内生比较优势理论学说。它主要由新兴古典增长模型及其现代贸易理论所组成。新兴古典增长模型，即熟能生巧模型，简称Y—B模型。杨小凯阐述了熟能生巧与交易费用、分工演进及规模递增的关系，提出了内生比较优势是在长期的经验积累中能动地创造出来的观点。这种模型的假设前提为生产率提升是由较低交易费用和不同消费偏好的消费群体与熟能生巧的生产者共同作用所产生的。新兴古典贸易理论的核心内容在于尤为重视比较优势内生性与动态性，认为："内生

① P. Kmgman and H. Elpman, *Trade Policy and Market Structture*, Cambridge, Mass：M. I. T. Press, 1989, pp. 125-130.

比较优势可从后天专业化学习和自主知识创新以及长期的经验积累过程中所产生并转化为竞争优势，这种内生比较优势的演进预示着一国贸易动态发展和经济持续增长的可能性。"①

由此可见，农（园艺）产品国际竞争力不仅源于外生比较优势，也来源于内生比较优势，这种内生比较优势和外生比较优势的演变与推进就成为一国农（园艺）产品国际贸易可持续发展的源泉。

2. 源于竞争优势理论的诠释

20世纪下半叶，美国为了进一步增强其在国际经济竞争中的综合实力，在理论界展开了如何提高其国际竞争力的研究。随后世界各国尤其是西方一些经济发达国家对国际竞争力研究不断升温。正是在此背景下，美国著名管理学教授迈克尔·波特把产业组织理论成功引入美国的战略管理研究之中，先后出版了著名的《竞争战略》（1980）、《竞争优势》（1985）和《国家竞争优势》（1990）三部著作，创建了竞争优势理论模型。他在对传统国际贸易和现代国际贸易理论提出质疑后，从微观、中观、宏观三个层面全面论述了"竞争优势"问题，系统地提出了一套全新的分析框架来解释一国产业竞争优势的来源，并应用其方法对产业竞争力进行了实证分析。波特认为影响产业竞争的因素有产业外部因素和产业内部因素两大类，产业外部因素对于产业内部所有企业的影响通常是相同的，因此产业外部因素只是在相对意义上起作用，关键在于产业内的企业对外部影响的应变能力。对于国家竞争优势，波特认为一个国家可以在某些行业遥遥领先，同时在另一些行业远远落后。这主要是由于各个行业对其经营环境有不同的要求，相同的国内环境会有利于某些行业的发展，以致这些行业特别发达，同时又特别阻碍另一些行业使其变得特别落后。因此，国家竞争优势从根本上来说是若干行业的竞争优势问题，国家竞争优势的分析应从行业的角度着手，来考察一个国家的经济、社会、政治等环境如何影响各个行业的国际竞争力。为了对国家竞争优势提供一个比较完整的解释，波

① 杨小凯:《经济学原理》，中国社会科学出版社1998年版，第47—48页。

特提出了一个著名的国家竞争优势"四因素模型",即"钻石模型"或者说"钻石理论"(如图 3.1 所示)。

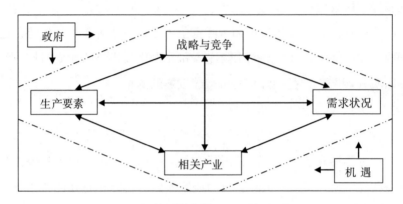

图 3.1　迈克尔·波特钻石模型示图

　　波特的"钻石模型"构架主要是由需求条件、生产要素、企业战略与竞争、相关产业四个决定因素和政府作用、机遇与挑战两个支持因素所组成。通过对前四个决定因素和后两个支持因素的共同作用而产生(或影响到)竞争力。

　　(1)生产要素。生产要素是指一个国家在特定产业竞争中有关生产方面的资源。包括自然资源、人力资源、资本资源、知识资源和基础设施等。具体而言,生产要素可分为基本要素(如自然资源、气候、地理位置、非熟练劳动力等)和高级要素(如高科技人才、熟练劳动力、研究设备和专有技术、高科技研究机构等)两类;还可分为通用要素(如高速公路、融资、大学一般专业毕业生等)和专业性要素(如特殊专业人才、先进基础设施、专门知识等)两类。相比而言,高级要素更有价值,如果一国基本要素不足,但高级要素在世界上具有优势,这个国家仍可能具有国际竞争优势;专业性生产要素往往比通用性生产要素在保持企业竞争优势方面更重要。

　　(2)国内需求。国内需求是指本国市场对该产业所提供产品或服务的需求状况。本国市场对有关行业的需求状况是影响一国国际竞争优势的第二关键因素。国内需求量大会刺激企业的改进和创新，有利于企业迅速达到规模经济。如果国内消费者善于挑剔，就会迫使企业不断努力开发新产品、提高产品质量与档次和服务水平，使之在国际市场上具有很强的竞争力。

（3）相关产业和支持产业。相关产业和支持产业是指为主导产业提供投入的国内产业，也可说是指因共用某些技术、共享同样的营销渠道和服务而联系在一起的产业或具有互补性的产业集群，这是构成国家竞争优势的关键要素之一。国内具有发达的、完善的相关产业和支撑产业，它们在高级生产要素方面投资的好处将逐步扩溢到主导产业中，本行业就能降低产品成本、提高产品品质，从而建立自己的优势。

（4）企业战略、结构与竞争对手。企业战略、企业结构与竞争对手是指企业在一个国家的基础、组织和管理形态以及国内市场竞争对手的表现。企业的竞争能力与企业的管理体制密切相关，而良好的企业管理体制选择，不仅与企业的内部条件和所处的产业性质有关，而且取决于企业所面临的外部环境。激烈的国内竞争和强大的竞争对手是企业竞争优势产生并得以长期保持的最有力的刺激因素，同时也迫使企业去开拓国际市场。

此外，机遇与挑战和政府因素也对形成国家竞争优势起着不可或缺的作用。

波特认为一国优势产业的发展可分为四个不同阶段：一是生产要素推动阶段，此阶段的竞争优势主要取决于一国在生产要素上拥有的优势，即是否具有廉价的劳动力和丰富的自然资源；二是投资推动阶段，此阶段的竞争优势主要取决于资本要素，大量的投资可以更新设备、扩大规模和增强产品的竞争能力；三是创新推动阶段，此阶段的竞争优势主要来源于研究和开发新产品；四是财富推动阶段。

总之，波特的竞争优势理论实际上是把不同国家、不同产业的比较优势和竞争优势加以融合，其中相关产业与支持性产业因素弥补和延伸了要素禀赋理论，生产要素和政府作用因素实质上阐释了动态比较优势理论等等。由此可见，波特的竞争优势理论继承并拓展了比较优势理论、揭示了要素禀赋产生比较优势的现实性与要素贫乏产生比较优势的可能性，从微观、中观、宏观三个层面全面系统地阐释了产业（产品）国际竞争力的来源，为本书提供了一个科学分析园艺产品国际竞争力来源的思路和完整框架。

3. 源于马克思供求理论的诠释

马克思将竞争力看作是供求双方较量所表现出来的一种关系。他认为，"买主和卖主之间的竞争实际上是一种供求关系的博弈"，[1] 这种供求关系博弈的实现，即商品从生产者手中向消费者手中的"惊险一跳"，[2] 就决定了竞争的胜负，取得了供求博弈的效应。这种供求的较量，首先是价格的较量，对于"同一种商品在有许多卖方的市场上，谁以最便宜的价格出卖同一质量的商品，谁就会战胜其他卖主，从而保证自己有最大的销路"。[3] 而价格的较量，实际上是生产成本的较量，"只要有一个人用较便宜的费用进行生产并用低于市场价格或价值出售商品的办法，能出售更多商品，在市场上夺取一个更多的地盘，就会迫使其他人也采取更便宜的生产方法，把社会必要劳动减少到新的更低的标准"。[4] 这说明，生产成本的降低又是生产方法改进的结果。而生产方法的竞争，又同生产者的规模直接联系在一起。"在那里，竞争的激烈程度与互相竞争的资本家的多少成正比，与相互竞争的资本规模大小成反比"。[5] 可见，马克思通过供求关系的描述，说明了企业（农户）或园艺产品竞争力的主要来源在于产品的价格、成本、生产率、生产规模和生产者数量。

（二）园艺产品国际竞争力的主要表现形式

从上述国际竞争力来源的理论诠释表明，园艺产品国际竞争力的形成根源是多方面的，因此也决定了它的表现形式或者说它的表现特征是多种

---

[1] 《马克思恩格斯选集》第1卷，人民出版社2012年版，第358页。
[2] 《马克思恩格斯全集》第23卷，人民出版社1998年版，第126页。
[3] 《马克思恩格斯全集》第6卷，人民出版社1998年版，第482页。
[4] 《马克思恩格斯全集》第25卷，人民出版社1998年版，第219页。
[5] 《马克思恩格斯全集》第23卷，人民出版社1998年版，第680页。

多样的。根据乔娟（2006）等学者的分类，本书把园艺产品国际竞争力的表现形式分为两种：一种为显性国际竞争力，表现为国际竞争力的实现效果。其度量指标主要是 IMS、RCA、TSC、QCI 等；另一种为隐性（潜在）国际竞争力，表现为国际竞争力的潜在优势。其度量指标主要是 DRCC、NSP 等。按照国际竞争力细分，可把园艺产品国际竞争力的表现形式分为价格、成本、质量竞争力等多种。其实，从追溯园艺产品国际竞争力形成的理论根源到现实人们对农产品国际竞争力的理解，不难看出园艺产品作为一种具有特殊自然属性的商品，尤其是作为一种食品来说，它在一个完全竞争的市场交易中，所显现的特征首先应该是价格和质量，按照人们购买经验的说法是同质产品看价格，同价产品看质量；对于消费水平较高和购买农产品有经验的群体来说，还要看其品牌（包括品牌知名度、售后服务等方面）、特色（包括营养价值、保健功能、稀缺程度等等）和信誉等等。因此，从可量化性出发，本书认为园艺产品国际竞争力最基本的表现特征应该是价格竞争力、质量竞争力和成本竞争力三种。

1. 园艺产品价格竞争力

园艺产品价格竞争力是指在一个完全竞争的市场条件下，相同品种、相同质量和品牌的园艺产品所具有的价格优势。园艺产品价格竞争力是其国际竞争力的重要特征和最主要的表现形式。根据市场价格学理论，园艺产品价格形成中的成本不仅包括生产成本，而且还包括流通成本和交易成本，生产成本包含生产必需的物质费用、劳动用工和生产设施、装备等成本。如果流通成本、交易成本不高，其生产成本优势可能表现为价格优势即价格竞争力。园艺产品价格竞争力的强弱直接体现在国内市场与国际市场同类产品的价格比较优势上，根据产品竞争市场的不同，可以将园艺产品价格竞争力分解为出口竞争力和国内竞争力。一国园艺产品价格如在国内市场上低于进口同质园艺产品的价格，就是具有国内竞争力。同理，一国园艺产品价格如在国际市场上低于同类园艺产品价格，那就是具有出口竞争力。因此，一般认为园艺产品价格竞争力是一种显性的国际竞争力。

2. 园艺产品质量竞争力

园艺产品质量竞争力是其国际竞争力的基本要素和主要表现形式之一。从商品学、营养学、卫生学的角度来看，一种园艺产品的质量竞争力主要体现在园艺产品本身的大小、形状、色泽、口感、养分含量、易于储藏运输（增值）、适于加工需要（专用）等方面的生物学特征指标上，同时也表现在这种产品是否有病害、各种药物残留和有害物质含量等食物安全卫生指标上。园艺产品质量竞争力的强弱不仅与其本身的生物学特征和卫生安全有关，而且与其营销服务特性相关，使得消费者对同一园艺产品质量的认知与评价上存在一定的偏差。在一般情况下，广大消费者对同质园艺产品的总体评价是一致的，但在个别情况下，消费者的主观判断可能起到非常重要的作用，即使最终产品的可验定质量完全一样，但因生产过程和方式不同，消费者的判断也不会一样，这可能与消费习惯和偏好的差异有关。由此可见，质量竞争力也是一种显性的国际竞争力。

3. 园艺产品成本竞争力

何谓园艺产品成本竞争力，迄今国内尚无一个统一的界定。但成本的概念，一般认为有两种：一种是会计学上的成本即会计成本，是指生产者为生产某一产品提供劳务而发生的各种耗费，通常称生产成本。生产成本实际上是一种历史成本，它是计量生产产品时所付出的代价。根据市场价格学理论，园艺产品生产成本（或会计成本）是园艺产品生产价格的主要组成，生产成本高低决定了该种园艺产品是否具有价格竞争力和获利能力。另一种是经济学上的成本即机会成本，是指某一个生产单位产出一定量产品所付出的各种生产要素投入的价值之和。按照萨缪尔森的解释，"在稀缺的资源中选择一种东西的机会成本也就是放弃的物品或劳动的价值"。因此说，经济学上的成本不是一种生产成本，而是经济学家分析和计算成本的一种理论方法或原则，通常称为机会成本。根据萨缪尔森对经济成本的解释，本书认为园艺产品成本竞争力是指经济学上的成本竞争力，或者说是机会成本竞争力，它是衡量一个国家或一个地区某一园艺产品是否具有比较优势（要素禀赋优势）及其强弱的重要标志，也是其国际竞争力的主要表现形式之一，通常采用国内资源成本系数和社会净收益来评估或比较。因此，一般认为园艺产品成本竞争力实际上是一种潜在的国际竞争力。

（三）园艺产品国际竞争力度量指标体系的构建

1. 园艺产品国际竞争力度量指标的选取

从现有的农产品国际竞争力评价方法的多数文献中我们发现，采用农产品贸易进出口数据为基础建立国际竞争力模型的度量方法相对成熟，且数据的可获得性较为容易。一般说来，国际市场是世界各国农产品参与市场竞争的平台，一国农产品国际竞争力强弱最终是通过农产品占有市场份额与营利能力来衡量和检验的，直观反映了农产品国际竞争力大小。根据世界经济论坛（WEF）和瑞士洛桑国际管理发展学院（IMD）20 世纪 80年代以来设计的国际竞争力评价原则、方法和指标体系的理论依据，参照国内外诸多经济学者对农产品国际竞争力评价指标的研究成果，结合农产品国际竞争力的现代表现形式，基于本项研究需要，拟以园艺产品生产成本和价格数据为基础、以园艺产品及其投入品进出口贸易数据为主体，构建了一个综合评价中国园艺产品国际竞争力的度量指标体系，即显性国际竞争力指标和潜在国际竞争力指标。前者说明了园艺产品国际竞争力的实现结果（或竞争业绩），后者说明了园艺产品国际竞争力的实现根源（或竞争潜力），两者共同构成园艺产品国际竞争力的度量指标体系。不论是园艺产品国际竞争力的实现指标还是来源指标，都是建立在比较优势理论和竞争优势理论基础上且涵盖了相对竞争优势和绝对竞争优势两种性质的指标，以此作为因变量指标通过建立相关的经济计量模型，可以揭示投入品价格上涨对园艺产品国际竞争力的影响方向和大小及其内在的规律性。

2. 园艺产品国际竞争力度量指标体系框架的构建

根据农产品国际竞争力度量指标的选取原则和要求，考虑本书研究与计算的需要，园艺产品国际竞争力度量指标体系拟以显性国际竞争力指标和潜在国际竞争力指标两个部分所组成。具体来说，园艺产品的显性国际竞争力指标主要是由国际市场占有率、显示性比较优势指数、贸易竞争指数、质量竞争力指数等四个指标所组成。园艺产品的潜在国际竞争力指标主要是由国内资源成本系数和社会净收益两个指标所组成。整个度量指标体系框架的构成如图 3.2 所示。

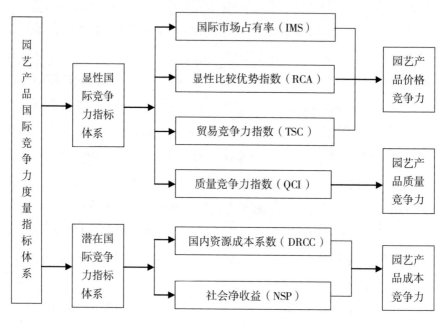

图 3.2　园艺产品国际竞争力度量指标体系示图

（1）显性国际竞争力指标

①国际市场占有率

国际市场占有率（International Market-Possessing Rates，简称 IMS）是指一国（地区）的某种产品出口额占世界同种产品出口总额的比重。国际市场占有率通常用来比较若干国家（地区）某种产品国际竞争力的强弱。国际市场占有率的计算公式为：

$$IMS_{ji} = X_{ji}/X_{wi} \times 100\%$$

式中：IMS_{ji} 为 j 国 i 产品的国际市场占有率；X_{ji} 为 j 国 i 产品出口总额；

X_{wi} 为世界 i 产品出口总额。IMS_{ji} 值位于 ［0，1］ 之间，其值越高，说明 j 国 i 产品的出口越具竞争力。该指标可反映一国某产业的综合国际竞争力。但是要注意用该指标来判断国际竞争力必须暗含一个假设，即出售产品就可以获得利润，且与市场占有率呈正相关关系，因而可以通过分析市场占有率的大小来判断其国际竞争力。

②显示性比较优势指数

显示性比较优势指数 （Reuealed Comparative Aduantage Index，简称 RCA） 是指某国某产品的出口额占其出口总额的份额与世界该产品出口额占世界出口总额的比率，用以反映一国某产品在国际竞争力中的地位。其计算公式为：

$$RCA_{ji} = （X_{ji}/Y_j） / （X_{wi}/Y_w）$$

式中：RCA_{ji} 表示 j 国 i 种商品的显示性比较优势指数；i 表示产品，i = 1，2，3，…，n；j 表示出口国或地区，j = 1，2，3，…，m；X_{ji} 表示 j 国 i 种商品的出口额；Y_j 表示 j 国所有商品的出口总额；X_{wi} 表世界 i 种商品的出口额；Y_{wj} 表示世界所有商品的出口总额。

一般认为，若 RCA_{ji} 指数大于 2.5，表示该出口国产品具有极强的国际竞争力；若 RCA_{ji} 指数介于 1.25—2.5 之间，表示该出口产品具有较强的国际竞争力；若 RCA_{ji} 指数介于 0.8—1.25 之间，表示该出口产品具有中等国际竞争力；若 RCA_{ji} 指数小于 0.8，则表示该出口产品的国际竞争力较弱。

③贸易竞争指数

贸易竞争指数 （Trade Specialization Coefficient，简称 TSC） 可以表明一国生产的某种产品是净进口是净出口，以及净进口或净出口的相对规模，从而反映一国生产的某种产品相对世界市场上供应的其他国家的该产品的来讲，是处于生产效率的竞争优势还是劣势以及优劣的程度。在不考虑外商投资企业影响的情况下，贸易竞争指数的计算公式为：

$$TSC_{ji} = （X_{ji} - M_{ji}） / （X_{ji} + M_{ji}）$$

式中：TSC_{ji} 为 j 国 i 产品的贸易竞争指数；X_{ji} 为 j 国 i 产品的出口总额；

M_{ji} 为 j 国 i 产品的进口总额。

TSC_{ji} 值大于 0，表示 j 国 i 产品为净出口，说明该国的这种产品生产效率高于国际水平，具有较强的国际竞争力；绝对值越大则国际竞争力越强。TSC_{ji} 值小于 0，表示 j 国 i 产品为净进口，说明该国的这种产品生产效率低于国际水平，不具有或缺乏国际竞争力；绝对值越大，则表明国际竞争力越弱。TSC_{ji} 值等于 0，则表示 j 国 i 产品的生产效率与国际水平相当，其进出口纯属是与国际间进行的品种交换。所以，贸易竞争指数又称为"水平分工度指数"，表明各类产品的国际分工状况。因此，本章中的柑橘贸易竞争指数可以反映中国柑橘及其主要品种相对于世界其他柑橘主要出口国是处于生产效率的竞争优势还是劣势以及优劣势的程度，从而说明其国际竞争力状况及变动趋势。

④质量竞争力指数

产品质量是影响其市场竞争力较为复杂的因素，对于一个产品质量的评价不仅取决于其理论指标和技术等级，而且还取决于消费者对产品质量的要求，如果消费者不需要过高质量的产品，那么该产品就很难实现其价值。同时，高质量产品往往也要有高投入和较高的价格。按照现代营销理念，企业应该针对目标顾客的消费需求提供适当质量的产品。但通常认为，市场售价相同的同类产品中较高质量的产品具有较强的竞争力，并能获得较大的附加价值。因此，经济学家一般用反映产品附加值水平的指标来间接反映一个产品的质量水平。质量竞争力指数（Quality Competiyiveness Index，简称 QCI）是指一国的某种出口产品的单位价格指数与该国出口商品价格总指数的比率。从理论上讲，如果出口产品质量竞争力指数呈上升趋势，则表明该产品附加值在增长，即在国际市场上的质量竞争力在上升；如果出口产品质量竞争力指数呈下降趋势，则表明该产品出口附加值在下降，即在国际市场上的质量竞争力在下降。由于一国某出口商品价格总指数受可获得性制约，我们采用世界同种农产品平均出口价格指数来替代，所以计算结果也能在一定程度上反映各国出口农产品附加值和质量竞争力的变化情况。因此，出口产品质量竞争力指数

的计算公式为：$QCI_{jni} = (P_{jni}/P_{joi}) / (P_{wni}/R_{woi})$

式中：QCI_{jni} 表示第 n 年 j 国 i 产品出口质量竞争力指数；

P_{jni} 表示第 n 年 j 国 i 产品出口价格；

P_{joi} 表示基期 j 国 i 产品出口价格；

P_{wn} 表示第 n 年全世界 i 产品出口价格；

R_{woi} 表示基期全世界 i 产品出口价格。

（j=1，2，3，…；i=1，2，3，…）

上式中 QCI_{jni} 大于 1，表明出口产品质量竞争力增强（或产品质量上升）；QCI_{jni} 小于 1，表明出口产品质量竞争力减弱（或产品质量下降）。本书以 1992 年为基期。

（2）潜在国际竞争力指标

①国内资源成本和国内资源成本系数

国内资源成本（Domestic Resource Costs，简称 DRC）概念最早是由布鲁诺和克鲁格分别提出的，并发展为估计比较利益的模型，用于评价某一产业（产品）是否具有比较优势。国内资源成本（DRC）是指赚取（或节省）一边际单位外汇而从事某项产品的生产活动所需要消耗国内资源成本的价值。或者说是以赚取（或节省）一边际单位外汇，从事某项生产活动所需投入的国内资源机会成本。

国内资源成本系数（Domestic Resource Costs Coeffcient，简称 DRCC）实际上是一种以国际市场为参照系、以整个国家为经济单位的成本—效益比。它是国内资源成本除以影子汇率得到的。

②社会净收益

社会净收益（Net Social Profitability，简称 NSP）是指一国充分利用国际国内资源从事农业生产活动所获取的收益。也有的学者认为，社会净收益是指在衡量生产活动所产生的社会利益，包括直接效果与外部效果。

二、投入品价格与园艺产品国际竞争力

（一）投入品价格形成机制

1. 市场经济条件下，投入品价格形成的理论基础

让·巴蒂斯特·萨伊认为，"所谓生产：不是创造物质，而是创造效用"，"创造具有任何效用的物品，就等于创造财富"。"效用是由劳动、资本和土地这三个要素共同作用的结果，也是这三个要素提供的生产性服务共同作用的结果"。"所以所谓生产，也就是这三要素共同协作，使自然界已有的各种物质能用来满足人们的需要"。① 生产提供了效用，也创造了价值，生产是生产三要素（土地、资本、劳动）共同发生作用，它们创造了效用，也创造了价值，价值量大小由取得三要素的代价构成。而生产三要素被企业购买和租用所付出的代价，就是生产费用，所以商品的价值是由生产费用决定的。而购买或租用生产要素所付出的代价为工资（劳动的价格）、利息（资本的价格）和地租（土地的价格），所以工资、利息和地租的总和构成生产费用，它决定商品的价值。但工资、利息和地租本身是一定的价值量，它们由供给来决定。根据萨伊的要素市场理论，价值是由商品生产过程中所投入的劳动、资本和土地的代价所决定的，没有这些必要的投入也就没有商品的出现。亚当·斯密在他的"自然价格理论"中描述市场价格的定价机制，认为在一定时期和一定条件下，工资、利润、地租有一个普通率或平均率，而自然价格正是按照这种自然率支付的工资、利润、地租构成的价格。并解释了价格围绕生产价格波动的经济现象，由此进一步分析了生产要素市场中的经济资源或生产要素配置机制。斯密认为，市场价格决定于商品实际上市量和有效需求之间的比例。② 换句话说，投入品的市场价格决定于供求。由于供求关系的变动，市场价格可能会高于、低于或等于自然价格。这是因为，如果供不应求，市场价格

---

① 萨伊：《政治经济学概论》，商务印书馆 1982 年版，第 26—27 页。
② 亚当·斯密：《国民财富的性质和原因的研究》，商务印书馆 1988 年版，第 32—53 页。

高于自然价格，生产者利益驱动就会增加生产，供不应求的状况将逐渐改变，市场价格会下降。反之，供过于求，市场价格就会下降。一旦下降到自然价格以下，生产者的逐利行为就会缩小生产，供过于求的状况将逐渐改变，市场价格又会上升到与自然价格一致。只有当一种商品的供求均衡时，该商品的市场价格才会与自然价格相等。斯密指出，在市场自由竞争的条件下，商品的"自然价格（即价值）可以说是中心价格，一切商品价格都不断受其吸引"，"商品价格时时刻刻都向着这个中心"。根据萨伊的"要素市场理论"和斯密的"自然价格理论"的引申，我们认为价值和供求都是价格形成的基本因素，而价值相对供求来说，它更体现了价格形成的本质，这种本质因素只有在一个相对长的时期内去观察价格运动，才会认识价值是价格形成的决定因素。如果从一个相对短暂时间内去看价格运动与涨落，显然价格直接受制于市场供求关系的动态变化，因而从相对短暂的时间内来考察价格形成，说供求是价格形成的决定因素也是符合客观实际的。但从一个相当长的时期来看价格运动与形成，价值就成为价格运动的落脚点和归宿处，所以说价值是价格形成的决定因素是从一个相对长的时期内去抽象观察所得的科学结论。而把供求看成是价格形成的决定因素，只能界定在一个相对短暂的时间内从具体观察价格运动的表现形式中所得到的暂时体现，方能成立且始终处于动态概念中。因此在社会主义市场经济条件下，价值、供求与价格形成之关系可以表述为价值是价格静态的本质，供求是价格表现的运动形式，两者交织在一起构成了静态与动态相结合、本质与形式相统一，真正符合价格运动是"随市场供求关系的变化而环绕价值上下摆动"或者说"时时刻刻都向着中心价格"的客观实际，才是我国社会主义市场经济条件下的价格形成机制所要求的应有的理论归宿。

2. 我国现阶段投入品价格形成机制

投入品种类很多、功能各异，其价格形成机制不尽相同。根据我国投入品的供需特点，按照价格管理形式划分，本章把投入品分成两大类：一类是资金、土地、劳动力、科技与信息等基础性农业生产要素，一般由政府定价或由政府确定指导价；另一类是化肥、农药、农业机械等与农业生产周期直接相关的常用易耗的农业生产资料，主要由市场调节定价。为了本书研究需要，在这里主要探讨对农产品收益起决定作用的化肥、农药和劳动力这三种主要投入品的价格形成机制。

（1）农村劳动力价格形成机制

劳动力市场价格形成的基础依然是劳动力的价值，这是价值规律决定的，而决定劳动力价格水平高低则应该取决于劳动力市场的供求状况。从上文投入品价格供需模型可以判断通常情况下劳动力市场供大于求时，其价格呈下降趋势，下降结果有可能低于其价值；反之，其市场价格呈上升趋势，上升结果可能高于其价值；当劳动力供求均衡时，其价格比较稳定，价格与价值大体相符。即使用工单位或个人可以自主确定劳动工资，但也必须考虑本行业劳动力供求状况及其他行业劳动力价格的影响。除此之外，货币币值变动也是决定劳动力市场价格变动的一个重要因素。这是因为货币工资是劳动力价格的具体表现形式，货币币值的变动必然调节着劳动力价格的标准。通常来说，如果其他因素相对稳定时，通货膨胀、货币贬值就会使货币工资的名义标准上升，如不及时提高工资水平，劳工的实际生活水平因原工资的含金量减少而下降。因此，世界各国政府通常都会十分注意控制通货膨胀问题。一旦通货膨胀超出所控范围，就要上调工资以缓冲劳资矛盾。在我国社会主义市场经济体制改革与建设中，通货膨胀现象不可避免，那么工资政策也应积极调整与适应。就劳动力市场价格的影响因素而言，从宏观来看，国家的工资政策直接制约劳动力价格的水平高低，这就需要政府根据不同时期国家的综合国力状况加以适时适度调整，以调动劳动者的积极性。从微观来看，企业的经济效益差异是左右工资标准的制约因素。为此，搞活企业，完善经营机制，加强技术创新，不断增强企业自我发展能力是提高劳动力价格水平的重要措施。

（2）化肥、农药价格形成机制

在中国化肥、农药短缺经济时代，化肥、农药作为重要的农业生产资料长期实行计划管理。在统购统销体制下，化肥、农药市场价格长期由政府定价，这种计划价格的稳定完全依靠行政手段得以维系。自20世纪90年代以来，随着我国农业生产资料流通体制市场化改革的不断深入和化肥、农药生产能力的不断扩大，农资市场逐步由卖方市场向买方市场转变，化肥、农药价格实行了政府指导价基础上的市场价格。直到2009年初，国务院在总结完善改革开放以来化肥、农药价格改革实践基础上，按照"改革价格机制、增加农资补贴、完善储备制度、加强进出口调节、逐步取消优惠、理顺利益关系"的思路，出台了放开化肥、农药价格、保留优惠政策、加强市场调控、完善补贴机制的改革方案，基本完成了我国化肥、农药市场化改革。从此，中国化肥、农药的价格形成机制实现了由政府定价向市场供求决定的根本性转变。但由于我国化肥农药产品结构性矛盾比较突出，部分化肥、农药供求缺口较大，尚需依靠国外进口调节。为了解决化肥、农药供给流通可能出现的市场失灵问题，国家相关部门建立健全了中央和地方两级化肥、农药价格调节基金与淡季商业储备制度，同时综合运用税收、货币、财政政策加强对化肥、农药的进出口管理，实行了农民施用化肥、农药的直接补贴办法，逐步健全和完善了我国化肥、农药市场的价格形成机制与价格运行机制和价格调控体系。

（二）园艺产品价格分类及其构成

农产品种类繁多、品种各异，从广义农业（或称大农业）来看，可分为农、林、牧、渔四大类农产品；就农业种植业而言，又分为粮、棉、油等大宗农产品和蔬菜、水果、茶叶、花卉等园艺产品。按照园艺产品价格分类，一般可分为园艺产品生产者价格、园艺产品国内销售价格和园艺产品出口价格三类。根据本书研究需要，下面分别讨论园艺产品生产价格和园艺产品出口价格的构成。

1. 园艺产品生产价格的构成

园艺产品生产价格是由生产成本、税金及纯收益所构成。园艺产品生产成本价格是指生产一定数量园艺产品所消耗的物质费用和人工报酬的总和。具体核算时要分别对直接物质费用、间接物质费用、直接用工费、间接用工费进行核算，然后汇总形成生产成本。园艺产品纯收益是指园艺产品生产价格减去生产成本和税金后的余额（2004 年我国政府取消了农业税和农林特产税，此后的园艺产品生产价格则由生产成本和纯收益所构成）。

2. 园艺产品出口价格的构成

园艺产品出口价格的构成要素包括出口园艺产品国内收购价格、运保费、佣金、外贸流通费、出口税和商业利润等。即园艺产品出口价格＝园艺产品国内收购价格＋运输保险费＋佣金＋外贸流通费用＋出口税＋商业利润。出口园艺产品国内收购价格是指出口园艺产品国内作价。按照国际惯例，出口园艺产品企业出口园艺产品国内收购价格的制定有下列四种情况：（1）生产企业自营出口；（2）代理出口；（3）专业外贸公司经营出口；（4）按照国际市场价格倒算收购价格。

（三）投入品价格与园艺产品出口价格

投入品是园艺产品生产的物质基础和生产成本的构成要素。而园艺产品生产成本又是其价格构成中的主要组成部分，也是制订园艺产品生产价格的最低经济界限。在价格构成中 C+V 部分是价值构成的主体，因而是价值形成的基础。在现阶段社会主义市场经济条件下，除个别情况外，企业定价不能低于生产成本，为了保证扩大再生产，企业定价必须高于生产成本，使价格全面反映商品价值 C+V+M 的要求。

就园艺产品而言，投入品是生产园艺产品所需要的物质和人工报酬的总称，农业生产成本则是企业或农民生产一定数量的园艺产品所消耗的各种投入品的总和。从目前市场价格构成的一般情况来看，园艺产品的生产成本品种间差异很大，约占价格构成的 50%—90%，可见投入品是园艺产品生产成本的最主要构成要素，也是园艺产品生产价格构成的主体。而园艺产品生产价格和园艺产品流通成本又是园艺产品出口价格的主体和组成，因而各种园艺产品生产成本变动无不影响其生产价格和出口价格波动，通常园艺产品价格波动与其成本成正向变动。一般情况下，成本上升则价格上升或有上升的潜在趋势；成本下降则价格也下降或有下降的潜在趋势；成本稳定，其价格也相对稳定。根据价格传导效应这一逻辑推理，认为投入品价格变动与园艺产品生产者价格和出口价格成正向响应，符合价格形成的基本原理和价格运动的一般规律。

（四）投入品价格与园艺产品国际竞争力

如前所述，一个国家园艺产品竞争力一般表现在其价格竞争力、质量竞争力、成本竞争力、品牌竞争力、特色竞争力等方面，但最根本的还是体现在价格竞争力、成本竞争力和质量竞争力上。具有较强国际竞争力的园艺产品不仅能充分满足国际消费者对园艺产品质量和安全的要求，更要满足他们对较之同类产品价廉的需求。从消费需求本质来看，具有国际竞争力的园艺产品首先是具有价格竞争力的园艺产品。而园艺产品的价格竞争力取决于其国内生产者价格和出口收购价格。换言之，取决于园艺产品的单位生产成本和流通成本。

竞争优势理论认为："在一个充分竞争的市场上，园艺产品的价格等于园艺产品单位平均成本；在一个不完全竞争的市场上，园艺产品的价格从长期来看也是由生产园艺产品的平均单位成本决定的；只有在一个完全垄断的市场上，园艺产品的价格才由垄断者自己决定。"因此，价格竞争从完全竞争假设来看，在本质上是生产成本的竞争。即使在一个不完全竞争的市场上，成本竞争始终是最基本的竞争。由此可见，一种园艺产品的生产成本高低是决定其价格竞争力强弱的重要因素。那么，假设在一个同质园艺产品的国际市场上，出口价格低的园艺产品，其国际竞争力就强，出口市场占有率大。

如果用出口份额来衡量园艺产品的国际竞争力，那么根据比较优势理论，出口额和出口价格的关系可以用以下函数模型来描述：

$$(E_{it}^a / E_{it}^b) = K \left(P_{it}^a / P_{it}^b \right)^j \tag{3-1}$$

式中 E_{it}^a 为 a 国 i 产品在 t 时期的出口额，E_{it}^b 为 b 国 i 产品在 t 时期的出口额，k 为常数，j 为价格与出口的替代弹性。P_{it}^a 为 a 国 i 产品在 t 时期的出口价格，P_{it}^b 为 b 国 i 产品在 t 时期的出口价格。

由于园艺产品出口价格是由单位成本的增减幅度（即边际成本）来决定，现假设出口园艺产品价格与国内园艺产品的生产成本是一致的，而园艺产品单位生产成本实际上就是指投入品价格，那么园艺产品价格和投入品价格的关系可以表示为：

$$P_{it}^a = (1+m_i^a)\ P_{lt}^a \tag{3-2}$$

$$P_{it}^b = (1+m_i^b)\ P_{lt}^b \tag{3-3}$$

式中 P_{it}^a 和 P_{it}^b 分别表示 a 国和 b 国 i 产品在 t 时期的价格，m 表示随时间变化的常数，P_{lt}^a 和 P_{lt}^b 分别表示 a 国和 b 国投入品在 t 时期的价格。

将式（3-2）、（3-3）和代入式（3-1），便得出国家之间出口变动率和农业投入品价格变动率之间的关系式：

$$\Delta E_{it}^a/E_i^a - \Delta E_{it}^b/E_i^b = b^* \ (\Delta P_{lt}^a/P_{lt}^a - \Delta P_{lt}^b/P_{lt}^b) \tag{3-4}$$

式（3-4）表明，两个国家园艺产品出口额变化率之差是投入品价格变化率之差的函数。投入品价格上升意味着出口下降，则竞争力下降。投入品价格上升和竞争力下降在短期来讲，可以用利润下降来抵消，或者用该国货币贬值来抵消。但从长期来看，园艺产品出口额变化趋势最终仍由投入品价格来决定。换句话说，一国产品的国际竞争力最终由其投入品价格来决定。

通过上述条件假设已从理论上说明了投入品价格和国际竞争力之关系，但是在现实经济生活中，投入品价格和园艺产品出口价格的变动并不总是方向一致的，因为在投入品价格和园艺产品出口价格之间还存在利润、生产率和汇率等问题。他们之间的关系可以描述为：园艺产品出口价格＝投入品单位成本×生产率的倒数×利润率×汇率。

上述关系式表明：（1）在其他变量不变的情况下，投入品价格的降低可使生产成本下降和收购价格降低，进而引起园艺产品出口价格的降低，从而提高国际竞争力。（2）在其他变量不变的情况下，生产率的提高能够使园艺产品单位成本下降而使产量和销售量增加，带来生产价格乃至出口价格的降低，从而提高园艺产品国际竞争力。（3）降低园艺产品生产利润率也可以降低出口价格，从而提高园艺产品国际竞争力。（4）降低汇率也可以降低园艺产品出口价格以提高其国际竞争力。反之，投入品价格上涨，引起园艺产品生产成本上升，导致园艺产品出口价格上涨，在其他变量不变的情况下，就会降低园艺产品国际竞争力。

三、投入品价格与园艺产品国际竞争力的因果关系

上文已经分析了投入品价格与园艺产品国际竞争力的引致关系，并通过建立出口价格与出口数量关系的函数模型，追溯了园艺产品出口国内价格与国内收购价格、生产价格与生产成本和投入品价格之间的关联性，同样适用于各类园艺产品。但是，在现实的生产经营活动中，由于园艺产品种类繁多，其自然属性、生长周期、使用价值、供求弹性等方面差异较大，因而表现出投入品价格与园艺产品国际竞争力之关系的复杂性。下面运用生产理论、成本理论、供求理论和交易费用理论来解读投入品价格对园艺产品国际竞争力影响的因果关系。

（一）基于生产理论的解释

根据生产函数 $Y = F(a, b, c, \cdots, m)$ 的经济学含义，反映出在一定技术条件下，各种生产要素投入量的某一组合，同它所能生产的最大可能产量之间的依存关系，或者说在技术不变的条件下，生产者的产出量决定于以一定的比例组合的不同生产要素的投入量。而生产要素的最佳组合就是解决在产出一定的情况下如何使生产成本最小化问题或者在生产成本已定的情况下如何求解最大产出的问题，进而探讨投入品价格与园艺产品国际竞争力之关系。

假设之一，在一定的园艺产品产出水平下，如何取得园艺产品成本的最小化？

当投入品价格上涨时，生产者为谋求生产成本最小化，试图减少一定量的化肥、农药等物质费用消费或减少一定量的劳动力消耗，通过最优化组合总会找到一个最佳的劳动力消费和物质消耗相互替代的比例，或者说

找到一个资源的最佳配置点，即生产均衡点，这时资金（物质消费）和劳动之间的边际技术替代率（$MRTS_{LK} = P_L/P_K$）等于相关的两生产要素的价格之比，即劳动和资金的价格之比。在这两种投入品的最佳配置点上既能满足一定园艺产品产量的需要也能达到生产成本的最小化。这就是说，如果当年的劳动力价格和农药、化肥等物质费用上涨，生产者为保持园艺产品产量与上年不变，可以采取劳动消费与物质消费的最佳增减替代方案，有可能取得当年这一时期内的园艺产品生产成本最小化，使得园艺产品生产价格乃至国内出口价格相对稳定或者有所上升，对园艺产品国际竞争力不会产生或者产生一定的负面影响。

假设之二，在一定的技术条件和园艺产品生产成本既定情况下，如何取得园艺产品产量的最大化？

当投入品价格上涨时，园艺产品生产者为谋求当年园艺产品产量的最大化，同样可以通过优化劳动和资金（物质消耗）的最佳比例配置，总可以找到一个生产均衡点能使园艺产品生产成本不变的情况下取得园艺产品产量的最大化，最终可能会使园艺产品产量与上年持平或者有所减少。为使园艺产品生产成本不变，应对投入品价格上涨，园艺产品生产者还有可能减少一定的劳动和物质投入或采取较之化肥、农药价格便宜的替代品，以保持园艺产品生产价格乃至国内出口价格的相对稳定。因此，投入品价格上涨或者涨幅不大可能不会对园艺产品国际竞争力产生负面影响，甚至会出现因园艺产品供应量的相对减少或园艺产品质量得到改善，需求拉动园艺产品国际竞争力提升。

假设之三，在一定的技术条件下，园艺产品生产中劳动投入和资金投入均不确定，如何取得园艺产品产出最大化和生产成本最小化？

按照两种可变投入生产函数方程式 $Y = F(x_1, x_2)$ 的经济学含义，园艺产品产量 Y 随着 X_1（劳动）和 X_2（资金）的变化而变化。根据两种可变投入的生产函数关系，生产者可以选择不同的两种投入组合生产同一产量，也可以在两种可变投入的生产要素图中找到生产相同产量的不同投入组合。如果两种投入品数量按同比例的增加或减少，就会使园艺产品生产规模发生改变，随之对生产者的产量或收益产生影响，出现规模经济或规模不经济现象，即出现规模收益递增、递减或不变的三种效应。可用柯氏生产函数表示：$Y_t = F(x_1, x_2) = X_1^a X_2^b$，当 $a+b=1$ 时，$F(tx_1, tx_2) = tF(x_1, x_2)$，规模收益不变；当 $a+b>1$ 时，规模收益递增；当 $a+b<1$ 时，规模收益递减。

当投入品价格上涨，园艺产品生产者总会利用其内部或外部的有利条件选择一个适度规模的生产方案，使原来规模不经济状态得到改变。但也有可能使原来的规模经营状态变为规模不经济状态。就长期而言，通过生产过程中的经验积累提高劳动生产率和通过分工与专业化生产带来成本节约等手段来达到生产成本的最小化和规模收益的最大化。但是在现实的柑橘生产中，规模收益是递增、递减或是不变，是一个比较复杂的问题，需要具体情况具体分析。已有证据表明，在许多产业中收益递增仅存在特定的产出区间。在此区间之外，其规模收益可能是递减或不变的。通常情况下，在较小的产出水平上规模收益往往是递增的，而超过一定的产出水平后，规模收益通常是不变的甚至是递减的。因此，出于应对投入品价格上涨的考虑而选择适度规模的园艺产品生产方式，可以提高劳动生产率和专业化生产水平，从而节约生产成本增加产出收益。在市场竞争中，如果园艺产品价格不变（或产量不变），生产率提高将转化为园艺产品生产成本的降低，就会形成价格竞争优势，在一定程度上提升园艺产品的国际竞争力。

（二） 基于成本理论的解释

上文基于生产理论从技术角度分析了园艺产品生产要素投入与产出的关系，本书拟基于成本理论从经济视角来分析园艺产品生产要素投入与产出关系。在园艺产品生产过程中，生产成本取决于生产既定产量所使用的各种投入品数量及其价格，园艺产品价格及其成本间的关系决定着生产者的产量和供给。

根据成本函数一般方程式 $C = c(w, x)$ 和 $C = c(w, x, y)$ 的经济学

含义，一般来说，成本 C 是要素价格 w 和要素组合向量 x 的函数，要素向量 x 随其价格 w 的变化而变化。但要素向量的变动受生产技术的制约，生产者只能在生产可能集中选择要素组合以降低成本。同时，成本函数 C 也是产量 y 的函数，产量 y 增加或减少，相应地要求生产规模也扩张或收缩，要素投入量 x 也随之增加或减少。事实上 x 增加并不一定与产出 y 的变动幅度相同；当生产过程是规模收益递减时，所有要素投入增加的幅度大于产量的幅度；当生产过程是规模收益递增时，所有要素投入的增加幅度小于产量的扩张幅度；只有在生产过程是规模收益不变时，生产规模的扩张才与产出量的增加相同。由于总成本函数 C 受投入品价格、生产技术和产量的影响，这三个因素中任意一个或几个量发生变动，都会对总成本函数产生影响导致总生产成本的改变和单位生产成本的改变。

在现实的园艺产品生产活动中，投入品价格是经常变动的，因而对投入品的组合也会产生影响。对于既定的产出来说，如果投入品价格变动就必然产生投入品相互替代问题，生产者为了降低生产成本必然选择价格较低而少用价格较高的投入品。换言之，投入品价格上涨，必然会引起投入品投入比例的调整以及成本函数的变动。为此，由成本最小化一阶条件和生产函数可得到条件要素需求函数 $X(w, y)$，通过对条件要素需求函数求解可得出在价格和产量同时变动情况下生产投入品的最佳组合。当投入品 1 价格上涨时，如果只有两种投入品，价格变动对投入品的影响表现为投入品 1 的投入量 X_1 减少，会导致投入品 2 的投入量 X_2 增加，投入品的组合改变，生产者就会较多地使用投入品 2 而较少使用投入品 1 则出现投入品的替代效应。同样可以讨论投入品 2 价格上涨或两种投入品价格上涨对投入品组合的影响。如果两种投入品的替代弹性很大，价格相对较低的那种投入品使用量将会增加较多，两种投入品的组合比例变动较大。如果两种投入品的替代弹性小，价格相对较低的那种投入品使用量增加不多，两种投入品的组合比例变动不大。由此可见，当投入品价格上涨时，在园艺产品产量不变的条件下，生产者总会选择一个投入品的最佳组合方案，通过两种投入品的替代效应取得生产成本的最小化，同时也可以通过对成本函数的推导，得出在价格和产量同时变动的情况下投入品的最佳组合方案取得生产成本最小化和园艺产品产量最大化。但园艺产品生产成本未必一定上升，或者说，投入品价格上涨时，园艺产品生产价格乃至国内出口价格未必一定上涨。对园艺产品国际竞争力未必一定产生较大的负面影响。

（三）基于供求理论的解释

前文分别基于生产理论、成本理论和交易费用理论解释了投入品价格上涨对园艺产品国际竞争力的影响问题，从园艺产品供应链的层面反映了中国园艺产品从产前到产后、从生产到出口整个产销过程中价格链的形成与变化，揭示了投入品价格上涨与园艺产品国际竞争力变化的因果关系。本章基于供求理论进一步解释投入品价格变化与园艺产品出口价格乃至园艺产品国际竞争力的因果关系。

根据供给函数 $S=f(a, b, c, d, \cdots, n)$ 的经济学含义，反映了在一定条件下把商品价格作为自变量与该价格相应的供给量作为因变量之间的互动关系。事实上，生产者（或供应商）愿意提供某种产品（或商品）的多少，其影响的因素除价格之外，还有生产者（或供应商）的获利目标、生产技术水平、生产要素的价格、相关商品的价格以及对未来价格变动的预期等等。假定其他影响供给的因素不变，在园艺产品市场上，园艺产品的供给将随着其价格的涨落而增减，数量与价格呈正方向变化。即园艺产品价格上升，相应的供给量就会增加；价格下降，供给量就会减少。假定上述诸多影响因素中单独一个或一起发生变动，致使生产者在原来的每种价格水平上的供给量也随之发生变化。如果上述影响因素中仅有园艺产品生产投入品价格上涨，就会使园艺产品生产成本上升，农民就会减少生产投入而使园艺产品供给量相对减少，随之而来出口量也有可能减少；如果园艺产品生产者保持与上年的供给量不变，园艺产品生产成本乃至生产价格就会上涨，导致园艺产品出口价格随之上涨，可能对园艺产品国际竞争力产生一定的负面影响。反之，如果投入品价格回落，园艺产品生产成本相应降低，在一般情况下，农民就会保持生产投入不变或者适当增加一定投入而使园艺产品供应量相对增加，随之园艺产品出口量也可能增加；如果园艺产品生产者要想保持与上年的供给量不变，由于园艺产品生产成本下降而使生产价格回落，导致园艺产品出口价格相应降低，可能对园艺产品竞争力产生一定的正面效应。根据需求函数 $D = f\ (a,\ b,\ c,\ d,\ \cdots, n)$ 的经济学含义，反映了在一定条件下把商品价格作为自变量与该商品的需求量作为因变量之间的因果关系。事实上，一种商品的需求量是由许多因素共同决定的，除商品价格外，经常起作用的因素还有消费者的收入、消费者偏好、相关商品的价格、消费者的预期等等。假定国际消费者的货币收入、消费偏好、相关商品的价格以及消费者的预期与数量等因素都保持不变，当中国园艺产品出口价格较低时，国际市场园艺产品需求量将会增加；反之，当园艺产品出口价格较高时，国际市场园艺产品需求量相对减少。因此可以看出，园艺产品出口价格与国际市场的需求量之间呈反向变化的关系。即园艺产品出口价格回落时，进入市场的国外消费者增多，从而使园艺产品的需求量增加；出口价格上涨时，园艺产品市场的需求量就会减少。假定上述诸多影响因素中单独一个或一起发生变动都会引起需求量的变化。如果国际市场上上述诸多影响因素仅有消费者偏好或者可以替代的水果价格上涨，也会引起国际市场上园艺产品需求增加，随之国内园艺产品出口量也有可能增加。一旦国内园艺产品出口量增加，就会引导园艺产品生产者扩大产量增加投入保障供给，进而引致投入品的需求量增加，按照需求拉动说，可能引发园艺产品主产区的投入品的价格上涨。

但是必须指出，上述基于供求理论的解读只是说明投入品价格波动与园艺产品国际竞争力变化的因果关系，进一步揭示了园艺产品供应链中从生产到出口贸易环节园艺产品价格链的形成机制及其传导效应，并不能阐释投入品价格上涨对园艺产品国际竞争力的影响机理，更不能反映投入品价格与国际竞争力的互动关系。这是因为园艺产品竞争力与投入品价格之间并没有直接的关联性，只是一个引致性的间接关系；同时由于投入品价格上涨的因素是多方面的，形成机理也是复杂的，仅就园艺产品出口量的多少或者国际市场园艺产品需求量的大小变化来拉动国内投入品价格上涨实际上是不可能的；加之我国园艺产品国际竞争力的影响因素也是诸多而复杂的，且其国际竞争力的强弱对国内投入品价格波动不会产生冲击效应。

（四）　基于交易费用理论的解释

前文分别运用微观经济学的生产理论和成本理论解读了投入品价格上涨对园艺产品生产成本乃至国际竞争力的影响问题，但是应该看到生产成本理论仅从一般商品着眼，从技术和经济的层面分别考察了生产者在静态下的资源优化配置问题，有其合理的一面；然而生产理论和成本理论及其概念并没有深入研究社会生产的本质和资本主义生产关系，也没有研究资本主义生产的内在矛盾和反映资本主义生产中经济关系的本质。而是将生动、有机的生产关系归结为简单的、机械的技术关系和价格关系，使生产成本理论分析部分地脱离实际。虽然生产过程中选择不同的技术、改变要素的组合能够降低成本，但新的要素组合能否达到降低成本的目的，还与投入要素如何发挥作用有关，特别是与投入的劳动力如何发挥作用相关。在要素价格不变的情况下，劳动力如果能充分发挥作用，劳动者的劳动就能推动更多的物质要素，生产过程中的劳动力与物质要素之比就会降低。原有的成本最低的要素组合也会变得不合理，再用成本函数能找到新的成本最低的要素组合。新的要素组合不一定是最合理的，也未必是现实的成本最小化点，因而使生产过程中的交易费用受到人们的关注。一般认为，交易费用是指买卖双方进行交易所增加的成本，而这些新增的成本可能是货币、时间或其他，实际上交易成本就是"制度成本"。

在园艺产品生产过程中，由于地理区位和人力资产存在高度的资产专用性、市场的不确定性和交易频率低等交易特性，决定了交易—协约的方式及协约关系中应采用的规制结构。如果选择恰当的规制结构，完成交易所需要的费用就会最少。尤其是存在着人的有限理性和机会主义行为倾向等人为因素，这是交易费用产生的根本原因，由此产生的交易费用主要依靠各种制度提供的激励机制来降低。市场的不确定性意味着投入品和园艺产品的价格、质量、品种、交易对手及供求双方的搭配等方面的情况是难以预料的，使得交易的难度加大。交易双方为使自己免受或少受未来市场变化的不利影响，会尽可能完善地了解合同的一切细节尤其是未来价格的变动趋势，这自然会增加谈判和达成合约的费用。此外，为避免因有限理性和机会主义行为带来的消极影响，生产者不得不以依赖长、短期不同的各类合约，进行组织制度安排，这就必然导致交易费用上升。道格拉斯·诺思（Douglass North）认为，将生产要素组织起来生产物品或劳务，要受制度和技术两个方面的制约，付出转化费用和交易费用，转化费用与交易费用之和等于生产费用。在现实经济活动中，制度和技术都对生产发生作用，所以交易费用在生产费用中扮演重要角色。但是，应该看到：技术和制度与转化费用和交易费用并不是一一对应的关系，它们之间也存在交叉响应。如"要界定和保护产权以及实施合约是要耗费资源的，制度加上所利用的技术决定了这些交易费用。将土地、劳动力和资本投入转化为物品和服务这类产出也要耗费资源，这一转化不仅是所利用的技术的函数，而且也是制度的函数"[①]同时在转化费用与交易费用之间，往往存在一种此消彼长的关系，人们选择的也许是交易费用上升但转化费用下降的技术或制度，却忽视交易费用上升所需要付出的更大代价。因此，选择最低的生产技术转化方案未必就能实现生产成本的最小化。此外，在选择生产技术条件和生产制度结构时，不仅要考虑转化费用，同时也要考虑交易费用，只有选择那种都能使生产费用达到最小化的生产技术条件和生产制度结构的最佳组合，才是经济合理的或者说才能达到生产成本的最小化。据此，在现实的园艺产品生产中，生产者并不总是选择最先进的生产技术和最时髦的生产制度结构组合。从理性出发，他们往往采用相对落后的生产技术和生产制度结构，以减少不确定的交易费用或交易风险，从而有效

---

① 道格拉斯·诺思：《经济史中的结构与变迁》，上海三联书店出版社 1991 年版，第 17—19 页。

降低因投入品价格上涨带来的园艺产品生产成本增加，保持园艺产品价格的比较优势，以提升园艺产品的国际竞争力。

四、投入品价格上涨对园艺产品
国际竞争力影响的作用机理

随着全球农业的快速发展和稀缺资源的逐渐减少，投入品价格上涨已成为世界各国的普遍现象。投入品价格上涨对园艺产品生产成本与价格、园艺产品产量与质量以及园艺产品收购价格与出口价格均可能产生一定的正面或负面影响，并影响到园艺产品国际竞争力。其影响的作用机理如图 3.3 和图 3.4 所示。

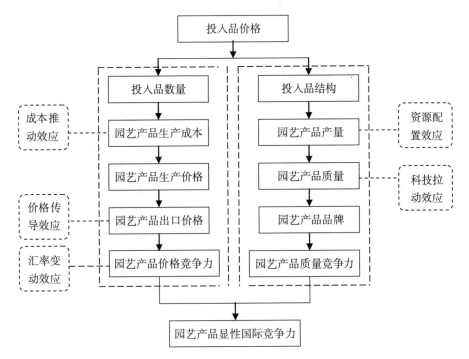

图 3.3　投入品价格上涨对园艺产品显性国际竞争力影响的作用机理示图

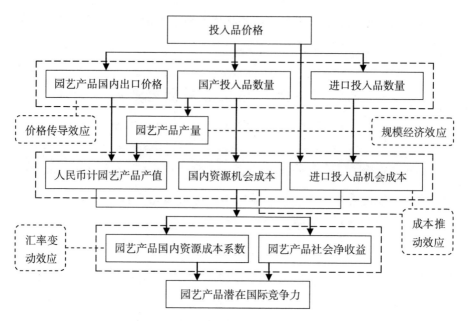

图 3.4　投入品价格上涨对园艺产品潜在国际竞争力影响的作用机理示图

（一）生产成本推动效应

微观经济学认为，企业的生产成本取决于生产既定产量所使用的各种生产要素的数量及价格。基于成本理论的解释，投入品价格和数量是园艺产品生产成本形成的决定因素，其价格和数量的变动决定着园艺产品生产成本的大小。而园艺产品生产成本又是园艺产品生产价格构成的主体。一般情况下，园艺产品生产成本的大小，在很大程度上反映了园艺产品价值量的大小，并同园艺产品生产价格水平的高低成正比。除供求关系、税收调节、价格政策和企业价格策略等因素的影响外，一般来说，成本上升，价格上涨或有上涨的潜在趋势；生产成本相对稳定，园艺产品生产价格也就相对稳定。因此，大多数园艺产品生产者将控制生产成本作为控制园艺产品生产价格水平上升的重要手段。但是，在市场供求关系变化的情况下，投入品价格上涨对园艺产品生产价格和国内出口价格都会产生一定的推动效应。首先是通过园艺产品生产成本的上升推动园艺产品生产价格的上涨，乃至推动园艺产品国内出口价格的上涨。在人民币升值的条件下，也会带来国内投入品价格上涨乃至园艺产品生产成本上升，进而推动园艺产品生产价格和出口价格上涨，最终可能会对园艺产品的国际竞争力产生成本推动效应叠加的负面影响。

　　上文运用生产成本理论从生产技术差异性解读了投入品价格上涨对园艺产品价格竞争力的影响效应，下面再基于资源禀赋理论从生产要素比例差异性解释投入品价格上涨对园艺产品成本竞争力的影响。20世纪初，赫克歇尔—俄林从生产要素比例的差别解释了生产成本和产品价格的不同，从而导致比较优势乃至成本竞争力的产生。赫克歇尔—俄林认为，不同的产品需要不同的生产要素比例，而不同的国家拥有的生产要素比例是不同的。因此，各国在生产那些能够比较密集利用其充裕的生产要素的产品时，就必然会产生比较利益。所以，每个国家应该出口能利用其充裕要素的产品，以换取那些使用稀缺生产要素的进口产品。同时还认为，某产品的比较优势是由该国生产要素的禀赋决定的，只有能充分利用本国相对充裕的生产要素，则其密集使用该充裕要素的产品就可以有较强的国际竞争力。按照要素禀赋理论的解读，对于劳动密集型的园艺产品来说，由于我国是一个劳动力相对丰裕的农业大国，在园艺产品主产区一般人多地少，拥有相对丰裕的劳动力资源，但因廉价的劳动力资源并没有转化为园艺产品产品的低成本优势。当投入品价格上涨时，生产者总会理性地减少相对稀缺的进口化肥、农药等投入量，而增加相对充裕的国产化肥、农药、农家肥或劳动力来替代，以改变投入品比例来降低园艺产品生产的国内资源成本而获取最多的社会净收益。但是应该看到，近些年来随着我国城镇化建设进程加快，大批农民工流向城镇就业，而使农村相对充裕的劳动力资源变为相对稀缺，其机会成本较大幅度上升，加之全球范围内能源产品价格上涨而使国内化肥、农药等农资产品价格上涨，导致园艺产品国内资源机会成本上升。生产者为保持既定的产量不变，通过优化投入品配置，可能会使园艺产品国内资源机会成本相对稳定或有所上升，进而弱化了其比较优势，对园艺产品成本竞争力产生一定的负面影响。同时，随着人民币升值，也可能会导致园艺产品国内资源机会成本上升、社会净收益下降，进而对园艺产品成本竞争力产生一定的负面影响。

（二）资源优化配置效应

微观经济学认为，生产就是企业家对各种生产要素进行组合而制成产品和劳务的过程。如用生产函数来描述这一过程，可以反映出在一定的技术水平下各种生产要素投入量的某一组合，同它所能生产出的最大可能产量之间的依存关系，或者说在技术水平不变的条件下，厂商或整个社会的产出量，决定于以一定的比例组合的不同生产要素的投入量，即产出是投入的函数。可用下列方程式表示：

$$Q = F \ (a, \ b, \ c, \ \cdots, \ m)$$

式中 Q 表示各自变量的函数，F 表示函数关系，a，b，c，$\cdots$，m 分别代表投入的各种生产要素的数量。

根据生产函数方程的经济学含义，投入品的最佳组合就是解决在产出水平既定的情况下，如何使生产成本下降为最低的问题，或者是在成本已定的情况下，如何求得最大产出的问题。总之，就是要以最小的成本取得最大的产出，实现资源的充分利用。如果说等产量线规定了各种产出水平的主观条件，那么等成本线则规定了某厂商所可能达到某一产出水平的客观条件。因此，确定投入品的最佳组合方案，必须把等产量线和等成本线结合起来考察，如图 3.5、图 3.6 所示。

上述投入品的最优组合，可分为两种方案：

一是在既定的产出水平下如何取得最低生产成本？或者说如何以最少的投入成本取得既定数量的园艺产品产量？如图 3.5 所示，I 表示园艺产品等产量曲线，K_1L_1、K_2L_2、K_3L_3 表示已知投入品价格条件下所任选的三条等成本线。假定要保持当年的价格产量与上年不变，从图中发现等成本线 K_2L_2 与等产量曲线 I 相切于 E_0 点，那么这条线所表示的生产成本既能满足等产量曲线 I 产出水平的需要，同时也能实现生产成本最小化，E_0 点就是最佳投入组合点，或说是资源的最佳配置点，即园艺产品生产均衡点。切点 E_0 所在的条件就是两条曲线的斜率相等。也就是说边际技术替代率等于相关的两投入品的价格之比，这就成为了两投入品最优组合的条件。即 $MRTS_{LK}=P_L/P_K$或$MR_l/MP_k=P_L/P_K$。式中：MP_L代表由劳动 L 投入增量$\triangle L$所引起的产出增量，MP_k代表由资金 K 投入减量所引起的产出减量，P_L 和P_K分别代表投入劳动和物质消耗的价格。上述假定是在当年园艺产品产量与上年不变的条件下，所选择的劳动和资金（物质）投入最佳组合方案所能达到的最低生产成本。对于长期而言，即使每年投入品价格上涨，都可以找到一个投入最优组合方案，以达到园艺产品产量基本不变、生产成本最小的效果。因此，可以得出这样的推论：投入品价格上涨，生产者为使当年园艺产品产量与上年保持不变，可以选择劳动和物质投入增减最优配置方案，以达到投入最小化即生产成本最小化。最终有可能实现园艺产品国内生产价格和出口价格的相对稳定或者有所上升，进而可能会对园艺产品价格竞争力影响不大或产生一定的负面影响。

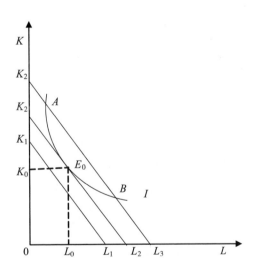

图 3.5　在既定产出条件下成本最小化的投入品的最优配置示图

二是在生产成本既定的情况下，如何取得园艺产品产出最大化？如图3.6所示，K_1L_1表示在一定的资金和投入品价格条件下的等成本线，Ⅰ、Ⅱ、Ⅲ为三条不同的等产量线，在园艺产品生产成本不变的条件下，选择最佳的等产量线就是与 K_1L_1 等成本线相切的等产量线 Ⅱ，它们的切点 E_0 就是最优选择点，也是生产均衡点。在这点上能够使已定的园艺产品生产成本达到园艺产品的最高产出水平。同前面一样，$MP_L/MP_K = P_L/P_K$ 是生产均衡条件。上述假定是在保持投入品价格和生产成本不变的条件下，所选择的劳动和资金（物质）投入最佳组合方案能取得的最高园艺产品产量，对于长期而言，即使每年投入品价格上涨，都可以选择一个最优的投入品配置方案，以达到园艺产品产量的最大化。因此，可以得出这样的推论：投入品价格上涨，生产者的理性行为就是为使当年的园艺产品生产成本与上年保持不变，可以选择一个劳动与物质费用投入量最优的配置方案，以达到投入最小化和园艺产品产量最大化。最终有可能实现园艺产品出口国内收购价格乃至出口价格相对稳定或有所上升，进而对园艺产品价格竞争力影响不大或产生一定的负面影响。

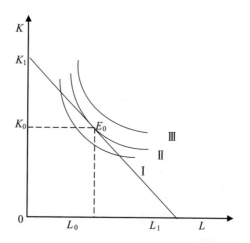

图 3.6　在既定成本条件下产量最大化的投入品的最优配置示图

（三）适度规模经济效应

根据生产函数的经济学含义，假设园艺产品生产过程中仅使用了两种可变的投入（x_1 和 x_2）来生产园艺产品某个品种，那么两种可变投入的生产函数的一般形式为：$Q = F(x_1, x_2)$ 如果在生产过程中使用的两种投入是劳动（L）和资金（K）（物质费用），那么两种可变投入的生产函数表示园艺产品产量随劳动和物质费用变化而变化，是劳动投入和物质费用投入的函数，即 $Q=F$（L，K）。

按照两种可变投入的生产函数，园艺产品生产者可将两种可变投入进行各种不同的优化配置，就可以找到各种资源配置的不同园艺产品产量或同一产量，但也可以找到当年与上年园艺产品产量相同的不同投入组合。从两种可变投入的生产函数图中可以找到每一种投入品的边际收益，如果劳动和资金两种投入中只有一种不变，则会出现边际收益递减现象。事实上，在园艺产品生产过程中都会有两种或两种以上投入的变化，从而使园艺产品生产规模发生变化，导致对园艺产品产量和收益产生影响。如果在生产技术水平不变的条件下，当劳动和资金投入同比例增加，按照新古典齐次生产函数 $X=f$（L，K）的定义，在每种生产要素均以乘数 λ 倍增长，则 $\lambda kx=f$（λL，λk），规模收益可能出现递增、不变和递减三种不同的规模经济效应，或者说机会成本可能出现递增、不变和递减三种不同的规模经济效应。生产者为使机会成本最小化必须调整各种投入品的比例，在产出比例和投入比例均保持不变时，如果 f（λx）大于 λf（x）时，则规模收益递增，通常称规模经济。这里所说的规模经济是指园艺产品产品规模经济，产品规模经济也就是产品专业化的经济性，它来自分工和熟练程度的不断提高（金碚等，2005）。由于分工，每个生产者可以提高同一产品的生产规模；由于熟练程度的提高，生产者能逐步节约生产投入品的消耗，因而获得规模经济效益。但必须指出的是，规模经济多出现在资本密集型产业，而在劳动密集型产业，规模经济效果则不甚明显（佟家栋、周申，2004）。

在现实园艺产品生产中，由于园艺产品主产区土地和劳动力资源禀赋的差异性，农户经营土地规模不同、专业经营和兼业经营的方式不同，导致园艺产品生产的国内资源成本和社会净收益有别。为使规模收益递增，避免出现规模收益递减，园艺产品生产者总会选择适度规模的生产投入，以产出最小化成本而获取最大化收益。当化肥、农药、劳动力等投入品价格持续上涨时，生产者总会利用内部和外部的有利条件，找到一个特定的投入、产出区间达到成本最小化而收益最大化，以保持园艺产品生产的国内资源机会成本系数相对稳定或有所上升和社会净收益相对稳定或有所下降，以致园艺产品的比较优势不变或有所减弱，最终可能会对园艺产品国内成本竞争力产生一定的负面影响。

（四）技术进步拉动效应

在新经济增长函数中，技术作为一个重要变量被纳入其中。新的农业技术和方法的采用对园艺产品生产的影响包括：一是单位面积的园艺产品产量的增加；二是园艺产品质量安全和品质的提高（王永德，2009）。根据生产行为理论，生产者为使有限的资源得以充分利用到生产上而获得最大收益，总是尽可能使生产特定产量所支出的成本最小化，或者使投入一定量的成本所生产的产量最大化，生产者的收益取决于园艺产品产量及其价格，生产者决定生产园艺产品的产量取决于其价格与成本的关系。基于成本最小化原则，生产者除了优化投入品的数量配置，以改变园艺产品产量外，还可优化投入品结构，强化技术进步，得以有效提升园艺产品产品质量。一方面，从近期着眼，生产者通过采用先进适用的园艺产品栽培技术，推行标准化生产，合理施用农家肥、化肥、农药，改造人工适地，不断改善园艺产品生长发育条件，提高园艺产品品质和外形质量，打造国内、国际品牌；另一方面采用现代的采收、储藏、保鲜技术，适时采摘鲜菜、鲜果、鲜茶、鲜花并及时进行商品化处理，延长保鲜时间，减少腐烂损耗，使园艺产品提档、升值、增效；再一方面从长远考虑通过推广优良高产种苗，优化园艺产品成熟上市时间，逐步实现园艺产品均衡生产和常年供给。总之，由于投入品价格的上涨会在一定程度上促使生产者作出更加理性的选择，这就是进一步依靠技术进步，打造园艺产品品牌，提高品质，力保质量安全，势必对提升园艺产品的质量竞争力产生正面影响。不过在技术现状短时间不能改变、投入品替代效应不明显时，生产者被迫减少投入品的投入数量，如减少化肥的投入量或减少田间管理的用工，或者购买劣质化肥，会在一定程度上降低园艺产品质量，从而影响园艺产品的质量竞争力。

（五）价格传导效应

根据市场价格学理论，园艺产品从生产到流通、从内销到出口、从田间到餐桌整个产销价格链的形成与构成主要是由园艺产品生产成本、流通成本和交易成本所决定的，其中生产成本是园艺产品价格形成中最主要的组成部分，而园艺产品的生产成本则主要取决于投入品的价格与数量。一般来说，投入品价格变化会带来园艺产品生产价格波动。在园艺产品生产流通中假设其流通成本和交易成本不变时，投入品价格上涨会推动园艺产品生产价格上涨，导致园艺产品国内市场价格和出口价格上涨。在当今我国市场经济条件下和园艺产品贸易国际化背景下，投入品价格既受国内、国际投入品供求的影响，同时也受人民币汇率变动的影响，不论投入品价格变化受何种内生或外生不确定因素的影响，都会对我国园艺产品生产价格、国内销售价格和出口价格乃至园艺产品价格竞争力产生一定的影响效应。在一般情况下，投入品价格的传导效应大小主要取决于投入品的供求弹性、资源优化配置、技术进步贡献率水平以及人民币汇率的变动幅度。

（六）汇率变动效应

国际经济学通常采用弹性分析法估测汇率变动对贸易条件和国际竞争力的影响，根据弹性分析理论，汇率变动对国际竞争力的影响主要表现在出口价格、产出和贸易变化等方面。从我国园艺产品进出口贸易来看，人民币汇率变动对园艺产品国际竞争力的影响主要表现在对园艺产品出口价格和产出的影响上，进而对中国园艺产品国际竞争力产生一定影响。一是人民币升值对园艺产品显性国际竞争力的影响。通常情况下，人民币升值会直接拉动园艺产品出口价格上涨，缩小了中国园艺产品出口价格与世界园艺产品平均出口价格的差距，在一定程度上弱化了中国园艺产品的价格竞争力和质量竞争力，带来园艺产品出口额（或出口量）下降，使得中国园艺产品出口额所占世界园艺产品出口总额的比重降低或占本国商品出口总额的比重减少，也可能使得中国园艺产品中某种（类）产品进出口额的顺差缩小或逆差扩大，导致园艺产品的国际市场占有率、显示性比较优势指数、贸易竞争力指数和质量竞争力指数下降，最终导致中国园艺产品的显性国际竞争力下降。二是人民币升值对园艺产品潜在国际竞争力的影响。一般来说，人民币升值会使园艺产品国内资源机会成本的下降幅度小于以人民币标价的国内产值与进口投入品机会成本之差的下降幅度，从而使园艺产品国内资源成本系数上升和社会净收益减少，最终导致园艺产品潜在国际竞争力下降。但是值得注意的是人民币升值并非是影响我国园艺产品出口贸易的唯一因素，因为还有国际市场需求弹性、关税、非关税壁垒以及贸易伙伴国的金融政策等诸多不确定因素。因此，准确判断人民币升值对我国园艺产品国际竞争力的影响方向和大小有待进行实证研究得出结论。

五、投入品价格上涨对园艺产品国际竞争力影响的理论分析结论

本章首先运用比较优势理论、竞争优势理论、马克思竞争力理论全面诠释了园艺产品国际竞争力的形成根源及表现形式，构建了园艺产品国际竞争力的度量指标体系；接着运用市场价格理论和竞争力经济学理论深入分析了投入品价格形成机制和投入品价格与园艺产品出口价格以及投入价格与园艺产品国际竞争力的引致关系；然后基于生产成本理论、交易费用理论、供求理论、价格理论和汇率理论系统解读了投入品价格上涨对园艺产品国际竞争力影响的因果关系及作用机理，揭示了投入品价格与园艺产品国际竞争力的内在联系及其变化的规律性。从园艺产品国际竞争力的表现形式及其度量指标体系来看，投入品价格上涨首先反映在对园艺产品价格竞争力和质量竞争力的影响上，即对园艺产品显性国际竞争力国际市场占有率、显示性比较优势指数、贸易竞争指数、质量竞争力指数的变动

上；其次反映在园艺产品成本竞争力的影响上，即对园艺产品潜在国际竞争力国内资源成本系数、社会净收益的变动上以及对不同规模和经营方式的园艺产品潜在国际竞争力的影响上。

根据以上理论分析，遵循历史与逻辑、客观与现实相统一的原则，不难得出以下结论与推论。

（一）投入品价格上涨对园艺产品整体国际竞争力的影响

推论 1：投入品价格上涨可能会使园艺产品整体 IMS、RCA、TSC 下降。

推论 2：人民币升值可能会使园艺产品整体 IMS、RCA、TSC 下降。

（二）投入品价格上涨对园艺产品各类品种显性国际竞争力的影响

推论 3：投入品价格上涨可能会使蔬菜及马铃薯、茄子产品 IMS、RCA、TSC、QCI 下降。

推论 4：人民币升值可能会使蔬菜及马铃薯、茄子产品 IMS、RCA、TSC、QCI 下降。

推论 5：投入品价格上涨可能会使水果及甜橙、宽皮柑橘、苹果产品 IMS、RCA、TSC、QCI 下降。

推论 6：人民币升值可能会使水果及甜橙、宽皮柑橘、苹果产品 IMS、RCA、TSC、QCI 下降。

推论 7：投入品价格上涨可能会使茶叶及红茶、绿茶产品 IMS、RCA、TSC、QCI 下降。

推论 8：人民币升值可能会使茶叶及红茶、绿茶产品 IMS、RCA、TSC、QCI 下降。

推论 9：投入品价格上涨可能会使花卉产品 IMS、RCA、TSC、QCI 下降。

推论 10：人民币升值可能会使花卉产品 IMS、RCA、TSC、QCI 下降。

（三）投入品价格上涨对园艺产品各类品种潜在国际竞争力的影响

推论 11：投入品价格上涨可能会使马铃薯 $DRCC_{11}$ 上升、NSP_{11} 下降。

推论 12：人民币升值可能会使马铃薯 $DRCC_{11}$ 上升、NSP_{11} 下降。

推论 13：投入品价格上涨可能会使茄子 $DRCC_{12}$ 上升、NSP_{12} 下降。

推论 14：人民币升值可能会使茄子 $DRCC_{12}$ 上升、NSP_{12} 下降。

推论 15：投入品价格上涨可能会使甜橙 $DRCC_{21}$ 上升、NSP_{21} 下降。

推论 16：人民币升值可能会使甜橙 $DRCC_{21}$ 上升、NSP_{21} 下降。

推论 17：投入品价格上涨可能会使宽皮柑橘 $DRCC_{22}$ 上升、NSP_{22} 下降。

推论 18：人民币升值可能会使宽皮柑橘 $DRCC_{22}$ 上升、NSP_{22} 下降。

推论 19：投入品价格上涨可能会使苹果 $DRCC_{23}$ 上升、NSP_{23} 下降。

推论 20：人民币升值可能会使苹果 $DRCC_{23}$ 上升、NSP_{23} 下降。

推论 21：投入品价格上涨可能会使红茶 $DRCC_{31}$ 上升、NSP_{31} 下降。

推论 22：人民币升值可能会使红茶 $DRCC_{31}$ 上升、NSP_{31} 下降。

推论 23：投入品价格上涨可能会使绿茶 $DRCC_{32}$ 上升、NSP_{32} 下降。

推论 24：人民币升值可能会使绿茶 $DRCC_{32}$ 上升、NSP_{32} 下降。

推论 25：投入品价格上涨可能会使菊花 $DRCC_{41}$ 上升、NSP_{41} 下降。

推论 26：人民币升值可能会使菊花 $DRCC_{41}$ 上升、NSP_{41} 下降。

（四）投入品价格上涨对不同规模和经营方式的园艺产品（柑橘）国际竞争力的影响

推论 27：投入品价格上涨可能会使不同规模专业化经营的柑橘 DRCC 上升和 NSP 下降，且其影响程度为大规模 DRCC＜中规模 DRCC＜小规模 DRCC，大规模 NSP＜中规模 NSP＜小规模 NSP。

推论 28：投入品价格上涨可能会使不同规模兼业经营的柑橘 DRCC 上升、NSP 下降，且其影响程度为大规模 DRCC＞中规模 DRCC＞小规模

DRCC，大规模 NSP>中规模 NSP>小规模 NSP。

推论 29：投入品价格上涨可能会使同一规模专业经营下的柑橘 DRCC 上升幅度小于兼业经营的柑橘 DRCC 上升幅度；同一规模专业经营的柑橘 NSP 下降幅度小于兼业经营的柑橘 NSP 下降幅度。

推论 30：人民币升值可能会使不同规模专业经营的柑橘 DRCC 上升、NSP 下降，且其影响程度为大规模 DRCC<中规模 DRCC<小规模 DRCC，大规模 NSP<中规模 NSP<小规模 NSP。

推论 31：人民币升值可能会使不同规模兼业经营的柑橘 DRCC 上升、NSP 下降，且其影响程度为大规模 DRCC>中规模 DRCC>小规模 DRCC，大规模 NSP>中规模 NSP>小规模 NSP。

推论 32：人民币升值可能会使同一规模专业经营的柑橘 DRCC 上升幅度小于兼业经营下的柑橘 DRCC 上升幅度；同一规模专业经营的柑橘 NSP 下降幅度小于兼业经营下的柑橘 NSP 下降幅度。

第四章　投入品价格上涨对园艺产品整体国际竞争力影响的实证研究

　　我国是世界园艺产品生产与出口大国，自 20 世纪 90 年代以来，我国园艺产业发展迅速，在农业和农村经济发展中的地位和作用日渐凸显。据统计，2011 年全国园艺作物总产值约 14118 亿元，占全国种植业总产值的 46.12%，占全国经济作物总产值的 71.74% 以上，出口额达 148 亿美元，占我国农产品出口总额的 46.25%，占世界园艺产品出口总额的 6.64%，在我国种植业收入中仅次于粮食作物，已经是农民收入的重要来源和农村经济的重要增长点之一，在改善人们饮食结构、提高人民生活质量和保障国民身体健康等方面发挥了重要作用，为了促进农民增收、扩大城乡居民就业和改善农村生态环境作出了巨大贡献。但是也应该看到，进入 21 世纪后，随着后 WTO 时代农产品贸易自由化发展，我国土地密集型农产品的比较优势已经丧失，而劳动密集型园艺产品的比较优势也在下降，尤其是水果、蔬菜类园艺产品伴随着投入品价格持续较快上涨，其生产成本不断增加，生产价格乃至出口价格逐渐上涨，对我国园艺产品国际竞争力产生了一定的负面影响。根据国家有关部门的统计数据测算，2001—2010 年，我国化肥、农药、农村劳动力价格年均分别上涨 7.41、2.01、31.84 个百分点，加之人民币持续升值，导致园艺产品出口价格年均上升 4.85 个百分点，使我国园艺产品生产与出口面临更加严峻挑战，事关我国园艺产业的可持续发展和广大农民收入增加。因此，深入研究和探讨投入品价格上涨和人民币升值对我国园艺产品整体国际竞争力的影响，对于降低生产成本、优化资源配置、依靠技术进步、提高投入产出效率、提升园艺产品国际竞争力，促进园艺产业持续、稳定、健康发展和农民增收具有十分重要的理论与实际意义。

　　本章基于园艺产品国际竞争力的国际市场占有率（IMS）、显示性比较优势指数（RCA）、贸易竞争指数（TSC）三个主要评价指标，采用1992—2011 年的时序数据，通过构建线性回归模型就投入品价格上涨对我国园艺产品整体国际竞争力的影响进行实证分析。全章分为投入品价格上涨的特征及其成因分析、投入品价格上涨对园艺产品整体国际竞争力影响的实证分析及实证分析结论等几个部分。

一、投入品价格上涨的特征及其成因分析

（一）投入品价格上涨的基本特征描述

　　根据第一章中对投入品概念的界定，本书只对园艺产品国际竞争力影响较大的化肥、农药和劳动力价格上涨的特征进行描述性分析。如图 4.1、图 4.2、图 4.3 所示。

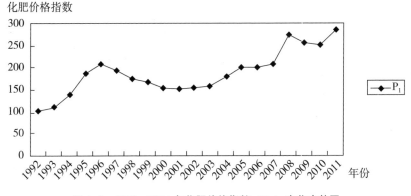

图 4.1　1992—2011 年化肥价格指数（P_1）变化走势图

农药价格指数

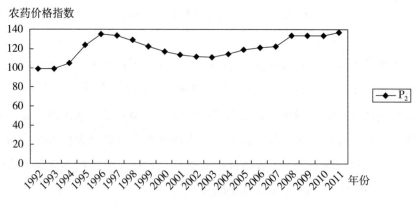

图 4.2　1992—2011 年农药价格指数（P_2）变化走势图

劳动力价格

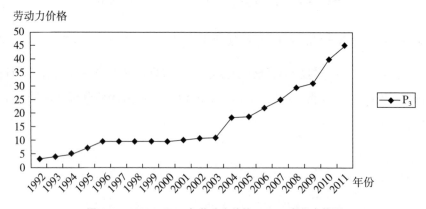

图 4.3　1992—2011 年劳动力价格（P_3）变化走势图

资料来源：根据 1993—2012 年《中国农村统计年鉴》《全国农产品成本收益资料汇编》中数据估算所得。

1. 化肥、农药价格变化总体呈现周期性波动上涨态势，但年际间化肥价格变化幅度较大，农药相对较小

如图 4.1、图 4.2 中数据显示，1992—2011 年中国化肥、农药零售价格变化总体呈现较明显的周期性波动上升特征，年均上涨幅度分别为 9.79 个百分点和 1.98 个百分点。大致可分为三个周期，但波动周期和波动幅度并不相同。

首先从化肥价格走势来看，1992—1996 年为快速上涨时期，化肥价格

指数由 100 上升到 208.20，年均上涨 27.05 个百分点。表明这一时期化肥供给严重不足，需求拉动化肥价格大幅上涨。1997—2001 年为缓慢回落时期，化肥价格指数由 208.20 下降到 151.40，年均下降 5.46 个百分点。表明这一时期因受亚洲金融危机和南方洪涝灾害影响，国内化肥产量增加而需求量减少，市场出现供大于求，相当一部分化肥生产企业陷入困境。2002—2011 年为持续上涨时期。化肥价格指数由上年的 151.40 上升到 286.10，年均上升 8.90 个百分点，尤其是 2006—2008 年三年间，化肥价格指数快速上涨，年均上涨 18.10 个百分点。表明这一时期，我国化肥价格走出低谷，经过两年恢复性微涨后开始新一轮的持续快速上涨，尽管 2009 年有所抑制，但 2011 年化肥价格又出现快速反弹势头。

再从农药价格走势来看，1992—1996 年为较快上涨时期，农药价格指数由 100 上升到 136.80，年均上涨 9.20 个百分点。表明这一时期农药价格上涨较快，市场供给不足。1997—2003 年为缓慢回落时期，农药价格指数由上年的 136.80 下降到 111.50，年均下降 2.64 个百分点。表明这一时期农药价格回落缓慢，但回落时期相对化肥较长，说明国内农药受政府宏观调控而供求基本平衡。2004—2011 年为新一轮上涨时期，农药价格指数由上年的 111.50 上升到 137.60，年均上涨 2.93 个百分点。表明这一时期，农药价格上涨幅度不大，可能是因供求矛盾缓和所致，与上一轮农药价格上涨幅度相比较为平稳，对柑橘生产影响不大。

2. 劳动力价格变化总体呈现持续快速上升态势，但上涨幅度同样具有明显的阶段性特征

如图 4.3 中数据显示，1992—2011 年中国农村劳动力价格由 3.40 元上涨到 45.50 元，年均上涨 65.17 个百分点。这一时期，劳动力价格上涨大致可分为三个阶段，但不同阶段劳动力价格上涨幅度明显有别。1992—1997 年为大幅上涨时期，农村劳动力价格由 3.40 元上升到 10 元，年均上涨 38.82 个百分点。表明这一时期可能是因为农村大批青壮年劳动力外出择业就业，导致农村务农劳动力短缺现象突出，需求拉动农村劳动力价格大幅上涨。1998—2003 年为缓慢上升阶段，劳动力价格由上年的 9.60 元

上升到 11. 20 元，年均上涨 3. 33 个百分点。表明这一时期因受亚洲金融危机影响，全国许多城镇工商企业尤其是沿海发达地区一些工商企业生产经营不够景气，导致农村劳动力外出就业择业难度加大，返乡务农人员增多，因此劳动力价格上涨趋缓。2004—2011 年为快速上涨时期，农村劳动力价格由上年的 11. 20 元上升到 45. 50 元，年均上涨 38. 28 个百分点。表明这一时期我国经济已从亚洲金融危机渐渐复苏，经济发展步入快车道，城镇二三产业发展速度加快，农民工进城就业数量日益增多，农村劳动力季节性短缺现象加剧；同时也反映城乡收入水平差距拉大，农村劳动力机会成本大幅上升，导致全国农村劳动力价格呈现持续快速上涨势头。此外，也显现出我国通货膨胀压力加大，国民生活成本上升与生活水平提高并存，在一定程度上也推动劳动力价格上涨。

(二) 投入品价格上涨的主要成因分析

从 20 世纪 90 年代以来，我国投入品价格持续上涨，尤其是近几年来，化肥、农药和劳动力价格呈现较快上涨势头，导致农业生产成本大幅上升，给农业生产和农民增收带来了一定的负面影响。不少专家学者对此问题进行了深入研究，追溯其上涨原因是多方面的。本章认为主要有以下几点。

1. 需求拉动投入品价格上涨

改革开放以来，随着我国农业和农村经济的快速发展，农民收入普遍增加，引致投入品与农业生产的供需矛盾日渐突出，总供给不足则成为投入品价格上涨的主要成因。纵观我国投入品价格上涨的运行轨迹，分析和判断投入品供给不足的背后因素大致有四个方面：一是化肥、农药产能薄弱，现有生产企业大多数规模小、技术设备落后，不能适应持续快速发展的农业生产需要，加之化肥、农药产品结构不够合理，进出口倒挂，使得国内供需矛盾更加突出。二是化肥、农药储备制度不够健全，预警机制、应急机制尚不完善，不能及时有效地调控化肥、农药市场季节性供求失衡矛盾。三是化肥、农药供应链存在缺陷，因受产销环节分离、物流渠道不畅、交通运输发展滞后等因素制约，导致部分地区尤其是边远山区农村季节性缺药少肥现象较为严重。四是农村劳动力管理制度缺失，青壮年农民无序流动现象普遍，在一定程度上造成农业用工不足，尤其是春秋农忙季节劳动力短缺问题突出，必然拉动农村劳动力价格大幅上涨。

2. 成本推动投入品价格上涨

一般来说，成本推动投入品价格上涨主要来自于投入品生产成本、流通成本、使用成本和机会成本增加表现在四个方面：一是生产成本增加。首先是化肥、农药生产所用的原辅材料价格上涨，尤其是氮肥、磷肥生产中用量最大的煤炭、硫铁矿、磷铁矿等原材料价格上涨，造成化肥、农药生产成本出现一定程度的增加；其次是化肥、农药生产用能价格上涨，尤其是能耗最大的水、电、气、油价格上扬和供给短缺，都对化肥、农药生产成本增加起到了推动作用。此外由于经济发展和人们生活水平的不断提高，使得生产和再生产的劳动力成本也大幅上升。二是流通成本增加。一方面，因全球性能源价格上涨导致国际市场化肥、农药价格和海运费用上涨，造成进口化肥、农药及其原料的运输费用大大增加；另一方面，由于我国化肥、农药生产布局不够合理，大多数生产企业建在城市及其附近，远离原材料产地和广大农村用户，销地市场分散，交通运输不便，流通渠道不畅，大大增加了原料运输和工业品下乡的物流成本。三是使用成本增加。由于长期以来农村化肥、农药施用结构不合理，利用效率低下，化肥、农药的平均利用率仅有35%左右，大大低于欧美发达国家利用率40个百分点。加之化肥、农药生产技术设备落后，物耗、能耗量大，导致化肥、农药生产和消费浪费严重，大大增加了投入品的使用成本。四是劳动力机会成本增加。随着城乡经济发展和我国农村劳动力转移政策的放开，农民获得更大收益的机会增多，使农村劳动力长期剩余的局面正在向农业生产劳动力不足转变，尤其是在一些沿海地区农村，春秋农忙季节雇工难度加大，农村劳动力资源由富余变为稀缺，无疑会导致劳动力机会成本的上升。

3. 制度缺失引致投入品价格上涨

由于我国投入品市场化改革严重滞后，市场管理制度不健全，相关政策法规不配套，在一定程度上造成投入品价格形成机制扭曲与调控机制失灵，引致投入品价格上涨。具体表现在三个方面：一是地方保护主义依然存在，阻碍了全国农资市场的完全竞争。在国内化肥、农药市场供求矛盾突出的背景下，有些地方政府为了平抑市场价格、保护本地农民利益，往往限制本地农资生产经营企业向外销售化肥、农药，在一定程度上造成了化肥、农药的供求不均衡在区域上的差异，导致一些地区化肥、农药价格形成机制扭曲，这种制度缺陷致使投入品价格上涨。二是政府宏观调控失灵，惠农政策难以落实到位。尽管多年来政府出台了一系列的化肥、农药产销补贴政策和平抑价格措施，但其收效不大。根本原因在于化肥、农药大市场尚未形成，部分大中型农资生产经营企业和中间商上有政策下有对策，不同程度地抬高化肥、农药零售价格，导致国家一系列支农、利农政策给农民带来的实惠几乎全部被化肥、农药等投入品价格上涨所吞噬。三是农村劳动力管理制度缺位，大批农民无序流动难以调控。从 20 世纪 80 年代初的"打工潮"到现实的"务工热"，无疑推动了我国农村剩余劳动力的大流动，为促进农业和农村经济发展发挥了重要作用。但是必须看到，农村大批青壮年劳动力的无序流动带来农户兼业化、村庄空心化、务农老龄化，造成全国许多农村农业生产劳动力不足，尤其是一些沿海经济发达地区农村劳动力短缺现象严重，耕地撂荒、农业生产效率低下，需求拉动劳动力机会成本上升，这种制度缺失导致农村劳动力价格大幅上涨，加强和创新农村社会管理制度势在必行。

二、投入品价格上涨对园艺产品整体
国际竞争力影响的实证分析

（一）园艺产品整体国际市场占有率、显示性比较优势指数、贸易竞争力指数的估计及走势描述

根据国际市场占有率、显示性比较优势指数、贸易竞争力指数的一般计算方法，本章以 1992—2011 年的时序数据作为样本区间，对我国园艺产

品整体的 IMS、RCA、TSC 进行了测算，估计结果如图 4.4 至图 4.6 所示。

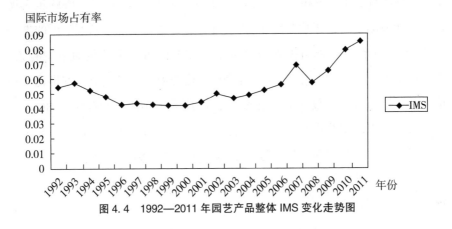

图 4.4　1992—2011 年园艺产品整体 IMS 变化走势图

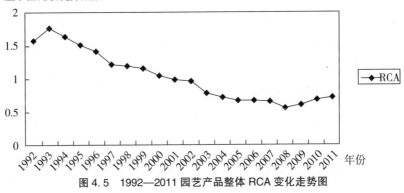

图 4.5　1992—2011 园艺产品整体 RCA 变化走势图

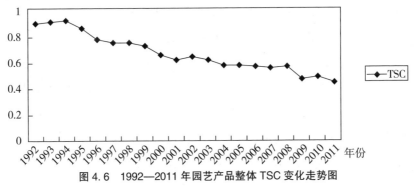

图 4.6　1992—2011 年园艺产品整体 TSC 变化走势图

从图 4.4 至图 4.6 可以看出，1992—2011 年我国园艺产品整体 IMS、RCA、TSC 的变化并不相同。从 IMS 变化走势来看，基本是以 2000 年为拐点，前期波动下行，年均下降 2.02 个百分点，这与第三章第五节中的推论 1 和推论 2 相符，可能与投入品价格上涨和人民币升值的负面影响有关。后期波动上升，年均上升 8.88 个百分点，这与第三章第五节中的推论 1 和推论 2 相悖，可能与投入品优化配置、科技进步作用、提高单产和质量、降本增效，提升园艺产品整体国际竞争力相关。再从 RCA 和 TSC 变化走势来看，总体呈现波动下降态势，年均分别下降 2.84、2.66 个百分点，这与第三章第五节中的推论 1 和推论 2 相符，可能与投入品价格上涨和人民币升值的负面影响有关。

以上仅从不同的时序数据区间和不同视角描述与分析了投入品价格上涨和人民币实际有效汇率变动对园艺产品整体国际竞争力的影响，是否符合客观实际，有待采用上述三个经验指标建立多元线性回归模型，动态考察其影响方向和大小，并对第三章第五节中的推论 1 与推论 2 进行检验。

（二）实证模型的设定

根据第三章的理论分析，考虑到对时间序列数据取对数后不会改变其时序性质，同时可以最大限度地避免异方差的产生，容易得到平稳序列，因此本书对变量进行自然对数处理。但由于贸易竞争指数有负数，因此无法对其进行自然对数的处理。由上可得出以下实证模型：

$$LnIMS = a + \alpha_1 LnP_1 + \alpha_2 LnP_2 + \alpha_3 LnP_3 + \alpha_4 LnREER + \mu_1 \tag{4-1}$$

$$LnRCA = b + \alpha_5 LnP_1 + \alpha_6 LnP_2 + \alpha_7 LnP_3 + \alpha_8 LnREER + \mu_2 \tag{4-2}$$

$$LnTSC = c + \alpha_9 LnP_1 + \alpha_{10} LnP_2 + \alpha_{11} LnP_3 + \alpha_{12} LnREER + \mu_3 \tag{4-3}$$

式中，α_1、α_2、α_3、α_4 分别为园艺产品整体国际市场占有率 IMS 对化肥价格 P_1、农药价格 P_2、劳动力价格 P_3 和人民币实际有效汇率 REER 变化的弹性系数；α_5、α_6、α_7、α_8 分别为园艺产品整体显示性比较优势指数 RCA 对化肥价格 P_1、农药价格 P_2、劳动力价格 P_3 和人民币实际有效汇率 REER 变化的弹性系数；α_9、α_{10}、α_{11}、α_{12} 分别为园艺产品整体贸易竞争力指数 TSC 对化肥价格 P_1、农药价格 P_2、劳动力价格 P_3 和人民币实际有效汇率 REER 的变化的弹性系数。

(三) 实证分析

1. 共线性诊断

在对实证模型式（4-1）、式（4-2）、式（4-3）进行参数估计之前，先求得 LnP_1、LnP_2、LnP_3 和 LnREER 相关系数矩阵如表 4.1 所示。

表 4.1　LnP_1、LnP_2、LnP_3 和 LnREER 相关系数矩阵

	LnP_1	LnP_2	LnP_3	$LnREER_1$
LnP_1	1	0.90655	0.905627	0.442551
LnP_2	0.90655	1	0.715658	0.482713
LnP_3	0.905627	0.715658	1	0.561328
$LnREER_1$	0.442551	0.482713	0.561328	1

从各自变量的相关系数可知，最小相关系数为 0.442551，最大相关系数达到了 0.905627。说明各变量之间存在一定的多重共性，因此不能用最小二乘法进行参数估计，必须采用主成分回归法建立回归模型。

2. 主成分分析

运用 EVIEWS6.0 软件对 LnP_1、LnP_2、LnP_3 和 LnREER 进行主成分分析，相关数据如表 4.2 所示。

表 4.2　LnP_1、LnP_2、LnP_3 和 LnREER 主成分分析结果

		第一主成分	第二主成分	第三主成分	第四主成分
特征向量	LnP_1	0.548019	-0.337591	-0.061098	0.762873
	LnP_2	0.51918	-0.252525	0.69468	-0.429072
	LnP_3	0.529991	-0.062917	-0.70626	-0.465132
	LnREER	0.386311	0.904602	0.122001	0.132569
特征值		3.046643	0.661049	0.277456	0.014852
贡献率		0.761700	0.165300	0.069400	0.003700
累积贡献率		0.761700	0.926900	0.996300	1.000000

由表 4.2 可知，第一主成分特征值为 3.046643，贡献率达到了 0.761700，说明它对原来的四个指标的信息解释率达到了 76.17%；第二主成分特征值为 0.661049，贡献率达到了 0.165300，第一、第二主成分的累计贡献率已达到 0.926900，即对原来的四个指标的信息解释率达到了 92.69%，因此可提取第一、第二主成分代替原来的四个指标。利用第一、第二主成分的特征向量可以得到第一、第二个主成分的表达式为：

$$F_1 = 0.54801 LnP_1 + 0.519180 LnP_2 +$$
$$0.529991 LnP_3 + 0.386311 LnREER \tag{4-4}$$

$$F_2 = -0.337591 LnP_1 - 0.252525 LnP_2 -$$
$$0.062917 LnP_3 + 0.904602 LnREER \tag{4-5}$$

将数据代入式（4-4）中，得到 F_1 的值。将数据代入式（4-5）中，得到 F_2 的值。另外，可从式（4-4）看出，综合因子 F_1 中，LnP_1、LnP_2、LnP_3 的系数大于 $LnREER$ 的系数，所以 F_1 主要是化肥价格、农药价格和劳动力价格三个指标的综合反映，代表农业投入品价格方面。可从式（4-5）看出，综合因子 F_2 中，$LnREER$ 的系数远大于其他变量的系数，所以 F_2 主要是人民币实际有效汇率的反映，代表人民币实际有效汇率方面。

3. 单位根检验

由于大多数时间序列数据非平稳，采用传统的 OLS 估计法可能会出现伪回归现象，因为这种显著性检验所确定的变量关系，有时在事实上并不存在。因此，将采用扩展的迪克—富勒检验来检验上述变量是否存在单位根。其基本原理如下：设临界值为 t_0，那么对于任何检验的 t 值，如果 $t > t_0$，则拒绝原假设，表明变量不存在单位根；反之，如果 $t < t_0$，则拒绝原假设，表明变量存在单位根。

下面对变量 LnIMS、LnRCA、LnTSC、F_1、F_2 进行检验，通过检验发现 LnIMS、LnRCA、LnTSC、F_1、F_2 在 10% 显著水平下能接受原假设，即为非平稳变量。再对它们取一阶差分，结果 △LnIMS、△LnRCA、△LnTSC、△F_1、△F_2 都在 10% 的显著水平下拒绝原假设，表明是平稳变量。检验结果如表 4.3 所示。

表 4.3 ADF 单位根检验结果

变量	检验形式	ADF 统计量（t）	临界值（t_0）		结论
			10%临界值	5%临界值	
LnIMS	（c，t，4）	−2.709049	−3.324976	−3.759743	有单位根
△LnIMS	（c，t，1）	−5.085087	−3.297799	−3.710482	无单位根
LnRCA	（c，t，0）	−0.676409	−3.277364	−3.673616	有单位根
△LnRCA	（c，t，0）	−4.539782	−3.286909	−3.690814	无单位根
LnTSC	（c，t，0）	−3.589849	−3.277364	−3.673616	有单位根
F_1	（0，t，0）	−0.982845	−2.655194	−3.02997	有单位根
△F_1	（0，t，0）	−2.858164	−2.660551	−3.040391	无单位根
F_2	（c，t，1）	−3.582260	−3.286909	−3.690814	有单位根

注：检验形式（c，t，q）分别表示单位根检验方程包含常数项、时间趋势和滞后阶数。△表示一阶差分。

表 4.3 检验结果表明一部分原始变量存在单位根，但是将其进行一阶差分后不存在单位根。

4. 协整检验

一般来说，如果两个变量都是单整变量，只有当它们的单整阶数相同时，才能协整。但是，对于三个以上变量，如果具有不同的单整阶数，还是有可能经过线性组合构成低级同阶单整变量。下面对 LnIMS 和 F_1、F_2 之间关系、LnRCA 和 F_1、F_2 之间关系、LnTSC 和 F_1、F_2 之间关系分别进行 Johansen 协整检验，以确定它们之间是否具有长期稳定关系。结果如表 4.4 至表 4.6 所示。

表 4.4 LnIMS 与 F_1、F_2 关系的 Johansen 协整检验

零假设：协整向量个数	特征值	迹统计量	迹的临界值（5%显著水平）
0*	0.859047	61.01162	42.91525
至多1个	0.608056	25.74371	25.87211
至多2个	0.389557	8.88428	12.51798

注：*表示在5%显著水平上显著。

表 4.5　LnRCA 与 F_1、F_2 关系的 Johansen 协整检验

零假设：协整向量个数	特征值	迹统计量	迹的临界值（5%显著水平）
0*	0.830411	39.18604	29.79707
至多 1 个	0.229452	7.247233	15.49471
至多 2 个	0.132354	2.555485	3.841466

注：*表示在 5%显著水平上显著。

表 4.6　LnTSC 与 F_1、F_2 关系的 Johansen 协整检验

零假设：协整向量个数	特征值	迹统计量	迹的临界值（5%显著水平）
0*	0.752344	34.46328	29.79707
至多 1 个	0.403005	9.340437	15.49471
至多 2 个	0.003061	0.055186	3.841466

注：*表示在 5%显著水平上显著。

从表 4.4 至表 4.6 的迹统计量表明，在 5%的显著水平下，原假设三个变量序列不存在协整关系都被拒绝，至多存在一个协整关系和至多存在两个协整关系都有没被拒绝。因此，变量序列 LnIMS 与 F_1、F_2 之间，LnRCA 与 F_1、F_2 之间，LnTSC 与 F_1、F_2 之间都存在长期的协整关系。

5. 实证模型及修正

首先，用 OLS 法估计变量 LnIMS、F_1 和 F_2 的回归方程。根据 AIC 与 SC 最小准则，结合第三章的理论分析推论与经验判定，经反复试验，得到以下回归方程：

$$LnIMS = -0.16594F_1 - 1.397771F_2 \tag{4-6}$$
$$(-4.800628) \quad (-5.207626)$$
$$R^2 = 0.232024 \quad DW = 0.578709$$

式（4-6）中括号内数字为 t 检验值，从式中可以看出部分 t 检验值大，变量影响显著。回归方程整体拟合不好，因为可决系数（$R^2 = 0.232024$）小。另外，可采用 Q 统计值来判断回归方程估计结果的残差是否存在自相关性。所得结果如表 4.7 所示。

表 4.7　投入品价格上涨对园艺产品整体国际市场占有率影响估计滞后 12 期的 Q 统计值

Autocorrelation	Partial Correlation		AC	PAC	Q-Stat	Prob
		1	0.589	0.589	8.0474	0.005
		2	0.171	-0.271	8.7596	0.013
		3	-0.002	0.049	8.7597	0.033
		4	0.000	0.043	8.7597	0.067
		5	-0.076	-0.175	8.9300	0.112
		6	-0.157	-0.044	9.7057	0.138
		7	-0.109	0.067	10.110	0.182
		8	0.040	0.091	10.167	0.253
		9	0.154	0.082	11.116	0.268
		10	-0.016	-0.285	11.128	0.348
		11	-0.207	-0.092	13.217	0.279
		12	-0.275	-0.108	17.379	0.136

由表 4.7 可以看出回归方程估计结果的残差存在自相关性。下面采用加权最小二乘法对其进行修正，权数为初步估计残差平方的倒数，可以得到以下改进方程：

$$LnIMS = -0.174229F_1 - 1.336559F_2 \tag{4-7}$$

$$(-206.5556)\quad(-236.6381)$$

$$R^2 = 0.998143 \quad DW = 1.437458$$

式（4-7）中括号内数字为 t 检验值，从式中可以看出 t 检验值大，变量影响显著。改进回归方程整体拟合很好，因为可决系数（$R^2 = 0.998143$）很大。另外，采用 Q 统计值来判断回归方程改进估计结果的残差是否存在自相关性。所得结果如表 4.8 所示。

由表 4.8 可以看出回归方程改进估计结果的残差不存在自相关性。由于回归方程改进估计结果通过了各项计量经济学的检验，可将 F_1、F_2 变为原来的解释变量，可得实证模型（4-1）的回归方程：

$$LnIMS = 0.355731LnP_1 + 0.247058LnP_2 - 0.008248LnP_3 -$$

$$1.276361LnREER \tag{4-8}$$

表 4.8   投入品价格上涨对园艺产品整体国际市场占有率影响的
估计改进滞后 12 期的 Q 统计值

Autocorrelation	Partial Correlation		AC	PAC	Q–Stat	Prob
		1	0.152	0.152	0.5372	0.464
		2	−0.003	−0.027	0.5374	0.764
		3	0.039	0.045	0.5775	0.902
		4	−0.370	−0.394	4.3489	0.361
		5	−0.053	0.090	4.4322	0.489
		6	0.056	0.033	4.5298	0.605
		7	−0.033	0.006	4.5658	0.713
		8	−0.003	−0.175	4.5661	0.803
		9	0.099	0.165	4.9619	0.838
		10	−0.084	−0.120	5.2699	0.872
		11	−0.239	−0.250	8.0531	0.709
		12	−0.121	−0.155	8.8520	0.716

实证结果表明，当期化肥价格指数、农药价格指数每上涨 1 个百分点，园艺产品整体 IMS 分别上升 0.355731 和 0.247058 个百分点。当期劳动力价格和人民币实际有效汇率每上涨 1 个百分点，园艺产品整体 IMS 下降 0.008248 和 1.276361 个百分点。

接着，用 OLS 法估计变量 LnRCA、F_1 和 F_2 的回归方程。根据 AIC 与 SC 最小准则，结合第三章的理论分析推论与经验判定，经反复试验，可得到以下回归方程：

$$LnRCA = -0.626665F_1 - 0.543542F_2 + 5.880000 \qquad (4-9)$$

$$(-5.284989)\quad(-1.068415)\quad(3.991684)$$

$$R^2 = 0.740913 \qquad DW = 0.448596 \qquad F = 24.307560$$

式（4-9）中括号内数字为 t 检验值，从式中可以看出部分 t 检验值小，部分变量影响不显著。回归方程整体拟合不够理想，因为可决系数（$R^2 = 0.740913$）不大。另外，可采用 Q 统计值来判断回归方程估计结果的残差是否存在自相关性。所得结果如表 4.9 所示。

表 4.9　投入品价格上涨对园艺产品整体显示性比较优势指数

影响的估计滞后 12 期的 Q 统计值

Autocorrelation	Partial Correlation		AC	PAC	Q–Stat	Prob
		1	0.711	0.711	11.712	0.001
		2	0.506	0.000	17.969	0.000
		3	0.273	−0.176	19.897	0.000
		4	−0.001	−0.278	19.897	0.001
		5	−0.196	−0.119	21.025	0.001
		6	−0.370	−0.166	25.335	0.000
		7	−0.506	−0.195	34.005	0.000
		8	−0.500	0.004	43.158	0.000
		9	−0.354	0.202	48.177	0.000
		10	−0.336	−0.293	53.153	0.000
		11	−0.167	0.062	54.517	0.000
		12	−0.057	−0.079	54.696	0.000

由表 4.9 可以看出回归方程估计结果的残差存在自相关性。下面采用加权最小二乘法对其进行修正，权数为初步估计残差绝对值的倒数，可以得到以下改进方程：

$$LnRCA = -0.631522F_1 - 0.461682F_2 + 5.824319 \qquad (4-10)$$
$$(-112.6268)\ (-22.21355)\ (194.1926)$$
$$R^2 = 0.999661 \quad DW = 1.222117 \quad F = 25081.9$$

式（4-10）中括号内数字为 t 检验值，从式中可以看出 t 检验值大，变量影响显著。改进回归方程整体拟合很好，因为可决系数（$R^2 = 0.999661$）很大。另外，可采用 Q 统计值来判断回归方程改进估计结果的残差是否存在自相关性。所得结果如表 4.10 所示。

由表 4.10 可以看出回归方程改进估计结果的残差不存在自相关性。由于回归方程改进估计结果通过了各项计量经济学的检验，可将 F_1、F_2 变为原来的解释变量，可得实证模型（4-2）的回归方程：

$$LnRCA = -0.190221LnP_1 - 0.211287LnP_2 - 0.305653LnP_3 -$$
$$0.661602LnREER + 5.824320 \qquad (4-11)$$

表 4. 10　投入品价格上涨对园艺产品整体显示性比较优势指数

影响的估计改进滞后 12 期的 Q 统计值

Autocorrelation	Partial Correlation		AC	PAC	Q–Stat	Prob
		1	0.311	0.311	2.2352	0.135
		2	−0.071	−0.185	2.3581	0.308
		3	−0.136	−0.060	2.8394	0.417
		4	−0.103	−0.054	3.1294	0.536
		5	−0.115	−0.102	3.5183	0.621
		6	−0.134	−0.104	4.0813	0.666
		7	−0.103	−0.073	4.4396	0.728
		8	−0.224	−0.260	6.2712	0.617
		9	−0.115	−0.038	6.8026	0.658
		10	−0.053	−0.140	6.9258	0.732
		11	0.031	−0.045	6.9719	0.801
		12	0.051	−0.074	7.1126	0.850

实证结果表明,当期化肥、农药、劳动力价格每上涨 1 个百分点,园艺产品整体 RCA 分别下降 0.190221、0.211287 和 0.305653 个百分点。当期人民币实际有效汇率每上升 1 个百分点,园艺产品整体 RCA 下降 0.661602 个百分点。

再接着,用 OLS 法估计变量 LnTSC、F_1 和 F_2 的回归方程。根据 AIC 与 SC 最小准则,结合第三章的理论分析推论与经验判定,经反复试验,得到以下回归方程:

$$LnTSC = -0.444465F_1 - 0.600715F_2 + 4.02151 \qquad (4-12)$$

$$(-9.3886)\ (-2.957535)\ (6.832498)$$

$$R^2 = 0.884124 \quad DW = 1.039306 \quad F = 64.85443$$

式 (4-12) 中括号内数字为 t 检验值,从式中可以看出 t 检验值大,变量影响显著。回归方程整体拟合较好,因为可决系数 ($R^2 = 0.884124$) 大。另外,可采用 Q 统计值来判断回归方程估计结果的残差是否存在自相关性。所得结果如表 4.11 所示。

表 4.11　投入品价格上涨对园艺产品整体贸易竞争指数的估计滞后 12 期的 Q 统计值

Autocorrelation	Partial Correlation		AC	PAC	Q-Stat	Prob
		1	-0.309	-0.309	2.2148	0.137
		2	0.342	0.272	5.0656	0.079
		3	-0.020	0.169	5.0758	0.166
		4	0.057	-0.003	5.1652	0.271
		5	-0.096	-0.163	5.4376	0.365
		6	0.021	-0.068	5.4520	0.487
		7	-0.148	-0.104	6.1898	0.518
		8	-0.111	-0.180	6.6438	0.575
		9	-0.110	-0.134	7.1261	0.624
		10	-0.181	-0.182	8.5755	0.573
		11	0.095	0.120	9.0140	0.621
		12	-0.099	0.095	9.5528	0.655

由表 4.11 可以看出回归方程改进估计结果的残差不存在自相关性。下面采用加权最小二乘法对其进行修正，权数为初步估计残差的平方的倒数，可以得到以下改进方程：

$$LnTSC = -0.432841F_1 - 0.576052F_2 + 3.876441 \qquad (4-13)$$
$$(-17.51348)\ (-5.164579)\ (11.53471)$$
$$R^2 = 0.991512 \quad DW = 2.469645 \quad F = 9.93E+02$$

式（4-13）中括号内数字为 t 检验值，从式中可以看出 t 检验值大，变量影响显著。改进回归方程整体拟合很好，因为可决系数（$R^2 = 0.991512$）很大。另外，可采用 Q 统计值来判断回归方程估计结果的残差是否存在自相关性。所得结果如表 4.12 所示。

由表 4.12 可以看出回归方程改进估计结果的残差不存在自相关性。由于回归方程改进估计结果通过了各项计量经济学的检验，可将 F_1、F_2 变为原来的解释变量，可得实证模型（4-3）的回归方程：

$$LnTSC = -0.042731LnP_1 - 0.079255LnP_2 - 0.193158LnP_3 -$$
$$0.688309LnREER + 3.876441 \qquad (4-14)$$

实证结果表明，当期化肥、农药、劳动力价格每上涨 1 个单位，园艺产品整体 TSC 分别下降 0.042731、0.079255 和 0.193158 个百分点。当期人民币实际有效汇率每上涨 1 个单位，园艺产品整体 TSC 下降 0.688309 个百分点。

表 4.12　投入品价格上涨对园艺产品整体贸易竞争指数影响改进估计的滞后 12 期 Q 统计值

Autocorrelation	Partial Correlation		AC	PAC	Q–Stat	Prob
		1	0.473	0.473	5.1914	0.023
		2	0.395	0.220	9.0063	0.011
		3	0.079	−0.231	9.1698	0.027
		4	−0.145	−0.271	9.7478	0.045
		5	−0.275	−0.123	11.968	0.035
		6	−0.277	0.031	14.385	0.026
		7	−0.400	−0.247	19.797	0.006
		8	−0.329	−0.158	23.776	0.002
		9	−0.106	0.257	24.221	0.004
		10	−0.008	0.081	24.224	0.007
		11	0.045	−0.291	24.321	0.011
		12	0.071	−0.193	24.602	0.017

（四）分析结果及进一步解释

通过以上分析，得出以下结论。

1. 当期不同投入品价格上涨对园艺产品整体 IMS 的影响效应并不相同

即当期化肥、农药价格每上涨 1 个百分点，园艺产品整体 IMS 分别上升 0.355731 和 0.247058 个百分点。这一结论无法验证第三章第五节中的推论 1，可能是因为园艺产品整体生产者理性地优化化肥和农药配置和依靠科技进步作用保持了园艺产品整体生产成本的相对稳定，使得中国园艺产品整体出口价格与世界园艺产品整体平均出口价格的差距基本不变或有所拉大，从而增强了园艺产品整体国际竞争力，带来中国园艺产品出口额占世界园艺产品出口总额中的比重增加，导致园艺产品整体 IMS 上升。当期劳动力价格上涨对园艺产品整体 IMS 产生一定的负面影响。即当期劳动力价格每上涨 1 个百分点，园艺产品整体 IMS 下降 0.008248 个百分点。这一结论验证了第三章第五节中的推论 1，说明园艺产品实属劳动密集性农产品，劳动力价格持续较快上涨，缺乏可替代性，推动了园艺产品整体生产价格和出口价格较快上涨，在一定程度上弱化了园艺产品整体国际竞争力，导致我国园艺产品整体 IMS 下降。

当期人民币实际有效汇率上升对园艺产品整体 IMS 产生一定的负面影响。即当期人民币实际有效汇率每上涨 1 个百分点，园艺产品整体 IMS 下降 1.276361 个百分点。这一结论验证了第三章第五节中的推论 2，可能是因为人民币升值直接拉动了园艺产品整体出口价格较快上涨，缩小了中国园艺产品整体出口价格和世界园艺产品整体平均出口价格的差距，在一定程度上抑制了中国园艺产品整体出口，使得中国园艺产品整体出口额占世界园艺产品整体出口总额中的比重降低，导致园艺产品整体 IMS 下降。

2. 当期投入品价格上涨对园艺产品整体 RCA 均产生一定的负面影响

即当期化肥价格指数、农药价格指数、劳动力价格每上涨 1 个百分点，园艺产品整体 RCA 分别下降 0.190221、0.211287 和 0.305653 个百分点。这一结论验证了第三章第五节中的推论 1，可能是因为投入品价格持续上涨，生产者根据市场需求，为保持既定产量不变难以减少其投入品使用量而使生产成本上升，在一定程度上推动了园艺产品整体生产价格和出口价格上涨，从而缩小了中国园艺产品出口价格与世界园艺产品整体平均出口价格的差距，使得中国园艺产品整体的出口额占国内出口商品总额中的比重相对世界园艺产品整体的出口额占世界商品出口总额中的比重有所降低，导致园艺产品整体 RCA 下降。

当期人民币实际有效汇率上升对园艺产品整体 RCA 产生一定的负面影响。即当期人民币实际有效汇率每上升 1 个百分点，园艺产品整体 RCA 下降 0.661602 个百分点。这一结论验证了第三章第五节中的推论 2，可能是因为当期人民币实际有效汇率上升直接拉动了园艺产品整体出口价格上涨，使得中国园艺产品整体的出口额占国内出口商品总额中的比重相对世界园艺产品整体出口额占世界商品出口总额中的比重有所降低，最终导致园艺产品整体 RCA 下降。

3. 当期投入品价格上涨对园艺产品整体 TSC 均产生一定的负面影响

即当期化肥、农药、劳动力价格每上涨 1 个单位，园艺产品整体 TSC 分别下降 0.042731、0.079255 和 0.193158 个百分点。这一结论验证第三章第五节中的推论 1，可能是因为投入品价格持续上涨加大了园艺产品整体生产成本，在一定程度上推动了园艺产品整体生产价格和出口价格上涨，从而缩小了中国园艺产品整体出口价格与世界园艺产品整体平均出口价格的差距，导致园艺产品整体净出口额在其进出口总额中的比重降低，使得园艺产品整体 TSC 下降。

当期人民币实际有效汇率上升对园艺产品整体 TSC 产生一定的负面影响，即当期人民币实际有效汇率每上涨 1 个单位，园艺产品整体 TSC 下降0.688309 个百分点。这一结论验证了第三章第五节的推论 2，可能是因为人民币升值直接拉动了园艺产品整体出口价格上涨，在一定程度上抑制了中国园艺产品整体出口，促进了国外园艺产品进口，使得中国园艺产品整体进出口贸易顺差有所减小，导致园艺产品整体 TSC 下降。

三、投入品价格上涨对园艺产品整体
国际竞争力影响的实证分析结论

基于上述理论与实证分析得出以下分析结论。

（一）不同投入品价格上涨对园艺产品整体国际竞争力的影响效应存在一定差异性

即化肥、农药价格上涨带来园艺产品整体 IMS 上升和 RCA、TSC 下降，劳动力价格上涨带来园艺产品整体 IMS、RCA、TSC 下降，且对园艺产品整体国际竞争力各指标的负向影响程度大于化肥、农药价格上涨的影响。说明劳动力价格上涨是弱化园艺产品整体国际竞争力的主要因素，化肥、农药价格上涨是弱化园艺产品整体国际竞争力的重要原因。

（二）人民币实际有效汇率上升对园艺产品整体国际竞争力产生了负向影响

即人民币升值导致园艺产品整体 IMS、RCA、TSC 下降，但下降幅度不同。说明了人民币趋势性升值对园艺产品整体国际竞争力各指标的影响符号为负，但其负向影响程度存在一定差异性。

（三）人民币升值对园艺产品整体国际竞争力的负向影响程度大于投入品价格上涨的影响

上述分析结果表明，投入品价格上涨对园艺产品整体国际竞争力的影响符号总体为负，但其负面影响较小。而人民币升值对园艺产品整体国际竞争力的影响符号为负，且其负面影响程度明显大于投入品价格上涨的负面影响。说明人民币升值是弱化园艺产品整体国际竞争力的主要外因，投入品价格上涨是弱化园艺产品整体国际竞争力的重要原因。

第五章　投入品价格上涨对园艺产品各类品种显性国际竞争力影响的实证研究

我国是世界园艺产品生产大国，栽培历史悠久、类别品种繁多，但因各类品种的自然属性及其经济食用价值的差异性，导致投入品价格上涨对园艺产品各类品种国际竞争力的影响效应也会有所不同。因此，深入研究和探讨投入品价格上涨对我国园艺产品各类品种国际竞争力影响的差异性，对于如何提升我国不同类园艺产品的国际竞争力，促进园艺产业持续、稳定、协调发展和农民增收具有重要的理论意义与实践意义。前章已就投入品价格上涨对园艺产品整体显性国际竞争力的影响进行了实证研究。根据世界粮农组织对园艺产品品种的分类，本章采用衡量园艺产品显性国际竞争力的四个主要评价指标：IMS、RCA、TSC 和 QCI，基于 1992—2011 年的时序数据，通过构建线性回归模型分别就投入品价格上涨对我国水果、蔬菜、茶叶、花卉四类园艺产品整体及其有代表性品种显性国际竞争力的影响进行实证分析。全章分为投入品价格上涨对蔬菜显性国际竞争力影响的实证分析、投入品价格上涨对水果显性国际竞争力影响的实证分析、投入品价格上涨对茶叶显性国际竞争力影响的实证分析、投入品价格上涨对花卉显性国际竞争力影响的实证分析及实证分析结论等几个部分。

一、投入品价格上涨对蔬菜显性
国际竞争力影响的实证分析

（一）蔬菜整体及马铃薯、茄子国际市场占有率、显示性比较优势指数、贸易竞争力指数、质量竞争力指数的估计及走势描述

1. 蔬菜整体 IMS_1、RCA_1、TSC_1 的估计及走势描述

按照国际市场占有率、显示性比较优势指数、贸易竞争力指数的通用计算方法，本章以 1992—2011 年的时序数据作为样本区间对我国蔬菜整体国际竞争力指标 IMS_1、RCA_1、TSC_1 进行测算，估算结果如图 5.1 至图 5.3 所示。

从图 5.1 中可以看出，1992—2011 年我国蔬菜 IMS_1 变化总体呈现波动上升态势，但以 2000 年为拐点，前期波动下行，年均下降 2.35 个百分点，这与第三章第五节中的推论 3 和推论 4 相符，可能与投入品价格上涨和人民币升值的负面影响有关；后期呈现持续上升势头，年均上升 8.30 个百分点，这与第三章第五节中的推论 3 与推论 4 相悖，可能与生产者优化投入品配置，加大科技投入，着力降本增效、提高单产和质量以及拓宽国际市场、增大出口量有关。

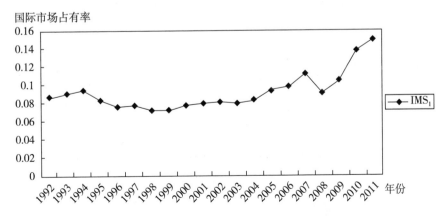

图 5.1　1992—2011 年蔬菜 IMS_1 变化走势图

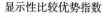
显示性比较优势指数

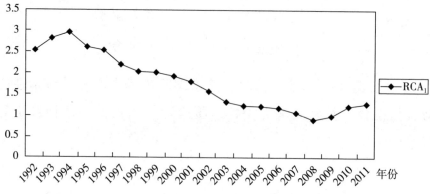

图 5.2　1992—2011 年蔬菜 RCA₁ 变化走势图

贸易竞争力指数

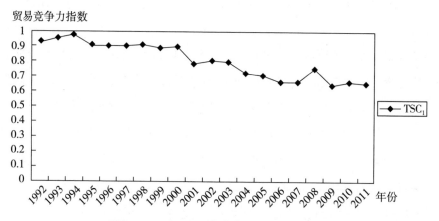

图 5.3　1992—2011 年蔬菜 TSC₁ 变化走势图

从图 5.2、图 5.3 中可以看出，1992—2011 年我国蔬菜 RCA_1 和 TSC_1 变化总体呈现波动下降态势，年均分别下降 2.60、1.76 个百分点。这与第三章第五节中的推论 3 和推论 4 相符，可能与投入品价格上涨和人民币升值的负面影响有关。

以上仅是从不同时序数据区间与不同视角描述和分析了投入品价格与人民币汇率变动对蔬菜整体显性国际竞争力的影响，是否符合客观实际，有待采用上述经验指标建立多元线性回归模型，动态考察其影响方向和大小，并对第三章第五节中的推论 3 与推论 4 进行检验。

2. 马铃薯 IMS_{11}、RCA_{11}、TSC_{11}、QCI_{11} 的估计及走势描述

按照国际市场占有率、显示性比较优势指数、贸易竞争力指数、质量
竞争力指数的通用计算方法，本章以 1992—2011 年的时序数据作为样本区
间对我国马铃薯国际竞争力指标 IMS_{11}、RCA_{11}、TSC_{11}、QCI_{11} 进行测算，
估算结果如图 5.4 至图 5.7 所示。

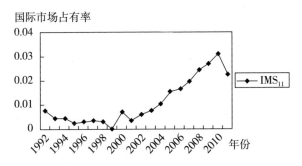

图 5.4　1992—2011 年马铃薯 IMS_{11} 变化走势图

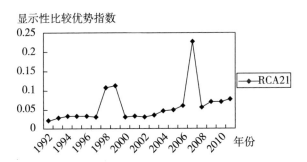

图 5.5　1992—2011 年马铃薯 RCA_{11} 变化走势图

从图 5.4 中可以看出，1992—2011 年我国马铃薯 IMS_{11} 变化总体呈现
先降后升的波动态势，并以 1999 年为拐点，前期波动下行，年均下降
6.28 个百分点，这与第三章第五节中的推论 3 和推论 4 相符，可能与投入
品价格上涨和人民币升值的负面影响有关；后期呈现持续较快上升势头，
到 2010 年年均上升 17.41 个百分点，但 2011 年有所回落。这与第三章第

五节中的推论 3 与推论 4 相悖，可能与生产者优化投入品配置，加大科技投入，着力降本增效、提高单产和质量以及拓宽国际市场、增大出口量有关。

从图 5.5 中可以看出，1992—2011 年我国马铃薯 RCA_{11} 变化总体呈现波动上升态势，尽管期间出现两个显著上升峰值，但总体呈现渐升走势。这与第三章第五节中的推论 3 与推论 4 相悖，可能与生产者优化投入品配置，加大科技投入，着力降本增效、拓宽国际市场、增加出口量有关。

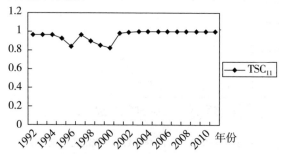

图 5.6　1992—2011 年马铃薯 TSC_{11} 变化走势图

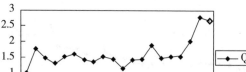
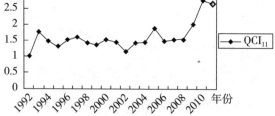

图 5.7　1992—2011 年马铃薯 QCI_{11} 变化走势图

从图 5.6 中可以看出，1992—2011 年我国马铃薯 TSC_{11} 变化总体呈现先小波下行后回升至平稳运行态势，并以 2002 年为拐点，前期小波振荡下行，这与第三章第五节中的推论 3 和推论 4 相符，可能与投入品价格上涨和人民币升值的负面影响有关。后期回升微超起点后呈现持续平稳运行，基本保持与 1992 年持平走势。这与第三章第五节中的推论 3 与推论 4 并不完全相符，可能与生产者优化投入品配置，加大科技投入，提高单产和质量、增大出口量有关。

从图 5.7 中可以看出，1992—2011 年我国马铃薯 QCI_{11} 变化总体呈现波动上升态势，年均上升 8.33 个百分点。这与第三章第五节中的推论 3 与推论 4 相悖，可能与生产者优化投入品配置，加大科技投入，提高单产和质量、着力降本增效、增强国际竞争力有关。

以上仅是从不同时序数据区间与不同视角描述和分析了投入品价格与人民币汇率变动对马铃薯显性国际竞争力的影响，是否符合客观实际，有待采用上述经验指标建立多元线性回归模型，动态考察其影响方向和大小，并对第三章第五节中的推论 3 与推论 4 进行检验。

3. 茄子 IMS_{12}、RCA_{12}、TSC_{12}、QCI_{12} 的估计及走势描述

按照国际市场占有率、显示性比较优势指数、贸易竞争力指数、质量竞争力指数的通用计算方法，本章以 1992—2011 年的时序数据作为样本区间对我国茄子国际竞争力指标 IMS_{12}、RCA_{12}、TSC_{12}、QCI_{12} 进行测算，估算结果如图 5.8 至图 5.11 所示。

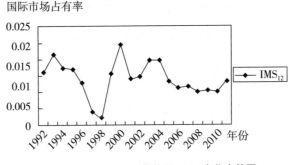

图 5.8　1992—2011 年茄子 IMS_{12} 变化走势图

从图 5.8、图 5.9 中可以看出，1992—2011 年我国茄子 IMS_{12}、RCA_{12} 变化总体呈现波动下降态势，尽管 1993 年和 2000 年茄子 IMS_{12}、RCA_{12} 出现两个上升峰值且不完全相同，但总体仍呈波动下行走势。这与第三章第

五节中的推论 3 和推论 4 相符，可能与投入品价格上涨和人民币升值的负
面影响有关。

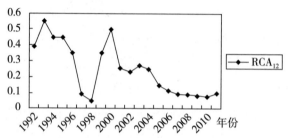

图 5.9 1992—2011 年茄子 RCA_{12} 变化走势图

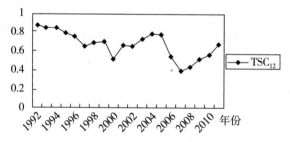

图 5.10 1992—2011 年茄子 TSC_{12} 变化走势图

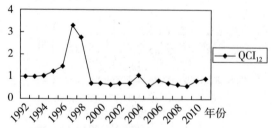

图 5.11 1992—2011 年茄子 QCI_{12} 变化走势图

从图 5.10、图 5.11 中可以看出，1992—2011 年我国茄子 TSC_{12} 和 QCI_{12} 变化总体呈现波动下降态势，尽管 1997 年和 1998 年茄子 QCI_{12} 出现两个上升峰值，可能与市场异变有关，但茄子 TSC_{12} 和 QCI_{12} 变化仍呈小幅平稳波动下行走势。这与第三章第五节中的推论 3 和推论 4 基本相符，可能与投入品价格上涨和人民币升值的负面影响有关。

以上仅是从不同时序数据区间与不同视角描述和分析了投入品价格与人民币汇率变动对茄子显性国际竞争力的影响，是否符合客观实际，有待采用上述经验指标建立多元线性回归模型，动态考察其影响方向和大小，并对第三章第五节中的推论 3 与推论 4 进行检验。

（二）投入品价格上涨对蔬菜整体及马铃薯、茄子显性国际竞争力影响的实证分析

1. 实证模型的设定

根据第三章第三节和第四节中的理论分析，考虑到对时间序列数据取对数后不会改变其时序性质，同时可以最大限度地避免异方差的产生，容易得到平稳序列，因此本章对变量进行自然对数处理。但由于贸易竞争指数有负数，因此无法对其进行自然对数的处理。由上可得出如下实证模型：

$$LnIMS_1 = a_1 + \beta_1 LnP_1 + \beta_2 LnP_2 + \beta_3 LnP_3 + \beta_4 LnREER + \mu_4 \quad (5-1)$$
$$LnIMS_{11} = b_1 + \beta_5 LnP_1 + \beta_6 LnP_2 + \beta_7 LnP_3 + \beta_8 LnREER + \mu_5 \quad (5-2)$$
$$LnIMS_{12} = c_1 + \beta_9 LnP_1 + \beta_{10} LnP_2 + \beta_{11} LnP_3 + \beta_{12} LnREER + \mu_6 \quad (5-3)$$
$$LnRCA_1 = d_1 + \beta_{13} LnP_1 + \beta_{14} LnP_2 + \beta_{15} LnP_3 + \beta_{16} LnREER + \mu_7 \quad (5-4)$$
$$LnRCA_{11} = e_1 + \beta_{17} LnP_1 + \beta_{18} LnP_2 + \beta_{19} LnP_3 + \beta_{20} LnREER + \mu_8 \quad (5-5)$$
$$LnRCA_{12} = f_1 + \beta_{21} LnP_1 + \beta_{22} LnP_2 + \beta_{23} LnP_3 + \beta_{24} LnREER + \mu_9 \quad (5-6)$$
$$LnTSC_1 = g_1 + \beta_{25} LnP_1 + \beta_{26} LnP_2 + \beta_{27} LnP_3 + \beta_{28} LnREER + \mu_{10} \quad (5-7)$$
$$LnTSC_{11} = h_1 + \beta_{29} LnP_1 + \beta_{30} LnP_2 + \beta_{31} LnP_3 + \beta_{32} LnREER + \mu_{11} \quad (5-8)$$
$$LnTSC_{12} = i_1 + \beta_{33} LnP_1 + \beta_{34} LnP_2 + \beta_{35} LnP_3 + \beta_{36} LnREER + \mu_{12} \quad (5-9)$$
$$LnQCI_{11} = j_1 + \beta_{37} LnP_1 + \beta_{38} LnP_2 + \beta_{39} LnP_3 + \beta_{40} LnREER + \mu_{13} \quad (5-10)$$
$$LnQCI_{12} = k_1 + \beta_{41} LnP_1 + \beta_{42} LnP_2 + \beta_{43} LnP_3 + \beta_{44} LnREER + \mu_{14} \quad (5-11)$$

式中，β_1、β_2、β_3、β_4分别为蔬菜国际市场占有率 IMS_1 对化肥价格 P_1、农药价格 P_2、劳动力价格 P_3 和人民币实际有效汇率 REER 变化的弹性系数；β_5、β_6、β_7、β_8 分别为马铃薯国际市场占有率 IMS_{11} 对化肥价格 P_1、农药价格 P_2、劳动力价格 P_3 和人民币实际有效汇率 REER 变化的弹性系数；β_9、β_{10}、β_{11}、β_{12} 分别为茄子国际市场占有率 IMS_{12} 对化肥价格 P_1、农药价格 P_2、劳动力价格 P_3 和人民币实际有效汇率 REER 变化的弹性系数；β_{13}、β_{14}、β_{15}、β_{16} 分别为蔬菜显示性比较优势指数 RCA_1 对化肥价格 P_1、农药价格 P_2、劳动力价格 P_3 和人民币实际有效汇率 REER 变化的弹性系数；β_{17}、β_{18}、β_{19}、β_{20} 分别为马铃薯国际市场占有率 RCA_{11} 对化肥价格 P_1、农药价格 P_2、劳动力价格 P_3 和人民币实际有效汇率 REER 变化的弹性系数；β_{21}、β_{22}、β_{23}、β_{24} 分别为茄子国际市场占有率 RCA_{12} 对化肥价格 P_1、农药价格 P_2、劳动力价格 P_3 和人民币实际有效汇率 REER 变化的弹性系数；β_{25}、β_{26}、β_{27}、β_{28} 分别为蔬菜贸易竞争指数 TSC_1 对化肥价格 P_1、农药价格 P_2、劳动力价格 P_3 和人民币实际有效汇率 REER 变化的弹性系数。B_{29}、β_{30}、β_{31}、β_{32} 分别为马铃薯国际市场占有率 TSC_{11} 对化肥价格 P_1、农药价格 P_2、劳动力价格 P_3 和人民币实际有效汇率 REER 变化的弹性系数；β_{33}、β_{34}、β_{35}、β_{36} 分别为茄子国际市场占有率 TSC_{12} 对化肥价格 P_1、农药价格 P_2、劳动力价格 P_3 和人民币实际有效汇率 REER 变化的弹性系数；β_{37}、β_{38}、β_{39}、β_{40} 分别为马铃薯国际市场占有率 QCI_{11} 对化肥价格 P_1、农药价格 P_2、劳动力价格 P_3 和人民币实际有效汇率 REER 变化的弹性系数；β_{41}、β_{42}、β_{43}、β_{44} 分别为茄子国际市场占有率 QCI_{12} 对化肥价格 P_1、农药价格 P_2、劳动力价格 P_3 和人民币实际有效汇率 REER 变化的弹性系数。

2. 实证分析

（1）单位根检验

首先对变量 $LnIMS_1$、$LnIMS_{11}$、$LnIMS_{12}$、$LnRCA_1$、$LnRCA_{11}$、$LnRCA_{12}$、$LnTSC_1$、$LnTSC_{11}$、$LnTSC_{12}$、QCI_{11}、QCI_{12} 进行检验，通过检验发现 $LnIMS_{11}$、$LnIMS_{12}$、$LnRCA_{11}$、$LnRCA_{12}$、$LnTSC_1$、QCI_{12} 在 10% 显著水平下拒绝原假设，即为平稳变量；$LnIMS_1$、$LnRCA_1$、$LnTSC_{11}$、$LnTSC_{12}$、QCI_{11}

在 10%显著水平下能接受原假设，即为非平稳变量。再对它们取一阶差分，结果 $\triangle LnIMS_1$、$\triangle LnRCA$、$\triangle LnTSC_{11}$、$\triangle LnTSC_{12}$、$\triangle QCI_{11}$ 都在 10%的显著水平下拒绝原假设，表明是平稳变量。检验结果如表 5.1 所示。

表 5.1　ADF 单位根检验结果表

变量	检验形式	ADF 统计量（t）	临界值（t_0）		结论
			10%临界值	5%临界值	
$LnIMS_1$	（c，t，0）	−0.921196	−3.277364	−3.673616	有单位根
$\triangle LnIMS_1$	（c，t，3）	−3.677415	−3.324976	−3.759743	无单位根
$LnIMS_{11}$	（c，t，0）	−3.790828	−3.277364	−3.673616	无单位根
$LnIMS_{12}$	（c，t，1）	−3.539635	−3.286909	−3.690814	无单位根
$LnRCA_1$	（c，t，5）	−0.869056	−3.342253	−3.791172	有单位根
$\triangle LnRCA_1$	（c，t，1）	−3.458227	−3.297799	−3.710482	无单位根
$LnRCA_{11}$	（c，t，0）	−3.441494	−3.277364	−3.673616	无单位根
$LnRCA_{12}$	（c，t，1）	−3.693633	−3.286909	−3.690814	无单位根
$LnTSC_1$	（c，t，0）	−3.879556	−3.277364	−3.673616	无单位根
$LnTSC_{11}$	（c，t，0）	−2.98439	−3.277364	−3.673616	有单位根
$\triangle LnTSC_{11}$	（c，t，1）	−5.193546	−3.286909	−3.690814	无单位根
$LnTSC_{12}$	（c，t，4）	−3.28617	−3.324976	−3.759743	有单位根
$\triangle LnTSC_{12}$	（c，t，0）	−3.468323	−3.286909	−3.690814	无单位根
$LnQIC_{11}$	（0，t，0）	0.100378	−1.607051	−1.960171	有单位根
$\triangle LnQIC_{11}$	（0，t，0）	−6.223231	−1.60661	−1.961409	无单位根
$LnQIC_{12}$	（0，t，0）	−2.177647	−1.607051	−1.960171	无单位根

注：检验形式（c，t，q）分别表示单位根检验方程包含常数项、时间趋势和滞后阶数。$\triangle$ 表示一阶差分。

（2）协整检验

下面使用 Eviews6.0 软件对 $LnIMS_1$ 和 F_1、F_2 之间关系，$LnIMS_{11}$ 和 F_1、F_2 之间关系，$LnIMS_{12}$ 和 F_1、F_2 之间关系、$LnRCA_2$ 和 F_1、F_2 之间关系、$LnRCA_{21}$ 和 F_1、F_2 之间关系，$LnRCA_{22}$ 和 F_1、F_2 之间关系，$LnTSC_1$ 和 F_1、F_2 之间关系，$LnTSC_{11}$ 和 F_1、F_2 之间关系，$LnTSC_{12}$ 和 F_1、F_2 之间关系，$LnQIC_{11}$ 和

F_1、F_2 之间关系，$LnQCI_{12}$ 和 F_1、F_2 之间关系分别进行 Johansen 协整检验，以确定它们之间是否具有长期稳定关系。检验结果如表 5.2 至表 5.12 所示。

表 5.2　$LnIMS_1$ 与 F_1、F_2 关系的 Johansen 协整检验

零假设：协整向量个数	特征值	迹统计量	迹的临界值（5%显著水平）
0*	0.806346	43.85698	29.79707
至多 1 个	0.453872	14.30669	15.49471
至多 2 个	0.172969	3.418445	3.841466

注：＊表示在 5%显著水平上显著。

表 5.3　$LnIMS_{11}$ 与 F_1、F_2 关系的 Johansen 协整检验

零假设：协整向量个数	特征值	迹统计量	迹的临界值（5%显著水平）
0*	0.87868	50.91771	29.79707
至多 1 个	0.509975	12.94984	15.49471
至多 2 个	0.006117	0.110447	3.841466

注：＊表示在 5%显著水平上显著。

表 5.4　$LnIMS_{12}$ 与 F_1、F_2 关系的 Johansen 协整检验

零假设：协整向量个数	特征值	迹统计量	迹的临界值（5%显著水平）
0*	0.889933	64.25351	42.91525
至多 1 个	0.64492	24.53357	25.87211
至多 2 个	0.279322	5.896137	12.51798

注：＊表示在 5%显著水平上显著。

表 5.5　$LnRCA_1$ 与 F_1、F_2 关系的 Johansen 协整检验

零假设：协整向量个数	特征值	迹统计量	迹的临界值（5%显著水平）
0*	0.847777	42.13838	29.79707
至多 1 个	0.222848	8.255073	15.49471
至多 2 个	0.18657	3.716917	3.841466

注：＊表示在 5%显著水平上显著。

表 5.6 $LnRCA_{11}$ 与 F_1、F_2 关系的 Johansen 协整检验

零假设：协整向量个数	特征值	迹统计量	迹的临界值（5%显著水平）
0*	0.851897	47.0698	29.79707
至多 1 个	0.505872	12.69257	15.49471
至多 2 个	0.000182	0.00327	3.841466

注：＊表示在 5%显著水平上显著。

表 5.7 $LnRCA_{12}$ 与 F_1、F_2 关系的 Johansen 协整检验

零假设：协整向量个数	特征值	迹统计量	迹的临界值（5%显著水平）
0*	0.900544	56.1375	29.79707
至多 1 个	0.552871	14.5928	15.49471
至多 2 个	0.005787	0.104465	3.841466

注：＊表示在 5%显著水平上显著。

表 5.8 $LnTSC_1$ 与 F_1、F_2 关系的 Johansen 协整检验

零假设：协整向量个数	特征值	迹统计量	迹的临界值（5%显著水平）
0*	0.799644	36.13327	29.79707
至多 1 个	0.325763	7.195364	15.49471
至多 2 个	0.005553	0.100237	3.841466

注：＊表示在 5%显著水平上显著。

表 5.9 $LnTSC_{11}$ 与 F_1、F_2 关系的 Johansen 协整检验

零假设：协整向量个数	特征值	迹统计量	迹的临界值（5%显著水平）
0*	0.906284	53.554	29.79707
至多 1 个	0.455404	10.9393	15.49471
至多 2 个	2.75E-05	0.000495	3.841466

注：＊表示在 5%显著水平上显著。

表 5.10　LnTSC$_{12}$与 F$_1$、F$_2$关系的 Johansen 协整检验

零假设：协整向量个数	特征值	迹统计量	迹的临界值（5%显著水平）
0*	0.824412	41.30735	29.79707
至多1个	0.409433	9.99427	15.49471
至多2个	0.028161	0.514181	3.841466

注：*表示在5%显著水平上显著。

表 5.11　LnQCI$_{11}$与 F$_1$、F$_2$关系的 Johansen 协整检验

零假设：协整向量个数	特征值	迹统计量	迹的临界值（5%显著水平）
0*	0.720727	35.13904	29.79707
至多1个	0.490488	12.17888	15.49471
至多2个	0.0023	0.041448	3.841466

注：*表示在5%显著水平上显著。

表 5.12　LnQCI$_{12}$与 F$_1$、F$_2$关系的 Johansen 协整检验

零假设：协整向量个数	特征值	迹统计量	迹的临界值（5%显著水平）
0*	0.757319	35.62928	29.79707
至多1个	0.429114	10.14118	15.49471
至多2个	0.002828	0.050983	3.841466

注：*表示在5%显著水平上显著。

表5.2 至表5.12 中的迹统计量表明，原假设三个变量序列不存在协整关系都在5%的显著水平下被拒绝，但至多存在一个协整关系和至多存在两个协整关系都没有被拒绝。因此，变量序列 LnIMS$_1$ 和 F$_1$、F$_2$ 之间，LnIMS$_{11}$和 F$_1$、F$_2$之间，LnIMS$_{12}$和 F$_1$、F$_2$之间，LnRCA$_2$和 F$_1$、F$_2$之间，LnRCA$_{21}$和 F$_1$、F$_2$之间，LnRCA$_{22}$和 F$_1$、F$_2$之间，LnTSC$_1$和 F$_1$、F$_2$之间，LnTSC$_{11}$和 F$_1$、F$_2$之间，LnTSC$_{12}$和 F$_1$、F$_2$之间，LnQCI$_{11}$和 F$_1$、F$_2$之间，LnQCI$_{12}$和 F$_1$、F$_2$之间都存在长期的协整关系。

（3）实证模型及修正

首先，采用 OLS 法估计变量 LnIMS$_1$、F$_1$ 和 F$_2$的回归方程。根据 AIC

与 SC 最小准则，结合第三章的理论分析推论与经验判定，经反复试验，
得到以下回归方程：

$$LnIMS_1 = -0.483038F_1 + 0.400731F_1 (-1) - 1.529781F_2 \qquad (5-12)$$
$$(-1.546739) \qquad (1.228615) (-5.416615)$$
$$R^2 = 0.109013 \quad DW = 0.694179$$

式（5-12）中括号内数字为 t 检验值，从式中可以看出部分 t 检验值
较小，部分变量影响不显著。回归方程整体拟合不好，因为可决系数
（$R^2 = 0.109013$）小。另外，采用 Q 统计值来判断回归方程估计结果的残
差是否存在自相关性。所得结果如表 5.13 所示。

表 5.13　投入品价格上涨对蔬菜 IMS_1 影响的估计滞后 12 期的 Q 统计值

Autocorrelation	Partial Correlation		AC	PAC	Q-Stat	Prob
		1	0.427	0.427	4.0395	0.044
		2	0.065	-0.143	4.1397	0.126
		3	-0.035	-0.007	4.1696	0.244
		4	-0.055	-0.033	4.2510	0.373
		5	-0.157	-0.152	4.9557	0.421
		6	-0.161	-0.040	5.7530	0.451
		7	-0.040	0.052	5.8071	0.562
		8	0.084	0.075	6.0612	0.640
		9	0.190	0.139	7.5086	0.584
		10	0.002	-0.197	7.5087	0.677
		11	-0.152	-0.122	8.6651	0.653
		12	-0.260	-0.189	12.504	0.406

由表 5.13 可以看出回归方程估计结果的残差不存在自相关性。下面采
用加权最小二乘法对其进行修正，权数为初步估计残差的平方的倒数，可
以得到以下改进方程：

$$LnIMS_1 = -0.646112F_1 + 0.57341F_1 (-1) - 1.607743F_2 \qquad (5-13)$$
$$(-5.693247) (4.90829) \qquad (-13.93716)$$
$$R^2 = 0.731351 \quad DW = 1.438382$$

式（5-13）中括号内数字为 t 检验值，从式中可以看出 t 检验值较大，
变量影响显著。改进回归方程整体拟合很好，因为可决系数（$R^2 = 0.731351$）
较大。另外，采用 Q 统计值来判断回归方程改进估计结果的残差是否存在

自相关性。所得结果如表 5.14 所示。

表 5.14　投入品价格上涨对蔬菜 IMS_1 影响的改进估计滞后 12 期的 Q 统计值

Autocorrelation	Partial Correlation		AC	PAC	Q-Stat	Prob
		1	0.197	0.197	0.8598	0.354
		2	0.041	0.003	0.8997	0.638
		3	0.029	0.021	0.9210	0.820
		4	−0.343	−0.367	4.0463	0.400
		5	−0.144	−0.007	4.6401	0.461
		6	−0.046	−0.004	4.7039	0.582
		7	−0.064	−0.014	4.8415	0.679
		8	0.212	0.139	6.4666	0.595
		9	0.305	0.231	10.172	0.337
		10	−0.068	−0.230	10.375	0.408
		11	−0.121	−0.188	11.105	0.435
		12	−0.228	−0.144	14.074	0.296

从表 5.14 可以看出回归方程改进估计结果的残差不存在自相关性。由于回归方程改进估计结果通过了各项计量经济学的检验，可将 F_1、F_2 变为原来的解释变量，可得实证模型（5-1）的回归方程：

$$LnIMS_1 = 0.188684LnP_1 + 0.314234LnP_1 \ (-1) \ + 0.070547LnP_2$$
$$+ 0.297703LnP_2 \ (-1) \ - 0.241279LnP_3 + 0.303902LnP_3 \ (-1)$$
$$- 1.703968LnREER + 0.221515LnREER \ (-1) \tag{5-14}$$

实证结果表明，当期化肥、农药、劳动力价格每上涨 1 个百分点，蔬菜 IMS_1 分别上升 0.188684、0.070547 和下降 0.241279 个百分点；前一期化肥、农药、劳动力价格每上涨 1 个百分点，蔬菜 IMS_1 分别上升 0.314234、0.297703 和 0.303902 个百分点；当期人民币实际有效汇率每上涨 1 个百分点，蔬菜 IMS_1 下降 1.703968 个百分点。前一期人民币实际有效汇率每上升 1 个百分点，蔬菜 IMS_1 上升 0.221515 个百分点。

首先，采用 OLS 法估计变量 $LnIMS_{11}$、F_1 和 F_2 的回归方程。根据 AIC 与 SC 最小准则，结合第三章的理论分析推论与经验判定，经反复试验，得到以下回归方程：

$$LnIMS_{11} = -1.119902F_1 + 1.651642F_1 \ (-2) \ - 8.671769F_2 \tag{5-15}$$
$$(-1.066237) \ (1.377167) \ (-4.211906)$$

$$R^2 = 0.409044 \quad DW = 1.893408$$

式（5-15）中括号内数字为 t 检验值，从式中可以看出部分 t 检验值较小，部分变量影响不显著。回归方程整体拟合不好，因为可决系数（$R^2 = 0.409044$）小。另外，采用 Q 统计值来判断回归方程估计结果的残差是否存在自相关性。所得结果如表 5.15 所示。

表 5.15　投入品价格上涨对马铃薯 IMS_{11} 影响的估计滞后 12 期的 Q 统计值

Autocorrelation	Partial Correlation		AC	PAC	Q-Stat	Prob
		1	0.055	0.055	0.0635	0.801
		2	0.062	0.059	0.1507	0.927
		3	-0.052	-0.059	0.2154	0.975
		4	0.041	0.044	0.2595	0.992
		5	-0.160	-0.160	0.9670	0.965
		6	-0.164	-0.159	1.7747	0.939
		7	-0.081	-0.044	1.9895	0.960
		8	-0.032	-0.030	2.0270	0.980
		9	0.000	0.007	2.0270	0.991
		10	0.000	-0.012	2.0270	0.996
		11	0.000	-0.049	2.0270	0.998
		12	0.000	-0.042	2.0270	0.999

由表 5.15 可以看出回归方程估计结果的残差不存在自相关性。下面采用加权最三小二乘法对其进行修正，权数为初步估计残差的平方的倒数，可以得到以下改进方程：

$$LnIMS_{11} = -0.673768F_1 + 1.215257F_1(-2) - 8.853095F_2 \quad (5-16)$$
$$(-4.085209) \quad (7.987326) \quad (-60.6879)$$

$$R^2 = 1 \quad DW = 1.359094$$

式（5-16）中括号内数字为 t 检验值，从式中可以看出 t 检验值较大，变量影响显著。改进回归方程整体拟合很好，因为可决系数（$R^2 = 1$）大。另外，采用 Q 统计值来判断回归方程改进估计结果的残差是否存在自相关性。所得结果如表 5.16 所示。

从表 5.16 可以看出回归方程改进估计结果的残差不存在自相关性。由于回归方程改进估计结果通过了各项计量经济学的检验，可将 F_1、F_2 变为原来的解释变量可得实证模型（5-2）的回归方程：

$$LnIMS_{11} = 2.619494LnP_1 + 0.665973LnP_1(-2) + 1.885821LnP_2 +$$
$$0.630937LnP_2(-2) + 0.199919LnP_3 + 0.644075LnP_3(-2) -$$
$$8.268811LnREER + 0.469467LnREER(-2) \qquad (5-17)$$

表 5.16　投入品价格上涨对马铃薯 IMS_{11} 影响的改进估计滞后 12 期的 Q 统计值

Autocorrelation	Partial Correlation		AC	PAC	Q-Stat	Prob
		1	0.361	0.361	2.7551	0.097
		2	0.222	0.106	3.8655	0.145
		3	0.124	0.016	4.2345	0.237
		4	0.006	-0.072	4.2356	0.375
		5	-0.078	-0.089	4.4028	0.493
		6	-0.099	-0.047	4.6965	0.583
		7	-0.109	-0.038	5.0874	0.649
		8	-0.021	0.068	5.1036	0.746
		9	0.000	0.019	5.1036	0.825
		10	0.000	-0.016	5.1036	0.884
		11	0.000	-0.024	5.1036	0.926
		12	0.000	-0.013	5.1036	0.954

实证结果表明，当期化肥、农药、劳动力价格每上涨 1 个百分点，马铃薯 IMS_{11} 分别上升 2.619494、1.885821 和 0.199919 个百分点；前两期化肥、农药、劳动力价格每上涨 1 个百分点，马铃薯 IMS_{11} 分别上升 0.665973、0.630937 和 0.644075 个百分点；当期人民币实际有效汇率每上涨 1 个百分点，马铃薯 IMS_{11} 下降 8.268811 个百分点。前两期人民币实际有效汇率每上升 1 个百分点，马铃薯 IMS_{11} 上升 0.469467 个百分点。

首先，采用 OLS 法估计变量 $LnIMS_{12}$、F_1 和 F_2 的回归方程。根据 AIC 与 SC 最小准则，结合第三章的理论分析推论与经验判定，经反复试验，得到以下回归方程：

$$LnIMS_{12} = -0.356349F_1 - 0.535947F_2 - 0.96322 \qquad (5-18)$$
$$(-1.01324) \qquad (-0.355187)(-0.220287)$$
$$R^2 = 0.077923 \quad DW = 1.173315$$

式 (5-18) 中括号内数字为 t 检验值，从式中可以看出部分 t 检验值较小，部分变量影响不显著。回归方程整体拟合不好，因为可决系数

（$R^2 = 0.077923$）小。另外，采用 Q 统计值来判断回归方程估计结果的残差是否存在自相关性。所得结果如表 5.17 所示。

表 5.17 投入品价格上涨对茄子 IMS 影响的估计滞后 12 期的 Q 统计值

Autocorrelation	Partial Correlation		AC	PAC	Q-Stat	Prob
		1	0.401	0.401	3.7224	0.054
		2	−0.200	−0.429	4.6955	0.096
		3	−0.151	0.198	5.2840	0.152
		4	−0.075	−0.248	5.4368	0.245
		5	−0.232	−0.178	7.0119	0.220
		6	−0.219	−0.047	8.5239	0.202
		7	−0.057	−0.119	8.6325	0.280
		8	0.018	−0.032	8.6448	0.373
		9	0.009	−0.066	8.6484	0.470
		10	0.000	−0.092	8.6484	0.566
		11	0.000	−0.062	8.6484	0.654
		12	0.000	−0.066	8.6484	0.733

由表 5.17 可以看出回归方程估计结果的残差不存在自相关性。下面采用加权最小二乘法对其进行修正，权数为初步估计残差的绝对值的倒数，可以得到以下改进方程：

$$LnIMS_{12} = -0.355434F_1 - 0.522657F_2 - 0.973927 \qquad (5-19)$$

$$(-24.47147)\ (-7.47203)\ (-5.091993)$$

$$R^2 = 0.99993 \quad DW = 1.682821$$

式（5-19）中括号内数字为 t 检验值，从式中可以看出 t 检验值较大，变量影响显著。改进回归方程整体拟合很好，因为可决系数（$R^2 = 0.99993$）较大。另外，采用 Q 统计值来判断回归方程改进估计结果的残差是否存在自相关性。所得结果如表 5.18 所示。

从表 5.18 可以看出回归方程改进估计结果的残差不存在自相关性。由于回归方程改进估计结果通过了各项计量经济学的检验，可将 F_1、F_2 变为原来的解释变量，可得实证模型（5-3）的回归方程：

$$LnIMS_{12} = -0.018337LnP_1 - 0.052550LnP_2 -$$

$$0.155493LnP_3 - 0.610105LnREER - 0.973927 \qquad (5-20)$$

表 5.18　投入品价格上涨对茄子 IMS_{12} 影响的改进估计滞后 12 期的 Q 统计值

Autocorrelation	Partial Correlation		AC	PAC	Q–Stat	Prob
		1	0.054	0.054	0.0678	0.795
		2	0.227	0.224	1.3221	0.516
		3	-0.318	-0.359	3.9381	0.268
		4	-0.115	-0.134	4.3007	0.367
		5	-0.150	0.036	4.9642	0.420
		6	-0.047	-0.105	5.0332	0.540
		7	-0.084	-0.154	5.2742	0.627
		8	0.037	0.041	5.3244	0.722
		9	0.007	-0.004	5.3264	0.805
		10	0.000	-0.139	5.3264	0.868
		11	0.000	-0.010	5.3264	0.914
		12	0.000	0.032	5.3264	0.946

　　实证结果表明，当期化肥、农药、劳动力价格每上涨 1 个百分点，茄子 IMS_{12} 分别下降 0.018337、0.052550 和 0.155493 个百分点；当期人民币实际有效汇率每上涨 1 个百分点，茄子 IMS_{12} 下降 0.610105 个百分点。

　　接着，采用 OLS 法估计变量 $LnRCA_1$、F_1 和 F_2 的回归方程。根据 AIC 与 SC 最小准则，结合第三章的理论分析推论与经验判定，经反复试验，得到以下回归方程：

$$LnRCA_1 = -0.655666F_1 - 0.716949F_2 + 6.858305 \qquad (5-21)$$
$$(-5.151695)\ (-1.312967)\ (4.334222)$$
$$R^2 = 0.715052 \quad DW = 0.391183$$

　　式（5-21）中括号内数字为 t 检验值，从式中可以看出部分 t 检验值较小，部分变量影响不显著。回归方程整体拟合不太好，因为可决系数（$R^2 = 0.715052$）不大。另外，采用 Q 统计值来判断回归方程估计结果的残差是否存在自相关性。所得结果如表 5.19 所示。

　　由表 5.19 可以看出回归方程改进估计结果的残差存在自相关性。下面采用加权最小二乘法对其进行修正，权数为初步估计残差的平方的倒数，可以得到以下改进方程：

$$LnRCA_1 = -0.679028F_1 - 0.516061F_2 + 6.838749 \qquad (5-22)$$
$$(-27.258990)\ (-6.568922)\ (42.35884)$$
$$R^2 = 0.988123 \quad DW = 1.234177$$

表 5.19　投入品价格上涨对茄子 IMS_{12} 影响的改进估计滞后 12 期的 Q 统计值

Autocorrelation	Partial Correlation		AC	PAC	Q-Stat	Prob
		1	0.729	0.729	12.300	0.000
		2	0.432	−0.212	16.854	0.000
		3	0.198	−0.064	17.870	0.000
		4	0.007	−0.117	17.871	0.001
		5	−0.155	−0.130	18.575	0.002
		6	−0.363	−0.316	22.711	0.001
		7	−0.521	−0.186	31.886	0.000
		8	−0.507	0.046	41.324	0.000
		9	−0.354	0.118	46.333	0.000
		10	−0.256	−0.180	49.215	0.000
		11	−0.145	0.034	50.238	0.000
		12	−0.062	−0.110	50.450	0.000

式（5-22）中括号内数字为 t 检验值。从式中可以看出 t 检验值较大，变量影响显著。改进回归方程整体拟合较好，因为可决系数（$R^2 = 0.988123$）较大。另外，采用 Q 统计值来判断回归方程改进估计结果的残差是否存在自相关性。所得结果如表 5.20 所示。

表 5.20　投入品价格上涨对蔬菜 RCA_1 影响的改进估计滞后 12 期的 Q 统计值

Autocorrelation	Partial Correlation		AC	PAC	Q-Stat	Prob
		1	0.282	0.282	1.8395	0.175
		2	0.108	0.031	2.1234	0.346
		3	−0.059	−0.105	2.2123	0.530
		4	−0.025	0.106	2.2290	0.694
		5	−0.099	−0.090	2.5184	0.774
		6	−0.183	−0.154	3.5711	0.734
		7	−0.311	−0.237	6.8434	0.445
		8	−0.461	−0.382	14.634	0.067
		9	−0.285	−0.169	17.881	0.037
		10	0.189	0.336	19.449	0.035
		11	0.045	−0.146	19.550	0.052
		12	0.053	−0.097	19.707	0.073

由表 5.20 可以看出回归方程改进估计结果的残差不存在自相关性。由于回归方程改进估计结果通过了各项计量经济学的检验，可将 F_1、F_2 变为原来的解释变量，可得实证模型（5-4）的回归方程：

$$\text{LnRCA}_1 = -0.197897\text{LnP}_1 - 0.222219\text{LnP}_2 - 0.327410\text{LnP}_3 -$$

$$0.729146\text{LnREER} + 6.838749 \tag{5-23}$$

实证结果表明,当期化肥、农药、劳动力价格每上涨1个百分点,蔬菜 RCA_1 分别下降 0.197897、0.222219、0.327410 个百分点。当期人民币实际有效汇率每上升1个百分点,蔬菜 RCA_2 下降 0.729146 个百分点。

接着,采用 OLS 法估计变量 LnRCA_{11}、F_1 和 F_2 的回归方程。根据 AIC 与 SC 最小准则,结合第三章的理论分析推论与经验判定,经反复试验,得到以下回归方程:

$$\text{LnRCA}_{11} = 0.188158\text{LnRCA}_{11}\ (-1)\ -1.683415F_1 +$$

$$1.715292F_1\ (-1)\ -2.308166F_2 \tag{5-24}$$

$$(0.826736)\ (-1.971486)\ (1.928447)\ (-2.350892)$$

$$R^2 = 0.336698 \quad DW = 2.346843$$

式 (5-24) 中括号内数字为 t 检验值,从式中可以看出部分 t 检验值较小,部分变量影响不显著。回归方程整体拟合不太好,因为可决系数 ($R^2 = 0.336698$) 不大。另外,采用 Q 统计值来判断回归方程估计结果的残差是否存在自相关性。所得结果如表 5.21 所示。

表 5.21　投入品价格上涨对马铃薯 RCA_{11} 影响的估计滞后 12 期的 Q 统计值

Autocorrelation	Partial Correlation		AC	PAC	Q-Stat	Prob
		1	-0.190	-0.190	0.7986	0.371
		2	-0.333	-0.383	3.4086	0.182
		3	0.237	0.093	4.8038	0.187
		4	-0.285	-0.408	6.9586	0.138
		5	0.101	0.132	7.2518	0.203
		6	0.184	-0.097	8.2919	0.217
		7	-0.077	0.220	8.4875	0.292
		8	0.007	-0.126	8.4891	0.387
		9	-0.019	0.169	8.5034	0.484
		10	0.000	-0.069	8.5034	0.580
		11	0.000	0.112	8.5034	0.668
		12	0.000	-0.103	8.5034	0.745

由表 5.21 可以看出回归方程改进估计结果的残差存在自相关性。下面采用加权最小二乘法对其进行修正,权数为初步估计残差的绝对值的倒

数，可以得到以下改进方程：

$$LnRCA_{11} = 0.228823LnRCA_{11}（-1）-1.507297F_1 +$$
$$1.568231F_1（-1）-2.489124F_2 \qquad （5-25）$$
$$（2.145121）（-7.470542）（7.623379）（-5.573644）$$
$$R^2 = 0.999968 \quad DW = 2.215127$$

式（5-25）中括号内数字为 t 检验值。从式中可以看出 t 检验值较大，变量影响显著。改进回归方程整体拟合较好，因为可决系数（R^2 = 0.999968）较大。另外，采用 Q 统计值来判断回归方程改进估计结果的残差是否存在自相关性。所得结果如表 5.22 所示。

表 5.22　投入品价格上涨对马铃薯 RCA_{11} 影响的改进估计滞后 12 期的 Q 统计值

Autocorrelation	Partial Correlation		AC	PAC	Q-Stat	Prob
		1	-0.230	-0.230	1.1697	0.279
		2	-0.232	-0.300	2.4296	0.297
		3	0.160	0.025	3.0642	0.382
		4	-0.267	-0.328	4.9620	0.291
		5	0.172	0.087	5.8085	0.325
		6	0.246	0.188	7.6710	0.263
		7	-0.120	0.144	8.1523	0.319
		8	0.024	0.095	8.1735	0.417
		9	-0.039	0.045	8.2349	0.511
		10	0.000	0.124	8.2349	0.606
		11	0.000	-0.085	8.2349	0.692
		12	0.000	-0.059	8.2349	0.767

由表 5.22 可以看出回归方程改进估计结果的残差不存在自相关性。由于回归方程改进估计结果通过了各项计量经济学的检验，可将 F_1、F_2 变为原来的解释变量，可得实证模型（5-5）的回归方程：

$$LnRCA_{11} = 0.228823LnRCA_{11}（-1）+0.014292LnP_1 + 0.859406LnP_1（-1）$$
$$-0.153992LnP_2 + 0.814194LnP_2（-1）-0.642246LnP_3 +$$
$$0.831148LnP_3（-1）-2.833952LnSRE + 0.605825LnSRE（-1）$$
$$（5-26）$$

实证结果表明，当期化肥、农药、劳动力价格每上涨 1 个百分点，马

铃薯 RCA_{11} 分别上涨 0.014292 和下降 0.153992、0.642246 个百分点。前一期化肥、农药、劳动力价格每上涨 1 个百分点，马铃薯 RCA_{11} 分别上涨 0.859406、0.814194、0.831148 个百分点。当期人民币实际有效汇率每上升 1 个百分点，马铃薯 RCA_{11} 下降 2.833952 个百分点。前一期人民币实际有效汇率每上升 1 个百分点，马铃薯 RCA_{11} 上涨 0.605825 个百分点。

接着，采用 OLS 法估计变量 $LnRCA_{12}$、F_1 和 F_2 的回归方程。根据 AIC 与 SC 最小准则，结合第三章的理论分析推论与经验判定，经反复试验，得到以下回归方程：

$$LnRCA_{12} = -0.952893F_1 - 1.829757F_2 + 2.053713F_2(-1) +$$
$$6.158369 \qquad\qquad (5-27)$$
$$(-2.378066)\ (-1.182162)\ (1.190762)\ (1.215575)$$
$$R^2 = 0.61894 \quad DW = 1.814782$$

式（5-27）中括号内数字为 t 检验值，从式中可以看出部分 t 检验值较小，部分变量影响不显著。回归方程整体拟合不太好，因为可决系数（$R^2 = 0.61894$）不大。另外，采用 Q 统计值来判断回归方程估计结果的残差是否存在自相关性。所得结果如表 5.23 所示。

表 5.23　投入品价格上涨对茄子 RCA_{12} 影响的估计滞后 12 期的 Q 统计值

Autocorrelation	Partial Correlation		AC	PAC	Q-Stat	Prob
		1	0.090	0.090	0.1800	0.671
		2	-0.656	-0.669	10.271	0.006
		3	-0.156	0.005	10.881	0.012
		4	0.371	-0.082	14.535	0.006
		5	0.025	-0.233	14.553	0.012
		6	-0.169	0.119	15.434	0.017
		7	-0.036	-0.215	15.477	0.030
		8	0.014	-0.110	15.484	0.050
		9	-0.001	-0.024	15.484	0.078
		10	0.000	-0.229	15.484	0.115
		11	0.000	-0.016	15.484	0.161
		12	0.000	-0.100	15.484	0.216

由表 5.23 可以看出回归方程改进估计结果的残差存在自相关性。下面采用加权最小二乘法对其进行修正，权数为初步估计残差的绝对值的倒

数，可以得到以下改进方程：

$$LnRCA_{12}=-0.952893F_1-1.829757F_2+2.053713F_2（-1）+$$

$$6.158369 \qquad\qquad (5-28)$$

$$（-5.749705）（-2.371766）（2.103693）（3.085858）$$

$$R^2=0.995102 \quad DW=1.920381$$

式（5-28）中括号内数字为 t 检验值。从式中可以看出 t 检验值较大，变量影响显著。改进回归方程整体拟合较好，因为可决系数（$R^2=0.995102$）较大。另外，采用 Q 统计值来判断回归方程改进估计结果的残差是否存在自相关性。所得结果如表 5.24 所示。

表 5.24 投入品价格上涨对茄子 RCA_{12} 影响的改进估计滞后 12 期的 Q 统计值

Autocorrelation	Partial Correlation		AC	PAC	Q-Stat	Prob
		1	0.038	0.038	0.0322	0.858
		2	-0.416	-0.418	4.0992	0.129
		3	-0.035	0.004	4.1294	0.248
		4	0.273	0.122	6.1055	0.191
		5	0.035	0.002	6.1407	0.293
		6	-0.250	-0.125	8.0575	0.234
		7	-0.129	-0.114	8.6124	0.282
		8	0.110	-0.050	9.0496	0.338
		9	-0.006	-0.125	9.0509	0.433
		10	0.000	0.098	9.0509	0.527
		11	0.000	-0.007	9.0509	0.617
		12	0.000	-0.004	8.0509	0.699

由表 5.24 可以看出回归方程改进估计结果的残差不存在自相关性。由于回归方程改进估计结果通过了各项计量经济学的检验，可将 F_1、F_2 变为原来的解释变量，可得实证模型（5-6）的回归方程：

$$LnRCA_{12}=-0.082603LnP_1-0.501210LnP_1（-1）-0.176987LnP_2-$$

$$0.374916LnP_2（-1）-0.466517LnP_3-$$

$$0.093411LnP_3（-1）-1.734255LnREER+$$

$$1.343033LnREER（-1）+7.284649$$

实证结果表明，当期化肥、农药、劳动力价格每上涨 1 个百分点，茄

子 RCA_{12} 分别下降 0.082603、0.176987、0.466517 个百分点。前一期化肥、农药、劳动力价格每上涨 1 个百分点，茄子 RCA_{12} 分别下降 0.501210、0.374916、0.093411 个百分点。当期人民币实际有效汇率每上升 1 个百分点，茄子 RCA_{12} 下降 1.734255 个百分点。前期人民币实际有效汇率每上升 1 个百分点，茄子 RCA_{12} 上升 1.343033 个百分点。

然后，采用 OLS 法估计变量 $LnTSC_1$、F_1 和 F_2 的回归方程。根据 AIC 与 SC 最小准则，结合第三章的理论分析推论与经验判定，经反复试验，得到以下回归方程：

$$LnTSC_1 = -0.241767F_1 - 0.182184F_2 + 2.030746 \tag{5-29}$$
$$(-5.000129)\ (-0.8782)\ (3.37806)$$
$$R^2 = 0.727196 \quad DW = 0.860247 \quad F = 22.6579$$

式（5-29）中括号内数字为 t 检验值。从式中可以看出部分 t 检验值不大，部分变量影响不显著。回归方程整体拟合不太好，因为可决系数（$R^2 = 0.727196$）不很大。另外，采用 Q 统计值来判断回归方程估计结果的残差是否存在自相关性。所得结果如表 5.25 所示。

由表 5.25 可以看出回归方程估计结果的残差存在自相关性。下面采用加权最小二乘法对其进行修正，权数为初步估计残差平方的倒数，可以得到以下改进方程：

表 5.25　投入品价格上涨对蔬菜 TSC_1 影响的估计滞后 12 期的 Q 统计值

Autocorrelation	Partial Correlation		AC	PAC	Q-Stat	Prob
		1	0.540	0.540	6.7584	0.009
		2	0.395	0.146	10.580	0.005
		3	0.217	-0.064	11.797	0.008
		4	-0.092	-0.332	12.031	0.017
		5	-0.243	-0.179	13.768	0.017
		6	-0.360	-0.125	17.833	0.007
		7	-0.479	-0.193	25.609	0.001
		8	-0.341	0.082	29.883	0.000
		9	-0.270	-0.008	32.808	0.000
		10	-0.166	-0.039	34.020	0.000
		11	-0.020	-0.057	34.039	0.000
		12	0.087	0.001	34.458	0.001

$$LnTSC_1 = -0.238641F_1 - 0.206802F_2 + 2.02776 \qquad (5-30)$$

$$(-810.1573) \quad (-50.01104) \quad (323.9373)$$

$$R^2 = 0.999985 \quad DW = 1.359282 \quad F = 575856.7$$

式（5-30）中括号内数字为 t 检验值，从式中可以看出 t 检验值较大，变量影响显著。回归方程整体拟合很好，因为可决系数（$R^2 = 0.999985$）很大。另外，采用 Q 统计值来判断回归方程估计结果的残差是否存在自相关性。所得结果如表 5.26 所示。

表 5.26　投入品价格上涨对蔬菜 TSC_1 影响的改进估计滞后 12 期的 Q 统计值

Autocorrelation	Partial Correlation		AC	PAC	Q-Stat	Prob
		1	0.168	0.168	0.6574	0.417
		2	0.199	0.175	1.6234	0.444
		3	0.148	0.096	2.1880	0.534
		4	0.020	-0.050	2.1992	0.699
		5	-0.061	-0.108	2.3081	0.805
		6	-0.197	-0.202	3.5325	0.740
		7	-0.258	-0.204	5.7862	0.565
		8	-0.354	-0.262	10.374	0.240
		9	-0.161	0.001	11.406	0.249
		10	-0.315	-0.193	15.782	0.106
		11	0.015	0.163	15.793	0.149
		12	0.001	0.052	15.793	0.201

由表 5.26 可以看出回归方程改进估计结果的残差不存在自相关性。由于回归方程改进估计结果通过了各项计量经济学的检验，可将 F_1、F_2 变为原来的解释变量，可得实证模型（5-7）的回归方程：

$$LnTSC_1 = 0.060963LnP_1 - 0.071675LnP_2 - 0.113466LnP_3 -$$

$$0.279263LnREER + 2.02776 \qquad (5-31)$$

实证结果表明，当期化肥、农药和劳动力价格每上涨 1 个百分点，蔬菜 TSC_1 分别下降 0.060963、0.071675 和 0.113466 个百分点。当期人民币实际有效汇率每上涨 1 个百分点，蔬菜 TSC_1 下降 0.279263 个百分点。

然后，采用 OLS 法估计变量 $LnTSC_{11}$、F_1 和 F_2 的回归方程。根据 AIC 与 SC 最小准则，结合第三章的理论分析推论与经验判定，经反复试验，得到以下回归方程：

$$\text{LnTSC}_{11} = -0.060669F_1 + 0.091123F_1 (-2) -0.458823F_2 +$$

$$0.184704F_2 (-1) \tag{5-32}$$

$$(-0.894539)(1.179316)(-2.00683)(1.074322)$$

$$R^2 = 0.250129 \quad DW = 1.510655$$

式（5-32）中括号内数字为 t 检验值。从式中可以看出部分 t 检验值不大，部分变量影响不显著。回归方程整体拟合不太好，因为可决系数（$R^2 = 0.250129$）很小。另外，采用 Q 统计值来判断回归方程估计结果的残差是否存在自相关性。所得结果如表 5.27 所示。

表 5.27 投入品价格上涨对马铃薯 TSC_{11} 影响的估计滞后 12 期的 Q 统计值

Autocorrelation	Partial Correlation		AC	PAC	Q-Stat	Prob
		1	0.239	0.239	1.2137	0.271
		2	−0.148	−0.217	1.7045	0.426
		3	−0.126	−0.035	2.0871	0.555
		4	0.193	0.230	3.0401	0.551
		5	−0.131	−0.326	3.5120	0.622
		6	−0.134	0.076	4.0500	0.670
		7	−0.086	−0.083	4.2946	0.745
		8	−0.029	−0.154	4.3238	0.827
		9	0.000	0.185	4.3238	0.889
		10	0.000	−0.165	4.3238	0.932
		11	0.000	0.047	4.3238	0.959
		12	0.000	0.048	4.3238	0.977

由表 5.27 可以看出回归方程估计结果的残差存在自相关性。下面采用加权最小二乘法对其进行修正，权数为初步估计残差的绝对值的倒数，可以得到以下改进方程：

$$\text{LnTSC}_{11} = -0.049959F_1 + 0.080018F_1 (-2) -0.404127F_2 +$$

$$0.133945F_2 (-1) \tag{5-33}$$

$$(-1.979457)(2.915087)(-4.111788)(2.220192)$$

$$R^2 = 0.608281 \quad DW = 1.018623$$

式（5-33）中括号内数字为 t 检验值，从式中可以看出 t 检验值较大，变量影响显著。回归方程整体拟合很好，因为可决系数（$R^2 = 0.608281$）很大。另外，采用 Q 统计值来判断回归方程估计结果的残差是否存在自相关性。所得结果如表 5.28 所示。

表 5.28　投入品价格上涨对马铃薯 TSC_{11} 影响的改进估计滞后 12 期的 Q 统计值

Autocorrelation	Partial Correlation		AC	PAC	Q–Stat	Prob
		1	0.372	0.372	2.9312	0.087
		2	0.257	0.137	4.4131	0.110
		3	0.148	0.017	4.9354	0.177
		4	0.158	0.084	5.5802	0.233
		5	-0.071	-0.200	5.7188	0.335
		6	-0.211	-0.213	7.0563	0.316
		7	-0.109	0.062	7.4434	0.384
		8	-0.091	0.007	7.7423	0.459
		9	0.000	0.126	7.7423	0.560
		10	0.000	0.051	7.7423	0.654
		11	0.000	-0.096	7.7423	0.736
		12	0.000	-0.065	7.7423	0.805

由表 5.28 可以看出回归方程改进估计结果的残差不存在自相关性。由
于回归方程改进估计结果通过了各项计量经济学的检验，可将 F_1、F_2 变为
原来的解释变量，可得实证模型（5-8）的回归方程：

$LnTSC_{11} = -3.710413LnP_1 + 0.076114LnP_2 - 0.001051LnP_3 -$

$0.384874LnREER - 0.045219LnP_1（-1）- 0.033824LnP_2（-1）-$

$0.008427LnP_3（-1）+ 0.121166LnREER（-1）+$

$6.161386LnP_1（-2）_1 + 0.041543LnP_2（-2）+$

$0.042408LnP_3（-2）+ 0.030912LnREER（-2）$　　　　（5-34）

实证结果表明，当期化肥、农药和劳动力价格每上涨 1 个百分点，马
铃薯 TSC_{11} 别下降 3.710413、上升 0.076114 和下降 0.001051 个百分点。前
一期化肥、农药和劳动力价格每上涨 1 个百分点，马铃薯 TSC_{11} 分别下降
0.045219、0.033824 和 0.008427 个百分点。前两期化肥、农药和劳动力
价格每上涨 1 个百分点，马铃薯 TSC_{11} 分别上升 6.161386、0.041543 和
0.042408 个百分点。当期人民币实际有效汇率每上涨 1 个百分点，马铃薯
TSC_{11} 下降 0.384874 个百分点。前一期人民币实际有效汇率每上涨 1 个百
分点，马铃薯 TSC_{11} 上升 0.121166 个百分点。前两期人民币实际有效汇率

每上涨 1 个百分点，马铃薯 TSC_{11} 上升 0.030912 个百分点。

然后，采用 OLS 法估计变量 $LnTSC_{12}$、F_1 和 F_2 的回归方程。根据 AIC 与 SC 最小准则，结合第三章的理论分析推论与经验判定，经反复试验，得到以下回归方程：

$$LnTSC_{12} = -0.319728F_1 - 0.390814F_2 + 2.721388 \qquad (5-35)$$

$$(-3.07227) \quad (-0.875279) \quad (2.103274)$$

$$R^2 = 0.460511 \quad DW = 1.055178 \quad F = 7.255647$$

式（5-35）中括号内数字为 t 检验值。从式中可以看出部分 t 检验值不大，部分变量影响不显著。回归方程整体拟合不太好，因为可决系数（$R^2 = 0.460511$）不很大。另外，采用 Q 统计值来判断回归方程估计结果的残差是否存在自相关性。所得结果如表 5.29 所示。

表 5.29　投入品价格上涨对茄子 TSC_{12} 影响的估计滞后 12 期的 Q 统计值

Autocorrelation	Partial Correlation		AC	PAC	Q-Stat	Prob
		1	0.338	0.338	2.6467	0.104
		2	-0.120	-0.264	2.9961	0.224
		3	-0.279	-0.169	5.0162	0.171
		4	-0.196	-0.068	6.0690	0.194
		5	-0.112	-0.114	6.4390	0.266
		6	0.049	0.046	6.5155	0.368
		7	-0.020	-0.165	6.5290	0.480
		8	-0.011	0.005	6.5336	0.588
		9	-0.000	-0.029	6.5336	0.686
		10	0.000	-0.051	6.5336	0.769
		11	0.000	-0.002	6.5336	0.836
		12	0.000	-0.049	6.5336	0.887

由表 5.29 可以看出回归方程估计结果的残差存在自相关性。下面采用加权最小二乘法对其进行修正，权数为初步估计残差绝对值的倒数，可以得到以下改进方程：

$$LnTSC_{12} = -0.331958F_1 - 0.343125F_2 + 2.767400 \qquad (5-36)$$

$$(-14.975490) \quad (-4.576685) \quad (11.328930)$$

$$R^2 = 0.995436 \quad DW = 1.904518 \quad F = 119.910100$$

式（5-36）中括号内数字为 t 检验值，从式中可以看出 t 检验值较大，变量影响显著。回归方程整体拟合很好，因为可决系数（$R^2 = 0.995436$）很大。另外，采用 Q 统计值来判断回归方程估计结果的残差是否存在自相关性。所得结果如表 5.30 所示。

表 5.30　投入品价格上涨对茄子 TSC_{12} 影响的改进估计滞后 12 期的 Q 统计值

Autocorrelation	Partial Correlation		AC	PAC	Q-Stat	Prob
		1	−0.075	−0.075	0.1305	0.718
		2	−0.082	−0.088	0.2952	0.863
		3	−0.095	−0.109	0.5272	0.913
		4	−0.141	−0.170	1.0708	0.899
		5	−0.026	−0.079	1.0901	0.955
		6	0.082	0.030	1.3022	0.972
		7	−0.120	−0.161	1.7874	0.971
		8	0.146	0.099	2.5675	0.959
		9	−0.030	−0.041	2.6042	0.978
		10	0.000	0.005	2.6042	0.989
		11	0.000	−0.014	2.6042	0.995
		12	0.000	0.016	2.6042	0.998

由表 5.30 可以看出回归方程改进估计结果的残差不存在自相关性。由于回归方程改进估计结果通过了各项计量经济学的检验，可将 F_1、F_2 变为原来的解释变量，可得实证模型（5-9）的回归方程：

$$LnTSC_{12} = -0.066080LnP_1 - 0.085698LnP_2 -$$

$$0.154346LnP_3 - 0.438631LnREER + 2.7674 \qquad (5-37)$$

实证结果表明，当期化肥、农药和劳动力价格每上涨 1 个百分点，茄子 TSC_{12} 分别下降 0.066080、0.085698 和 0.154346 个百分点。当期人民币实际有效汇率每上涨 1 个百分点，茄子 TSC_{12} 下降 0.438631 个百分点。

然后，采用 OLS 法估计变量 $LnQCI_{11}$、F_1 和 F_2 的回归方程。根据 AIC 与 SC 最小准则，结合第三章的理论分析推论与经验判定，经反复试验，得到以下回归方程：

$$LnQCI_{11} = -0.137786F_1 + 0.265369F_1 \ (-1) \ -0.548219F_2 \qquad (5-38)$$

$$(-0.443842) \ (0.818467) \ (-1.952726)$$

$$R^2 = 0.309578 \quad DW = 0.885402$$

式（5-38）中括号内数字为 t 检验值。从式中可以看出部分 t 检验值不大，部分变量影响不显著。回归方程整体拟合不太好，因为可决系数（$R^2 = 0.309578$）小。另外，采用 Q 统计值来判断回归方程估计结果的残差是否存在自相关性。所得结果如表 5.31 所示。

表 5.31　投入品价格上涨对马铃薯 QCI_{11} 影响的估计滞后 12 期的 Q 统计值

Autocorrelation	Partial Correlation		AC	PAC	Q-Stat	Prob
		1	0.145	0.145	0.4681	0.494
		2	-0.029	-0.051	0.4881	0.783
		3	0.037	0.050	0.5228	0.914
		4	0.154	0.143	1.1573	0.885
		5	-0.031	-0.075	1.1846	0.946
		6	-0.081	-0.057	1.3845	0.967
		7	0.069	0.082	1.5436	0.981
		8	0.004	-0.047	1.5441	0.992
		9	-0.154	-0.133	2.4855	0.981
		10	0.000	0.066	2.4855	0.991
		11	0.000	-0.050	2.4855	0.996
		12	0.000	0.018	2.4855	0.998

由表 5.31 可以看出回归方程估计结果的残差不存在自相关性。下面采用加权最小二乘法对其进行修正，权数为初步估计残差绝对值的倒数，可以得到以下改进方程：

$$LnQCI_{11} = -0.171611F_1 + 0.297084F_1（-1）-0.537191F_2 \qquad (5-39)$$
$$(-1.828239)（3.091558）（-8.529388）$$
$$R^2 = 0.995525 \quad DW = 1.425265$$

式（5-39）中括号内数字为 t 检验值，从式中可以看出 t 检验值较大，变量影响显著。回归方程整体拟合很好，因为可决系数（$R^2 = 0.995525$）很大。另外，采用 Q 统计值来判断回归方程估计结果的残差是否存在自相关性。所得结果如表 5.32 所示。

表 5.32　投入品价格上涨对马铃薯 QCI_{11} 影响的改进估计滞后 12 期的 Q 统计值

Autocorrelation	Partial Correlation		AC	PAC	Q-Stat	Prob
		1	0.136	0.136	0.4098	0.522
		2	-0.200	-0.223	1.3504	0.509
		3	-0.073	-0.010	1.4829	0.686
		4	-0.009	-0.042	1.4849	0.829
		5	0.022	0.012	1.4982	0.913
		6	0.096	0.086	1.7805	0.939
		7	0.138	0.122	2.4113	0.934
		8	-0.062	-0.070	2.5514	0.959
		9	-0.055	0.028	2.6741	0.976
		10	0.000	-0.013	2.6741	0.988
		11	0.000	-0.010	2.6741	0.994
		12	0.000	-0.014	2.6741	0.997

由表 5.32 可以看出回归方程改进估计结果的残差不存在自相关性。由于回归方程改进估计结果通过了各项计量经济学的检验，可将 F_1、F_2 变为原来的解释变量，可得实证模型（5-10）的回归方程：

$$LnQCI_{11} = 0.087306LnP_1 + 0.046557LnP_2 - 0.057154LnP_3 -$$
$$0.552239LnREER + 0.162805LnP_1(-1) + 0.154240LnP_2$$
$$(-1) + 0.157451LnP_3(-1) + 0.114766LnREER(-1)$$

实证结果表明，当期化肥、农药和劳动力价格每上涨 1 个百分点，马铃薯 QCI_{11} 分别上升 0.087306、0.046557 和下降 0.057154 个百分点。前一期化肥、农药和劳动力价格每上涨 1 个百分点，马铃薯 QCI_{11} 分别上升 0.162805、0.154240 和 0.157451 个百分点。当期人民币实际有效汇率每上涨 1 个百分点，茄子 TSC_{12} 下降 0.552239 个百分点。当前一期人民币实际有效汇率每上涨 1 个百分点，茄子 TSC_{12} 上升 0.114766 个百分点。

然后，采用 OLS 法估计变量 $LnQCI_{12}$、F_1 和 F_2 的回归方程。根据 AIC 与 SC 最小准则，结合第三章的理论分析推论与经验判定，经反复试验，得到以下回归方程：

$$LnTSC_{12} = -0.343229F_1 - 0.920459F_2 + 3.855818 \qquad (5-40)$$
$$(-1.190381)\quad(-0.744054)\quad(1.075586)$$
$$R^2 = 0.080032 \quad DW = 1.042105 \quad F = 0.739455$$

式（5-40）中括号内数字为 t 检验值。从式中可以看出部分 t 检验值不大，部分变量影响不显著。回归方程整体拟合好，因为可决系数（R^2 = 0.080032）大。另外，采用 Q 统计值来判断回归方程估计结果的残差是否存在自相关性。所得结果如表 5.33 所示。

表 5.33　投入品价格上涨对茄子 QCI_{12} 影响的估计滞后 12 期的 Q 统计值

Autocorrelation	Partial Correlation		AC	PAC	Q-Stat	Prob
		1	0.470	0.470	5.1250	0.024
		2	0.097	-0.160	5.3548	0.069
		3	-0.152	-0.171	5.9534	0.114
		4	-0.186	-0.027	6.9008	0.141
		5	-0.185	-0.098	7.9065	0.161
		6	-0.056	0.058	8.0042	0.238
		7	0.041	0.021	8.0624	0.327
		8	0.015	-0.093	8.0703	0.427
		9	0.008	0.025	8.0728	0.527
		10	0.000	-0.003	8.0728	0.622
		11	0.000	-0.003	8.0728	0.707
		12	0.000	0.001	8.0728	0.779

由表 5.33 可以看出回归方程估计结果的残差存在自相关性。下面采用加权最小二乘法对其进行修正，权数为初步估计残差绝对值的倒数，可以得到以下改进方程：

$$LnQCI_{12} = -0.346614F_1 - 1.102876F_2 + 4.078072 \qquad (5-41)$$
$$(-5.652059)\ (-4.415719685)\ (5.281518)$$
$$R^2 = 0.642053 \quad DW = 1.213069 \quad F = 16.698370$$

式（5-41）中括号内数字为 t 检验值，从式中可以看出 t 检验值较大，变量影响显著。回归方程整体拟合很好，因为可决系数（R^2 = 0.642053）较大。另外，采用 Q 统计值来判断回归方程估计结果的残差是否存在自相关性。所得结果如表 5.34 所示。

表 5.34　投入品价格上涨对茄子 QCI$_{12}$影响的改进估计滞后 12 期的 Q 统计值

Autocorrelation	Partial Correlation		AC	PAC	Q-Stat	Prob
		1	0.248	0.248	1.4192	0.234
		2	0.176	0.122	2.1762	0.337
		3	−0.033	−0.109	2.2039	0.531
		4	−0.115	−0.116	2.5660	0.633
		5	−0.089	−0.017	2.7994	0.731
		6	−0.015	0.049	2.8061	0.833
		7	0.008	0.007	2.8083	0.902
		8	−0.036	−0.074	2.8551	0.943
		9	−0.025	−0.021	2.8800	0.969
		10	0.000	0.036	2.8800	0.984
		11	0.000	0.005	2.8800	0.992
		12	0.000	−0.022	2.8800	0.996

　　由表 5.34 可以看出回归方程改进估计结果的残差不存在自相关性。由于回归方程改进估计结果通过了各项计量经济学的检验，可将 F_1、F_2 变为原来的解释变量，可得实证模型（5-11）的回归方程：

$$LnQCI_{12} = 0.182373LnP_1 + 0.098548LnP_2 -$$
$$0.114313LnP_3 - 1.131565LnREER + 4.078072 \qquad (5-42)$$

　　实证结果表明，当期化肥、农药和劳动力价格每上涨 1 个百分点，茄子 QCI$_{12}$ 分别上升 0.182373、0.098548 和下降 0.114313 个百分点。当期人民币实际有效汇率每上涨 1 个百分点，茄子 QCI$_{12}$ 下降 1.131565 个百分点。

（三）分析结果及进一步解释

　　1. 当期和前期投入品价格上涨和人民币升值对蔬菜整体 IMS$_1$、马铃薯 IMS$_{11}$、茄子 IMS$_{12}$ 的影响效应明显有别

　　（1）当期投入品价格上涨对蔬菜 IMS$_1$、马铃薯 IMS$_{11}$ 产生一定的正向影响，而对茄子 IMS$_{12}$ 产生一定的负向影响；前期对蔬菜 IMS$_1$、马铃薯 IMS$_{11}$ 产生一定的正向影响。

　　当期化肥、农药、劳动力价格每上涨 1 个百分点，蔬菜 IMS$_1$ 分别上升 0.188684、0.070547 和下降 0.241279 个百分点。这一结论不能完全验证第三章第五节中的推论 3，可能是因当期投入品价格上涨幅度较大，生产

者理性地减少用量较多的化肥、增加替代品,在一定程度上降低了蔬菜的生产成本及其出口价格的涨幅,保持或拉大了蔬菜的出口价格与世界蔬菜平均出口价格的差距,增强了蔬菜的价格竞争力,带来蔬菜的出口额占全世界蔬菜出口总额中的比重增加,导致蔬菜 IMS_1 上升;但因蔬菜生产对劳动力的需求弹性较小,生产者无法增加替代品而较多减少其使用量而使生产成本增加,在一定程度上推动了蔬菜的生产价格和出口价格上涨,弱化了蔬菜的价格竞争力,使得蔬菜出口额占全世界蔬菜出口总额中的比重降低,导致蔬菜 IMS_1 下降。当期化肥、农药、劳动力价格每上涨 1 个百分点,马铃薯 IMS_{11} 分别上升 2.619494、1.885821 和 0.199919 个百分点。这一结论无法验证第三章第五节中的推论 3,可能是因当期投入品价格上涨幅度较大,生产者理性地减少化肥、农药和劳动力投入、增加替代品,在一定程度上降低了马铃薯的生产成本及其出口价格的涨幅,保持或拉大了马铃薯的出口价格与世界马铃薯平均出口价格的差距,增强了马铃薯的价格竞争力,带来马铃薯的出口额占全世界蔬菜出口总额中的比重增加,导致马铃薯 IMS_{11} 上升。当期化肥、农药、劳动力价格每上涨 1 个百分点,茄子 IMS_{12} 分别下降 0.018337、0.052550 和 0.155493 个百分点。这一结论验证了第三章第五节中的推论 3,可能是因投入品价格持续上涨推动了茄子出口价格较快上涨,缩小了中国茄子出口价格与世界茄子平均出口价格的差距,在一定程度上弱化了中国茄子的价格竞争力,使得中国茄子出口额占世界茄子出口总额中的比重降低,导致中国茄子 IMS_{12} 下降。

前期化肥、农药、劳动力价格每上涨 1 个百分点,蔬菜 IMS_1 分别上升 0.314234、0.297703 和 0.303902 个百分点。这一结论无法验证第三章第五节中的推论 3,可能是因生产者理性地优化投入品配置和依靠技术进步的作用,在一定程度上降低了蔬菜生产成本,从而抑制了蔬菜生产价格和出口价格的涨幅,保持或拉大了中国蔬菜出口价格与世界蔬菜平均出口价格的差距,增强了蔬菜的价格竞争力,带来蔬菜的出口额占全世界蔬菜出口总额中的比重增加,最终导致蔬菜 IMS_1 上升。前期化肥、农药、劳动力价格每上涨 1 个百分点,马铃薯 IMS_{11} 分别上升 0.665973、0.630937 和

0.644075 个百分点。这一结论无法验证第三章第五节中的推论 3，可能与
蔬菜整体 IMS_1 变动的原因基本相同，这里不再赘述。

（2）人民币升值当期对蔬菜整体 IMS_1 及马铃薯 IMS_{11}、茄子 IMS_{12} 均产
生一定的负向影响，前期对蔬菜整体 IMS_1 及马铃薯 IMS_{11} 均产生一定的正
向影响。

当期人民币实际有效汇率每上升 1 个百分点，蔬菜 IMS_1 下降 1.703968
个百分点。这一结论验证了第三章第五节中的推论 4，可能是人民币升值
直接拉动了蔬菜出口价格较快上涨，缩小了中国蔬菜出口价格与世界蔬菜
平均出口价格的差距，在一定程度上弱化了中国蔬菜的价格竞争力，使得
中国蔬菜出口额占世界蔬菜出口总额中的比重降低，导致中国蔬菜 IMS_1 下
降。当期人民币实际有效汇率每上涨 1 个百分点，马铃薯 IMS_{11}、茄子
IMS_{12} 分别下降 8.268811、0.610105 个百分点。这一结论验证了第三章第
五节中的推论 4，可能与蔬菜整体 IMS_1 变动的原因基本相同，这里不再
赘述。

前期人民币实际有效汇率上升对蔬菜 IMS_1 和马铃薯 IMS_{11} 均产生一定
的正向影响。即前期人民币实际有效汇率每上升 1 个百分点，蔬菜 IMS_1 上
升 0.221515 个百分点。这一结论无法验证第三章第五节中的推论 4，可能
是因人民币持续升值生产者根据人民币升值预期或国际市场消费需求，为
谋求薄利多销理性地调低蔬菜的出口价格或出口价格涨幅，在一定程度上
拉大了中国蔬菜出口价格和世界蔬菜平均出口价格的差距，保持或增强了
蔬菜出口的价格竞争力，带来中国蔬菜出口额占世界蔬菜出口总额中的比
重增加，最终导致蔬菜 IMS_1 上升；也有可能是因为人民币持续升值，生产
者着力提高产品质量，积极开拓国际市场，从而使得中国蔬菜国际市场广
度顺差和数量顺差扩大，带来中国蔬菜出口额占世界蔬菜出口总额中的比
重增加，最终导致蔬菜 IMS_1 上升。前期人民币实际有汇率每上升 1 个百分
点，马铃薯 IMS_{11} 上升 0.221515 个百分点。这一结论无法验证第三章第五
节中的推论 4，可能与蔬菜 IMS_{11} 上升的原因相同，这里不再赘述。

2. 当期投入品价格上涨和人民币升值对蔬菜整体 RCA_1 及马铃薯 RCA_{11}、茄子 RCA_{12} 均产生一定的负向影响，但其影响程度不同

（1）当期投入品价格上涨对蔬菜整体 RCA_1 及马铃薯 RCA_{11}、茄子 RCA_{12} 总体产生一定的负向影响。

当期化肥、农药、劳动力价格每上涨 1 个百分点，蔬菜 RCA_1 分别下降 0.197897、0.222219、0.327410 个百分点，马铃薯 RCA_{11} 分别上涨 0.014292 和下降 0.153992、0.6422456 个百分点，茄子 RCA_{12} 分别下降 0.082603、0.176987、0.466517 个百分点。这一结论验证第三章第五节中的推论 3，可能是因生产者根据市场需求，为保持既定产量不变难以减少投入品使用量而使其生产成本上升，在一定程度上推动了蔬菜整体及马铃薯、茄子生产价格和出口价格上涨，从而弱化了我国蔬菜类产品价格竞争力，使得中国蔬菜类产品的出口额占国内出口商品总额中的比重相对世界蔬菜类产品的出口额占世界商品出口总额中的比重有所降低，最终导致蔬菜 RCA_1、马铃薯 RCA_{11}、茄子 RCA_{12} 下降。

（2）当期人民币升值对蔬菜整体 RCA_1 及马铃薯 RCA_{11}、茄子 RCA_{12} 均产生一定的负向影响。

当期人民币实际有效汇率每上升 1 个百分点，蔬菜 RCA_1 下降 0.729146 个百分点，马铃薯 RCA_{11} 下降 2.833952 个百分点，茄子 RCA_{12} 下降 1.734255 个百分点。这一结论验证了第三章第五节中的推论 4。可能是因为人民币持速升值拉动蔬菜出口价格较快上涨，缩小了中国蔬菜出口价格与世界蔬菜平均出口价格的差距，使得中国蔬菜的出口额占国内出口商品总额中的比重相对世界蔬菜的出口额占世界商品出口总额中的比重有所降低，最终导致蔬菜 RCA_1、马铃薯 RCA_{11}、茄子 RCA_{12} 下降。

3. 当期投入品价格上涨和人民币升值对蔬菜整体 TSC_1 及马铃薯 TSC_{11}、茄子 TSC_{12} 均产生一定的负向影响，但其影响程度不同

（1）当期投入品价格上涨对蔬菜整体 TSC_1 及马铃薯 TSC_{11}、茄子 TSC_{12} 均产生一定的负向影响。

当期化肥、农药和劳动力价格每上涨 1 个百分点，蔬菜整体 TSC_1 分别下降 0.060963、0.071675 和 0.113466 个百分点，马铃薯 TSC_{11} 分别下降 3.710413、上升 0.076114 和下降 0.001051 个百分点，茄子 TSC_{12} 分别下降 0.066080、0.085698 和 0.154346 个百分点。这一结论验证了第三章第五节中的推论 3，可能是因为投入品价格涨幅较大，生产者的微观调控作用有限，难以抑制或降低蔬菜生产成本上升幅度，推动了蔬菜生产价格和出口价格上涨，在一定程度上弱化了我国蔬菜整体价格竞争力，使得蔬菜贸易顺差缩小，最终导致蔬菜 TSC_1、马铃薯 TSC_{11}、茄子 TSC_{12} 有所下降。

（2）当期人民币实际有效汇率上升对蔬菜 TSC_1、马铃薯 TSC_{11}、茄子 TSC_{12} 均产生一定的负向影响。

当期人民币实际有效汇率每上涨 1 个百分点，蔬菜 TSC_1 下降 0.279263 个百分点，马铃薯 TSC_{11} 分别下降 3.710413、上升 0.076114 和下降 0.001051 个百分点，茄子 TSC_{12} 分别下降 0.066080、0.085698 和 0.154346 个百分点。这一结论验证了第三章第五节中的推论 4，可能是因人民币升值直接推动了蔬菜出口价格上涨，抑制了我国蔬菜出口，促进了国外蔬菜进口，带来蔬菜贸易顺差减小，最终导致蔬菜 TSC_1、马铃薯 TSC_{11}、茄子 TSC_{12} 有所下降。

4. 投入品价格上涨和人民币升值对马铃薯 QCI_{11} 和茄子 QCI_{12} 的影响符号基本相同，但对马铃薯的影响程度小于茄子

（1）当期投入品价格上涨对马铃薯 QCI_{11} 和茄子 QCI_{12} 的影响符号基本相同。

当期化肥、农药和劳动力价格每上涨 1 个百分点，马铃薯 QCI_{11} 分别上升 0.087306、0.046557 和下降 0.057154 个百分点，茄子 QCI_{12} 分别上升 0.182373、0.098548 和下降 0.114313 个百分点。前期化肥、农药和劳动力价格每上涨 1 个百分点，马铃薯 QCI_{11} 分别上升 0.162805、0.154240 和 0.157451 个百分点。这一结论无法验证第三章第五节中的推论 3，可能是因为投入品价格持续上涨，生产者着力依靠科技进步、优化投入品资源配置，着力打造马铃薯、茄子品牌，在一定程度上提高了产品质量竞争力和市场占有率，最终导致马铃薯 QCI_{11} 和茄子 QCI_{12} 上升。

（2）当期人民币实际有效汇率上升对马铃薯 QCI_{11} 和茄子 QCI_{12} 均产生一定的负向影响。

当期人民币实际有效汇率每上涨 1 个百分点，马铃薯 QCI_{11} 和茄子 QCI_{11} 分别下降 0.552239、1.131565 个百分点。这一结论验证了第三章第五节中的推论 4，可能是因当期人民币升值幅度较大抑制了马铃薯和茄子出口，生产者为谋求薄利多销理性地调低马铃薯和茄子出口价格，适度减少投入品用量或改用其他替代品，在一定程度上弱化了马铃薯和茄子质量竞争力，最终导致马铃薯 QCI_{11} 和茄子 QCI_{12} 下降。前期人民币实际有效汇率每上涨 1 个百分点，马铃薯 QCI_{11} 上升 0.114766 个百分点。这一结论无法验证第三章第五节中的推论 4，可能是因生产者为了适应市场需求，优化投入品资源配置，积极采用先进适用栽培技术和加强科学管理，提高了马铃薯质量，导致马铃薯 QCI_{11} 有所上升。

（四）投入品价格上涨和人民币升值对蔬菜整体和马铃薯、茄子显性国际竞争力影响的比较分析

1. 投入品价格上涨对蔬菜整体和马铃薯、茄子显性国际竞争力的影响明显有别

具体表现如下：

（1）投入品价格上涨，当期带来蔬菜整体 IMS_1 和马铃薯 IMS_{11} 上升及茄子 IMS_{12} 下降；且其影响程度为马铃薯 IMS_{11}＞蔬菜整体 IMS_1＞茄子 IMS_{12}。前期带来蔬菜整体 IMS_1 和马铃薯 IMS_{11} 上升，且马铃薯 IMS_{11}＞蔬菜整体 IMS_1。表明不同时期投入品价格上涨对蔬菜整体 IMS_1 及马铃薯 IMS_{11}、茄子 IMS_{12} 的影响方向和大小并不相同，且对当期的影响程度一般大于前期的影响。当期投入品价格上涨在一定程度上增强了蔬菜整体 IMS_1 和马铃薯 IMS_{11}，弱化了茄子 IMS_{12}；前期投入品价格上涨在一定程度上增强了蔬菜整体 IMS_1 和马铃薯 IMS_{11}，而对茄子 IMS_{12} 并无影响。

（2）投入品价格上涨，当期带来蔬菜整体 RCA_1 及马铃薯 RCA_{11}、茄子 RCA_{12} 下降，且其影响程度为马铃薯 RCA_{11}＞茄子 RCA_{12}＞蔬菜整体 RCA_1。

前期带来马铃薯 RCA_{11} 上升、茄子 RCA_{12} 下降，且其影响程度为马铃薯 RCA_{11}>茄子 RCA_{12}。表明不同时期投入品价格上涨对蔬菜整体 RCA_1 及马铃薯 RCA_{11}、茄子 RCA_{12} 影响符号和大小不同，且对当期的影响程度小于前期的影响。当期投入品价格上涨在一定程度上弱化了蔬菜整体 RCA_1 及马铃薯 RCA_{11}、茄子 RCA_{12}；前期投入品价格上涨在一定程度上增强了马铃薯 RCA_{11}、弱化了茄子 RCA_{12}；而对蔬菜整体 RCA_1 并无影响。

（3）投品价格上涨，当期带来蔬菜整体 TSC_1 及马铃薯 TSC_{11}、茄子 TSC_{12} 下降，且其影响程度为马铃薯 TSC_{11}>茄子 TSC_{12}>蔬菜整体 TSC_1。前期带来马铃薯 TSC_{11} 下降、前两期带来马铃薯 TSC_{11} 上升。表明当期投入品价格上涨对蔬菜整体 TSC_1 及马铃薯 TSC_{11}、茄子 TSC_{12} 均产生负面影响，但影响大小不同；当期投入品价格上涨在一定程度上弱化了蔬菜整体 TSC_1 及马铃薯 TSC_{11}、茄子 TSC_{12}；前期投入品价格上涨在一定程度上增强了马铃薯 TSC_{11}；而对蔬菜整体 TSC_1 和茄子 TSC_{12} 并无影响。

（4）投入品价格上涨，当期和前一期带来马铃薯 QCI_{11} 总体上升，且前期上升幅度略大于当期；当期带来茄子 QCI_{12} 总体上升，且其上升幅度略大于马铃薯 QCI_{11}。表明当期和前期投入品价格上涨，对马铃薯 QCI_{11} 和茄子 QCI_{12} 影响符号为正，但其影响程度并不相同，可见投入品价格上涨，不论在当期或前期在一定程度上增强了马铃薯 QCI_{11} 和茄子 QCI_{12} 的竞争力。

2. 人民币升值对蔬菜整体和马铃薯、茄子显性国际竞争力的影响具有差异性

具体表现如下：

（1）当期人民币升值带来蔬菜整体 IMS_1 和马铃薯 IMS_{11} 上升及茄子 IMS_{12} 下降；且其影响程度为马铃薯 IMS_{11}>蔬菜整体 IMS_1>茄子 IMS_{12}。前期人民币升值带来蔬菜整体 IMS_1 和马铃薯 IMS_{11} 上升，且其影响程度为马铃薯 IMS_{11}>蔬菜整体 IMS_1。表明不同时期人民币升值对蔬菜整体 IMS_1 及马铃薯 IMS_{11}、茄子 IMS_{12} 的影响符号和大小并不相同，且对当期的影响程度一般大于前期的影响。当期人民币升值在一定程度上增强了蔬菜整体 IMS_1 及马铃薯 IMS_{11}，而弱化了茄子 IMS_{12}；前期人民币升值在一定程度上增强

了蔬菜整体 IMS_1 和马铃薯 IMS_{11}，而对茄子 IMS_{12} 并无影响。

（2）当期人民币升值带来蔬菜整体 RCA_1 及马铃薯 RCA_{11}、茄子 RCA_{12} 下降；且对马铃薯 RCA_{11}>茄子 RCA_{12}>蔬菜整体 RCA_1。前期人民币升值带来马铃薯 RCA_{11}、茄子 RCA_{12} 上升，且茄子 RCA_{12}>马铃薯 RCA_{11}。表明不同时期人民币升值对蔬菜整体 RCA_1 及马铃薯 RCA_{11}、茄子 RCA_{12} 的影响方向和大小并不完全相同，且对当期的影响程度一般大于前期的影响。当期人民币升值在一定程度上弱化了蔬菜整体 RCA_1 及马铃薯 RCA_{11}、茄子 RCA_{12}；前期人民币升值在一定程度上增强了马铃薯 RCA_{11}、茄子 RCA_{12}，而对蔬菜整体 RCA_1 并无影响。

（3）当期人民币升值带来蔬菜整体 TSC_1 及马铃薯 TSC_{11}、茄子 TSC_{12} 下降；且茄子 TSC_{12}>马铃薯 TSC_{11}>蔬菜 TSC_1。前一期和前两期人民币升值带来马铃薯 TSC_{11} 上升。表明当期人民币升值对蔬菜整体 RCA_1 及马铃薯 RCA_{11}、茄子 RCA_{12} 的影响方向相同，但且对当期的影响程度茄子 TSC_{12} 大于马铃薯 TSC_{11}、马铃薯 TSC_{11} 大于蔬菜 TSC_1。当期人民币升值在一定程度上弱化了蔬菜整体 TSC_1 及马铃薯 TSC_{11}、茄子 TSC_{12}；前一期和前两期人民币升值在一定程度上增强了马铃薯 TSC_{11}；而对蔬菜整体 TSC_1 和茄子 TSC_{12} 无影响。

（4）当期和前期人民币升值带来马铃薯 QCI_{11} 和茄子 QCI_{12} 下降；且对马铃薯 QCI_{11} 影响程度小于对茄子 QCI_{12} 影响。前期人民币升值带来马铃薯 QCI_{11} 上升。表明当期人民币升值在一定程度上弱化了马铃薯 QCI_{11} 和茄子 QCI_{12} 的竞争力；前期人民币升值在一定程度上增强了马铃薯 QCI_{11} 的竞争力，而对茄子 QCI_{12} 的竞争力无影响。

3. 投入品价格上涨、人民币升值对蔬菜整体和马铃薯、茄子显性国际竞争力的影响总体为负向，但后者的影响程度明显大于前者

投入品价格上涨对蔬菜整体和马铃薯、茄子显性国际竞争力的影响总体为负向，人民币升值对蔬菜整体和马铃薯、茄子显性竞国际争力的影响主要呈负向；且人民升值对蔬菜整体和马铃薯、茄子显性国际竞争力的负向影响程度明显大于投入品价格上涨的影响。劳动力价格上涨对蔬菜整体和马铃薯、茄子显性国际竞争力的负向影响是主要的，且其负向影响程度明显大于化肥、农药价格上涨的影响。

二、投入品价格上涨对水果显性
国际竞争力影响的实证分析

（一）水果整体及甜橙、宽皮柑橘、苹果国际市场占有率、显示性比较优势指数、贸易竞争力指数、质量竞争力指数的估计及走势描述

1. 水果整体 IMS_2、RCA_2、TSC_2 的估计及走势描述

按照国际市场占有率、显示性比较优势指数、通用计算方法，本章以1992—2011 年的时序数据作为样本区间对我国水果整体 IMS_2、RCA_2、TSC_2进行测算，估算结果如图 5.12 至图 5.14 所示。

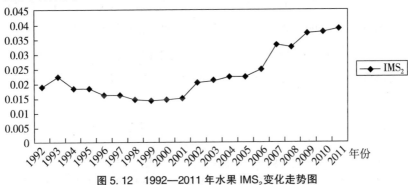

图 5.12　1992—2011 年水果 IMS_2 变化走势图

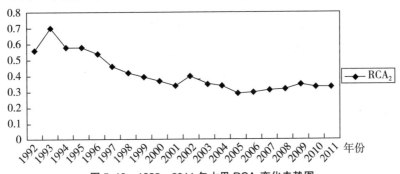

图 5.13　1992—2011 年水果 RCA_2 变化走势图

贸易竞争力指数

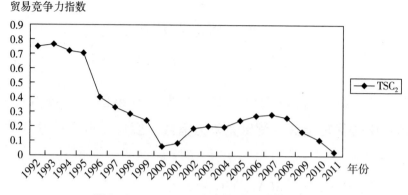

图 5.14　1992—2011 年水果 TSC_2 变化走势图

从图 5.12 中可以看出，1992—2011 年我国水果 IMS_2 变化总体呈现波动上升态势，并以 2000 年为拐点，前期波动下行，年均下降 3.54 个百分点，这与第三章第五节中的推论 5 和推论 6 相符，可能与投入品价格上涨和人民币升值的负面影响有关；后期呈现持续上升势头，年均上升 14.21 个百分点，这与第三章第五节中的推论 5 与推论 6 相悖，可能与生产者优化投入品配置，加大科技投入，着力提高单产和质量以及拓宽国际市场、增大出口量有关。

从图 5.13、图 5.14 中可以看出，1992—2011 年我国水果 RCA_2 和 TSC_2 变化总体呈现波动下降态势，年均分别下降 2.1、4.72 个百分点。这与第三章第五节中的推论 5 和推论 6 相符，可能与投入品价格上涨和人民币升值的负面影响有关。

以上仅是从不同时序数据区间与不同视角描述和分析了投入品价格与人民币汇率变动对水果显性国际竞争力的影响，是否符合客观实际，有待采用上述经验指标建立多元线性回归模型，动态考察其影响方向和大小，并对第三章第五节中的推论 5 与推论 6 进行检验。

2. 甜橙 IMS_{21}、RCA_{21}、TSC_{21}、QCI_{21} 的估计及走势描述

按照国际市场占有率、显示性比较优势指数、贸易竞争力指数、质量竞争力指数的通用计算方法，本章以 1992—2011 年的时序数据作为样本区

间对我国甜橙 IMS_{21}、RCA_{21}、TSC_{21}、QCI_{21} 进行测算，估算结果如图 5.15
至图 5.18 所示。

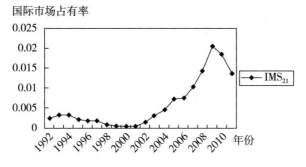

图 5.15 1992—2011 年甜橙 IMS_{21} 变化走势图

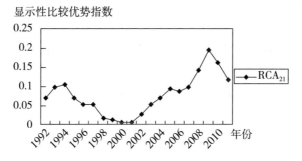

图 5.16 1992—2011 年甜橙 RCA_{21} 变化走势图

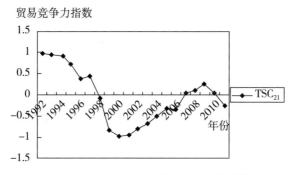

图 5.17 1992—2011 年甜橙 TSC_{21} 变化走势图

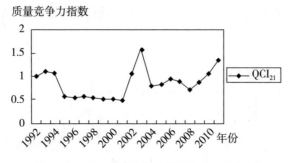

质量竞争力指数

图 5.18　1992—2011 年甜橙 QCI_{21} 变化走势图

从图 5.15、图 5.16 中可以看出，1992—2011 年我国甜橙 IMS_{21}、RCA_{21} 变化总体呈现先降后升再微落的波动态势，并以 2000 年为拐点，前期波动下降，IMS_2、RCA_{21} 年均分别下降 11.58、10.50 个百分点。这与第三章第五节中的推论 5 和推论 6 相符，可能与投入品价格上涨和人民币升值的负面影响有关；后期呈现持续上升势头，年均分别上升 8.66、3.87 个百分点，尽管后两年稍有所回落，但总体上升趋势未变。这与第三章第五节中的推论 5 与推论 6 相悖，可能与水果 IMS_2 变动的原因基本相同，这里不再赘述。

从图 5.17 中可以看出，1992—2011 年我国甜橙 TSC_{21} 变化总体呈现先降后升再回落的波动下行态势。如以 2000 年为基点，前期年均下降 22.18 个百分点，使得中国甜橙进口量大于出口呈现贸易逆差。这与第三章第五节中的推论 5 和推论 6 相符，可能与投入品价格上涨和人民币升值的负面影响有关。后期虽呈现较快回升势头，年均上升 12.89 个百分点，但后两年却又快速回落至出口贸易逆差。这与第三章第五节中的推论 5 和推论 6 基本相符，这里不再赘述。

从图 5.18 中可以看出，1992—2011 年我国甜橙 QCI_{21} 变化总体呈现波动上行态势。尽管整个走势期间出现 2001 年和 2003 年的低、高峰值，但仍呈现总体趋升势头。这与第三章第五节中的推论 5 与推论 6 相悖，可能与生产者优化投入品配置，加大科技投入，着力提高单产和质量以及拓宽国际市场、增大出口量有关。

以上仅是从不同时序数据区间与不同视角描述和分析了投入品价格与
人民币汇率变动对甜橙显性国际竞争力的影响，是否符合客观实际，有待
采用上述经验指标建立多元线性回归模型，动态考察其影响方向和大小，
并对第三章第五节中的推论 5 与推论 6 进行检验。

3. 宽皮柑橘 IMS_{22}、RCA_{22}、TSC_{22}、QCI_{22} 的估计及走势描述

按照国际市场占有率、显示性比较优势指数、贸易竞争力指数、质量
竞争力指数的通用计算方法，本章以 1992—2011 年的时序数据作为样本区
间对我国宽皮柑橘 IMS_{22}、RCA_{22}、TSC_{22}、QCI_{22} 进行测算，估算结果如图
5.19 至图 5.22 所示。

从图 5.19、图 5.20 中可以看出，1992—2011 年我国宽皮柑橘 IMS_{22}、
RCA_{22} 变化总体呈现波动上升态势，但前者却呈现持续较快上升势头，年
均上升 22.28 个百分点；后者波幅较大且在 2001—2007 年保持低谷平稳振
荡，此后仍呈较快上升势头。这与第三章第五节中的推论 5 与推论 6 相悖，
可能与水果 IMS_2 变动的原因基本相同，这里不再赘述。

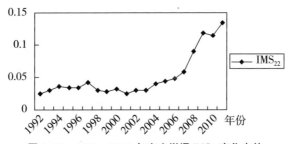

图 5.19　1992—2011 年宽皮柑橘 IMS_{22} 变化走势

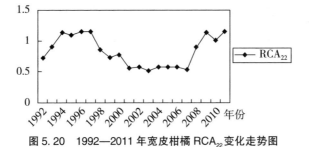

图 5.20　1992—2011 年宽皮柑橘 RCA_{22} 变化走势图

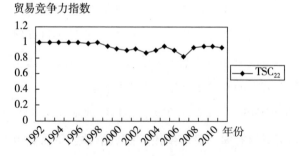

图 5.21　1992—2011 年宽皮柑橘 TSC_{22} 变化走势图

从图 5.21 中可以看出，1992—2011 年我国宽皮柑橘 TSC_{22} 变化总体呈现平稳微降态势，这与第三章第五节中的推论 5 和推论 6 相符，可能与水果 TSC_2 变动的原因基本相同，这里不再赘述。

从图 5.22 中可以看出，1992—2011 年我国宽皮柑橘 QCI_{22} 变化总体呈现先降后升的态势，基本上是以 1999 年为拐点，前期呈逐年下降势头，年均下降 5.15 个百分点，这与第三章第五节中的推论 5 与推论 6 相符，可能与投入品价格上涨和人民币升值的负面影响有关。后期经过短期小幅波动后呈现持续上升趋势，年均上升 16.36 个百分点。这与第三章第五节中的推论 5 与推论 6 相悖，可能与甜橙 QCI_{21} 变动的原因基本相同，这里不再赘述。

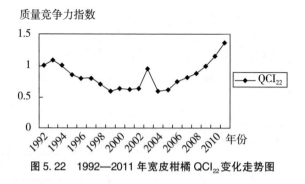

图 5.22　1992—2011 年宽皮柑橘 QCI_{22} 变化走势图

以上仅是从不同时序数据区间与不同视角描述和分析了农业投入品价格与人民币汇率变动对宽皮柑橘显性国际竞争力的影响，是否符合客观实

际，有待采用上述经验指标建立多元线性回归模型，动态考察其影响方向
和大小，并对第三章第五节中的推论5与推论6进行检验。

4. 苹果 IMS_{23}、RCA_{23}、TSC_{23}、QCI_{23} 的估计及走势描述

按照国际市场占有率、显示性比较优势指数、贸易竞争力指数、质量
竞争力指数的通用计算方法，本章以 1992—2011 年的时序数据作为样本区
间对我国苹果 IMS_{23}、RCA_{23}、TSC_{23}、QCI_{23} 进行测算，估算结果如图 5.23
至图 5.26 所示。

从图 5.23 中可以看出，1992—2011 年我国苹果 IMS_{23} 变化总体呈现持续
较快上升态势，年均上升 33.67 个百分点。这与第三章第五节中的推论5与
推论6 相悖，可能与宽皮柑橘 IMS_{22} 变动的原因基本相同，这里不再赘述。

从图 5.24 中可以看出，1992—2011 年我国苹果 RCA_{23} 变化总体呈现波
动上升态势，年均上升 4.99 个百分点。这与第三章第五节中的推论5与推
论6 相悖，可能与宽皮柑橘 RCA_{22} 变动的原因基本相同，这里不再赘述。

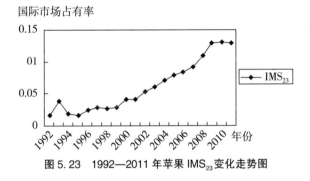

图 5.23　1992—2011 年苹果 IMS_{23} 变化走势图

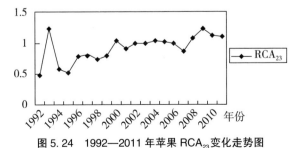

图 5.24　1992—2011 年苹果 RCA_{23} 变化走势图

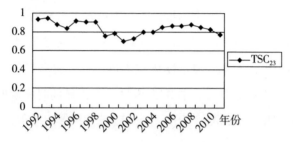

图 5.25　1992—2011 年苹果 TSC_{23} 变化走势图

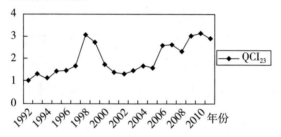

图 5.26　1992—2011 年苹果 QCI_{23} 变化走势图

从图 5.25 中可以看出，1992—2011 年我国苹果 TSC_{23} 变化总体呈现波动下降态势，年均下降 0.0084 个百分点。这与第三章第五节中的推论 5 与推论 6 相符，可能与宽皮柑橘 TSC_{22} 变动的原因基本相同，这里不再赘述。

从图 5.26 中可以看出，1992—2011 年我国苹果 QCI_{23} 变化总体呈现波动上升态势，尽管 1998 年上升很快但回落加速后仍趋于持续上升势头，年均上升 9.42 个百分点。这与第三章第五节中的推论 5 与推论 6 相悖，可能与宽皮柑橘 QCI_{22} 变动的原因基本相同，这里不再赘述。

以上仅是从不同时序数据区间与不同视角描述和分析了投入品价格与人民币汇率变动对苹果显性国际竞争力的影响，是否符合客观实际，有待采用上述经验指标建立多元线性回归模型，动态考察其影响方向和大小，并对第三章第五节中的推论 5 与推论 6 进行检验。

（二）投入品价格波动对水果显性国际竞争力影响的实证分析

1. 实证模型的设定

根据第三章第三节和第四节的理论分析，考虑到对时间序列数据取对数后不会改变其时序性质，同时可以最大限度地避免异方差的产生，容易得到平稳序列，因此本书对变量进行自然对数处理。但由于贸易竞争指数有负数，因此无法对其进行自然对数的处理。由上可得出如下实证模型：

$$LnIMS_2 = a_2 + \beta_{45}LnP_1 + \beta_{46}LnP_2 + \beta_{47}LnP_3 + \beta_{48}LnREER + \mu_{15} \tag{5-43}$$

$$LnIMS_{21} = b_2 + \beta_{49}LnP_1 + \beta_{50}LnP_2 + \beta_{51}LnP_3 + \beta_{52}LnREER + \mu_{16} \tag{5-44}$$

$$LnIMS_{22} = c_2 + \beta_{53}LnP_1 + \beta_{54}LnP_2 + \beta_{55}LnP_3 + \beta_{56}LnREER + \mu_{17} \tag{5-45}$$

$$LnIMS_{23} = d_2 + \beta_{57}LnP_1 + \beta_{58}LnP_2 + \beta_{59}LnP_3 + \beta_{60}LnREER + \mu_{18} \tag{5-46}$$

$$LnRCA_2 = e_2 + \beta_{61}LnP_1 + \beta_{62}LnP_2 + \beta_{63}LnP_3 + \beta_{64}LnREER + \mu_{19} \tag{5-47}$$

$$LnRCA_{21} = f_2 + \beta_{65}LnP_1 + \beta_{66}LnP_2 + \beta_{67}LnP_3 + \beta_{68}LnREER + \mu_{20} \tag{5-48}$$

$$LnRCA_{22} = g_2 + \beta_{69}LnP_1 + \beta_{70}LnP_2 + \beta_{71}LnP_3 + \beta_{72}LnREER + \mu_{21} \tag{5-49}$$

$$LnRCA_{23} = h_2 + \beta_{73}LnP_1 + \beta_{74}LnP_2 + \beta_{75}LnP_3 + \beta_{76}LnREER + \mu_{22} \tag{5-50}$$

$$LnTSC_2 = i_2 + \beta_{77}LnP_1 + \beta_{78}LnP_2 + \beta_{79}LnP_3 + \beta_{80}LnREER + \mu_{23} \tag{5-51}$$

$$TSC_{21} = j_2 + \beta_{81}P_1 + \beta_{82}P_2 + \beta_{83}P_3 + \beta_{84}REER + \mu_{24} \tag{5-52}$$

$$LnTSC_{22} = k_2 + \beta_{85}LnP_1 + \beta_{86}LnP_2 + \beta_{87}LnP_3 + \beta_{88}LnREER + \mu_{25} \tag{5-53}$$

$$LnTSC_{23} = l_2 + \beta_{89}LnP_1 + \beta_{90}LnP_2 + \beta_{91}LnP_3 + \beta_{92}LnREER + \mu_{26} \tag{5-54}$$

$$LnQCI_{21} = m_2 + \beta_{93}LnP_1 + \beta_{94}LnP_2 + \beta_{95}LnP_3 + \beta_{96}LnREER + \mu_{27} \tag{5-55}$$

$$LnQCI_{22} = n_2 + \beta_{97}LnP_1 + \beta_{98}LnP_2 + \beta_{99}LnP_3 + \beta_{100}LnREER + \mu_{28} \tag{5-56}$$

$$LnQCI_{23} = o_2 + \beta_{101}LnP_1 + \beta_{102}LnP_2 + \beta_{103}LnP_3 + \beta_{104}LnREER + \mu_{29} \tag{5-57}$$

式中，β_{45}、β_{46}、β_{47}、β_{48}分别为水果国际市场占有率 IMS_2 对化肥价格 P_1、农药价格 P_2、劳动力价格 P_3 和人民币实际有效汇率 REER 变化的弹性系数；β_{49}、β_{50}、β_{51}、β_{52}分别为甜橙国际市场占有率 IMS_{21} 对化肥价格 P_1、农药价格 P_2、劳动力价格 P_3 和人民币实际有效汇率 REER 变化的弹性系数；β_{53}、β_{54}、β_{55}、β_{56}分别为宽皮柑橘国际市场占有率 IMS_{22} 对化肥价格 P_1、农药价格 P_2、劳动力价格 P_3 和人民币实际有效汇率 REER 变化的弹性系数；β_{57}、β_{58}、β_{59}、β_{60}分别为苹果国际市场占有率 IMS_{23} 对化

肥价格 P_1、农药价格 P_2、劳动力价格 P_3 和人民币实际有效汇率 REER 变化的弹性系数；β_{61}、β_{62}、β_{63}、β_{64} 分别为水果显示性比较优势指数 RCA_2 对化肥价格 P_1、农药价格 P_2、劳动力价格 P_3 和人民币实际有效汇率 REER 变化的弹性系数；β_{65}、β_{66}、β_{67}、β_{68} 分别为甜橙显示性比较优势指数 RCA_{21} 对化肥价格 P_1、农药价格 P_2、劳动力价格 P_3 和人民币实际有效汇率 REER 变化的弹性系数；β_{69}、β_{70}、β_{71}、β_{72} 分别为宽皮柑橘显示性比较优势指数 RCA_{22} 对化肥价格 P_1、农药价格 P_2、劳动力价格 P_3 和人民币实际有效汇率 REER 变化的弹性系数；β_{73}、β_{74}、β_{75}、β_{76} 分别为苹果显示性比较优势指数 RCA_{23} 对化肥价格 P_1、农药价格 P_2、劳动力价格 P_3 和人民币实际有效汇率 REER 变化的弹性系数；β_{77}、β_{78}、β_{79}、β_{80} 分别为水果贸易竞争指数 TSC_2 对化肥价格 P_1、农药价格 P_2、劳动力价格 P_3 和人民币实际有效汇率 REER 的变化的弹性系数。β_{81}、β_{82}、β_{83}、β_{84} 分别为甜橙贸易竞争指数 TSC_{21} 对化肥价格 P_1、农药价格 P_2、劳动力价格 P_3 和人民币实际有效汇率 REER 的边际。β_{85}、β_{86}、β_{87}、β_{88} 分别宽皮柑橘贸易竞争指数 TSC_{22} 对化肥价格 P_1、农药价格 P_2、劳动力价格 P_3 和人民币实际有效汇率 REER 的变化的弹性系数。β_{89}、β_{90}、β_{91}、β_{92} 分别为苹果贸易竞争指数 TSC_{23} 对化肥价格 P_1、农药价格 P_2、劳动力价格 P_3 和人民币实际有效汇率 REER 的变化的弹性系数。β_{93}、β_{94}、β_{95}、β_{96} 分别为甜橙贸易竞争指数 QCI_{21} 对化肥价格 P_1、农药价格 P_2、劳动力价格 P_3 和人民币实际有效汇率 REER 的变化的弹性系数。β_{97}、β_{98}、β_{99}、β_{100} 分别为宽皮柑橘贸易竞争指数 QCI_{22} 对化肥价格 P_1、农药价格 P_2、劳动力价格 P_3 和人民币实际有效汇率 REER 的变化的弹性系数。β_{101}、β_{102}、β_{103}、β_{104} 分别为苹果贸易竞争指数 QCI_{23} 对化肥价格 P_1、农药价格 P_2、劳动力价格 P_3 和人民币实际有效汇率 REER 的变化的弹性系数。

2. 实证分析

（1）求 P_1、P_2、P_3 和 REER 及 TSC_{21} 的标准化值

由于甜橙 TSC_{21} 值为负数，所以不能对甜橙 TSC_{21} 取对数，要研究 P_1、P_2、P_3 和 REER 对甜橙 TSC_{21} 的影响，就只能对 P_1、P_2、P_3、REER 及甜橙 TSC_{21} 取标准化值。如表 5.35 所示。

表 5.35　P_1、P_2、P_3、REER 和甜橙 TSC 的标准化

年　份	P_1	P_2	P_3	REER	TSC
1992	−1.74259	−1.77058	−1.09485	−0.63592	1.58522
1993	−1.52191	−1.83674	−1.03681	−0.23585	1.55792
1994	−0.9712	−1.35708	−0.9539	−2.56454	1.51387
1995	0.00497	0.24727	−0.77149	−1.60874	1.18905
1996	0.40856	1.27273	−0.57251	−0.61282	0.65599
1997	0.08648	1.08253	−0.54763	0.21773	0.74655
1998	−0.24355	0.6773	−0.5808	0.89384	−0.04519
1999	−0.42049	0.14803	−0.58909	0.29069	−1.22402
2000	−0.65509	−0.34816	−0.54763	0.3369	−1.44584
2001	−0.7207	−0.62934	−0.51447	0.85736	−1.44175
2002	−0.64912	−0.81127	−0.46472	0.57281	−1.16843
2003	−0.59743	−0.81954	−0.44814	−0.24193	−0.98681
2004	−0.19583	−0.52183	0.16541	−0.56782	−0.71113
2005	0.25547	−0.0918	0.18199	−0.67848	−0.42399
2006	0.25945	0.05706	0.44731	−0.53985	−0.47279
2007	0.39464	0.18938	0.68775	−0.15559	0.13861
2008	1.70283	1.04945	1.06915	0.754	0.21715
2009	1.36087	1.04945	1.21839	1.2623	0.50406
2010	1.28731	1.07426	1.9563	1.17596	0.14144
2011	1.95731	1.33889	2.39574	1.47996	−0.32989

（2）共线性诊断

在对实证模型进行参数估计之前，先求得 P_1（标准化）、P_2（标准化）、P_3（标准化）和 REER（标准化）相关系数矩阵如表 5.36 所示。

表 5.36　P_1、P_2、P_3 和 REER 相关系数矩阵

	P_1	P_2	P_3	REER
P_1	1	0.877435	0.889633	0.497955
P_2	0.877435	1	0.640310	0.499032
P_3	0.889633	0.640310	1	0.579496
REER	0.497955	0.499032	0.579496	1

从各自变量的相关系数可知，最小的相关系数也达到0.497955，最大的达到了0.889633。各变量之间存在较严重的多重共性，故而不能用最小二乘法进行参数估计，需要采用主成分回归法建立回归模型。

（3）主成分分析

运用 EVIEWS6.0 软件对 P_1、P_2、P_3 和 REER 进行主成分分析，相关数据如表5.37所示。

表5.37　P_1、P_2、P_3和 REER 主成分分析结果

		第1主成分	第2主成分	第3主成分	第4主成分
特征向量	P_1	−0.550931	−0.335421	0.089249	−0.758948
	P_2	−0.506221	−0.311949	−0.682443	0.425088
	P_3	−0.521172	−0.041977	0.704606	0.479738
	REER	−0.410603	0.887929	−0.172732	−0.114675
特征值		3.018926	0.609177	0.350454	0.021442
贡献率		0.754732	0.152294	0.087614	0.00536
累积贡献率		0.754732	0.907026	0.99464	1

由表5.37可知，第一主成分特征值为3.018926，贡献率为0.754732，说明它对原来的四个指标的信息解释率达到了75.4732%，第二主成分特征值为0.609177，贡献率为0.152294，说明它对原来的四个指标的信息解释率达到了15.2294%，第一、第二主成分累积贡献率为0.907026，说明第一、第二主成分对原来的四个指标的信息解释率达到了90.7026%，提取第一、第二主成分就可以代替原来的四个指标。利用第一、第二主成分的特征向量可以得到第一、第二主成分的表达式为：

$$F_3 = -0.550931P_1 - 0.506221P_2 - 0.521172P_3 - 0.410603REER \qquad (5-58)$$

$$F_4 = -0.335421P_1 - 0.311949P_2 - 0.041977P_3 + 0.887929REER \qquad (5-59)$$

将数据代入式（5-58）和（5-59）中，得到 F_3 和 F_4 的值。

（4）单位根检验

首先对变量 $LnIMS_2$、$LnIMS_{21}$、$LnIMS_{22}$、$LnIMS_{23}$、$LnRCA_2$、$LnRCA_{21}$、

第五章　投入品价格上涨对园艺产品各类品种显性国际竞争力
影响的实证研究　　　　　　　　　　　　　　　　　　　161

$LnRCA_{22}$、$LnRCA_{23}$、$LnTSC_2$、TSC_{21}、$LnTSC_{22}$、$LnTSC_{23}$、$LnQCI_{21}$、$LnQCI_{22}$、$LnQCI_{23}$进行检验，通过检验发现 $LnIMS_{23}$、$LnRCA_{23}$ 和 $LnTSC_2$ 在10%显著水平下拒绝原假设，即为平稳变量。$LnIMS_2$、$LnIMS_{21}$、$LnIMS_{22}$、$LnRCA_2$、$LnRCA_{21}$、$LnRCA_{22}$、TSC_{21}、$LnTSC_{22}$、$LnTSC_{23}$、$LnQCI_{21}$、$LnQCI_{22}$、$LnQCI_{23}$在10%显著水平下接受原假设，即为非平稳变量。再对 $LnIMS_2$、$LnIMS_{21}$、$LnIMS_{22}$、$LnRCA_{21}$、$LnRCA_2$ 和 $LnTSC_2$ 取一阶差分，结果 $\triangle LnIMS_2$、$\triangle LnIMS_{21}$、$\triangle LnIMS_{22}$、$\triangle LnRCA_2$ 和 $\triangle LnTSC_2$ 都在10%的显著水平下拒绝原假设，表明是平稳变量。检验结果如表5.38所示。

表5.38　ADF 单位根检验结果表

变量	检验形式	ADF 统计量（t）	临界值（t_0）		结论
			10%临界值	5%临界值	
$LnIMS_2$	(c, t, 0)	−1.492855	−3.277364	−3.673616	有单位根
$\triangle LnIMS_2$	(c, t, 0)	−5.641178	−3.286909	−3.690814	无单位根
$LnIMS_{21}$	(c, t, 0)	−0.587155	−2.655194	−3.02997	有单位根
$\triangle LnIMS_{21}$	(c, t, 0)	−2.791692	−2.660551	−3.040391	无单位根
$LnIMS_{22}$	(c, t, 0)	−0.72937	−3.277364	−3.673616	有单位根
$\triangle LnIMS_{22}$	(c, t, 1)	−3.545359	−3.297799	−3.710482	无单位根
$LnIMS_{23}$	(c, t, 0)	−3.776673	−3.277364	−3.673616	无单位根
$LnRCA_2$	(c, t, 5)	−1.512661	−3.277364	−3.673616	有单位根
$\triangle LnRCA_2$	(c, t, 0)	−7.384348	−3.286909	−3.690814	无单位根
$LnRCA_{21}$	(c, t, 0)	−1.749387	−2.660551	−3.040391	有单位根
$\triangle LnRCA_{21}$	(c, t, 0)	−2.864617	−2.660551	−3.040391	无单位根
$LnRCA_{22}$	(c, t, 0)	−1.141406	−2.655194	−3.02997	有单位根
$\triangle LnRCA_{22}$	(c, t, 0)	−3.829688	−2.660551	−3.040391	无单位根
$LnRCA_{23}$	(c, t, 0)	−6.000816	−3.277364	−3.673616	无单位根
$LnTSC_2$	(0, 0, 0)	1.095043	−1.607051	−1.960171	有单位根
$\triangle LnTSC_2$	(0, 0, 0)	−2.286684	−1.60661	−1.961409	无单位根
$LnTSC_{21}$	(0, 0, 1)	−2.067365	−1.60661	−1.961409	无单位根
$LnTSC_{22}$	(0, 0, 0)	−2.368927	−3.277364	−3.673616	有单位根
$\triangle LnTSC_{22}$	(0, 0, 0)	−4.811424	−3.297799	−3.710482	无单位根

续表

变量	检验形式	ADF 统计量（t）	临界值（t_0）		结论
			10%临界值	5%临界值	
$LnTSC_{23}$	(0，0，2)	−2.223468	−3.297799	−3.710482	有单位根
$\triangle LnTSC_{23}$	(0，0，0)	−4.282167	−3.286909	−3.690814	无单位根
$LnQCI_{21}$	(0，0，1)	−3.00143	−3.286909	−3.690814	有单位根
$\triangle LnQCI_{21}$	(0，0，1)	−4.520675	−3.297799	−3.710482	无单位根
$LnQCI_{22}$	(0，0，1)	−0.994095	−3.277364	−3.673616	有单位根
$\triangle LnQCI_{22}$	(0，0，1)	−5.098703	−3.297799	−3.710482	无单位根
$LnQCI_{23}$	(0，0，1)	−0.07796	−1.607051	−1.960171	有单位根
$\triangle LnQCI_{23}$	(0，0，1)	−4.134272	−1.60661	−1.961409	无单位根

注：检验形式（c，t，q）分别表示单位根检验方程包含常数项、时间趋势和滞后阶数。△表示一阶差分。

(5) 协整检验

下面使用 Eviews6.0 软件对 $LnIMS_2$ 和 F_1、F_2 之间关系，$LnIMS_{21}$ 和 F_1、F_2 之间关系，$LnIMS_{22}$ 和 F_1、F_2 之间关系，$LnIMS_{23}$ 和 F_1、F_2 之间关系，$LnRCA_2$ 和 F_1、F_2 之间关系，$LnRCA_{21}$ 和 F_1、F_2 之间关系，$LnRCA_{22}$ 和 F_1、F_2 之间关系，$LnRCA_{23}$ 和 F_1、F_2 之间关系，$LnTSC_2$ 和 F_1、F_2 之间关系，$LnTSC_{21}$ 和 F_1、F_2 之间关系，$LnTSC_{22}$ 和 F_1、F_2 之间关系，$LnTSC_{23}$ 和 F_1、F_2 之间关系，$LnQCI_{21}$ 和 F_1、F_2 之间关系，$LnQCI_{22}$ 和 F_1、F_2 之间关系，$LnQCI_{23}$ 和 F_1、F_2 之间关系分别进行 Johansen 协整检验，以确定它们之间是否具有长期稳定关系。检验结果如表 5.39 至表 5.53 所示。

表 5.39　$LnIMS_2$ 与 F_1、F_2 关系的 Johansen 协整检验

零假设：协整向量个数	特征值	迹统计量	迹的临界值（5%显著水平）
0^*	0.868617	51.42628	29.79707
至多1个	0.515801	14.89273	15.49471
至多2个	0.097075	1.838079	3.841466

注：* 表示在5%显著水平上显著。

表 5.40　$LnIMS_{21}$ 与 F_1、F_2 关系的 Johansen 协整检验

零假设：协整向量个数	特征值	迹统计量	迹的临界值（5%显著水平）
0*	0.948786	62.82351	24.27596
至多1个	0.359213	9.332122	12.3209
至多2个	0.070765	1.321083	4.129906

注：＊表示在5%显著水平上显著。

表 5.41　$LnIMS_{22}$ 与 F_1、F_2 关系的 Johansen 协整检验

零假设：协整向量个数	特征值	迹统计量	迹的临界值（5%显著水平）
0*	0.773095	40.36701	29.79707
至多1个	0.480759	13.66898	15.49471
至多2个	0.098776	1.872023	3.841466

注：＊表示在5%显著水平上显著。

表 5.42　$LnIMS_{23}$ 与 F_1、F_2 关系的 Johansen 协整检验

零假设：协整向量个数	特征值	迹统计量	迹的临界值（5%显著水平）
0*	0.903446	54.35672	24.27596
至多1个	0.432498	12.27905	12.3209
至多2个	0.10922	2.081849	4.129906

注：＊表示在5%显著水平上显著。

表 5.43　$LnRCA_2$ 与 F_1、F_2 关系的 Johansen 协整检验

零假设：协整向量个数	特征值	迹统计量	迹的临界值（5%显著水平）
0*	0.824377	56.53408	42.91525
至多1个	0.624203	25.22464	25.87211
至多2个	0.344701	7.607941	12.51798

注：＊表示在5%显著水平上显著。

表 5.44　LnRCA$_{21}$ 与 F$_1$、F$_2$ 关系的 Johansen 协整检验

零假设：协整向量个数	特征值	迹统计量	迹的临界值（5%显著水平）
0*	0.903446	54.35672	24.27596
至多1个	0.432498	12.27905	12.3209
至多2个	0.10922	2.081849	4.129906

注：*表示在5%显著水平上显著。

表 5.45　LnRCA$_{22}$ 与 F$_1$、F$_2$ 关系的 Johansen 协整检验

零假设：协整向量个数	特征值	迹统计量	迹的临界值（5%显著水平）
0*	0.735347	37.69341	35.19275
至多1个	0.477171	13.76538	20.26184
至多2个	0.109741	2.092362	9.164546

注：*表示在5%显著水平上显著。

表 5.46　LnRCA$_{23}$ 与 F$_1$、F$_2$ 关系的 Johansen 协整检验

零假设：协整向量个数	特征值	迹统计量	迹的临界值（5%显著水平）
0*	0.655097	33.61218	29.79707
至多1个	0.55094	14.45131	15.49471
至多2个	0.002249	0.040535	3.841466

注：*表示在5%显著水平上显著。

表 5.47　LnTSC$_2$ 与 F$_1$、F$_2$ 关系的 Johansen 协整检验

零假设：协整向量个数	特征值	迹统计量	迹的临界值（5%显著水平）
0	0.872181	46.31934	29.79707
至多1个	0.387909	9.290854	15.49471
至多2个*	0.024968	0.455128	3.841466

注：*表示在5%显著水平上显著。

表 5.48　TSC_{21} 与 F_3、F_4 关系的 Johansen 协整检验

零假设：协整向量个数	特征值	迹统计量	迹的临界值（5%显著水平）
0*	0.590006	34.85135	24.27596
至多1个	0.466818	18.80231	12.3209
至多2个	0.340109	7.482257	4.129906

注：＊表示在5%显著水平上显著。

表 5.49　$LnTSC_{22}$ 与 F_1、F_2 关系的 Johansen 协整检验

零假设：协整向量个数	特征值	迹统计量	迹的临界值（5%显著水平）
0*	0.76077	31.62738	29.79707
至多1个	0.257621	5.881408	15.49471
至多2个	0.028438	0.519303	3.841466

注：＊表示在5%显著水平上显著。

表 5.50　$LnTSC_{23}$ 与 F_1、F_2 关系的 Johansen 协整检验

零假设：协整向量个数	特征值	迹统计量	迹的临界值（5%显著水平）
0*	0.920627	55.38953	29.79707
至多1个	0.416378	9.78483	15.49471
至多2个	0.005086	0.091784	3.841466

注：＊表示在5%显著水平上显著。

表 5.51　$LnQCI_{21}$ 与 F_1、F_2 关系的 Johansen 协整检验

零假设：协整向量个数	特征值	迹统计量	迹的临界值（5%显著水平）
0	0.930857	73.18169	42.91525
至多1个	0.674154	25.09317	25.87211
至多2个*	0.238705	4.909213	12.51798

注：＊表示在5%显著水平上显著。

表 5.52 $LnQCI_{22}$ 与 F_1、F_2 关系的 Johansen 协整检验

零假设：协整向量个数	特征值	迹统计量	迹的临界值（5%显著水平）
0	0.762766	35.37234	29.79707
至多1个	0.368438	9.475591	15.49471
至多2个*	0.064676	1.20353	3.841466

注：*表示在5%显著水平上显著。

表 5.53 $LnQCI_{23}$ 与 F_1、F_2 关系的 Johansen 协整检验

零假设：协整向量个数	特征值	迹统计量	迹的临界值（5%显著水平）
0	0.917253	68.83086	42.91525
至多1个	0.630813	23.97549	25.87211
至多2个*	0.285034	6.039355	12.51798

注：*表示在5%显著水平上显著。

表 5.39 至表 5.53 中的迹统计量表明，在 5% 的显著水平下，原假设三个变量序列不存在协整关系都被拒绝，但至多存在一个协整关系和至多存在两个协整关系都没有被拒绝。因此，变量序列 $LnIMS_2$ 与 F_1、F_2 之间，$LnIMS_{21}$ 与 F_1、F_2 之间，$LnIMS_{22}$ 与 F_1、F_2 之间，$LnIMS_{23}$ 与 F_1、F_2 之间，$LnRCA_2$ 与 F_1、F_2 之间，$LnRCA_{21}$ 与 F_1、F_2 之间，$LnRCA_{22}$ 与 F_1、F_2 之、$LnRCA_{23}$ 与 F_1、F_2 之间，$LnTSC_2$ 与 F_1、F_2 之间，$LnTSC_{21}$ 与 F_1、F_2 之间，$LnTSC_{22}$ 与 F_1、F_2 之间，$LnTSC_{23}$ 与 F_1、F_2 之间，$LnQCI_{21}$ 与 F_1、F_2 之间，$LnQCI_{22}$ 与 F_1、F_2 之间，$LnQCI_{23}$ 与 F_1、F_2 之间都存在长期的协整关系。

（6）实证模型及修正

首先，用 OLS 法估计变量 $LnIMS_2$、F_1 和 F_2 的回归方程。根据 AIC 与 SC 最小准则，结合第三章的理论分析推论与经验判定，经过反复试验，得到以下回归方程：

$$LnIMS_2 = -0.164515F_1 - 2.216575F_2 \qquad (5-60)$$
$$(-3.302511)\ (-5.730308)$$
$$R^2 = 0.033846 \quad DW = 0.599306$$

式（5-60）中括号内数字为 t 检验值，从式中可以看出部分 t 检验值
大，变量影响不显著。模型整体拟合不好，因为可决系数（$R^2 =$
0.033846）很小。另外，采用 Q 统计值来判断回归方程估计结果的残差是
否存在自相关性。所得结果如表 5.54 所示。

表 5.54　投入品价格上涨对水果 IMS_2 影响的估计滞后 12 期的 Q 统计值

Autocorrelation	Partial Correlation		AC	PAC	Q–Stat	Prob
		1	0.634	0.634	9.3036	0.002
		2	0.261	−0.235	10.972	0.004
		3	0.028	−0.049	10.992	0.012
		4	−0.004	0.101	10.992	0.027
		5	−0.024	−0.085	11.009	0.051
		6	−0.101	−0.124	11.331	0.079
		7	−0.087	0.106	11.589	0.115
		8	−0.053	−0.035	11.691	0.166
		9	0.040	0.085	11.754	0.228
		10	−0.051	−0.227	11.869	0.294
		11	−0.194	−0.126	13.715	0.249
		12	−0.323	−0.151	19.455	0.078

由表 5.54 看出回归方程估计结果的残差存在自相关性。下面采用加权
最小二乘法对其进行修正，权数为初步估计残差平方的倒数，可以得到以
下改进方程：

$$LnIMS_{21} = -0.178766F_1 - 2.134565F_2 \qquad\qquad (5-61)$$
$$(-12.50436)\ (-20.14238)$$
$$R^2 = 0.913773 \quad DW = 1.768328$$

式（5-61）中括号内数字为 t 检验值，从式中可以看出 t 检验值大，
变量影响显著。模型整体拟合很好，因为可决系数（$R^2 = 0.913773$）很
大。另外，采用 Q 统计值来判断回归方程改进估计结果的残差是否存在自
相关性。所得结果如表 5.55 所示。

由表 5.55 可以看出回归方程改进估计结果的残差不存在自相关性。由
于回归方程改进估计结果通过了各项计量经济学的检验，可将 F_1、F_2 变为
原来的解释变量，可得实证模型（5-43）的回归方程：

表 5.55 投入品价格上涨对水果 IMS$_2$ 影响的改进估计滞后 12 期的 Q 统计值

Autocorrelation	Partial Correlation		AC	PAC	Q–Stat	Prob
		1	0.107	0.107	0.2658	0.606
		2	-0.367	-0.383	3.5587	0.169
		3	-0.143	-0.057	4.0901	0.252
		4	0.062	-0.061	4.1956	0.380
		5	0.176	0.119	5.1025	0.403
		6	0.013	-0.032	5.1081	0.530
		7	-0.054	0.060	5.2070	0.635
		8	-0.063	-0.056	5.3539	0.719
		9	-0.121	-0.128	5.9373	0.746
		10	-0.002	-0.034	5.9374	0.820
		11	0.017	-0.093	5.9523	0.877
		12	-0.063	-0.103	6.1702	0.907

$$LnIMS_2 = 0.622644LnP_1 + 0.446219LnP_2 +$$

$$0.039556LnP_3 - 1.999991LnREER \tag{5-62}$$

实证结果表明，当期化肥价格、农药价格和劳动力价格每上涨 1 个百分点，水果 IMS$_2$ 上升 0.268917、0.446219 和 0.039556 个百分点，当期人民币汇率每上升 1 个百分点，水果 IMS$_3$ 下降 1.999991 个百分点。

首先，用 OLS 法估计变量 LnIMS$_{21}$、F$_1$ 和 F$_2$ 的回归方程。根据 AIC 与 SC 最小准则，结合第三章的理论分析推论与经验判定，经过反复试验，得到以下回归方程：

$$LnIMS_{21} = 3.089348F_1 - 1.955292F1\ (-1)\ -$$

$$3.146688F_2 - 12.37853 \tag{5-63}$$

$$(1.254655)\ (-0.953099)\ (-0.893084)\ (-1.3151)$$

$$R^2 = 0.550185 \quad DW = 0.859312 \quad F = 6.115672$$

式（5-63）中括号内数字为 t 检验值，从式中可以看出 t 检验值小，变量影响不显著。模型整体拟合不好，因为可决系数（$R^2 = 0.550185$）不大。另外，采用 Q 统计值来判断回归方程估计结果的残差是否存在自相关性。所得结果如表 5.56 所示。

表 5.56　投入品价格上涨对甜橙 IMS_{21} 影响的估计滞后 12 期的 Q 统计值

Autocorrelation	Partial Correlation		AC	PAC	Q–Stat	Prob
		1	0.437	0.437	4.2312	0.040
		2	0.017	−0.215	4.2377	0.120
		3	−0.029	0.073	4.2580	0.235
		4	0.079	0.087	4.4251	0.352
		5	−0.059	−0.194	4.5255	0.476
		6	−0.137	−0.007	5.1034	0.531
		7	−0.342	−0.362	8.9841	0.254
		8	−0.227	0.090	10.854	0.210
		9	0.012	0.086	10.860	0.285
		10	0.000	−0.172	10.860	0.369
		11	0.000	0.243	10.860	0.455
		12	0.000	−0.241	10.860	0.541

由表 5.56 看出回归方程估计结果的残差存在自相关性。下面采用加权最小二乘法对其进行修正，权数为初步估计残差绝对值的倒数，可以得到以下改进方程：

$$LnIMS_{21} = 3.324217F_1 - 2.166943F_1(-1) - 2.682104F_2 - 13.10301$$

$$(5-64)$$

$$(11.41175)\ (-8.177072)\ (-3.456114)\ (-6.902317)$$

$$R^2 = 0.999939 \quad DW = 1.306067 \quad F = 979.8848$$

式（5-64）中括号内数字为 t 检验值，从式中可以看出 t 检验值大，变量影响显著。模型整体拟合很好，因为可决系数（$R^2 = 0.999939$）很大。另外，采用 Q 统计值来判断回归方程改进估计结果的残差是否存在自相关性。所得结果如表 5.57 所示。

由表 5.57 可以看出回归方程改进估计结果的残差不存在自相关性。由于回归方程改进估计结果通过了各项计量经济学的检验，可将 F_1、F_2 变为原来的解释变量，可得实证模型（5-44）的回归方程：

$$LnIMS_{21} = 2.727158LnP_1 - 1.187506LnP_1(-1) + 2.403165LnP_2 -$$
$$1.125033LnP_2(-1) + 1.930555LnP_3 - 1.148460LnP_3(-1) -$$
$$1.142055LnREER - 0.837114LnREER(-1) - 13.10301$$

$$(5-65)$$

表 5.57　投入品价格上涨对甜橙 IMS_{21} 影响的改进估计滞后 12 期的 Q 统计值

Autocorrelation	Partial Correlation		AC	PAC	Q-Stat	Prob
		1	0.344	0.344	2.6190	0.106
		2	0.103	-0.017	2.8667	0.239
		3	0.155	0.142	3.4656	0.325
		4	0.082	-0.016	3.6465	0.456
		5	-0.113	-0.163	4.0078	0.548
		6	-0.087	-0.016	4.2410	0.644
		7	-0.186	-0.187	5.3937	0.612
		8	-0.090	0.079	5.6854	0.682
		9	0.026	0.082	5.7127	0.768
		10	0.000	-0.005	5.7127	0.839
		11	0.000	0.026	5.7127	0.892
		12	0.000	-0.094	5.7127	0.930

实证结果表明，当期化肥价格、农药价格和劳动力价格每上涨 1 个百分点，甜橙 IMS_{21} 上升 2.727158、2.403165 和 1.930555 个百分点，前期化肥价格、农药价格和劳动力价格每上涨 1 个百分点，甜橙 IMS_{21} 下降 1.187506、1.125033 和 1.148460 个百分点，当期人民币汇率每上升 1 个百分点，水果 IMS_3 下降 1.142055 个百分点。前期人民币汇率每上升 1 个百分点，水果 IMS_3 下降 0.837114 个百分点。

首先，用 OLS 法估计变量 $LnIMS_{22}$、F_1 和 F_2 的回归方程。根据 AIC 与 SC 最小准则，结合第三章的理论分析推论与经验判定，经反复试验，得到以下回归方程：

$$LnIMS_{22} = -0.760608F_1 + 0.865374F_1(-1) - 3.622841F_2 \qquad (5-66)$$
$$(-1.277338)\ (1.391477)\ (-6.727553)$$
$$R^2 = 0.546439 \quad DW = 0.732239$$

式（5-66）中括号内数字为 t 检验值，从式中可以看出部分 t 检验值不大，变量影响不显著。模型整体拟合不好，因为可决系数（$R^2 = 0.546439$）不大。另外，采用 Q 统计值来判断回归方程估计结果的残差是否存在自相关性。所得结果如表 5.58 所示。

表 5.58　投入品价格上涨对宽皮柑橘 IMS_{22} 影响的估计滞后 12 期的 Q 统计值

Autocorrelation	Partial Correlation		AC	PAC	Q–Stat	Prob
		1	0.321	0.321	2.2876	0.130
		2	0.013	−0.101	2.2913	0.318
		3	−0.092	−0.072	2.5013	0.475
		4	0.032	0.099	2.5281	0.640
		5	−0.001	−0.056	2.5281	0.772
		6	−0.050	−0.047	2.6044	0.857
		7	0.033	0.093	2.6412	0.916
		8	0.010	−0.048	2.6450	0.955
		9	0.029	0.033	2.6780	0.976
		10	0.000	0.004	2.6780	0.988
		11	0.000	−0.017	2.6780	0.994
		12	0.000	0.011	2.6780	0.997

由表 5.58 看出回归方程估计结果的残差存在自相关性。下面采用加权最小二乘法对其进行修正，权数为初步估计残差绝对值的倒数，可以得到以下改进方程：

$$LnIMS_{22} = -1.006626F_1 + 1.106195F_1(-1) - 3.594042F_2 \qquad (5-67)$$
$$(-5.588955)\ (5.627437)\ (-15.01792)$$
$$R^2 = 0.999999 \quad DW = 1.243964$$

式（5-67）中括号内数字为 t 检验值，从式中可以看出 t 检验值大，变量影响显著。模型整体拟合很好，因为可决系数（$R^2 = 0.999999$）很大。另外，采用 Q 统计值来判断回归方程改进估计结果的残差是否存在自相关性。所得结果如表 5.59 所示。

由表 5.59 可以看出回归方程改进估计结果的残差不存在自相关性。由于回归方程改进估计结果通过了各项计量经济学的检验，可将 F_1、F_2 变为原来的解释变量，可得实证模型（5-45）的回归方程：

$$LnIMS_{22} = 0.661675LnP_1 + 0.606206LnP_1(-1) + 0.384965LnP_2 +$$
$$0.574314LnP_2(-1) - 0.307376LnP_3 + 0.586273LnP_3(-1) -$$
$$3.640048LnREER + 0.427335LnREER(-1) \qquad (5-68)$$

表5.59　投入品价格上涨对宽皮柑橘 IMS$_{22}$ 影响的改进估计滞后 12 期的 Q 统计值

Autocorrelation	Partial Correlation		AC	PAC	Q-Stat	Prob
		1	0.183	0.183	0.7449	0.388
		2	0.143	0.113	1.2249	0.542
		3	-0.131	-0.183	1.6526	0.648
		4	-0.006	0.034	1.6534	0.799
		5	-0.032	0.009	1.6820	0.891
		6	-0.046	-0.076	1.7466	0.941
		7	0.013	0.045	1.7519	0.972
		8	-0.066	-0.068	1.9111	0.984
		9	0.095	0.103	2.2744	0.986
		10	0.000	-0.007	2.2744	0.994
		11	0.000	-0.059	2.2744	0.997
		12	0.000	0.052	2.2744	0.999

实证结果表明，当期化肥价格、农药价格和劳动力价格每上涨 1 个百分点，宽皮柑橘 IMS$_{22}$ 上升 0.661675、0.384965 和下降 0.307376 个百分点，前期化肥价格、农药价格和劳动力价格每上涨 1 个百分点，宽皮柑橘 IMS$_{22}$ 上升 0.606206、0.574314 和 0.586273 个百分点，当期人民币汇率每上升 1 个百分点，宽皮柑橘 IMS$_{22}$ 下降 3.640048 个百分点。前期人民币汇率每上升 1 个百分点，宽皮柑橘 IMS$_{22}$ 上升 0.427335 个百分点。

首先，用 OLS 法估计变量 LnIMS$_{23}$、F$_1$ 和 F$_2$ 的回归方程。根据 AIC 与 SC 最小准则，结合第三章的理论分析推论与经验判定，经反复试验，得到以下回归方程：

$$LnIMS_{23} = -1.735733F_1 + 1.861726F_1(-1) - 3.552355F_2 \qquad (5-69)$$
$$(-1.835604)(1.88512)(-4.154084)$$
$$R^2 = 0.275983 \quad DW = 0.840818$$

式（5-69）中括号内数字为 t 检验值，从式中可以看出部分 t 检验值不大，变量影响显著。模型整体拟合不好，因为可决系数（R^2 = 0.275983）不大。另外，采用 Q 统计值来判断回归方程估计结果的残差是否存在自相关性。所得结果如图表 5.60 所示。

表 5.60　投入品价格上涨对苹果 IMS_{23} 影响的估计滞后 12 期的 Q 统计值

Autocorrelation	Partial Correlation		AC	PAC	Q-Stat	Prob
		1	0.451	0.451	4.5066	0.034
		2	0.297	0.117	6.5707	0.037
		3	0.140	−0.039	7.0622	0.070
		4	−0.029	−0.136	7.0841	0.132
		5	−0.173	−0.164	7.9407	0.160
		6	−0.276	−0.157	10.282	0.113
		7	−0.200	0.043	11.610	0.114
		8	−0.054	0.154	11.716	0.164
		9	0.067	0.126	11.897	0.219
		10	0.000	−0.160	11.897	0.292
		11	0.000	−0.137	11.897	0.371
		12	0.000	−0.058	11.897	0.454

由表 5.60 可以看出回归方程改进估计结果的残差不存在自相关性。由于回归方程改进估计结果通过了各项计量经济学的检验，可将 F_1、F_2 变为原来的解释变量，可得实证模型（5-46）的回归方程：

$$LnIMS_{23} = 0.248044LnP_1 + 1.020244LnP_1(-1) - 0.004099LnP_2 +$$
$$0.966571LnP_2(-1) - 0.696419LnP_3 + 0.986698LnP_3(-1) -$$
$$3.884000LnREER + 0.719205LnREER(-1) \qquad (5-70)$$

实证结果表明，当期化肥价格、农药价格和劳动力价格每上涨 1 个百分点，苹果 IMS_{23} 上升 0.248044、下降 0.004099 和 0.696419 个百分点，前期化肥价格、农药价格和劳动力价格每上涨 1 个百分点，苹果 IMS_{23} 上升 1.020244、0.966571 和 0.986698 个百分点，当期人民币汇率每上升 1 个百分点，苹果 IMS_{23} 下降 3.884000 个百分点。前期人民币汇率每上升 1 个百分点，苹果 IMS_{23} 上升 0.719205 个百分点。

接着，用 OLS 法估计变量 $LnRCA_3$、F_1 和 F_2 的回归方程。根据 AIC 与 SC 最小准则，结合第三章的理论分析推论与经验判定，经反复试验，得到以下回归方程：

$$LnRCA_2 = -0.437235F_1 - 0.616991F_2 + 3.473246 \qquad (5-71)$$
$$(-4.328307)\ (-1.423574)\ (2.76545)$$
$$R^2 = 0.613865\quad DW = 0.777342\quad F = 3.07E-04$$

式（5-71）中括号内数字为 t 检验值，从式中可以看出部分 t 检验值小，部分变量影响不显著。回归方程整体拟合不是很好，因为可决系数（$R^2 = 0.613865$）不大。另外，采用 Q 统计值来判断回归方程估计结果的残差是否存在自相关性。所得结果如表 5.61 所示。

表 5.61　投入品价格上涨对水果 RCA_2 的影响估计滞后 12 期的 Q 统计值

Autocorrelation	Partial Correlation		AC	PAC	Q–Stat	Prob
		1	0.575	0.575	7.6470	0.006
		2	0.454	0.184	12.677	0.002
		3	0.197	−0.188	13.681	0.003
		4	−0.033	−0.237	13.711	0.008
		5	−0.151	−0.059	14.380	0.013
		6	−0.219	−0.003	15.886	0.014
		7	−0.278	−0.108	18.508	0.010
		8	−0.430	−0.356	25.275	0.001
		9	−0.319	0.076	29.335	0.001
		10	−0.426	−0.202	37.311	0.000
		11	−0.239	0.086	40.110	0.000
		12	−0.160	−0.068	41.522	0.000

由表 5.61 可以看出回归方程改进估计结果的残差存在自相关性。下面采用加权最小二乘法对其进行修正，权数为初步估计残差平方的倒数，可以得到以下改进方程：

$$LnRCA_2 = -0.446898F_1 - 0.647863F_2 + 3.586196 \qquad (5-72)$$
$$(-80.01) \quad (-20.58798) \quad (43.01519)$$
$$R^2 = 0.999658 \quad DW = 2.025855 \quad F = 24869.95$$

式（5-72）中括号内数字为 t 检验值，从式中可以看出 t 检验值大，变量影响显著。回归方程整体拟合很好，因为可决系数（$R^2 = 0.999658$）很大。另外，采用 Q 统计值来判断回归方程估计结果的残差是否存在自相关性。所得结果如表 5.62 所示。

由表 5.62 可以看出回归方程改进估计结果的残差不存在自相关性。由于回归方程改进估计结果通过了各项计量经济学的检验，可将 F_1、F_2 变为原来的解释变量，可得实证模型（5-47）的回归方程：

$$LnRCA_2 = -0.026192LnP_1 - 0.068419LnP_2 - 0.196090LnP_3 -$$

$$0.758700 LnREER + 3.586196 \tag{5-73}$$

表 5.62 投入品价格上涨对水果 RCA_2 影响的改进估计滞后 12 期的 Q 统计值

Autocorrelation	Partial Correlation		AC	PAC	Q-Stat	Prob
		1	-0.015	-0.015	0.0049	0.944
		2	0.033	0.033	0.0317	0.984
		3	0.026	0.027	0.0496	0.997
		4	-0.200	-0.200	1.1461	0.887
		5	0.050	0.046	1.2208	0.943
		6	-0.213	-0.207	2.6426	0.852
		7	-0.048	-0.044	2.7208	0.910
		8	0.102	0.074	3.0987	0.928
		9	-0.130	-0.111	3.7735	0.926
		10	0.144	0.070	4.6850	0.911
		11	0.056	0.062	4.8367	0.939
		12	0.051	0.046	4.9772	0.959

实证结果表明，当期化肥、农药、劳动力价格每上涨 1 个百分点，水果 RCA_2 分别下降 0.026192、0.068419 和 0.196090 个百分点。当期人民币实际有效汇率每上升 1 个百分点，水果 RCA_3 下降 0.758700 个百分点。

接着，用 OLS 法估计变量 $LnRCA_{21}$、F_1 和 F_2 的回归方程。根据 AIC 与 SC 最小准则，结合第三章的理论分析推论与经验判定，经反复试验，得到以下回归方程：

$$LnRCA_{21} = 2.066102F_1 - 1.839033F_1 - 3.719007F_2 - 1.099431 \tag{5-74}$$
$$(1.000862) \quad (-1.069671) \quad (-1.259214) \quad (-0.139149)$$
$$R^2 = 0.455238 \quad DW = 0.933133 \quad F = 4.178323$$

式（5-74）中括号内数字为 t 检验值，从式中可以看出部分 t 检验值小，部分变量影响不显著。回归方程整体拟合不是很好，因为可决系数（$R^2 = 0.455238$）不大。另外，采用 Q 统计值来判断回归方程估计结果的残差是否存在自相关性。所得结果如表 5.63 所示。

由表 5.63 可以看出回归方程改进估计结果的残差存在自相关性。下面采用加权最小二乘法对其进行修正，权数为初步估计残差平方的倒数，可以得到以下改进方程：

$$LnRCA_{21} = 1.188474F_1 - 1.135351F_1 (-1) - 4.848656F_2 + 1.753736 \tag{5-75}$$

$$(10.35439) \quad (-14.71578) \quad (-23.94399) \quad (3.101517)$$

$$R^2 = 1 \quad DW = 2.307731 \quad F = 2054756$$

表 5.63　投入品价格上涨对甜橙 RCA_{21} 的影响估计滞后 12 期的 Q 统计值

Autocorrelation	Partial Correlation		AC	PAC	Q–Stat	Prob
		1	0.380	0.380	3.2013	0.074
		2	-0.074	-0.255	3.3295	0.189
		3	-0.047	0.107	3.3836	0.336
		4	0.106	0.083	3.6811	0.451
		5	0.018	-0.094	3.6906	0.595
		6	-0.081	-0.018	3.8919	0.691
		7	-0.349	-0.387	7.9468	0.337
		8	-0.258	0.038	10.364	0.240
		9	0.002	0.022	10.364	0.322
		10	0.000	-0.117	10.364	0.409
		11	0.000	0.211	10.364	0.498
		12	0.000	-0.144	10.364	0.584

式（5-75）中括号内数字为 t 检验值，从式中可以看出 t 检验值大，变量影响显著。回归方程整体拟合很好，因为可决系数（$R^2 = 1$）很大。另外，采用 Q 统计值来判断回归方程估计结果的残差是否存在自相关性。所得结果如表 5.64 所示。

表 5.64　投入品价格上涨对甜橙 RCA_{21} 影响的改进估计滞后 12 期的 Q 统计值

Autocorrelation	Partial Correlation		AC	PAC	Q–Stat	Prob
		1	-0.174	-0.174	0.6701	0.413
		2	0.189	0.164	1.5085	0.470
		3	0.025	0.086	1.5240	0.677
		4	0.032	0.018	1.5508	0.818
		5	-0.055	-0.072	1.6370	0.897
		6	0.130	0.106	2.1535	0.905
		7	-0.184	-0.139	3.2810	0.858
		8	-0.054	-0.150	3.3860	0.908
		9	0.002	0.021	3.3862	0.947
		10	0.000	0.064	3.3862	0.971
		11	0.000	0.030	3.3862	0.985
		12	0.000	-0.035	3.3862	0.992

由表 5.64 可以看出回归方程改进估计结果的残差不存在自相关性。由于回归方程改进估计结果通过了各项计量经济学的检验，可将 F_1、F_2 变为原来的解释变量，可得实证模型（5-48）的回归方程：

$$LnRCA_{21} = 2.288158LnP_1 - 0.622184LnP_1（-1）+ 1.841439LnP_2 -$$

$$0.589452LnP_2 + 0.934943LnP_3 - 0.601726LnP_3 - 3.926983LnREER -$$

$$0.438599LnREER（-1）+1.753736 \tag{5-76}$$

实证结果表明，当期化肥、农药、劳动力价格每上涨 1 个百分点，甜橙 RCA_{21} 分别上升 2.288158、1.841439 和 0.934943 个百分点。前期化肥、农药、劳动力价格每上涨 1 个百分点，甜橙 RCA_2 分别下降 0.622184、0.589452 和 0.601726 个百分点。当期人民币实际有效汇率每上升 1 个百分点，甜橙 RCA_{21} 下降 3.926983 个百分点。前期人民币实际有效汇率每上升 1 个百分点，甜橙 RCA_{21} 下降 0.438599 个百分点。

接着，用 OLS 法估计变量 $LnRCA_{22}$、F_1 和 F_2 的回归方程。根据 AIC 与 SC 最小准则，结合第三章的理论分析推论与经验判定，经反复试验，得到以下回归方程：

$$LnRCA_{22} = -0.140788F_1 - 1.100126F_2 + 2.171233 \tag{5-77}$$

$$（-0.77078）（-1.404636）（0.955549）$$

$$R^2 = 0.11388 \quad DW = 0.433196 \quad F = 1.092383$$

式（5-77）中括号内数字为 t 检验值，从式中可以看出部分 t 检验值小，部分变量影响不显著。回归方程整体拟合不是很好，因为可决系数（$R^2 = 0.11388$）不大。另外，采用 Q 统计值来判断回归方程估计结果的残差是否存在自相关性。所得结果如表 5.65 所示。

由表 5.65 可以看出回归方程改进估计结果的残差存在自相关性。下面采用加权最小二乘法对其进行修正，权数为初步估计残差绝对值的倒数，可以得到以下改进方程：

$$LnRCA_{22} = -0.244843F_1 - 1.571073F_2 + 3.595339 \tag{5-78}$$

$$（-2.410234）（-3.636515）（2.718325）$$

$$R^2 = 0.8671 \quad DW = 1.072427 \quad F = 10.70296$$

表 5.65　投入品价格上涨对宽皮柑橘 RCA_{22} 的影响估计滞后 12 期的 Q 统计值

Autocorrelation	Partial Correlation		AC	PAC	Q-Stat	Prob
		1	0.687	0.687	10.940	0.001
		2	0.419	-0.101	15.234	0.000
		3	0.371	0.235	18.792	0.000
		4	0.246	-0.178	20.459	0.000
		5	-0.033	-0.310	20.491	0.001
		6	-0.161	-0.007	21.301	0.002
		7	-0.173	-0.048	22.320	0.002
		8	-0.098	0.285	22.673	0.004
		9	-0.044	0.077	22.749	0.007
		10	0.000	0.011	22.749	0.012
		11	0.000	-0.198	22.749	0.019
		12	0.000	-0.182	22.749	0.030

　　式（5-78）中括号内数字为 t 检验值，从式中可以看出 t 检验值大，变量影响显著。回归方程整体拟合很好，因为可决系数（$R^2 = 0.8671$）很大。另外，采用 Q 统计值来判断回归方程估计结果的残差是否存在自相关性。所得结果如表 5.66 所示。

表 5.66　投入品价格上涨对宽皮柑橘 RCA_{22} 影响的改进估计滞后 12 期的 Q 统计值

Autocorrelation	Partial Correlation		AC	PAC	Q-Stat	Prob
		1	0.366	0.366	3.1076	0.078
		2	0.302	0.193	5.3306	0.070
		3	0.242	0.098	6.8462	0.077
		4	0.225	0.088	8.2360	0.083
		5	0.022	-0.158	8.2500	0.143
		6	-0.086	-0.167	8.4810	0.205
		7	-0.113	-0.083	8.9120	0.259
		8	-0.029	0.092	8.9424	0.347
		9	-0.086	0.016	8.2372	0.416
		10	0.000	0.116	8.2372	0.510
		11	0.000	0.011	8.2372	0.600
		12	0.000	-0.072	8.2372	0.683

　　由表 5.66 可以看出回归方程改进估计结果的残差不存在自相关性。由于回归方程改进估计结果通过了各项计量经济学的检验，可将 F_1、F_2 变为原来的解释变量，可得实证模型（5-49）的回归方程：

$$LnRCA_{22} = 0.396204LnP_1 + 0.269618LnP_2 - 0.030917LnP_3 -$$

$$1.515781 LnREER + 3.595339 \qquad (5-79)$$

实证结果表明，当期化肥、农药、劳动力价格每上涨 1 个百分点，宽皮柑橘 RCA_{22} 分别上升 0.396204、0.269618 和下降 0.030917 个百分点。当期人民币实际有效汇率每上升 1 个百分点，宽皮柑橘 RCA_{22} 下降 1.515781 个百分点。

接着，用 OLS 法估计变量 $LnRCA_{23}$、F_1 和 F_2 的回归方程。根据 AIC 与 SC 最小准则，结合第三章的理论分析推论与经验判定，经反复试验，得到以下回归方程：

$$LnRCA_{23} = -0.513499 F_1 + 0.54705 F_1 (-1) - 0.281157 F_2 \qquad (5-80)$$
$$(-1.387937) \quad (1.4158) \quad (-0.841371)$$
$$R^2 = 0.102335 \quad DW = 1.285131$$

式（5-80）中括号内数字为 t 检验值，从式中可以看出部分 t 检验值小，部分变量影响不显著。回归方程整体拟合不是很好，因为可决系数（$R^2 = 0.102335$）不大。另外，采用 Q 统计值来判断回归方程估计结果的残差是否存在自相关性。所得结果如表 5.67 所示。

表 5.67　投入品价格上涨对苹果 RCA_{23} 的影响估计滞后 12 期的 Q 统计值

Autocorrelation	Partial Correlation		AC	PAC	Q-Stat	Prob
		1	0.218	0.218	1.0497	0.306
		2	-0.018	-0.068	1.0571	0.589
		3	0.157	0.185	1.6700	0.644
		4	0.115	0.037	2.0221	0.732
		5	-0.160	-0.192	2.7518	0.738
		6	-0.245	-0.202	4.5930	0.597
		7	-0.049	0.002	4.6728	0.700
		8	-0.062	-0.030	4.8104	0.778
		9	0.042	0.192	4.8809	0.845
		10	0.000	-0.026	4.8809	0.899
		11	0.000	-0.046	4.8809	0.937
		12	0.000	-0.099	4.8809	0.962

由表 5.67 可以看出回归方程改进估计结果的残差存在自相关性。下面采用加权最小二乘法对其进行修正，权数为初步估计残差平绝对值的倒

数，可以得到以下改进方程：

$$LnRCA_{23} = -0.753224F_1 + 0.813453F_1(-1) - 0.458984F_2 \qquad (5-81)$$

$$(-2.93652) \quad (3.036144) \quad (-4.747868)$$

$$R^2 = 0.940774 \quad DW = 1.27419$$

式（5-81）中括号内数字为 t 检验值，从式中可以看出 t 检验值大，变量影响显著。回归方程整体拟合很好，因为可决系数（$R^2 = 0.940774$）很大。另外，采用 Q 统计值来判断回归方程估计结果的残差是否存在自相关性。所得结果如表 5.68 所示。

表 5.68　投入品价格上涨对苹果 RCA_{23} 影响的改进估计滞后 12 期的 Q 统计值

Autocorrelation	Partial Correlation		AC	PAC	Q-Stat	Prob
		1	0.276	0.276	1.6882	0.194
		2	0.152	0.083	2.2340	0.327
		3	-0.040	-0.110	2.2730	0.518
		4	-0.105	-0.090	2.5691	0.632
		5	-0.236	-0.185	4.1583	0.527
		6	-0.336	-0.246	7.6169	0.268
		7	-0.105	0.072	7.9849	0.334
		8	-0.101	-0.062	8.3583	0.399
		9	0.077	0.068	8.5932	0.476
		10	0.000	-0.099	8.5932	0.571
		11	0.000	-0.133	8.5932	0.659
		12	0.000	-0.060	8.5932	0.737

由表 5.68 可以看出回归方程改进估计结果的残差不存在自相关性。由于回归方程改进估计结果通过了各项计量经济学的检验，可将 F_1、F_2 变为原来的解释变量，可得实证模型（5-50）的回归方程：

$$LnRCA_{23} = -0.257825LnP_1 + 0.445780LnP_1(-1) - 0.275154LnP_2 +$$

$$0.422329LnP_2(-1) - 0.370324LnP_3 + 0.431123LnP_3(-1) -$$

$$0.706177LnREER + 0.314246LnREER(-1) \qquad (5-82)$$

实证结果表明，当期化肥、农药、劳动力价格每上涨 1 个百分点，苹果 RCA_{23} 分别下降 0.257825、0.275154 和 0.370324 个百分点。前期化肥、农药、劳动力价格每上涨 1 个百分点，苹果 RCA_{23} 分别上升 0.445780、

0.422329 和 0.431123 个百分点。当期人民币实际有效汇率每上升 1 个百分点，苹果 RCA_{23} 下降 0.706177 个百分点。前期人民币实际有效汇率每上升 1 个百分点，苹果 RCA_3 上升 0.314246 个百分点。

然后，用 OLS 法估计变量 $LnTSC_2$、F_1 和 F_2 的回归方程。根据 AIC 与 SC 最小准则，结合第三章的理论分析推论与经验判定，经反复试验，得到以下回归方程：

$$LnTSC_2 = -1.719548F_1 - 4.288843F_2 + 17.82516 \qquad (5-83)$$
$$(-5.033011) \quad (-2.925848) \quad (4.196372)$$
$$R^2 = 0.615959 \quad DW = 1.198527 \quad F = 13.63304$$

式（5-83）中括号内数字为 t 检验值。从式中可以看出部分 t 检验值不大，部分变量影响不显著。回归方程整体拟合好，因为可决系数（$R^2 = 0.615959$）大。另外，采用 Q 统计值来判断回归方程估计结果的残差是否存在自相关性。所得结果如表 5.69 所示。

表 5.69 投入品价格上涨对水果 TSC_2 影响的估计滞后 12 期的 Q 统计值

Autocorrelation	Partial Correlation		AC	PAC	Q-Stat	Prob
		1	0.277	0.277	1.7821	0.182
		2	-0.104	-0.196	2.0445	0.360
		3	-0.181	-0.104	2.8937	0.408
		4	-0.125	-0.064	3.3245	0.505
		5	-0.058	-0.048	3.4246	0.635
		6	-0.000	-0.015	3.4246	0.754
		7	-0.274	-0.351	5.9720	0.543
		8	-0.342	-0.250	10.268	0.247
		9	-0.136	-0.120	11.011	0.275
		10	0.137	0.009	11.842	0.296
		11	0.290	0.097	15.952	0.143
		12	0.001	-0.288	15.952	0.193

由表 5.69 可以看出回归方程改进估计结果的残差不存在自相关性。由于回归方程改进估计结果通过了各项计量经济学的检验，可将 F_1、F_2 变为原来的解释变量，可得实证模型（5-51）的回归方程：

$$LnTSC_2 = 0.505545LnP_1 + 0.190285LnP_2 - 0.641504LnP_3 -$$
$$4.543976LnREER + 17.82516 \qquad (5-84)$$

实证结果表明，当期化肥、农药和劳动力价格每上涨 1 个百分点，水果 TSC_2 分别上升 0.505545、0.190285 和下降 0.641504 个百分点；当期人民币实际有效汇率每上升 1 个百分点，水果 TSC_2 下降 4.543976 个百分点。

然后，用 OLS 法估计变量 TSC_{21}、F_6 和 F_7 的回归方程。根据 AIC 与 SC 最小准则，结合第三章的理论分析推论与经验判定，经反复试验，得到以下回归方程：

$$TSC_{21} = 0.698362TSC_{21}（-1）-0.024413F_6 - 0.071413F_6（-1）-$$
$$0.410072F_7 - 0.112772 \qquad\qquad (5-85)$$
$$（7.252638）（-0.790963）（-1.162405）（-2.740768）（-1.385792）$$
$$R^2 = 0.895751 \quad DW = 2.164484 \quad F = 30.07352$$

式（5-85）中括号内数字为 t 检验值。从式中可以看出部分 t 检验值不大，部分变量影响不显著。回归方程整体拟合好，因为可决系数（$R^2 = 0.895751$）大。另外，采用 Q 统计值来判断回归方程估计结果的残差是否存在自相关性。所得结果如表 5.70 所示。

表 5.70　投入品价格上涨对甜橙 TSC_{21} 影响的估计滞后 12 期的 Q 统计值

Autocorrelation	Partial Correlation		AC	PAC	Q-Stat	Prob
		1	-0.085	-0.085	0.1607	0.689
		2	-0.382	-0.392	3.5887	0.166
		3	0.031	-0.057	3.6128	0.306
		4	0.117	-0.043	3.9745	0.409
		5	-0.017	-0.018	3.9828	0.552
		6	-0.083	-0.064	4.1928	0.651
		7	-0.034	-0.069	4.2303	0.753
		8	0.036	-0.034	4.2787	0.931
		9	0.016	-0.028	4.2886	0.891
		10	0.000	0.004	4.2886	0.933
		11	0.000	0.002	4.2886	0.961
		12	0.000	0.000	4.2886	0.978

由表 5.70 可以看出回归方程改进估计结果的残差存在自相关性。下面采用加权最小二乘法对其进行修正，权数为初步估计残差绝对值的倒数，可以得到以下改进方程：

$$TSC_{21} = 0.72775TSC_{21}(-1) - 0.021652F_6 - 0.049764F_6(-1) -$$

$$0.323082F_7 - 0.101662 \tag{5-86}$$

$$(18.103381)\ (-2.018806)\ (-1.970443)\ (-5.866532)\ (-2.581604)$$

$$R^2 = 0.983747 \quad DW = 1.746198 \quad F = 177.1977$$

式（5-86）中括号内数字为 t 检验值。从式中可以看出部分 t 检验值大，变量影响不显著。回归方程整体拟合好，因为可决系数（$R^2 = 0.983747$）大。另外，采用 Q 统计值来判断回归方程估计结果的残差是否存在自相关性。所得结果如表 5.71 所示。

表 5.71　投入品价格上涨对甜橙 TSC_{21} 影响的改进估计滞后 12 期的 Q 统计值

Autocorrelation	Partial Correlation		AC	PAC	Q-Stat	Prob
		1	0.089	0.089	0.1747	0.676
		2	-0.211	-0.221	1.2221	0.543
		3	0.007	0.052	1.2233	0.747
		4	-0.036	-0.095	1.2576	0.869
		5	-0.070	-0.045	1.3957	0.925
		6	-0.186	-0.217	2.4566	0.873
		7	-0.002	0.022	2.4566	0.930
		8	0.143	0.051	3.1971	0.921
		9	0.063	0.055	3.3548	0.949
		10	0.000	0.000	3.3548	0.972
		11	0.000	0.001	3.3548	0.985
		12	0.000	-0.024	3.3548	0.992

由表 5.71 可以看出回归方程改进估计结果的残差不存在自相关性。由于回归方程改进估计结果通过了各项计量经济学的检验，可将 F_6、F_7 变为原来的解释变量，可得实证模型（5-52）的回归方程：

$$TSC_{21} = 0.72775LnTSC(-1)_2 + 0.120297LnP_1 + 0.027417LnP_1(-1)$$

$$+ 0.111746LnP_2 + 0.025192LnP_2(-1) + 0.024846LnP_3 +$$

$$0.025936LnP_3(-1) - 0.277984LnREER +$$

$$0.020433LnREER - 0.101662 \tag{5-87}$$

实证结果表明，当期化肥、农药和劳动力价格每上涨 1 个的单位，甜橙 TSC_{22} 分别上升 0.120297、0.111746 和 0.024846 个的单位；前期化肥、农药和劳动力价格每上涨 1 个百分点，甜橙 TSC_{22} 分别上升 0.027417、0.025192 和 0.025936 个的单位；当期人民币实际有效汇率每上升 1 个的单位，甜橙 TSC_{22} 下降 0.277984 个的单位。当期人民币实际有效汇率每上升 1 个的单位，甜橙 TSC_{22} 上升 0.020433 个的单位。

然后，用 OLS 法估计变量 $LnTSC_{22}$、F_1 和 F_2 的回归方程。根据 AIC 与 SC 最小准则，结合第三章的理论分析推论与经验判定，经反复试验，得到以下回归方程：

$$LnTSC_{22} = 0.564058LnTSC_{22} (-1) - 0.021142F_1 - 0.1034F_2 +$$

$$0.26431 \tag{5-88}$$

$$(2.57089) (-0.707772) (-0.886772) (0.757904)$$

$$R^2 = 0.430264 \quad DW = 2.04551 \quad F = 3.775994$$

式（5-88）中括号内数字为 t 检验值。从式中可以看出部分 t 检验值不大，部分变量影响不显著。回归方程整体拟合不好，因为可决系数（$R^2 = 0.430264$）不大。另外，采用 Q 统计值来判断回归方程估计结果的残差是否存在自相关性。所得结果如表 5.72 所示。

表 5.72　投入品价格上涨对宽皮柑橘 TSC_{22} 影响的估计滞后 12 期的 Q 统计值

Autocorrelation	Partial Correlation		AC	PAC	Q-Stat	Prob
		1	-0.048	-0.048	0.0509	0.821
		2	-0.337	-0.340	2.7207	0.257
		3	0.172	0.152	3.4554	0.327
		4	0.200	0.114	4.5238	0.340
		5	-0.022	0.108	4.5370	0.475
		6	-0.057	0.020	4.6367	0.591
		7	-0.053	-0.098	4.7303	0.693
		8	-0.039	-0.114	4.7849	0.780
		9	0.012	-0.059	4.7903	0.852
		10	0.000	-0.011	4.7903	0.905
		11	0.000	0.061	4.7903	0.941
		12	0.000	0.050	4.7903	0.965

由表 5.72 可以看出回归方程改进估计结果的残差存在自相关性。下面采用加权最小二乘法对其进行修正，权数为初步估计残差绝对值的倒数，

可以得到以下改进方程：

$$LnTSC_{22} = 0.545065LnTSC_{22}（-1）-0.02227F_1 - 0.136986F_2 +$$
$$0.312872 \tag{5-89}$$
$$（11.14452）（-4.800957）（-4.285631）（4.990555）$$
$$R^2 = 0.970391 \quad DW = 1.785445 \quad F = 105.7472$$

式（5-89）中括号内数字为 t 检验值。从式中可以看出部分 t 检验值大，变量影响不显著。回归方程整体拟合好，因为可决系数（$R^2 = 0.970391$）大。另外，采用 Q 统计值来判断回归方程估计结果的残差是否存在自相关性。所得结果如表 5.73 所示。

表 5.73　投入品价格上涨对宽皮柑橘 TSC_{22} 影响的改进估计滞后 12 期的 Q 统计值

Autocorrelation	Partial Correlation		AC	PAC	Q-Stat	Prob
		1	0.063	0.063	0.0875	0.767
		2	-0.264	-0.269	1.7267	0.422
		3	0.118	0.169	2.0727	0.557
		4	0.102	0.002	2.3480	0.672
		5	0.088	0.171	2.5706	0.766
		6	-0.203	-0.256	3.8311	0.700
		7	-0.153	-0.046	4.6110	0.707
		8	-0.088	-0.279	4.8951	0.769
		9	0.083	0.190	5.1678	0.819
		10	0.000	-0.151	5.1678	0.880
		11	0.000	0.335	5.1678	0.923
		12	0.000	-0.307	5.1678	0.952

由表 5.73 可以看出回归方程改进估计结果的残差不存在自相关性。由于回归方程改进估计结果通过了各项计量经济学的检验，可将 F_1、F_2 变为原来的解释变量，可得实证模型（5-53）的回归方程：

$$LnTSC_{22} = 0.545065LnTSC_{22}（-1）+0.034041LnP_1 + 0.023030LnP_2 -$$
$$0.003184LnP_3 - 0.132521LnREER + 0.312872 \tag{5-90}$$

实证结果表明，当期化肥、农药和劳动力价格每上涨 1 个百分点，宽皮柑橘 TSC_{22} 分别上升 0.034041、0.023030 和下降 0.003184 个百分点；当期人民币实际有效汇率每上升 1 个百分点，宽皮柑橘 TSC_{22} 下降 0.132521 个百分点。

然后，用 OLS 法估计变量 $LnTSC_{23}$、F_1 和 F_2 的回归方程。根据 AIC 与 SC 最小准则，结合第三章的理论分析推论与经验判定，经反复试验，得到以下回归方程：

$$LnTSC_{23} = 0.580991LnTSC_{23}(-1) - 0.03268F_1 - 0.17729F_2 +$$
$$0.389767 \qquad\qquad (5-91)$$
$$(2.961437)\quad(-0.805355)\quad(-0.99658)\quad(0.79011)$$
$$R^2 = 0.467309 \quad DW = 2.108601 \quad F = 4.386312$$

式（5-91）中括号内数字为 t 检验值。从式中可以看出部分 t 检验值不大，部分变量影响不显著。回归方程整体拟合好，因为可决系数（$R^2 = 0.467309$）大。另外，采用 Q 统计值来判断回归方程估计结果的残差是否存在自相关性。所得结果如表 5.74 所示。

表 5.74　投入品价格上涨对苹果 TSC_{23} 影响的估计滞后 12 期的 Q 统计值

Autocorrelation	Partial Correlation		AC	PAC	Q-Stat	Prob
		1	-0.144	-0.144	0.4586	0.498
		2	0.029	0.008	0.4777	0.788
		3	-0.199	-0.197	1.4608	0.691
		4	-0.040	-0.102	1.5038	0.826
		5	0.046	0.028	1.5639	0.906
		6	-0.149	-0.191	2.2444	0.896
		7	0.151	0.081	3.0008	0.885
		8	-0.159	-0.133	3.9188	0.864
		9	-0.007	-0.125	3.9209	0.917
		10	0.000	0.009	3.9209	0.951
		11	0.000	-0.055	3.9209	0.972
		12	0.000	-0.096	3.9209	0.985

由表 5.74 可以看出回归方程改进估计结果的残差存在自相关性。下面采用加权最小二乘法对其进行修正，权数为初步估计残差平方的倒数，可以得到以下改进方程：

$$LnTSC_{23} = 0.822465LnTSC_{23}(-1) - 0.044734F_1 - 0.041828F_2 +$$
$$0.401555 \qquad\qquad (5-92)$$
$$(25.08044)\quad(-12.32697)\quad(-1.821815)\quad(9.145872)$$

$$R^2 = 0.999897 \quad DW = 1.067288 \quad F = 2706.757$$

式（5-92）中括号内数字为 t 检验值。从式中可以看出 t 检验值大，变量影响显著。回归方程整体拟合好，因为可决系数（$R^2 = 0.999897$）大。另外，采用 Q 统计值来判断回归方程估计结果的残差是否存在自相关性。所得结果如表 5.75 所示。

表 5.75　投入品价格上涨对苹果 TSC_{23} 影响的改进估计滞后 12 期的 Q 统计值

Autocorrelation	Partial Correlation		AC	PAC	Q–Stat	Prob
		1	0.365	0.365	2.9504	0.086
		2	0.390	0.297	6.5271	0.038
		3	0.184	−0.031	7.3724	0.061
		4	0.049	−0.137	7.4352	0.115
		5	0.003	−0.033	7.4355	0.190
		6	0.043	0.108	7.4913	0.278
		7	0.105	0.140	7.8583	0.345
		8	−0.038	−0.173	7.9109	0.442
		9	0.002	−0.077	7.9110	0.543
		10	0.000	0.087	7.9110	0.638
		11	0.000	0.081	7.9110	0.721
		12	0.000	−0.036	7.9110	0.792

由表 5.75 可以看出回归方程改进估计结果的残差不存在自相关性。由于回归方程改进估计结果通过了各项计量经济学的检验，可将 F_1、F_2 变为原来的解释变量，可得实证模型（5-54）的回归方程：

$$LnTSC_{23} = 0.822465 LnTSC_{23}(-1) - 0.010394 LnP_1 - 0.012662 LnP_2 -$$
$$0.021077 LnP_3 - 0.055119 LnREER + 0.401555 \quad\quad (5-93)$$

实证结果表明，当期化肥、农药和劳动力价格每上涨 1 个百分点，苹果 TSC_{23} 分别下降 0.010394、0.012662 和 0.021077 个百分点；当期人民币实际有效汇率每上升 1 个百分点，苹果 TSC_2 下降 0.055119 个百分点。

然后，用 OLS 法估计变量 $LnQCI_{21}$、F_1 和 F_2 的回归方程。根据 AIC 与 SC 最小准则，结合第三章的理论分析推论与经验判定，经反复试验，得到以下回归方程：

$$LnQCI_{21} = -0.60881 F_1 + 0.652179 F_1(-1) - 2.607752 F_2 +$$

$$2.07859F_2 \qquad\qquad (5-94)$$

$$(-1.0215)\ (1.050433)\ (-2.298155)\ (2.140198)$$

$$R^2 = 0.250819 \quad DW = 1.119329$$

式（5-94）中括号内数字为 t 检验值。从式中可以看出部分 t 检验值不大，部分变量影响不显著。回归方程整体拟合好，因为可决系数（R^2 = 0.250819）小。另外，采用 Q 统计值来判断回归方程估计结果的残差是否存在自相关性。所得结果如表 5.76 所示。

表 5.76　投入品价格上涨对甜橙 QCI_{21} 影响的估计滞后 12 期的 Q 统计值

Autocorrelation	Partial Correlation		AC	PAC	Q-Stat	Prob
		1	0.233	0.233	1.2052	0.272
		2	-0.050	-0.111	1.2646	0.531
		3	-0.060	-0.023	1.3545	0.716
		4	0.021	0.039	1.3660	0.850
		5	0.031	0.010	1.3934	0.925
		6	-0.121	-0.139	1.8444	0.933
		7	-0.168	-0.106	2.7832	0.904
		8	-0.218	-0.184	4.5136	0.808
		9	0.100	0.181	4.9136	0.842
		10	0.000	-0.119	4.9136	0.897
		11	0.000	0.052	4.9136	0.935
		12	0.000	-0.010	4.9136	0.961

由表 5.76 可以看出回归方程改进估计结果的残差存在自相关性。下面采用加权最小二乘法对其进行修正，权数为初步估计残差绝对值的倒数，可以得到以下改进方程：

$$LnQCI_{21} = -0.843914F_1 + 0.95254F_1\ (-1)\ -3.282927F_2 +$$

$$2.220446F_2 \qquad\qquad (5-95)$$

$$(-2.465453)\ (2.699658)\ (-3.954767)\ (3.2494)$$

$$R^2 = 0.657468 \quad DW = 1.554622$$

式（5-95）中括号内数字为 t 检验值。从式中可以看出部分 t 检验值大，变量影响不显著。回归方程整体拟合好，因为可决系数（R^2 = 0.657468）大。另外，采用 Q 统计值来判断回归方程估计结果的残差是否存在自相关性。所得结果如表 5.77 所示。

表 5.77　投入品价格上涨对甜橙 QCI_{21} 影响的改进估计滞后 12 期的 Q 统计值

Autocorrelation	Partial Correlation		AC	PAC	Q-Stat	Prob
		1	0.090	0.090	0.1812	0.670
		2	-0.077	-0.086	0.3204	0.852
		3	0.001	0.017	0.3204	0.956
		4	0.089	0.082	0.5326	0.970
		5	-0.069	-0.087	0.6696	0.985
		6	-0.098	-0.071	0.9661	0.987
		7	-0.157	-0.158	1.7854	0.971
		8	-0.163	-0.164	2.7495	0.949
		9	0.134	0.161	3.4621	0.943
		10	0.000	-0.044	3.4621	0.968
		11	0.000	0.047	3.4621	0.983
		12	0.000	-0.008	3.4621	0.991

由表 5.77 可以看出回归方程改进估计结果的残差不存在自相关性。由于回归方程改进估计结果通过了各项计量经济学的检验，可将 F_1、F_2 变为原来的解释变量，可得实证模型（5-55）的回归方程：

$$LnQCI_{21} = 0.645813LnP_1 - 0.227601LnP_1(-1) + 0.390878LnP_2 -$$
$$0.066178LnP_2(-1) - 0.240715LnP_3 + 0.365134LnP_3(-1) -$$
$$3.295756LnREER + 2.376597LnREER(-1) \quad (5-96)$$

实证结果表明，当期化肥、农药和劳动力价格每上涨 1 个百分点，甜橙 QCI_{21} 分别上升 0.645813、0.390878 和下降 0.240715 个百分点；前期化肥、农药和劳动力价格每上涨 1 个百分点，甜橙 QCI_{21} 分别下降 0.227601、0.066178 和上升 0.365134 个百分点；当期人民币实际有效汇率每上升 1 个百分点，甜橙 QCI_{21} 下降 3.295756 个百分点。前期人民币实际有效汇率每上升 1 个百分点，甜橙 QCI_{21} 上升 2.376597 个百分点。

然后，用 OLS 法估计变量 $LnQCI_{22}$、F_1 和 F_2 的回归方程。根据 AIC 与 SC 最小准则，结合第三章的理论分析推论与经验判定，经反复试验，得到以下回归方程：

$$LnQCI_{22} = 0.915669LnQCI_{22}(-1) - 0.420932F_1 + 0.46145F_1(-1)$$

$$-0.275806F_2 \qquad\qquad (5-97)$$

$$（3.989562）（-1.304778）（1.377051）（-1.08091）$$

$$R^2 = 0.564405 \quad DW = 2.006647$$

式（5-97）中括号内数字为 t 检验值。从式中可以看出部分 t 检验值不大，部分变量影响不显著。回归方程整体拟合好，因为可决系数（R^2 = 0.564405）不大。另外，采用 Q 统计值来判断回归方程估计结果的残差是否存在自相关性。所得结果如表 5.78 所示。

表 5.78　投入品价格上涨对宽皮柑橘 QCI_{22} 影响的估计滞后 12 期的 Q 统计值

Autocorrelation	Partial Correlation		AC	PAC	Q-Stat	Prob
		1	-0.103	-0.103	0.2349	0.628
		2	-0.076	-0.088	0.3705	0.831
		3	0.105	0.089	0.6466	0.886
		4	-0.182	-0.172	1.5265	0.822
		5	-0.020	-0.041	1.5378	0.909
		6	0.023	-0.021	1.5540	0.956
		7	0.027	0.057	1.5785	0.979
		8	-0.011	-0.031	1.5828	0.991
		9	0.002	-0.007	1.5892	0.996
		10	0.000	-0.012	1.5892	0.999
		11	0.000	0.019	1.5892	1.000
		12	0.000	-0.004	1.5892	1.000

由表 5.78 可以看出回归方程改进估计结果的残差存在自相关性。下面采用加权最小二乘法对其进行修正，权数为初步估计残差绝对值的倒数，可以得到以下改进方程：

$$LnQCI_{22} = 0.884755LnQCI_{22}（-1）-0.3866832F_1 + 0.433858F_1$$

$$（-1）-0.33262F_2 \qquad\qquad (5-98)$$

$$（15.59195）（-7.20019）（8.323529）（-5.734435）$$

$$R^2 = 0.999794 \quad DW = 1.34946$$

式（5-98）中括号内数字为 t 检验值。从式中可以看出 t 检验值大，变量影响显著。回归方程整体拟合好，因为可决系数（R^2 = 0.999794）大。另外，采用 Q 统计值来判断回归方程估计结果的残差是否存在自相关性。所得结果如表 5. 79 所示。

表 5. 79　投入品价格上涨对宽皮柑橘 QCI_{22} 影响的改进估计滞后 12 期的 Q 统计值

Autocorrelation	Partial Correlation		AC	PAC	Q–Stat	Prob
		1	0.163	0.163	0.5910	0.442
		2	0.041	0.015	0.6309	0.729
		3	−0.006	−0.016	0.6320	0.889
		4	0.061	0.066	0.7324	0.947
		5	−0.039	−0.060	0.7746	0.979
		6	−0.073	−0.063	0.9373	0.988
		7	0.000	0.028	0.9373	0.996
		8	−0.076	−0.086	1.1475	0.997
		9	0.045	0.077	1.2287	0.999
		10	0.000	−0.008	1.2287	1.000
		11	0.000	−0.015	1.2287	1.000
		12	0.000	0.015	1.2287	1.000

由表 5. 79 可以看出回归方程改进估计结果的残差不存在自相关性。由
于回归方程改进估计结果通过了各项计量经济学的检验，可将 F_1、F_2 变为
原来的解释变量，可得实证模型（5-56）的回归方程：

$$LnQCI_{22} = -0.099617LnP_1 + 0.237759LnP_1 \ (-1) \ -0.116763LnP_2$$
$$+0.225250LnP_2 \ (-1) \ -0.184011LnP_3 + 0.229941LnP_3$$
$$(-1) \ -0.450269LnREER + 0.167604LnREER \ (-1) \quad (5-99)$$

实证结果表明，当期化肥、农药和劳动力价格每上涨 1 个百分点，宽
皮柑橘 QCI_{22} 分别下降 0.099617、0.116763 和 0.184011 个百分点；前期化
肥、农药和劳动力价格每上涨 1 个百分点，宽皮柑橘 QCI_{22} 分别上升
0.237759、0.225250 和 0.229941 个百分点；当期人民币实际有效汇率每
上升 1 个百分点，宽皮柑橘 QCI_{22} 下降 0.450269 个百分点。前期人民币实
际有效汇率每上升 1 个百分点，宽皮柑橘 QCI_{22} 上升 0.167604 个百分点。

然后，用 OLS 法估计变量 $LnQCI_{23}$、F_1 和 F_2 的回归方程。根据 AIC 与
SC 最小准则，结合第三章的理论分析推论与经验判定，经反复试验，得到
以下回归方程：

$$LnQCI_{23} = -0.876196F_1 + 1.118897F_1 \ (-1) \ -1.213945F_2 \quad (5-100)$$
$$(-2.301876) \ (2.81448) \ (-3.526488)$$

$$R^2 = 0.57434 \qquad DW = 1.904869$$

式（5-100）中括号内数字为 t 检验值。从式中可以看出 t 检验值大，变量影响显著。回归方程整体拟合好，因为可决系数（$R^2 = 0.57434$）不大。另外，采用 Q 统计值来判断回归方程估计结果的残差是否存在自相关性。所得结果如表 5.80 所示。

表 5.80　投入品价格上涨对苹果 QCI_{23} 影响的估计滞后 12 期的 Q 统计值

Autocorrelation	Partial Correlation		AC	PAC	Q–Stat	Prob
		1	−0.010	−0.010	0.0024	0.961
		2	−0.038	−0.038	0.0362	0.982
		3	−0.072	−0.073	0.1655	0.983
		4	−0.343	−0.348	3.2921	0.510
		5	0.010	−0.015	3.2952	0.655
		6	0.109	0.082	3.6587	0.723
		7	0.047	0.004	3.7330	0.810
		8	0.011	−0.115	3.7373	0.880
		9	−0.074	−0.074	3.9534	0.914
		10	0.000	0.073	3.9534	0.949
		11	0.000	0.015	3.9534	0.971
		12	0.000	−0.061	3.9534	0.984

由表 5.80 可以看出回归方程改进估计结果的残差不存在自相关性。由于回归方程改进估计结果通过了各项计量经济学的检验，可将 F_1、F_2 变为原来的解释变量，可得实证模型（5-57）的回归方程：

$$LnQCI_{23} = -0.070347LnP_1 + 0.613167LnP_1(-1) - 0.148352LnP_2 +$$
$$0.580909LnP_2(-1) - 0.387998LnP_3 + 0.593005LnP_3(-1) -$$
$$1.436621LnREER + 0.432242LnREER(-1) \qquad (5-101)$$

实证结果表明，当期化肥、农药和劳动力价格每上涨 1 个百分点，苹果 QCI_{23} 分别下降 0.070347、0.148352 和 0.387998 个百分点；前期化肥、农药和劳动力价格每上涨 1 个百分点，苹果 QCI_{23} 分别上升 0.613167、0.580909 和 0.593005 个百分点；当期人民币实际有效汇率每上升 1 个百分点，苹果 QCI_{23} 下降 1.436621 个百分点。前期人民币实际有效汇率每上升 1 个百分点，苹果 QCI_{23} 上升 0.432242 个百分点。

（三）分析结果及进一步解释

通过以上实证分析，得出以下几点结论：

1. 当期投入品价格上涨对水果整体 IMS_2、甜橙 IMS_{21}、宽皮柑橘 IMS_{22}、苹果 IMS_{23} 产生一定的正面影响

（1）当期化肥、农药和劳动力价格每上涨1个百分点，水果 IMS_2 分别上升0.268917、0.446219和0.039556个百分点。这一结论无法验证第三章第五节中的推论5。可能是因当期生产者理性地优化投入品配置和依靠技术进步作用保持了水果生产成本的相对稳定，在一定程度上减缓了水果生产成本的上涨幅度，使得中国水果出口价格与世界水果平均出口价格的差距基本不变或有所拉大，带来的水果出口额占全世界水果出口总额中的比重增加，导致水果 IMS_2 上升。

当期化肥、农药和劳动力价格每上涨1个百分点，甜橙 IMS_{21} 分别上升2.727158、2.403165和1.930555个百分点。这一结论无法验证第三章第五节中的推论5。其上升原因可能与水果整体 IMS_2 相同，这里不再赘述。前期化肥价格、农药价格和劳动力价格每上涨1个百分点，甜橙 IMS_{21} 分别下降1.187506、1.125033和1.148460个百分点。这一结论验证了第三章第五节中的推论5，可能是因为投入品价格持续上涨推动了甜橙出口价格较快上涨，缩小了中国甜橙出口价格与世界甜橙平均出口价格的差距，在一定程度上弱化了中国甜橙的价格竞争力，使得中国甜橙出口额占世界水果出口总额中的比重降低，导致中国甜橙 IMS_{21} 下降。

当期化肥、农药和劳动力价格每上涨1个百分点，宽皮柑橘 IMS_{22} 分别上升0.661675、0.384965和下降0.307376个百分点。这一结论不能完全验证了第三章第五节中的推论5。其上升原因可能与蔬菜 IMS_1 相同，这里不再赘述。前期化肥价格、农药价格和劳动力价格每上涨1个百分点，宽皮柑橘 IMS_{22} 分别上升0.606206、0.574314和0.586273个百分点。这一结论无法验证第三章第五节中的推论5，可能是因前期生产者理性地优化投入品配置和依靠技术进步作用保持了宽皮柑橘生产成本的相对稳定，在一

定程度上减缓了宽皮柑橘生产成本的上涨幅度，使得中国宽皮柑橘出口价格与世界宽皮柑橘平均出口价格的差距基本不变或有所拉大，带来的宽皮柑橘出口额占全世界宽皮柑橘出口总额中的比重增加，导致宽皮柑橘 IMS_{22} 上升。

当期化肥、农药和劳动力价格每上涨 1 个百分点，苹果 IMS_{23} 分别上升 0.248044、下降 0.004099 和 0.696419 个百分点。这一结论不能完全验证第三章第五节中的推论 5。其上升原因可能与蔬菜 IMS_1 相同，这里不再赘述。前期化肥价格、农药价格和劳动力价格每上涨 1 个百分点，苹果 IMS_{23} 上升 1.020244、0.966571 和 0.986698 个百分点，这一结论无法验证第三章第五节中的推论 5，其上升原因可能与宽皮柑橘 IMS_{22} 相同，这里不再赘述。

（2）当期人民币实际有效汇率上升对水果 IMS_2 产生负面影响，即当期人民币实际有效汇率每上升 1 个百分点，水果 IMS_2 下降 1.999991 个百分点。这一结论验证了第三章第五节的推论 6，可能是因人民币升值直接拉动了水果出口价格较快上涨，缩小了中国水果出口价格与世界水果平均出口价格的差距，在一定程度上弱化了中国水果的价格竞争力，使得中国水果出口额占世界水果出口总额中的比重降低，导致中国水果 IMS_2 下降。当期人民币汇率每上升 1 个百分点，甜橙 IMS_3 下降 1.142055 个百分点。前期人民币汇率每上升 1 个百分点，甜橙 IMS_3 下降 0.837114 个百分点。这一结论验证了第三章第五节的推论 6，其下降原因可能与水果 IMS_2 相同，这里不再赘述。当期人民币汇率每上升 1 个百分点，宽皮柑橘 IMS_{22} 下降 3.640048 个百分点。这一结论验证了第三章第五节的推论 6，其下降原因可能与水果 IMS_2 相同，这里不再赘述。前期人民币汇率每上升 1 个百分点，宽皮柑橘 IMS_{22} 上升 0.427335 个百分点。这一结论无法验证第三章第五节的推论 6，可能是因人民币持续升值，生产者着力提高产品质量，积极开拓国际市场，从而使得中国宽皮柑橘国际市场广度顺差和数量顺差扩大，带来中国宽皮柑橘出口额占世界宽皮柑橘出口总额中的比重增加，最终导致宽皮柑橘 IMS_1 上升。当期人民币汇率每上升 1 个百分点，苹果

IMS_{23}下降 3.884000 个百分点。前期人民币汇率每上升 1 个百分点，苹果
IMS_{23}上升 0.719205 个百分点。这一结论不能完全验证第三章第五节的推
论 6，其下降和上升的原因可能与宽皮柑橘 IMS_{22}相同，这里不再赘述。

2. 当期投入品价格上涨对水果 RCA_2、甜橙 RCA_{21}、宽皮柑橘 RCA_{22}、
苹果 RCA_{23}产生的影响明显不同

（1）当期化肥、农药、劳动力价格每上涨 1 个百分点，水果 RCA_2分
别下降 0.026192、0.068419 和 0.196090 个百分点。这一结论验证了第三
章第五节中的推论 5。导致水果 RCA_{21}下降的原因可能与蔬菜 RCA_1相同，
这里不再赘述。当期化肥、农药、劳动力价格每上涨 1 个百分点，甜橙
RCA_{21}分别上升 2.288158、1.841439 和 0.934943 个百分点。这一结论无法
验证第三章第五节的推论 5，可能是因投入品价格上涨甜橙生产者理性优
化投入品资源配置和采用先进适用栽培技术，在一定程度上降低了甜橙生
产成本，降低或减缓了甜橙出口价格涨幅，保持或拉大了中国甜橙出口价
格与世界甜橙平均出口价格的差距，带来中国甜橙的出口额占国内出口商
品总额中的比重相对世界甜橙的出口额占世界商品出口总额中的比重增
加，导致甜橙 RCA_{21}上升。前期化肥、农药、劳动力价格每上涨 1 个百分
点，甜橙 RCA_{21}分别下降 0.622184、0.589452 和 0.601726 个百分点。这一
结论验证了第三章第五节中的推论 3，可能是因生产者根据市场需求，为
保持既定产量不变难以减少投入品使用量而使其生产成本上升，在一定
程度上推动了甜橙生产价格和出口价格上涨，从而弱化了我国甜橙价格
竞争力，使得中国甜橙的出口额占国内出口商品总额中的比重相对世界
甜橙的出口额占世界商品出口总额中的比重有所降低，最终导致甜橙
RCA_{21}下降。

当期化肥、农药、劳动力价格每上涨 1 个百分点，宽皮柑橘 RCA_{22}分
别上升 0.396204、0.269618 和下降 0.030917 个百分点。这一结论不能完
全验证第三章第五节的推论 5，可能是因化肥、农药价格上涨生产者理性
优化投入品资源配置和采用先进适用栽培技术，在一定程度上降低了宽皮
柑橘生产成本，降低或减缓了宽皮柑橘出口价格涨幅，保持或拉大了中国

宽皮柑橘出口价格与世界宽皮柑橘平均出口价格的差距，带来中国宽皮柑橘的出口额占国内出口商品总额中的比重相对世界宽皮柑橘的出口额占世界商品出口总额中的比重有所增加，导致宽皮柑橘 RCA_{22} 有所上升。但因劳动力需求弹性较小，生产者难以减小劳动力用量导致宽皮柑橘生产成本上升和出口价格上涨，带来中国宽皮柑橘的出口额占国内出口商品总额中的比重相对世界宽皮柑橘的出口额占世界商品出口总额中的比重有所降低，使得宽皮柑橘 RCA_{22} 有所下降。

当期化肥、农药、劳动力价格每上涨 1 个百分点，苹果 RCA_{23} 分别下降 0.257825、0.275154 和 0.370324 个百分点。这一结论验证了第三章第五节中的推论 5。导致苹果 RCA_{23} 下降的原因可能与蔬菜 RCA_1 相同，这里不再赘述。前期化肥、农药、劳动力价格每上涨 1 个百分点，苹果 RCA_{23} 分别上升 0.445780、0.422329 和 0.431123 个百分点。这一结论无法验证第三章第五节中的推论 5，导致苹果 RCA_{23} 上升的原因可能与马铃薯 RCA_{11} 相同，这里不再赘述。

（2）当期人民币实际有效汇率上升对水果 RCA_2、甜橙 RCA_{21}、宽皮柑橘 RCA_{22}、苹果 RCA_{23} 产生一定的负面影响，即当期人民币实际有效汇率每上升 1 个百分点，水果 RCA_2 下降 0.758700 个百分点，甜橙 RCA_{21} 下降 3.926983 个百分点，宽皮柑橘 RCA_{22} 下降 1.515781 个百分点，苹果 RCA_{23} 下降 0.706177 个百分点。这一结论验证了第三章第五节中的推论 6，可能是因为人民币趋势性升值拉动水果、甜橙、宽皮柑橘、苹果出口价格较快上涨，缩小了中国水果类产品出口价格与世界平均出口价格的差距，使得中国水果类产品出口额占国内出口商品总额中的比重相对世界水果类产品出口额占世界商品出口总额中的比重有所降低，最终导致水果 RCA_2、甜橙 RCA_{21}、宽皮柑橘 RCA_{22}、苹果 RCA_{23} 下降。

前期人民币实际有效汇率每上升 1 个百分点，甜橙 RCA_{21} 下降 0.438599 个百分点。这一结论验证了第三章第五节中的推论 6，可能是因为人民币趋势性升值的汇率传导效应带来甜橙出口价格持续上涨，使得中国甜橙出口额占国内出口商品总额中的比重相对世界甜橙出口额占世界商品出口总额中的比重降低，最终导致甜橙 RCA_{21} 下降。前期人民币实际有效汇率每上升1个百分点，苹果 RCA_{23} 上升0.314246个百分点。这一结论无法验证第三章第五节中的推论6，导致苹果 RCA_{23} 上升的原因可能与马铃薯 RCA_{11} 相同，这里不再赘述。

3. 投入品价格上涨对水果 TSC_2、甜橙 TSC_{21}、宽皮柑橘 TSC_{22}、苹果 TSC_{23} 产生的影响效应有所不同

（1）当期化肥、农药和劳动力价格每上涨1个百分点，水果 TSC_2 分别上升0.505545、0.190285和下降0.641504个百分点。这一结论部分验证了第三章第五节中的推论5，可能是因当期化肥、农药价格上涨时，生产者理性地优化了投入品资源配置和依靠技术进步作用，降低了水果的生产成本，在一定程度上减缓了苹果生产价格和出口价格的涨幅，带来苹果的贸易顺差扩大或逆差缩小，导致当期苹果 TSC_{23} 上升。但因当期劳动力价格涨幅可能较大而水果生产的需求弹性较小，生产者难以减少其使用量而使生产成本上升，在一定程度上推动了水果的生产价格和出口价格上涨，带来水果的贸易顺差缩小或逆差扩大，导致当期水果 TSC_2 下降。

当期化肥、农药和劳动力价格每上涨1个百分点，甜橙 TSC_{21} 分别上升0.120297、0.111746和0.024846个百分点；前期化肥、农药和劳动力价格每上涨1个百分点，甜橙 TSC_{21} 分别上升0.027417、0.025192和0.025936个百分点。这一结论无法验证第三章第五节中的推论5，可能是因当期化肥、农药价格上涨时，生产者理性地优化了投入品资源配置和依靠技术进步作用，降低了甜橙的生产成本，在一定程度上减缓了甜橙生产价格和出口价格的涨幅，带来甜橙的贸易顺差扩大或逆差缩小，导致当期和前期甜橙 TSC_{21} 上升。

当期化肥、农药和劳动力价格每上涨1个百分点，宽皮柑橘 TSC_{22} 分别上升0.034041、0.023030和下降0.003184个百分点。这一结论部分验证了第三章第五节中的推论5，导致宽皮柑橘 TSC_{22} 上升和下降的原因可能与水果 TSC_2 相同，这里不再赘述。当期化肥、农药和劳动力价格每上涨1个百分点，苹果 TSC_{23} 分别下降0.010394、0.012662和0.021077个百分点。

这一结论验证了第三章第五节中的推论5，可能是因当期化肥、农药、劳动力价格持续上涨，生产者难以优化投入品资源配置和依靠技术进步作用来降低苹果的生产成本，在一定程度上推动了苹果的生产价格和出口价格上涨，带来苹果的贸易顺差缩小或逆差扩大，导致当期苹果 TSC_{23} 下降。

（2）当期人民币实际有效汇率上升对水果 TSC_2、甜橙 TSC_{21}、宽皮柑橘 TSC_{22}、苹果 TSC_{23} 均产生一定的负面影响，即当期人民币实际有效汇率每上升1个百分点，水果 TSC_2 下降 4.543976 个百分点，甜橙 TSC_{21} 下降 0.277984 个百分点，宽皮柑橘 TSC_{22} 下降 0.132521 个百分点，苹果 TSC_{23} 下降 0.055119 个百分点。这一结论验证了第三章第五节中的推论6，可能是因人民币持续升值直接拉动了水果类产品出口价格上涨，在一定程度上抑制了中国水果类产品出口，促进了国外水果类产品进口，使得中国水果类产品进出口贸易顺差有所减小，最终导致水果 TSC_2、甜橙 TSC_{21}、宽皮柑橘 TSC_{22}、苹果 TSC_{23} 下降。前期人民币实际有效汇率每上升1个百分点，甜橙 TSC_{21} 上升 0.020433 个百分点。这一结论无法验证第三章第五节中的推论6，可能是因生产者根据人民币升值预期理性地调低甜橙出口价格，在一定程度上促进了我国甜橙出口，带来甜橙贸易顺差增加，导致甜橙 TSC_{21} 上升。

4. 投入品价格上涨对甜橙 QCI_{21}、宽皮柑橘 QCI_{22}、苹果 QCI_{23} 产生的影响效应有所不同

（1）当期化肥、农药和劳动力价格每上涨1个百分点，甜橙 QCI_{21} 分别上升 0.645813、0.390878 和下降 0.240715 个百分点。这一结论部分验证了第三章第五节中的推论5，可能是因化肥、农药、劳动力价格上涨，生产者理性地优化投入品资源配置，着力依靠技术进步提高了甜橙质量，在一定程度上增强了甜橙质量竞争力，导致甜橙 QCI_{21} 上升。但因当期劳动力价格涨幅可能较大，而甜橙生产对劳动力的需求弹性较小，生产者为有效降低生产成本不得不减少劳动力投入，带来甜橙质量下降，在一定程度上弱化了甜橙质量竞争力，最终导致甜橙 QCI_{21} 下降。

当期化肥、农药和劳动力价格每上涨1个百分点，宽皮柑橘 QCI_{22} 分别

下降 0.099617、0.116763 和 0.184011 个百分点。这一结论验证了第三章
第五节中的推论 5，可能是因投入品价格持续上涨，生产者为了降低生产
成本，理性地减少了投入品用量或改用其替代品，所带来的质量降低作用
超过技术进步对质量提高的贡献，在一定程度上弱化了宽皮柑橘质量竞争
力，导致宽皮柑橘 QCI_{22} 下降。前期化肥、农药和劳动力价格每上涨 1 个百
分点，宽皮柑橘 QCI_{22} 分别上升 0.237759、0.225250 和 0.229941 个百分
点。这一结论无法验证第三章第五节中的推论 3，可能是因投入品价格上
涨，生产者理性优化投入品资源配置，着力依靠科技进步作用，使得宽皮
柑橘质量有所提高，在一定程度上增强了宽皮柑橘质量竞争力。

当期化肥、农药和劳动力价格每上涨 1 个百分点，苹果 QCI_{23} 分别下降
0.070347、0.148352 和 0.387998 个百分点。这一结论验证了第三章第五
节中的推论 5，导致苹果 QCI_{23} 下降的原因可能与宽皮柑橘相同，这里不再
赘述。前期化肥、农药和劳动力价格每上涨 1 个百分点，苹果 QCI_{23} 分别上
升 0.613167、0.580909 和 0.593005 个百分点。这一结论无法验证第三章
第五节中的推论 5，导致苹果 QCI_{23} 上升的原因可能与宽皮柑橘相同，这里
不再赘述。

（2）当期和前期人民币实际有效汇率上升对甜橙 QCI_{21}、宽皮柑橘
QCI_{22}、苹果 QCI_{23} 的影响有别。即当期人民币实际有效汇率每上升 1 个百
分点，甜橙 QCI_{21} 下降 3.295756 个百分点，宽皮柑橘 QCI_{22} 下降 0.450269
个百分点，苹果 QCI_{23} 下降 1.436621 个百分点。这一结论验证了第三章第
五节中的推论 6，可能是因当期人民币持续趋势性升值，生产者为了薄利
多销理性地调低出口价格，适度减少投入品用量或改用其他替代品，在一
定程度上弱化了甜橙、宽皮柑橘、苹果的质量竞争力，最终导致甜橙
QCI_{21}、宽皮柑橘 QCI_{22}、苹果 QCI_{23} 下降。前期人民币实际有效汇率每上升
1 个百分点，甜橙 QCI_{21} 上升 2.376597 个百分点，宽皮柑橘 QCI_{22} 上升
0.167604 个百分点，苹果 QCI_{23} 上升 0.432242 个百分点。这一结论无法验
证了第三章第五节中的推论 6，可能是因为生产者为了适应市场需求着力
强化产品质量竞争力，积极采用先进适用栽培技术和加强果园科学管理，

在一定程度上提高了甜橙、宽皮柑橘和苹果质量，导致甜橙 QCI_{21}、宽皮柑橘 QCI_{22}、苹果 QCI_{23} 有所上升。

（四）投入品价格上涨和人民币升值对水果整体和甜橙、宽皮柑橘、苹果显性竞争力影响的比较分析

1. 投入品价格上涨对水果整体和甜橙、宽皮柑橘、苹果显性国际竞争力的影响存在明显差异性

具体表现如下：

（1）投入品价格上涨，当期带来水果整体 IMS_2 和甜橙 IMS_{21} 上升、宽皮柑橘 IMS_{22} 总体上升、苹果 IMS_{23} 总体下降。且其影响程度为甜橙 $IMS_{21}>$ 宽皮柑橘 $IMS_{22}>$ 苹果 IMS_{23}。前期带来甜橙 IMS_{21} 下降、宽皮柑橘 IMS_{22} 和苹果 IMS_{23} 上升。且其影响程度为甜橙 $IMS_{21}>$ 苹果 $IMS_{23}>$ 宽皮柑橘 IMS_{22}。表明不同时期投入品价格上涨对水果整体 IMS_2 和甜橙 IMS_{21}、宽皮柑橘 IMS_{22}、苹果 IMS_{23} 的影响方向和大小并不相同，且对当期的影响程度一般大于前期的影响。说明当期投入品价格上涨在一定程度上增强了水果 IMS_2 及甜橙 IMS_{21}、宽皮柑橘 IMS_{22}，弱化了苹果 IMS_{23}；前期投入品价格上涨在一定程度上增强了宽皮柑橘 IMS_{22} 和苹果 IMS_{23}，弱化了甜橙 IMS_{21}，而对水果整体 IMS_2 并无影响。

（2）投入品价格上涨，当期带来水果整体 RCA_2、苹果 RCA_{23} 下降和甜橙 RCA_{21}、宽皮柑橘 RCA_{22} 上升。且其影响程度为甜橙 $RCA_{21}>$ 宽皮柑橘 $RCA_{22}>$ 苹果 $RCA_{23}>$ 水果整体 RCA_2。前期带来甜橙 RCA_{21} 下降、苹果 RCA_{23} 上升。且其影响程度为甜橙 $RCA_{21}>$ 苹果 RCA_{23}。表明不同时期投入品价格上涨对水果整体 RCA_2 和甜橙 RCA_{21}、宽皮柑橘 RCA_{22}、苹果 RCA_{23} 的影响符号和大小有别，且其当期的正向影响程度大于负向影响，前期的负向影响程度大于正向影响。说明当期投入品价格上涨在一定程度上增强了甜橙 RCA_{21}、宽皮柑橘 RCA_{22}，弱化了苹果 RCA_{23}、水果 RCA_2，前期投入品价格上涨在一定程度上增强了苹果 RCA_{23}、弱化了甜橙 RCA_{21}。

（3）投入品价格上涨，当期带来水果整体 TSC_2、甜橙 TSC_{21}、宽皮柑橘 TSC_{22} 上升和苹果 TSC_{23} 下降，且其影响程度为水果 TSC_2>甜橙 TSC_{21}>宽皮柑橘 TSC_{22}>苹果 TSC_{23}；前期带来甜橙 TSC_{21} 上升。表明不同时期投入品价格上涨对水果整体 TSC_2、甜橙 TSC_{21}、宽皮柑橘 TSC_{22} 和苹果 TSC_{23} 影响符号和大小有所不同，但其影响程度总体较小。说明当期投入品价格上涨在一定程度上增强了甜橙 TSC_{21}、水果 TSC_2、宽皮柑橘 TSC_{22}，弱化了苹果 TSC_{23}，前期投入品价格上涨在一定程度上增强了甜橙 TSC_{21}。

（4）投入品价格上涨，当期带来甜橙 QCI_{21} 上升、宽皮柑橘 QCI_{22}、苹果 QCI_{23} 下降，且其影响程度为甜橙 QCI_{21}>苹果 QCI_{23}>宽皮柑橘 QCI_{22}；前期带来甜橙 QCI_{21} 下降，苹果 QCI_{23} 上升，且其影响程度为苹果 QCI_{23}>甜橙 QCI_{21}。表明不同时期投入品价格上涨对水果整体 TSC_2、甜橙 TSC_{21}、宽皮柑橘 TSC_{22} 和苹果 TSC_{23} 影响符号和大小并不相同，但其影响程度总体较小。说明当期投入品价格上涨在一定程度上增强了甜橙 QCI_{21}，弱化了苹果 QCI_{23} 和宽皮柑橘 QCI_{22}，前期投入品价格上涨在一定程度上增强了苹果 QCI_{23} 和宽皮柑橘 QCI_{22}，弱化了甜橙 QCI_{21}。

2. 人民币实际有效汇率上升对水果整体、甜橙、宽皮柑橘、苹果显性竞争力的影响具有差异性

具体表现如下：

（1）当期人民币升值带来水果整体 IMS_2 和甜橙 IMS_{21} 宽皮柑橘 IMS_{22}、苹果 IMS_{23} 下降，且其影响程度为苹果 IMS_{23}>宽皮柑橘 IMS_{22}>水果 IMS_2。前期带来甜橙 IMS_3 下降、宽皮柑橘 IMS_{22}、苹果 IMS_{23} 上升，且其影响程度为甜橙 IMS_{21}>苹果 IMS_{23}>宽皮柑橘 IMS_{22}。表明不同时期人民币升值对水果整体 IMS_2、甜橙 IMS_{21}、宽皮柑橘 IMS_{22}、苹果 IMS_{23} 的影响符号和大小有所不同，但当期的影响程度一般大于前期的影响。说明当期人民币升值均在一定程度上弱化了水果 IMS_2、甜橙 IMS_{21}、苹果 IMS_{23} 和宽皮柑橘 IMS_{22}，前期人民币升值在一定程度上增强了苹果 IMS_{23} 和宽皮柑橘 IMS_{22}，弱化了甜橙 IMS_{21}，但对水果 IMS_2 并无影响。

（2）当期人民币升值带来水果整体 RCA_2 和甜橙 RCA_{21}、宽皮柑橘 RCA_{22}、苹果 RCA_{23} 下降；且其影响程度为甜橙 RCA_{21}>宽皮柑橘 RCA_{22}>苹果 IMS_{23}。前期人民币升值带来甜橙 RCA_{21} 下降，苹果 RCA_{23} 上升；且其影响程度为甜橙 RCA_{21}>苹果 RCA_{23}。表明不同时期人民币升值对水果整体 RCA_2、甜橙 RCA_{21}、宽皮柑橘 RCA_{22}、苹果 RCA_{23} 的影响符号和大小并不相同，但当期的影响程度明显大于前期的影响。说明当期人民币升值均在一定程度上弱化了水果整体 RCA_2 及甜橙 RCA_{21}、宽皮柑橘 RCA_{22}、苹果 RCA_{23}，前期人民币升值在一定程度上增强了苹果 RCA_{23}、弱化了甜橙 RCA_{21}，但对水果 RCA_2 和宽皮柑橘 RCA_{22} 并无影响。

（3）当期人民币升值均带来水果整体 TSC_2 和甜橙 TSC_{21}、宽皮柑橘 TSC_{22}、苹果 TSC_{23} 下降；且其影响程度为水果整体 TSC_2>甜橙 TSC_{21}>宽皮柑橘 TSC_{22}>苹果 TSC_{22}。前期人民币升值带来甜橙 TSC_{21} 上升。表明不同时期人民币升值对水果整体 TSC_2、甜橙 TSC_{21}、宽皮柑橘 TSC_{22}、苹果 TSC_{23} 的影响符号和大小不同，但当期的影响程度明显大于前期的影响。说明当期人民币升值均在一定程度上弱化了水果整体 TSC_2 及甜橙 TSC_{21}、宽皮柑橘 TSC_{22}、苹果 TSC_{23}，前期人民币升值在一定程度上增强了甜橙 TSC_{21}，但对水果 TSC_2 和宽皮柑橘 TSC_{22} 并无影响。

（4）当期人民币升值均带来水果整体 QCI_2 和甜橙 QCI_{211}、宽皮柑橘 QCI_{22}、苹果 QCI_{23} 下降，且其影响程度为甜橙 QCI_{21}>苹果 QCI_{23}>宽皮柑橘 QCI_{22}。前期人民币升值带来甜橙 QCI_{21}、宽皮柑橘 QCI_{22}、苹果 QCI_{23} 上升，且其影响程度为甜橙 QCI_{21}>苹果 QCI_{23}>宽皮柑橘 QCI_{22}。表明不同时期人民币升值对水果整体 TSC_2、甜橙 TSC_{21}、宽皮柑橘 TSC_{22}、苹果 TSC_{23} 的影响符号和大小不同，但当期的影响程度大于前期的影响。说明当期人民币升值均在一定程度上弱化了甜橙 QCI_{21}、苹果 QCI_{23}、宽皮柑橘 QCI_{22}，前期人民币升值在一定程度上增强了甜橙 QCI_{21}、苹果 QCI_{23}、宽皮柑橘 QCI_{22}。

三、投入品价格上涨对茶叶显性
国际竞争力影响的实证分析

（一）茶叶整体及红茶、绿茶国际市场占有率、显示性比较优势指数、贸易竞争力指数、质量竞争力指数的估计及走势描述

1. 茶叶整体 IMS_3、RCA_3、TSC_3、QCI_3 的估计及走势描述

按照国际市场占有率、显示性比较优势指数、贸易竞争力指数、质量竞争力指数的通用计算方法，本章以 1992—2011 年的时序数据作为样本区间对我国茶叶整体国际竞争力的经验指标 IMS_3、RCA_3、TSC_3、QCI_3 进行测算，估算结果如图 5.27 至图 5.30 所示。

国际市场占有率

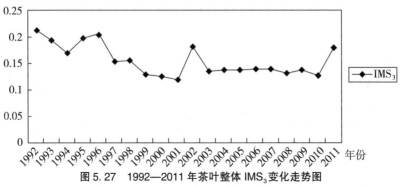

图 5.27　1992—2011 年茶叶整体 IMS_3 变化走势图

显示性比较优势指数

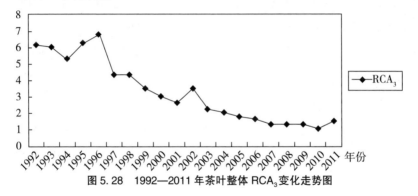

图 5.28　1992—2011 年茶叶整体 RCA_3 变化走势图

贸易竞争力指数

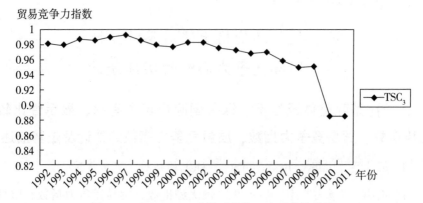

图 5.29　1992—2011 年茶叶整体 TSC₃ 变化走势图

质量竞争力指数

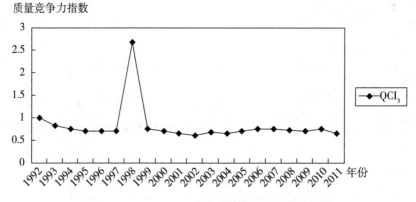

图 5.30　1992—2011 年茶叶整体 QCI₃ 变化走势图

　　从图 5.27 中可以看出，1992—2011 年茶叶整体 IMS_3 变化总体呈现先降后升的波动态势，基本上以 2001 年为拐点，前期波动下降，年均下降 4.85 个百分点，这与第三章第五节中的推论 7 和推论 8 相符，可能与投入品价格上涨和人民币升值的负面影响有关；后期波动上升，年均上升 5.13 个百分点，这与第三章第五节中推论 7 和推论 8 相悖，可能与蔬菜 IMS_1 上升的原因相同，这里不再赘述。

　　从图 5.28 中可以看出，1992—2011 年茶叶 RCA_3 变化总体呈现波动下降态势，年均下降 4.55 个百分点，但 2011 年有所反弹，这与第三章第五

节中的推论 9 和推论 10 相符，可能与投入品价格上涨和人民币升值的负面
影响有关。

从图 5.29 中可以看出，1992—2011 年茶叶 TSC_3 变化总体呈现波动下
降态势，年均下降 0.52 个百分点，这与第三章第五节中的推论 7 和推论 8
相符，可能与投入品价格上涨和人民币升值的负面影响有关。

再从图 5.30 中可以看出，1992—2011 年我国茶叶 QCI_3 变化总体呈现
波幅较大的不稳定态势，但基本上是以 2002 年为拐点，前期波动下降，年
均下降 3.94 个百分点，这与第三章第五节中的推论 7 和推论 8 相符，可能
与投入品价格上涨和人民币升值的负面影响有关。后期有所回升，年均上
升 2.91，这与第三章第五节中的推论 7 和推论 8 相悖，可能与投入品的优
化配置和依靠科技进步作用有关。

以上仅是从不同时序数据区间与不同视角描述和分析了投入品价格与
人民币实际有效汇率变动对茶叶整体显性国际竞争力的影响，是否符合客
观实际，有待采用上述四个经验指标建立多元线性回归模型，动态考察其
影响方向和大小，并对第三章第五节中的推论 7 和推论 8 进行检验。

2. 红茶 IMS_{31}、RCA_{31}、TSC_{31}、QCI_{31} 的估计及走势描述

按照国际市场占有率、显示性比较优势指数、贸易竞争力指数、质量
竞争力指数的通用计算方法，本章以 1992—2011 年的时序数据作为样本区
间对我国红茶国际竞争力的经验指标 IMS_{31}、RCA_{31}、TSC_{31}、QCI_{31} 进行测
算，估算结果如图 5.31 至图 5.34 所示。

从图 5.31、图 5.32 中可以看出，1992—2011 年红茶 IMS_{31}、RCA_{31} 变
化总体呈现波动下降态势，尽管这一区间初期有所反弹，但却快速下降直
至长时间平稳波动微降，年均分别下降 2.45、4.14 个百分点。这与第三章
第五节中的推论 7 和推论 8 相符，可能与投入品价格上涨和人民币升值的
负面影响有关。

从图 5.33、图 5.34 中可以看出，1992—2011 年红茶 TSC_{31}、QCI_{31} 变
化总体呈现波动下降态势，年均分别下降 1.99、0.003 个百分点。这与第
三章第五节中的推论 7 和推论 8 相符，可能与投入品价格上涨和人民币升

值的负面影响有关。

国际市场占有率

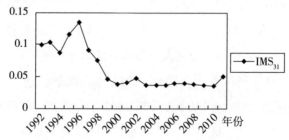

图 5.31　1992—2011 年红茶 IMS₃₁ 变化走势图

显示性比较优势指数

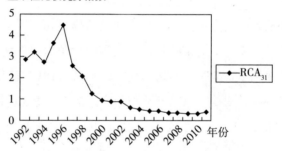

图 5.32　1992—2011 年红茶 RCA₃₁ 变化走势图

贸易竞争力指教

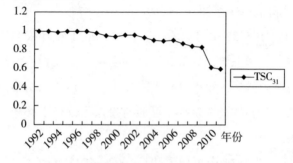

图 5.33　1992—2011 年红茶 TSC₃₁ 变化走势

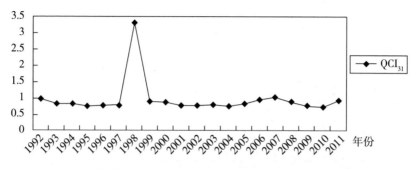

图 5.34 1992—2011 年红茶 QCI_{31} 变化走势图

以上仅是从不同时序数据区间与不同视角描述和分析了投入品价格与
人民币实际有效汇率变动对红茶显性国际竞争力的影响，是否符合客观实
际，有待采用上述经验指标建立多元线性回归模型，动态考察其影响方向
和大小，并对第三章第五节中的推论 7 和推论 8 进行检验。

3. 绿茶 IMS_{32}、RCA_{32}、TSC_{32}、QCI_{32} 的估计及走势描述

按照国际市场占有率、显示性比较优势指数、贸易竞争力指数、质量
竞争力指数的通用计算方法，本章以 1992—2011 年的时序数据作为样本区
间对我国绿茶国际竞争力的经验指标 IMS_{32}、RCA_{32}、TSC_{32}、QCI_{32} 进行测
算，估算结果如图 5.35 至图 5.38 所示。

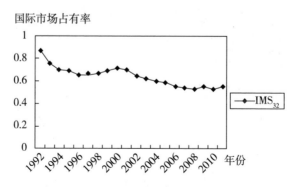

图 5.35 1992—2011 年绿茶 IMS_{32} 变化走势图

显示性比较优势指数

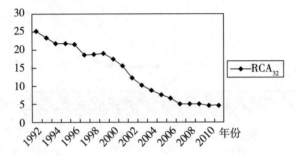

图 5.36　1992—2011 年绿茶 RCA_{32} 变化走势图

贸易竞争力指数

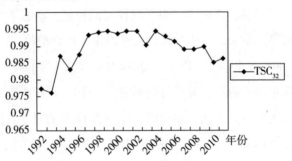

图 5.37　1992—2011 年绿茶 TSC_{32} 变化走势图

质量竞争力指数

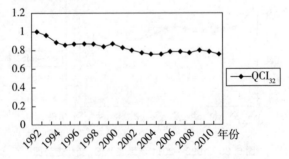

图 5.38　1992—2011 年绿茶 QCI_{32} 变化走势图

从图 5.35、图 5.36、图 5.38 中可以看出，1992—2011 年绿茶 IMS_{32}、RCA_{32}、QCI_{32} 变化总体呈现波动下降态势，年均分别下降 1.79、4.05、1.20 个百分点。这与第三章第五节中的推论 7 和推论 8 相符，可能与投入品价格上涨和人民币升值的负面影响有关。

从图 5.37 中可以看出，1992—2011 年绿茶 TSC_{32} 变化总体呈现先升后降的波动态势，并以 2001 年为拐点，前期呈上升势头，年均上升 0.002 个百分点。这与第三章第五节中的推论 7 和推论 8 相悖，可能与投入品的优化配置和依靠科技进步作用有关。后期呈缓慢波动回落。这与第三章第五节中的推论 7 和推论 8 相符，可能与投入品价格上涨和人民币升值的负面影响有关。

以上仅是从不同时序数据区间与不同视角描述和分析了投入品价格与人民币实际有效汇率变动对绿茶显性国际竞争力的影响，是否符合客观实际，有待采用上述经验指标建立多元线性回归模型，动态考察其影响方向和大小，并对第三章第五节中的推论 7 和推论 8 进行检验。

（二）投入品价格波动对茶叶显性国际竞争力影响的实证分析

1. 实证模型的设定

根据第三章第三节和第四节的理论分析，考虑到对时间序列数据取对数后不会改变其时序性质，同时可以最大限度地避免异方差的产生，容易得到平稳序列，因此本章对变量进行自然对数处理。但由于贸易竞争指数有负数，因此无法对其进行自然对数的处理。由上可得出如下实证模型：

$$\ln IMS_3 = a_3 + \beta_{105}LnP_1 + \beta_{106}LnP_2 + \beta_{107}LnP_3 + \beta_{108}LnREER + \mu_{30} \quad (5-102)$$

$$\ln IMS_{31} = b_3 + \beta_{109}LnP_1 + \beta_{110}LnP_2 + \beta_{111}LnP_3 + \beta_{112}LnREER + \mu_{31} \quad (5-103)$$

$$\ln IMS_{32} = c_3 + \beta_{113}LnP_1 + \beta_{114}LnP_2 + \beta_{115}LnP_3 + \beta_{116}LnREER + \mu_{32} \quad (5-104)$$

$$\ln RCA_3 = d_3 + \beta_{117}LnP_1 + \beta_{118}LnP_2 + \beta_{119}LnP_3 + \beta_{120}LnREER + \mu_{33} \quad (5-105)$$

$$\ln RCA_{31} = e_3 + \beta_{121}LnP_1 + \beta_{122}LnP_2 + \beta_{123}LnP_3 + \beta_{124}LnREER + \mu_{34} \quad (5-106)$$

$$\ln RCA_{32} = f_3 + \beta_{125}LnP_1 + \beta_{126}LnP_2 + \beta_{127}LnP_3 + \beta_{128}LnREER + \mu_{35} \quad (5-107)$$

$$\ln TSC_3 = g_3 + \beta_{129} \ln P_1 + \beta_{130} \ln P_2 + \beta_{131} \ln P_3 + \beta_{132} \ln REER + \mu_{36} \quad (5-108)$$

$$\ln TSC_{31} = h_3 + \beta_{133} \ln P_1 + \beta_{134} \ln P_2 + \beta_{135} \ln P_3 + \beta_{136} \ln REER + \mu_{37} \quad (5-109)$$

$$\ln TSC_{32} = i_3 + \beta_{137} \ln P_1 + \beta_{138} \ln P_2 + \beta_{139} \ln P_3 + \beta_{140} \ln REER + \mu_{38} \quad (5-110)$$

$$\ln QCI_3 = j_3 + \beta_{141} \ln P_1 + \beta_{142} \ln P_2 + \beta_{143} \ln P_3 + \beta_{144} \ln REER + \mu_{39} \quad (5-111)$$

$$\ln QCI_{31} = k_3 + \beta_{145} \ln P_1 + \beta_{146} \ln P_2 + \beta_{147} \ln P_3 + \beta_{148} \ln REER + \mu_{40} \quad (5-112)$$

$$\ln QCI_{32} = l_3 + \beta_{149} \ln P_1 + \beta_{150} \ln P_2 + \beta_{151} \ln P_3 + \beta_{152} \ln REER + \mu_{41} \quad (5-113)$$

式中，β_{105}、β_{106}、β_{107}、β_{108} 分别为茶叶国际市场占有率 IMS_3 对化肥价格 P_1、农药价格 P_2、劳动力价格 P_3 和人民币实际有效汇率 REER 变化的弹性系数；β_{109}、β_{110}、β_{111}、β_{112} 分别为红茶国际市场占有率 IMS_{31} 对化肥价格 P_1、农药价格 P_2、劳动力价格 P_3 和人民币实际有效汇率 REER 变化的弹性系数；β_{113}、β_{114}、β_{115}、β_{116} 分别为绿茶国际市场占有率 IMS_{32} 对化肥价格 P_1、农药价格 P_2、劳动力价格 P_3 和人民币实际有效汇率 REER 变化的弹性系数；β_{117}、β_{118}、β_{119}、β_{120} 分别为茶叶显示性比较优势指数 RCA_3 对化肥价格 P_1、农药价格 P_2、劳动力价格 P_3 和人民币实际有效汇率 REER 变化的弹性系数；β_{121}、β_{122}、β_{123}、β_{124} 分别为红茶显示性比较优势指数 RCA_{31} 对化肥价格 P_1、农药价格 P_2、劳动力价格 P_3 和人民币实际有效汇率 REER 变化的弹性系数；β_{125}、β_{126}、β_{127}、β_{128} 分别为绿茶显示性比较优势指数 RCA_{32} 对化肥价格 P_1、农药价格 P_2、劳动力价格 P_3 和人民币实际有效汇率 REER 变化的弹性系数；β_{129}、β_{130}、β_{131}、β_{132} 分别为茶叶贸易竞争指数 TSC_3 对化肥价格 P_1、农药价格 P_2、劳动力价格 P_3 和人民币实际有效汇率 REER 变化的弹性系数；β_{133}、β_{134}、β_{135}、β_{136} 分别为红茶贸易竞争指数 TSC_{31} 对化肥价格 P_1、农药价格 P_2、劳动力价格 P_3 和人民币实际有效汇率 REER 变化的弹性系数；β_{137}、β_{138}、β_{139}、β_{140} 分别为绿茶贸易竞争指数 TSC_{32} 对化肥价格 P_1、农药价格 P_2、劳动力价格 P_3 和人民币实际有效汇率 REER 变化的弹性系数；β_{141}、β_{142}、β_{143}、β_{144} 分别为茶叶质量竞争力指数 QCI_3 对化肥价格 P_1、农药价格 P_2、劳动力价格 P_3 和人民币实际有效汇率 REER 变化的弹性系数；β_{145}、β_{146}、β_{147}、β_{148} 分别为红茶叶质量竞争力指数 QCI_{31} 对化肥价格 P_1、农药价格 P_2、劳动力价格 P_3 和人民币实际有效

汇率 REER 变化的弹性系数；β_{149}、β_{150}、β_{151}、β_{152}分别为绿茶质量竞争力指数 QCI_{32}对化肥价格 P_1、农药价格 P_2、劳动力价格 P_3和人民币实际有效汇率 REER 变化的弹性系数。

2. 实证分析

（1）单位根检验

首先对变量 $LnIMS_3$、$LnIMS_{31}$、$LnIMS_{32}$、$LnRCA_3$、$LnRCA_{31}$、$LnRCA_{32}$、$LnTSC_3$、$LnTSC_{31}$、$LnTSC_{32}$、$LnQCI_3$、$LnQCI_{31}$、$LnQCI_{32}$进行检验，通过检验发现 $LnIMS_3$、$LnQCI_3$、$LnQIC_{31}$在 10%的显著水平下能拒绝原假设，即为平稳变量。$LnIMS_{31}$、$LnIMS_{32}$、$LnRCA_3$、$LnRCA_{31}$、$LnRCA_{32}$、$LnTSC_3$、$LnTSC_{31}$、$LnTSC_{32}$、$LnQCI_{32}$在 10%显著水平下能接受原假设，即为非平稳变量。再对 $LnIMS_{31}$、$LnIMS_{32}$、$LnRCA_3$、$LnRCA_{31}$、$LnRCA_{32}$、$LnTSC_3$、$LnTSC_{31}$、$LnTSC_{32}$、$LnQCI_{32}$ 取 一 阶 差 分 ， 结 果 $\triangle LnIMS_{31}$、$\triangle LnIMS_{32}$、$\triangle LnRCA_3$、$\triangle LnRCA_{31}$、$\triangle LnRCA_{32}$、$\triangle LnTSC_3$、$\triangle LnTSC_{31}$、$\triangle LnTSC_{32}$、$\triangle LnQCI_{32}$都在 10%的显著水平下拒绝原假设，表明是平稳变量。检验结果如表 5.81 所示。

表 5.81 ADF 单位根检验结果

变量	检验形式	ADF 统计量（t）	临界值（t_0）		结论
			10%临界值	5%临界值	
$LnIMS_3$	(0, t, 0)	−2.771986	−2.655194	−3.02997	无单位根
$LnIMS_{31}$	(0, t, 0)	−1.373743	−2.655194	−3.02997	有单位根
$\triangle LnIMS_{31}$	(0, t, 0)	−2.938767	−2.660551	−3.040391	无单位根
$LnIMS_{32}$	(0, t, 2)	−2.827759	−3.297799	−3.710482	有单位根
$\triangle LnIMS_{32}$	(0, t, 0)	−3.897155	−3.286909	−3.690814	无单位根
$LnRCA_3$	(c, t, 0)	−3.12392	−3.277364	−3.673616	有单位根
$\triangle LnRCA_3$	(c, t, 0)	−5.363951	−3.286909	−3.690814	无单位根
$LnRCA_{31}$	(c, t, 0)	−1.544665	−3.277364	−3.673616	有单位根
$\triangle LnRCA_{31}$	(c, t, 0)	−3.309123	−3.286909	−3.690814	无单位根
$LnRCA_{32}$	(c, t, 0)	0.09215	−2.655194	−3.02997	有单位根
$\triangle LnRCA_{32}$	(c, t, 0)	−3.07365	−2.660551	−3.040391	无单位根

变量	检验形式	ADF 统计量（t）	临界值（t_0）		结论
			10%临界值	5%临界值	
$LnTSC_3$	（c，t，4）	2.75079	−3.324976	−3.759743	有单位根
$\triangle LnTSC_3$	（c，t，0）	−6.713447	−3.286909	−3.690814	无单位根
$LnTSC_{31}$	（c，t，4）	2.498312	−3.324976	−3.759743	有单位根
$\triangle LnTSC_{31}$	（c，t，0）	−5.107414	−3.286909	−3.690814	无单位根
$LnTSC_{32}$	（c，t，0）	−1.91883	−3.277364	−3.759743	有单位根
$\triangle LnTSC_{32}$	（c，t，0）	−8.434784	−3.286909	−3.690814	无单位根
$LnQIC_3$	（0，t，0）	−4.056929	−2.655194	−3.02997	无单位根
$LnQIC_{31}$	（0，t，0）	−3.880753	−1.607051	−1.960171	无单位根
$LnQIC_{32}$	（0，t，0）	0.798176	−1.607051	−1.960171	有单位根
$\triangle LnQIC_{32}$	（0，t，0）	−3.425193	−1.60661	−1.961409	无单位根

注：检验形式（c，t，q）分别表示单位根检验方程包含常数项、时间趋势和滞后阶数。△表示一阶差分。

（2）协整检验

下面使用 Eviews 软件对 $LnIMS_3$ 和 F_1、F_2 之间关系，$LnIMS_{31}$ 和 F_1、F_2 之间关系，$LnIMS_{32}$ 和 F_1、F_2 之间关系，$LnRCA_3$ 和 F_1、F_2 之间关系，$LnRCA_{31}$ 和 F_1、F_2 之间关系，$LnRCA_{32}$ 和 F_1、F_2 之间关系，$LnTSC_3$ 和 F_1、F_2 之间关系，$LnTSC_{31}$ 和 F_1、F_2 之间关系，$LnTSC_{32}$ 和 F_1、F_2 之间关系以及 $LnQCI_3$ 和 F_1、F_2 之间关系，$LnQCI_{31}$ 和 F_1、F_2 之间关系，$LnQCI_{32}$ 和 F_1、F_2 之间关系分别进行 Johansen 协整检验，以确定它们之间是否具有长期稳定关系。检验结果如表 5.82 至表 5.93 所示。

表 5.82　$LnIMS_3$ 与 F_1、F_2 关系的 Johansen 协整检验

零假设：协整向量个数	特征值	迹统计量	迹的临界值（5%显著水平）
0*	0.798846	40.48135	29.79707
至多1个	0.475128	11.61505	15.49471
至多2个	0.000679	0.012229	3.841466

注：*表示在5%显著水平上显著。

表 5.83　$LnIMS_{31}$ 与 F_1、F_2 关系的 Johansen 协整检验

零假设：协整向量个数	特征值	迹统计量	迹的临界值（5%显著水平）
0*	0.747869	31.02229	29.79707
至多1个	0.284019	6.221785	15.49471
至多2个	0.011487	0.207966	3.841466

注：＊表示在5%显著水平上显著。

表 5.84　$LnIMS_{32}$ 与 F_1、F_2 关系的 Johansen 协整检验

零假设：协整向量个数	特征值	迹统计量	迹的临界值（5%显著水平）
0*	0.670748	28.08097	24.27596
至多1个	0.281683	8.084202	12.3209
至多2个	0.111551	2.12901	4.129906

注：＊表示在5%显著水平上显著。

表 5.85　$LnRCA_3$ 与 F_1、F_2 关系的 Johansen 协整检验

零假设：协整向量个数	特征值	迹统计量	迹的临界值（5%显著水平）
0	0.742904	31.99522	29.79707
至多1个	0.299234	7.545702	15.49471
至多2个*	0.061642	1.145236	3.841466

注：＊表示在5%显著水平上显著。

表 5.86　$LnRCA_{31}$ 与 F_1、F_2 关系的 Johansen 协整检验

零假设：协整向量个数	特征值	迹统计量	迹的临界值（5%显著水平）
0	0.719177	40.20265	35.19275
至多1个	0.545911	17.34209	20.26184
至多2个*	0.159692	3.131757	9.164546

注：＊表示在5%显著水平上显著。

表 5.87　LnRCA$_{32}$ 与 F$_1$、F$_2$ 关系的 Johansen 协整检验

零假设：协整向量个数	特征值	迹统计量	迹的临界值（5%显著水平）
0	0.854811	44.39433	29.79707
至多 1 个	0.41507	9.659346	15.49471
至多 2 个 *	0.000367	0.006601	3.841466

注：*表示在 5%显著水平上显著。

表 5.88　LnTSC$_3$ 与 F$_1$、F$_2$ 关系的 Johansen 协整检验

零假设：协整向量个数	特征值	迹统计量	迹的临界值（5%显著水平）
0 *	0.732147	43.37982	35.0109
至多 1 个	0.552937	19.66814	18.39771
至多 2 个	0.249952	5.177121	3.841466

注：*表示在 5%显著水平上显著。

表 5.89　LnTSC$_{31}$ 与 F$_1$、F$_2$ 关系的 Johansen 协整检验

零假设：协整向量个数	特征值	迹统计量	迹的临界值（5%显著水平）
0 *	0.769269	45.76951	35.19275
至多 1 个	0.503945	19.37242	20.26184
至多 2 个	0.312832	6.753175	9.164546

注：*表示在 5%显著水平上显著。

表 5.90　LnTSC$_{32}$ 与 F$_1$、F$_2$ 关系的 Johansen 协整检验

零假设：协整向量个数	特征值	迹统计量	迹的临界值（5%显著水平）
0 *	0.849562	51.6419	35.0109
至多 1 个	0.555522	17.54622	18.39771
至多 2 个	0.151203	2.950825	3.841466

注：*表示在 5%显著水平上显著。

表 5.91 $LnQCI_3$ 与 F_1、F_2 关系的 Johansen 协整检验

零假设：协整向量个数	特征值	迹统计量	迹的临界值（5%显著水平）
0*	0.827372	41.53943	29.79707
至多1个	0.422974	9.920371	15.49471
至多2个	0.001264	0.022762	3.841466

注：＊表示在 5%显著水平上显著。

表 5.92 $LnQCI_{31}$ 与 F_1、F_2 关系的 Johansen 协整检验

零假设：协整向量个数	特征值	迹统计量	迹的临界值（5%显著水平）
0*	0.820872	43.4873	29.79707
至多1个	0.501388	12.53356	15.49471
至多2个	0.000381	0.006862	3.841466

注：＊表示在 5%显著水平上显著。

表 5.93 $LnQCI_{32}$ 与 F_1、F_2 关系的 Johansen 协整检验

零假设：协整向量个数	特征值	迹统计量	迹的临界值（5%显著水平）
0*	0.832962	36.82532	29.79707
至多1个	0.225381	4.613752	15.49471
至多2个	0.000935	0.016846	3.841466

注：＊表示在 5%显著水平上显著。

表 5.33 至表 5.44 中的迹统计量表明，在 5%的显著水平下，原假设三个变量序列不存在协整关系都被拒绝，但至多存在一个协整关系和至多存在两个协整关系都没有被拒绝。因此，变量序列 $LnIMS_3$ 与 F_1、F_2 之间，$LnIMS_{31}$ 与 F_1、F_2 之间，$LnIMS_{32}$ 与 F_1、F_2 之间，$LnRCA_3$ 与 F_1、F_2 之间，$LnRCA_{31}$ 与 F_1、F_2 之间，$LnRCA_{32}$ 与 F_1、F_2 之间，$LnTSC_3$ 与 F_1、F_2 之间，$LnTSC_{31}$ 与 F_1、F_2 之间，$LnTSC_{32}$ 与 F_1、F_2 之间，$LnQCI_3$ 与 F_1、F_2 之间，$LnQCI_{31}$ 与 F_1、F_2 之间，$LnQCI_{32}$ 与 F_1、F_2 之间都存在长期的协整关系。

（3）实证模型及修正

首先，用 OLS 法估计变量 $LnIMS_3$、F_1 和 F_2 的回归方程。根据 AIC 与

SC 最小准则，结合第三章的理论分析推论与经验判定，经反复试验，得到以下回归方程：

$$LnIMS_3 = -0.182147F_1 - 0.298427F_2 \qquad (5-114)$$
$$(-7.619711)\ (-1.607728)$$
$$R^2 = 0.257669 \quad DW = 1.376969$$

式（5-114）中括号内数字为 t 检验值，从式中可以看出部分 t 检验值较小，部分变量影响不显著。回归方程整体拟合较差，因为可决系数（$R^2 = 0.257669$）小。另外，采用 Q 统计值来判断回归方程估计结果的残差是否存在自相关性。所得结果如表 5.94 所示。

表 5.94　投入品价格上涨对茶叶 IMS_3 的影响估计滞后 12 期的 Q 统计值

Autocorrelation	Partial Correlation		AC	PAC	Q-Stat	Prob
		1	0.208	0.208	1.0042	0.316
		2	0.091	0.050	1.2055	0.547
		3	0.075	0.049	1.3521	0.717
		4	0.056	0.029	1.4382	0.838
		5	-0.066	-0.094	1.5663	0.905
		6	0.029	0.055	1.5930	0.953
		7	-0.125	-0.144	2.1184	0.953
		8	-0.236	-0.196	4.1628	0.842
		9	-0.046	0.061	4.2457	0.895
		10	0.000	0.028	4.2457	0.936
		11	0.000	0.041	4.2457	0.962
		12	0.000	-0.007	4.2457	0.979

由表 5.94 可以看出回归方程估计结果的残差不存在自相关性。下面采用加权最小二乘法对其进行修正，权数为初步估计残差绝对值的倒数，可以得到以下改进方程：

$$LnIMS_3 = -0.179833F_1 - 0.318297F_2 \qquad (5-115)$$
$$(-80.93465)\ (-16.7952)$$
$$R^2 = 0.98422 \quad DW = 1.779698$$

式（5-115）中括号内数字为 t 检验值，从式中可以看出 t 检验值较大，变量影响显著。改进回归方程整体拟合很好，因为可决系数（$R^2 = 0.98422$）很大。另外，采用 Q 统计值来判断回归方程改进估计结果的残差是否存在自相关性。所得结果如表 5.95 所示。

表 5.95　投入品价格上涨对茶叶 IMS_3 影响的改进估计滞后 12 期的 Q 统计值

Autocorrelation	Partial Correlation		AC	PAC	Q–Stat	Prob
┆▊┆	┆▊┆	1	0.100	0.100	0.2303	0.631
┆▊┆	┆▊┆	2	0.098	0.089	0.4664	0.792
┆▉┆	┆▉┆	3	0.217	0.203	1.6864	0.640
┆▊┆	┆▊┆	4	0.096	0.056	1.9387	0.747
┆▊┆	┆▌┆	5	0.069	0.025	2.0775	0.838
┆▊┆	┆▌┆	6	0.075	0.016	2.2557	0.895
┆▍┆	┆▊┆	7	-0.046	-0.095	2.3287	0.939
┆▉┆	┆▉┆	8	-0.212	-0.251	3.9742	0.859
┆▌┆	┆▌┆	9	0.029	0.040	4.0072	0.911
┆▌┆	┆▌┆	10	0.000	0.055	4.0072	0.947
┆▌┆	┆▊┆	11	0.000	0.109	4.0072	0.970
┆▌┆	┆▌┆	12	0.000	0.032	4.0072	0.983

由表 5.95 可以看出回归方程改进估计结果的残差不存在自相关性。由于回归方程改进估计结果通过了各项计量经济学的检验，可将 F_1、F_2 变为原来的解释变量，可得实证模型（5-102）的回归方程：

$$LnIMS_3 = 0.008904LnP_1 - 0.012988LnP_2 - 0.075284LnP_3 -$$
$$0.357404LnREER \qquad (5-116)$$

实证结果表明，当期化肥价格、农药价格和劳动力价格每上涨 1 个百分点，茶叶 IMS_3 分别上升 0.008904、下降 0.012988 和 0.075284 个百分点。当期人民币实际有效汇率每上涨 1 个百分点，茶叶 IMS_3 下降 0.357404 个百分点。

首先，用 OLS 法估计变量 $LnIMS_{31}$、F_1 和 F_2 的回归方程。根据 AIC 与 SC 最小准则，结合第三章的理论分析推论与经验判定，经反复试验，得到以下回归方程：

$$LnIMS_{31} = -0.791483F_1 - 1.732639F_2 + 5.710382 \qquad (5-117)$$
$$(-3.682324)\ (-1.878825)\ (2.136841)$$
$$R^2 = 0.478191 \quad DW = 0.765711 \quad F = 7.789496$$

式（5-117）中括号内数字为 t 检验值，从式中可以看出部分 t 检验值较小，部分变量影响不显著。回归方程整体拟合较差，因为可决系数

（$R^2 = 0.478191$）小。另外，采用 Q 统计值来判断回归方程估计结果的残差是否存在自相关性。所得结果如表 5.96 所示。

表 5.96　投入品价格上涨对红茶 IMS_{31} 的影响估计滞后 12 期的 Q 统计值

Autocorrelation	Partial Correlation		AC	PAC	Q–Stat	Prob
		1	0.542	0.542	6.8071	0.009
		2	0.262	-0.046	8.4791	0.014
		3	0.165	0.059	9.1829	0.027
		4	0.071	-0.048	9.3225	0.054
		5	0.051	0.039	9.3981	0.094
		6	-0.124	-0.235	9.8835	0.130
		7	-0.275	-0.163	12.434	0.087
		8	-0.100	0.217	12.801	0.119
		9	-0.025	-0.003	12.826	0.171
		10	0.000	0.021	12.826	0.234
		11	0.000	-0.016	12.826	0.305
		12	0.000	0.031	12.826	0.382

由表 5.96 可以看出回归方程估计结果的残差不存在自相关性。下面采用加权最小二乘法对其进行修正，权数为初步估计残差平方的倒数，可以得到以下改进方程：

$$LnIMS_{31} = -0.542651F_1 - 0.935004F_2 + 2.612407 \tag{5-118}$$
$$(-8.157549)\ (-3.470995)\ (3.008593)$$
$$R^2 = 1\quad DW = 0.939537\quad F = 88.79506$$

式（5-118）中括号内数字为 t 检验值，从式中可以看出 t 检验值较大，变量影响显著。改进回归方程整体拟合很好，因为可决系数（$R^2 = 1$）很大。另外，采用 Q 统计值来判断回归方程改进估计结果的残差是否存在自相关性。所得结果如表 5.97 所示。

由表 5.97 可以看出回归方程改进估计结果的残差不存在自相关性。由于回归方程改进估计结果通过了各项计量经济学的检验，可将 F_1、F_2 变为原来的解释变量，可得实证模型（5-103）的回归方程：

$$LnIMS_{31} = 0.018271LnP_1 - 0.045622LnP_2 - 0.228772LnP_3 -$$
$$1.055439LnREER + 2.612407 \tag{5-119}$$

表 5.97　投入品价格上涨对红茶 IMS_{31} 影响的改进估计滞后 12 期的 Q 统计值

Autocorrelation	Partial Correlation		AC	PAC	Q–Stat	Prob
		1	0.333	0.333	2.5605	0.110
		2	0.287	0.198	4.5688	0.102
		3	0.353	0.247	7.8007	0.050
		4	0.069	−0.159	7.9325	0.094
		5	0.054	−0.058	8.0189	0.155
		6	−0.065	−0.170	8.1530	0.227
		7	−0.196	−0.145	9.4473	0.222
		8	−0.172	−0.066	10.531	0.230
		9	−0.174	0.019	11.741	0.228
		10	0.000	0.253	11.741	0.303
		11	0.000	0.095	11.741	0.383
		12	0.000	−0.001	11.741	0.467

　　实证结果表明，当期化肥价格、农药价格和劳动力价格每上涨 1 个百分点，红茶 IMS_{31} 分别上升 0.018271、下降 0.045622 和 0.228772 个百分点。当期人民币实际有效汇率每上涨 1 个百分点，红茶 IMS_{31} 下降 1.055439 个百分点。

　　首先，用 OLS 法估计变量 $LnIMS_{32}$、F_1 和 F_2 的回归方程。根据 AIC 与 SC 最小准则，结合第三章的理论分析推论与经验判定，经反复试验，得到以下回归方程：

$$LnIMS_{32} = -0.198014F_1 + 0.30637F_2 - 0.255146F_2（-1）+1.179107$$

$$(5-120)$$

$$（-5.655045）（2.262948）（-1.691461）（2.665053）$$

$$R^2 = 0.869217 \quad DW = 0.87385 \quad F = 33.23138$$

　　式（5-120）中括号内数字为 t 检验值，从式中可以看出部分 t 检验值较小，部分变量影响不显著。回归方程整体拟合较差，因为可决系数（$R^2 = 0.869217$）大。另外，采用 Q 统计值来判断回归方程估计结果的残差是否存在自相关性。所得结果如表 5.98 所示。

　　由表 5.98 可以看出回归方程估计结果的残差不存在自相关性。下面采用加权最小二乘法对其进行修正，权数为初步估计残差绝对值的倒数，可以得到以下改进方程：

$$LnIMS_{32} = -0.214954F_1 + 0.257634F_2 - 0.30698F_2 \ (-1) \ + 1.433097$$

$$(5-121)$$

$$(-23.98599)\ (8.608525)\ (-11.50422)\ (2.665053)$$

$$R^2 = 0.999859 \qquad DW = 1.191225 \qquad F = 1353.686$$

表 5.98　投入品价格上涨对绿茶 IMS_{32} 的影响估计滞后 12 期的 Q 统计值

Autocorrelation	Partial Correlation		AC	PAC	Q–Stat	Prob
		1	0.439	0.439	4.2665	0.039
		2	0.063	-0.161	4.3591	0.113
		3	0.029	0.086	4.3800	0.223
		4	0.160	0.154	5.0649	0.281
		5	0.015	-0.170	5.0714	0.407
		6	-0.033	0.063	5.1052	0.530
		7	-0.099	-0.130	5.4289	0.608
		8	-0.116	-0.073	5.9155	0.657
		9	0.026	0.189	5.9435	0.746
		10	0.000	-0.164	5.9435	0.820
		11	0.000	0.133	5.9435	0.877
		12	0.000	-0.009	5.9435	0.919

式（5-121）中括号内数字为 t 检验值，从式中可以看出 t 检验值较大，变量影响显著。改进回归方程整体拟合很好，因为可决系数（$R^2 =$ 0.999859）很大。另外，采用 Q 统计值来判断回归方程改进估计结果的残差是否存在自相关性。所得结果如表 5.99 所示。

表 5.99　投入品价格上涨对绿茶 IMS_{32} 影响的改进估计滞后 12 期的 Q 统计值

Autocorrelation	Partial Correlation		AC	PAC	Q–Stat	Prob
		1	0.365	0.365	2.9486	0.086
		2	0.125	-0.009	3.3161	0.191
		3	0.072	0.034	3.4458	0.328
		4	-0.026	-0.072	3.4643	0.483
		5	-0.061	-0.035	3.5692	0.613
		6	-0.026	0.014	3.5898	0.732
		7	-0.019	-0.006	3.6020	0.824
		8	-0.137	-0.146	4.2850	0.831
		9	0.026	0.142	4.3129	0.890
		10	0.000	-0.056	4.3129	0.932
		11	0.000	0.027	4.3129	0.960
		12	0.000	-0.032	4.3129	0.977

由表 5.99 可以看出回归方程改进估计结果的残差不存在自相关性。由于回归方程改进估计结果通过了各项计量经济学的检验，可将 F_1、F_2 变为原来的解释变量，可得实证模型（5-104）的回归方程：

$$LnIMS_{32} = -0.204772LnP_1 + 0.103634LnP_1(-1) - 0.176659LnP_2 +$$
$$0.077520LnP_2(-1) - 0.130133LnP_3 + 0.019314LnP3(-1) +$$
$$0.150017LnREER - 0.277695LnREER(-1) + 1.433097$$

$$(5-122)$$

实证结果表明，当期化肥价格、农药价格和劳动力价格每上涨 1 个百分点，绿茶 IMS_{32} 分别下降 0.204772、0.176659 和 0.130133 百分点。前期化肥价格、农药价格和劳动力价格每上涨 1 个百分点，绿茶 IMS_{32} 分别上升 0.103634、0.077520 和 0.019314 个百分点。当期人民币实际有效汇率每上涨 1 个百分点，绿茶 IMS_{32} 下降 0.277695 个百分点。前期人民币实际有效汇率每上涨 1 个百分点，绿茶 IMS_{32} 上升 0.150017 个百分点。

接着，用 OLS 法估计变量 $LnRCA_3$、F_1 和 F_2 的回归方程。根据 AIC 与 SC 最小准则，结合第三章的理论分析推论与经验判定，经反复试验，得到以下回归方程：

$$LnRCA_3 = -1.078482F_1 - 1.171136F_2 + 11.47183 \qquad (5-123)$$
$$(-5.550647) \quad (-1.40487) \quad (4.748869)$$
$$R^2 = 0.74495 \quad DW = 0.911375 \quad F = 24.82681$$

式（5-123）中括号内数字为 t 检验值。从式中可以看出部分 t 检验值很小，部分变量影响不显著。回归方程整体拟合不太好，因为可决系数（$R^2 = 0.74495$）不很大。另外，采用 Q 统计值来判断回归方程估计结果的残差是否存在自相关性。所得结果如表 5.100 所示。

由表 5.100 可以看出回归方程估计结果的残差不存在自相关性。下面采用加权最小二乘法对其进行修正，权数为初步估计残差的绝对值的倒数，可以得到以下改进方程：

$$LnRCA_3 = -1.227581F_1 - 1.590204F_2 + 13.17884 \qquad (5-124)$$
$$(-9.851452) \quad (-2.725656) \quad (7.622213)$$

$$R^2 = 0.999195 \quad DW = 1.915472 \quad F = 10550.97$$

表 5.100　投入品价格上涨对茶叶 RCA_3 的影响估计滞后 12 期的 Q 统计值

Autocorrelation	Partial Correlation		AC	PAC	Q–Stat	Prob
		1	0.526	0.526	6.4109	0.011
		2	0.348	0.098	9.3696	0.009
		3	0.135	−0.115	9.8396	0.020
		4	−0.043	−0.144	9.8908	0.042
		5	−0.127	−0.056	10.362	0.066
		6	−0.117	0.034	10.794	0.095
		7	−0.155	−0.081	11.605	0.114
		8	−0.091	0.023	11.909	0.155
		9	0.009	0.095	11.912	0.218
		10	0.000	−0.059	11.912	0.291
		11	0.000	−0.054	11.912	0.370
		12	0.000	−0.005	11.912	0.453

　　式 (5-124) 中括号内数字为 t 检验值。从式中可以看出 t 检验值较大，变量影响显著。改进回归方程整体拟合好，因为可决系数（R^2 = 0.999195）大。另外，采用 Q 统计值来判断回归方程改进估计结果的残差是否存在自相关性。所得结果如表 5.101 所示。

表 5.101　投入品价格上涨对茶叶 RCA_4 影响的改进估计滞后 12 期的 Q 统计值

Autocorrelation	Partial Correlation		AC	PAC	Q–Stat	Prob
		1	−0.076	−0.076	0.1338	0.715
		2	0.057	0.051	0.2129	0.899
		3	0.111	0.121	0.5346	0.911
		4	−0.040	−0.026	0.5789	0.965
		5	−0.300	−0.326	3.2187	0.666
		6	−0.183	−0.277	4.2717	0.640
		7	−0.169	−0.207	5.2423	0.630
		8	−0.183	−0.166	6.4655	0.595
		9	0.001	−0.006	6.4655	0.693
		10	−0.060	−0.148	6.6216	0.761
		11	0.016	−0.198	6.4343	0.828
		12	0.213	−0.019	9.1212	0.693

　　由表 5.101 可以看出回归方程改进估计结果的残差不存在自相关性。由于回归方程改进估计结果通过了各项计量经济学的检验，可将 F_1、F_2 变

为原来的解释变量，可得实证模型（5-105）的回归方程：

$$LnRCA_3 = -0.195654LnP_1 - 0.264185LnP_2 - 0.4979014LnP_3 -$$
$$1.476041LnREER \tag{5-125}$$

实证结果表明，当期化肥、农药、劳动力价格每上涨 1 个百分点，茶叶 RCA_3 分别下降 0.195654、0.264185、0.497901 个百分点。当期人民币实际有效汇率每上升 1 个百分点，茶叶 RCA_3 下降 1.476041 个百分点。

接着，用 OLS 法估计变量 $LnRCA_{31}$、F_1 和 F_2 的回归方程。根据 AIC 与 SC 最小准则，结合第三章的理论分析推论与经验判定，经反复试验，得到以下回归方程：

$$LnRCA_{31} = -1.64131F_1 - 2.419062F_2 + 16.58836 \tag{5-126}$$
$$(-4.95604) \quad (-1.703524) \quad (4.02652)$$
$$R^2 = 0.671441 \quad DW = 0.659411 \quad F = 17.37051$$

式（5-126）中括号内数字为 t 检验值。从式中可以看出部分 t 检验值很小，部分变量影响不显著。回归方程整体拟合不太好，因为可决系数（0.671441）不很大。另外，采用 Q 统计值来判断回归方程估计结果的残差是否存在自相关性。所得结果如表 5.102 所示。

表 5.102　投入品价格上涨对红茶 RCA_{31} 的影响估计滞后 12 期的 Q 统计值

Autocorrelation	Partial Correlation		AC	PAC	Q-Stat	Prob
		1	0.643	0.643	9.5788	0.002
		2	0.407	-0.012	13.624	0.001
		3	0.180	-0.131	14.466	0.002
		4	-0.039	-0.177	14.508	0.006
		5	-0.133	-0.007	15.028	0.010
		6	-0.231	-0.121	16.710	0.010
		7	-0.249	-0.033	18.816	0.009
		8	-0.046	0.298	18.895	0.015
		9	-0.002	-0.104	18.895	0.026
		10	0.000	-0.148	18.895	0.042
		11	0.000	-0.029	18.895	0.063
		12	0.000	0.076	18.895	0.091

由表 5.102 可以看出回归方程估计结果的残差不存在自相关性。下面

采用加权最小二乘法对其进行修正，权数为初步估计残差的平方的倒数，可以得到以下改进方程：

$$LnRCA_{31} = -1.722247F_1 - 2.972569F_2 + 17.89101 \tag{5-127}$$

$$(-13.07646)\ (-5.423003)\ (10.12109)$$

$$R^2 = 1 \quad DW = 1.70216 \quad F = 2193.26$$

式（5-127）中括号内数字为 t 检验值。从式中可以看出 t 检验值较大，变量影响显著。改进回归方程整体拟合好，因为可决系数（$R^2 = 1$）大。另外，采用 Q 统计值来判断回归方程改进估计结果的残差是否存在自相关性。所得结果如表 5. 103 所示。

表 5. 103 投入品价格上涨对红茶 RCA_{31} 影响的改进估计滞后 12 期的 Q 统计值

Autocorrelation	Partial Correlation		AC	PAC	Q-Stat	Prob
		1	0.071	0.071	0.1174	0.732
		2	0.232	0.229	1.4381	0.487
		3	-0.034	-0.067	1.4681	0.690
		4	0.067	0.021	1.5906	0.810
		5	-0.076	-0.062	1.7595	0.881
		6	0.162	0.160	2.5869	0.859
		7	-0.179	-0.184	3.6702	0.817
		8	0.057	0.014	3.7874	0.876
		9	-0.078	0.009	4.0316	0.909
		10	0.000	-0.037	4.0316	0.846
		11	0.000	0.055	4.0316	0.969
		12	0.000	-0.057	4.0316	0.983

由表 5. 103 可以看出回归方程改进估计结果的残差不存在自相关性。由于回归方程改进估计结果通过了各项计量经济学的检验，可将 F_1、F_2 变为原来的解释变量，可得实证模型（5-106）的回归方程：

$$LnRCA_{31} = 0.059704LnP_1 - 0.143508LnP_2 - 0.72575LnP_3 -$$

$$3.354315LnREER + 17.89101 \tag{5-128}$$

实证结果表明，当期化肥、农药、劳动力价格每上涨 1 个百分点，红茶 RCA_{31} 分别上升 0.059704 和下降 0.143508、0.72575 个百分点。当期人民币实际有效汇率每上升 1 个百分点，红茶 RCA_{31} 下降 3.354315 个百分点。

接着，用 OLS 法估计变量 $LnRCA_{32}$、F_1 和 F_2 的回归方程。根据 AIC 与 SC 最小准则，结合第三章的理论分析推论与经验判定，经反复试验，得到以下回归方程：

$$LnRCA_{32} = -1.381021F_1 + 0.701912F_2 - 2.340155F_2(-1) + 16.0488$$

$$(5-129)$$

$$(-7.411145)(0.97515)(-2.917662)(6.811828)$$

$$R^2 = 0.86802 \quad DW = 0.948995 \quad F = 32.8846$$

式（5-129）中括号内数字为 t 检验值。从式中可以看出部分 t 检验值很小，部分变量影响不显著。回归方程整体拟合好，因为可决系数（$R^2 = 0.86802$）大。另外，采用 Q 统计值来判断回归方程估计结果的残差是否存在自相关性。所得结果如表 5.104 所示。

表 5.104　投入品价格上涨对绿茶 RCA_{32} 的影响估计滞后 12 期的 Q 统计值

Autocorrelation	Partial Correlation		AC	PAC	Q-Stat	Prob
		1	0.408	0.408	3.6846	0.055
		2	0.352	0.223	6.5978	0.037
		3	0.105	-0.123	6.8734	0.076
		4	0.084	0.007	7.0619	0.133
		5	-0.071	-0.110	7.2041	0.206
		6	-0.65	-0.159	8.0407	0.235
		7	-0.087	0.093	8.2932	0.307
		8	-0.034	0.079	8.3354	0.401
		9	-0.003	-0.010	8.3357	0.501
		10	0.000	-0.006	8.3357	0.596
		11	0.000	-0.042	8.3357	0.683
		12	0.000	-0.036	8.3357	0.758

由表 5.104 可以看出回归方程估计结果的残差不存在自相关性。下面采用加权最小二乘法对其进行修正，权数为初步估计残差的绝对值的倒数，可以得到以下改进方程：

$$LnRCA_{32} = -1.458733F_1 + 0.623614F_2 - 2.519006F_2(-1) +$$

$$17.02495$$

$$(5-130)$$

$$(-27.74772)(3.103393)(-9.482422)(25.49804)$$

$$R^2 = 0.999867 \quad DW = 1.303067 \quad F = 2429.098$$

式（5-130）中括号内数字为 t 检验值。从式中可以看出 t 检验值较大，变量影响显著。改进回归方程整体拟合好，因为可决系数（$R^2 = 0.999867$）大。另外，采用 Q 统计值来判断回归方程改进估计结果的残差是否存在自相关性。所得结果如表 5.105 所示。

由表 5.105 可以看出回归方程改进估计结果的残差不存在自相关性。由于回归方程改进估计结果通过了各项计量经济学的检验，可将 F_1、F_2 变为原来的解释变量，可得实证模型（5-107）的回归方程：

$$LnRCA_{32} = -1.009927LnP_1 + 0.850394LnP_1 \, (-1) - 0.914823LnP_2$$
$$+ 0.636112LnP_2 \, (-1) - 0.812351LnP_3 + 0.158488LnP_3$$
$$(-1) + 0.000598LnREER - 2.278698LnREER \, (-1)$$
$$+ 17.02495 \tag{5-131}$$

表 5.105　投入品价格上涨对绿茶 RCA_{32} 影响的改进估计滞后 12 期的 Q 统计值

Autocorrelation	Partial Correlation		AC	PAC	Q-Stat	Prob
		1	0.172	0.172	0.6586	0.417
		2	0.382	0.363	4.0771	0.130
		3	0.079	-0.030	4.2338	0.237
		4	0.015	-0.154	4.2397	0.375
		5	-0.175	-0.218	5.1111	0.402
		6	-0.163	-0.095	5.9260	0.432
		7	-0.088	0.123	6.1830	0.519
		8	-0.048	0.114	6.2657	0.618
		9	0.015	0.021	6.2749	0.712
		10	0.000	-0.108	6.2749	0.792
		11	0.000	-0.124	6.2749	0.854
		12	0.000	0.003	6.2749	0.902

实证结果表明，当期化肥、农药、劳动力价格每上涨 1 个百分点，绿茶 RCA_{32} 分别下降 1.009927、0.914823、0.812351 个百分点。前期化肥、农药、劳动力价格每上涨 1 个百分点，绿茶 RCA_{32} 分别上升 0.850394、0.636112、0.158488 个百分点。当期人民币实际有效汇率每上升 1 个百分点，绿茶 RCA_{32} 上升 0.000598 个百分点。前期人民币实际有效汇率每上升 1 个百分点，绿茶 RCA_{32} 下降 2.278698 个百分点。

然后，用 OLS 法估计变量 $LnTSC_3$、F_1 和 F_2 的回归方程。根据 AIC 与 SC 最小准则，结合第三章的理论分析推论与经验判定，经反复试验，得到以下回归方程：

$$LnTSC_3 = -0.052755F_1 - 0.036641F_2 + 0.456654 \qquad (5-132)$$

$$(-3.93904)\ (-0.637663)\ (2.742468)$$

$$R^2 = 0.628196 \quad DW = 1.150512 \quad F = 14.36154$$

式（5-132）中括号内数字为 t 检验值，从式中可以看出部分 t 检验值不大，部分变量影响不显著。回归方程整体拟合不太好，因为可决系数（$R^2 = 0.628196$）不是很大。另外，采用 Q 统计值来判断回归方程估计结果的残差是否存在自相关性。所得结果如表 5.106 所示。

表 5.106 投入品价格上涨对茶叶 TSC_4 的影响估计滞后 12 期的 Q 统计值

Autocorrelation	Partial Correlation		AC	PAC	Q-Stat	Prob
		1	0.237	0.237	1.2973	0.255
		2	0.002	-0.057	1.2974	0.523
		3	-0.055	-0.045	1.3756	0.711
		4	-0.123	-0.105	1.7928	0.774
		5	-0.127	-0.081	2.2683	0.811
		6	-0.108	-0.072	2.6331	0.853
		7	-0.006	0.022	2.6344	0.917
		8	0.024	-0.004	2.6551	0.954
		9	-0.051	-0.089	2.7583	0.973
		10	-0.037	-0.035	2.8202	0.985
		11	0.052	0.056	2.9514	0.991
		12	-0.112	-0.161	3.6367	0.989

由表 5.106 可以看出回归方程估计结果的残差不存在自相关性。下面采用加权最小二乘法对其进行修正，权数为初步估计残差绝对值的倒数，可以得到以下改进方程：

$$LnTSC_3 = -0.040552F_1 - 0.029657F_2 + 0.347019 \qquad (5-133)$$

$$(-6.52379)\ (-2.473506)\ (5.87343)$$

$$R^2 = 0.715438 \quad DW = 1.640068 \quad F = 21.37044$$

式（5-133）中括号内数字为 t 检验值，从式中可以看出 t 检验值较大，变量影响显著。回归方程整体拟合好，因为可决系数（$R^2 = $

0.715438）大。另外，采用 Q 统计值来判断回归方程估计结果的残差是否存在自相关性。所得结果如表 5.107 所示。

表 5.107　投入品价格上涨对茶叶 TSC_3 的影响改进估计滞后 12 期的 Q 统计值

Autocorrelation	Partial Correlation		AC	PAC	Q–Stat	Prob
		1	−0.041	−0.041	0.0393	0.843
		2	−0.041	−0.043	0.0811	0.960
		3	0.175	0.172	0.8747	0.832
		4	−0.071	−0.061	1.0123	0.908
		5	−0.033	−0.024	1.0435	0.959
		6	−0.031	−0.070	1.0735	0.983
		7	−0.101	−0.086	1.4160	0.985
		8	0.195	0.201	2.8143	0.945
		9	−0.044	−0.030	2.8928	0.968
		10	−0.194	−0.173	4.5513	0.919
		11	0.068	−0.026	4.7757	0.942
		12	−0.171	−0.171	6.3931	0.895

由表 5.107 可以看出回归方程改进估计结果的残差不存在自相关性。由于回归方程改进估计结果通过了各项计量经济学的检验，可将 F_1、F_2 变为原来的解释变量，可得实证模型（5-108）的回归方程：

$$LnTSC_3 = -0.012211LnP_1 - 0.013565LnP_2 - 0.019626LnP_3 -$$
$$0.042493LnREER + 0.347019 \tag{5-134}$$

实证结果表明，当期化肥、农药、劳动力价格每上涨 1 个百分点，茶叶 TSC_3 分别下降 0.012211、0.013565、0.019626 个百分点。当期人民币实际有效汇率每上升 1 个百分点，茶叶 TSC_3 下降 0.042493 个百分点。

然后，用 OLS 法估计变量 $LnTSC_{31}$、F_1 和 F_2 的回归方程。根据 AIC 与 SC 最小准则，结合第三章的理论分析推论与经验判定，经反复试验，得到以下回归方程：

$$LnTSC_{31} = -0.239916F_1 - 0.264437F_2 + 2.215798 \tag{5-135}$$
$$(-4.215252)\ (-1.082887)\ (3.131271)$$
$$R^2 = 0.626159 \quad DW = 0.695225 \quad F = 14.23696$$

式（5-135）中括号内数字为 t 检验值，从式中可以看出部分 t 检验值不大，部分变量影响不显著。回归方程整体拟合不太好，因为可决系数

（$R^2 = 0.626159$）不很大。另外，采用 Q 统计值来判断回归方程估计结果的残差是否存在自相关性。所得结果如表 5.108 所示。

表 5.108　投入品价格上涨对红茶 TSC_{31} 的影响估计滞后 12 期的 Q 统计值

Autocorrelation	Partial Correlation		AC	PAC	Q–Stat	Prob
		1	0.223	0.223	1.1551	0.282
		2	0.182	0.139	1.9638	0.375
		3	0.007	−0.064	1.9649	0.580
		4	−0.042	−0.061	2.0139	0.733
		5	−0.031	−0.001	2.0425	0.843
		6	−0.036	−0.012	2.0829	0.912
		7	−0.054	−0.044	2.1800	0.949
		8	−0.078	−0.060	2.4021	0.966
		9	−0.065	−0.028	2.5713	0.979
		10	0.000	0.040	2.5713	0.990
		11	0.000	0.000	2.5713	0.995
		12	0.000	−0.020	2.5713	0.998

由表 5.108 可以看出回归方程估计结果的残差不存在自相关性。下面采用加权最小二乘法对其进行修正，权数为初步估计残差绝对值的倒数，可以得到以下改进方程：

$$LnTSC_{31} = -0.168889F_1 - 0.191328F_2 + 1.554233 \tag{5-136}$$

$$(-9.534193)\quad(-4.98345)\quad(9.657931)$$

$$R^2 = 0.902394\quad DW = 0.687804\quad F = 50.38588$$

式（5-136）中括号内数字为 t 检验值，从式中可以看出 t 检验值较大，变量影响显著。回归方程整体拟合好，因为可决系数（$R^2 = 0.902394$）大。另外，采用 Q 统计值来判断回归方程估计结果的残差是否存在自相关性。所得结果如表 5.109 所示。

由表 5.109 可以看出回归方程改进估计结果的残差不存在自相关性。由于回归方程改进估计结果通过了各项计量经济学的检验，可将 F_1、F_2 变为原来的解释变量，可得实证模型（5-109）的回归方程：

$$LnTSC_{31} = -0.027962LnP_1 - 0.039369LnP_2 -$$

$$0.077472LnP_3 - 0.238319LnREER + 1.554233 \tag{5-137}$$

表 5.109　投入品价格上涨对红茶 TSC_{31} 的影响改进估计滞后 12 期的 Q 统计值

Autocorrelation	Partial Correlation		AC	PAC	Q–Stat	Prob
		1	0.303	0.303	2.1305	0.144
		2	0.156	0.071	2.7292	0.255
		3	0.016	−0.055	2.7361	0.434
		4	−0.041	−0.047	2.7820	0.595
		5	−0.009	0.024	2.7843	0.733
		6	−0.069	−0.068	2.9352	0.817
		7	−0.117	−0.093	3.3976	0.846
		8	−0.104	−0.037	3.7916	0.875
		9	−0.096	−0.038	4.1592	0.901
		10	0.000	0.047	4.1592	0.940
		11	0.000	−0.009	4.1592	0.965
		12	0.000	−0.015	4.1592	0.980

　　实证结果表明，当期化肥、农药、劳动力价格每上涨 1 个百分点，红茶 TSC_{31} 分别下降 0.027962、0.039369、0.077472 个百分点。当期人民币实际有效汇率每上升 1 个百分点，红茶 TSC_{31} 下降 0.238319 个百分点。

　　然后，用 OLS 法估计变量 $LnTSC_{32}$、F_1 和 F_2 的回归方程。根据 AIC 与 SC 最小准则，结合第三章的理论分析推论与经验判定，经反复试验，得到以下回归方程：

$$LnTSC_{32} = -0.020138F_1 + 0.020398F_1(-1) - 0.009474F_2 \qquad (5-138)$$
$$(-2.993885)\ (2.903678)\ (-1.557432)$$
$$R^2 = 0.320871 \quad DW = 1.072529$$

　　式（5-138）中括号内数字为 t 检验值，从式中可以看出部分 t 检验值不大，部分变量影响不显著。回归方程整体拟合不太好，因为可决系数（$R^2 = 0.320871$）不很大。另外，采用 Q 统计值来判断回归方程估计结果的残差是否存在自相关性。所得结果如表 5.110 所示。

　　由表 5.110 可以看出回归方程估计结果的残差不存在自相关性。下面采用加权最小二乘法对其进行修正，权数为初步估计残差绝对值的倒数，可以得到以下改进方程：

$$LnTSC_{32} = -0.021856F_1 + 0.022152F_1(-1) - 0.00915F_2 \qquad (5-139)$$
$$(-20.40457)\ (20.16783)\ (-3.062422)$$

$$R^2 = 0.993456 \quad DW = 1.639178$$

表 5.110　投入品价格上涨对绿茶 TSC_{32} 的影响估计滞后 12 期的 Q 统计值

Autocorrelation	Partial Correlation		AC	PAC	Q-Stat	Prob
		1	0.191	0.191	0.8052	0.370
		2	0.209	0.179	1.8256	0.401
		3	0.129	0.067	2.2429	0.524
		4	0.083	0.017	2.4249	0.658
		5	0.009	-0.044	2.4272	0.787
		6	-0.008	-0.031	2.4289	0.876
		7	-0.064	-0.065	2.5645	0.922
		8	-0.169	-0.153	3.5976	0.891
		9	-0.145	-0.081	4.4358	0.880
		10	0.000	0.109	4.4358	0.926
		11	0.000	0.071	4.4358	0.955
		12	0.000	0.013	4.4358	0.974

式（5-139）中括号内数字为 t 检验值，从式中可以看出 t 检验值较大，变量影响显著。回归方程整体拟合好，因为可决系数（R^2 = 0.993456）大。另外，采用 Q 统计值来判断回归方程估计结果的残差是否存在自相关性。所得结果如表 5.111 所示。

表 5.111　投入品价格上涨对绿茶 TSC_{32} 的影响改进估计滞后 12 期的 Q 统计值

Autocorrelation	Partial Correlation		AC	PAC	Q-Stat	Prob
		1	0.048	0.048	0.0511	0.821
		2	0.039	0.037	0.0875	0.957
		3	0.042	0.039	0.1318	0.988
		4	0.173	0.169	0.9279	0.921
		5	0.009	-0.009	0.9301	0.968
		6	-0.020	-0.034	0.9425	0.988
		7	-0.169	-0.186	1.8915	0.966
		8	-0.102	-0.125	2.2695	0.972
		9	-0.057	-0.042	2.4009	0.983
		10	0.000	0.038	2.4009	0.992
		11	0.000	0.087	2.4009	0.997
		12	0.000	0.055	2.4009	0.998

由表 5.111 可以看出回归方程改进估计结果的残差不存在自相关性。由于回归方程改进估计结果通过了各项计量经济学的检验，可将 F_1、F_2 变

为原来的解释变量，可得实证模型（5-110）的回归方程：

$$LnTSC_{32} = -0.008888LnP_1 + 0.012140LnP_1 \ (-1) \ -0.009037LnP_2$$
$$+0.011501LnP_2 \ (-1) \ -0.011008LnP_3 + 0.011740LnP_3$$
$$(-1) \ -0.016720LnREER + 0.008558LnREER \ (-1) \quad (5-140)$$

实证结果表明，当期化肥、农药、劳动力价格每上涨 1 个百分点，绿茶 TSC_{32} 分别下降 0.008888、0.009037、0.011008 个百分点。前期化肥、农药、劳动力价格每上涨 1 个百分点，绿茶 TSC_{32} 分别上升 0.012140、0.011501、0.011740 个百分点。当期人民币实际有效汇率每上升 1 个百分点，绿茶 TSC_{32} 下降 0.016720 个百分点。前期人民币实际有效汇率每上升 1 个百分点，绿茶 TSC_{32} 上升 0.008558 个百分点。

最后，用 OLS 法估计变量 $LnQCI_3$、F_1 和 F_2 的回归方程。根据 AIC 与 SC 最小准则，结合第三章的理论分析推论与经验判定，经反复试验，得到以下回归方程：

$$LnQCI_3 = -0.167554F_1 + 1.032079F_2 - 1.292153F_2 \ (-1) \ +1.481106$$
$$(5-141)$$
$$(-0.686479) \ (1.093643) \ (-1.22891) \ (0.480256)$$
$$R^2 = 0.122536 \quad DW = 2.215839 \quad F = 0.698238$$

式（5-141）中括号内数字为 t 检验值，从式中可以看出部分 t 检验值较小，部分变量影响不显著。回归方程整体拟合不好，因为可决系数（$R^2 = 0.122536$）很小。另外，采用 Q 统计值来判断回归方程估计结果的残差是否存在自相关性。所得结果如表 5.112 所示。

由表 5.112 可以看出回归方程估计结果的残差不存在自相关性。下面采用加权最小二乘法对其进行修正，权数为初步估计残差平方的倒数，可以得到以下改进方程：

$$LnQCI_3 = -0.098361F_1 + 1.356305F_2 - 1.44839F_2 \ (-1) \ +0.689074$$
$$(5-142)$$
$$(-10.34971) \ (13.48393) \ (-22.35147) \ (5.149713)$$
$$R^2 = 0.990038 \quad DW = 2.432076 \quad F = 496.9096$$

表 5.112 投入品价格上涨对茶叶 QCI_3 影响的估计滞后 12 期的 Q 统计值

Autocorrelation	Partial Correlation		AC	PAC	Q–Stat	Prob
		1	-0.109	-0.109	0.2611	0.609
		2	-0.163	-0.177	0.8832	0.643
		3	-0.230	-0.282	2.2000	0.532
		4	0.077	-0.033	2.3588	0.670
		5	-0.019	-0.119	2.3688	0.796
		6	0.002	-0.088	2.3689	0.883
		7	-0.029	-0.065	2.3963	0.935
		8	-0.047	-0.128	2.4749	0.963
		9	-0.014	-0.092	2.4825	0.981
		10	0.036	-0.051	2.5403	0.990
		11	-0.078	-0.177	2.8441	0.993
		12	0.074	-0.012	3.1523	0.994

式（5-142）中括号内数字为 t 检验值，从式中可以看出 t 检验值较大，变量影响显著。回归方程整体拟合较好，因为可决系数（R^2 = 0.990038）较大。另外，采用 Q 统计值来判断回归方程估计结果的残差是否存在自相关性。所得结果如表 5.113 所示。

表 5.113 投入品价格上涨对茶叶 QCI_3 影响的改进估计滞后 12 期的 Q 统计值

Autocorrelation	Partial Correlation		AC	PAC	Q–Stat	Prob
		1	-0.295	-0.295	1.9342	0.164
		2	-0.087	-0.191	2.1107	0.348
		3	0.315	0.259	4.5844	0.205
		4	-0.083	0.098	4.7656	0.312
		5	-0.104	-0.061	5.0767	0.407
		6	-0.011	-0.186	5.0803	0.534
		7	-0.005	-0.093	5.0811	0.650
		8	-0.157	-0.158	5.9782	0.650
		9	-0.137	-0.229	6.7220	0.666
		10	0.102	-0.034	7.1794	0.708
		11	-0.111	-0.043	7.7936	0.732
		12	-0.088	-0.066	8.2381	0.766

由表 5.113 可以看出回归方程改进估计结果的残差不存在自相关性。由于回归方程改进估计结果通过了各项计量经济学的检验，可将 F_1、F_2 变为原来的解释变量，可得实证模型（5-111）的回归方程：

$$LnQCI_3 = -0.511779LnP_1 + 0.488963LnP_1（-1）+$$

$$0.365755LnP_2（-1）-0.137465LnP_3+$$

$$0.091128LnP_3（-1）+1.188918LnREER-$$

$$1.310216LnREER（-1） \qquad (5-143)$$

实证结果表明，当期化肥、农药、劳动力价格每上涨 1 个百分点，茶叶 QCI_3 分别下降 0.511779、0.365755、0.137465 个百分点；前第一期化肥、农药、劳动力价格每上涨 1 个百分点，茶叶 QCI_3 分别上升 0.488963、0.365755、0.091128 个百分点；当期人民币实际有效汇率每上升 1 个百分点，茶叶 QCI_3 上升 1.188918 个百分点。前第一期人民币实际有效汇率每上升 1 个百分点，茶叶 QCI_3 下降 1.310216 个百分点。

最后，用 OLS 法估计变量 $LnQCI_{31}$、F_1 和 F_2 的回归方程。根据 AIC 与 SC 最小准则，结合第三章的理论分析推论与经验判定，经反复试验，得到以下回归方程：

$$LnQCI_{31}=-0.502098F_1+0.816307F_1（-1）+0.73984F_2-$$

$$0.810922F_2（-1） \qquad (5-144)$$

$$（-0.868179）（1.093643）（-1.22891）（0.480256）$$

$$R^2=0.1486 \quad DW=2.328574$$

式（5-144）中括号内数字为 t 检验值，从式中可以看出部分 t 检验值较小，部分变量影响不显著。回归方程整体拟合不好，因为可决系数（$R^2=0.148600$）很小。另外，采用 Q 统计值来判断回归方程估计结果的残差是否存在自相关性。所得结果如表 5.114 所示。

由表 5.114 可以看出回归方程估计结果的残差不存在自相关性。下面采用加权最小二乘法对其进行修正，权数为初步估计残差平方的倒数，可以得到以下改进方程：

$$LnQCI_{31}=-0.257119F_1+0.262215F_1（-1）+0.994654F_2-$$

$$1.102114F_2（-1） \qquad (5-145)$$

$$（-10.34971）（13.48393）（-22.35147）（5.149713）$$

$$R^2=0.999806 \quad DW=1.86426$$

表 5.114　投入品价格上涨对红茶 QCI_{31} 影响的估计滞后 12 期的 Q 统计值

Autocorrelation	Partial Correlation		AC	PAC	Q–Stat	Prob
		1	−0.158	−0.158	0.5543	0.457
		2	−0.119	−0.147	0.8852	0.642
		3	−0.108	−0.160	1.1737	0.759
		4	0.045	−0.025	1.2273	0.874
		5	−0.106	−0.150	1.5470	0.908
		6	0.020	−0.049	1.5596	0.955
		7	−0.021	−0.070	1.5745	0.980
		8	−0.014	−0.077	1.5813	0.991
		9	0.006	−0.032	1.5829	0.996
		10	0.000	−0.052	1.5829	0.999
		11	0.000	−0.032	1.5829	1.000
		12	0.000	−0.030	1.5829	1.000

式（5-145）中括号内数字为 t 检验值，从式中可以看出 t 检验值较大，变量影响显著。回归方程整体拟合较好，因为可决系数（R^2 = 0.990038）较大。另外，采用 Q 统计值来判断回归方程估计结果的残差是否存在自相关性。所得结果如表 5.115 所示。

表 5.115　投入品价格上涨对红茶 QCI_{31} 影响的改进估计滞后 12 期的 Q 统计值

Autocorrelation	Partial Correlation		AC	PAC	Q–Stat	Prob
		1	−0.151	−0.151	0.4160	0.519
		2	0.214	0.196	1.3156	0.518
		3	−0.174	−0.126	1.9585	0.581
		4	−0.128	−0.219	2.3364	0.674
		5	−0.076	−0.063	2.4854	0.779
		6	0.191	0.255	3.5231	0.741
		7	0.027	0.066	3.5461	0.830
		8	0.000	−0.176	3.5461	0.896
		9	0.000	−0.006	3.5461	0.939
		10	0.000	0.181	3.5461	0.966
		11	0.000	0.050	3.5461	0.981
		12	0.000	−0.164	3.5461	0.990

由表 5.115 可以看出回归方程改进估计结果的残差不存在自相关性。由于回归方程改进估计结果通过了各项计量经济学的检验，可将 F_1、F_2 变为原来的解释变量，可得实证模型（5-112）的回归方程：

$$LnQCI_{31} = -0.476690LnP_1 + 0.515760LnP_1(-1) - 0.384666LnP_2 +$$

$$0.414448LnP_2\ (-1)\ -0.198851LnP_3+0.208313LnP_3\ (-1)\ +$$

$$0.800438LnREER-0.895678LnREER\ (-1)\ \hspace{2cm}(5-146)$$

实证结果表明，当期化肥、农药、劳动力价格每上涨 1 个百分点，红茶 QCI_{31} 分别下降 0.476690、0.384666、0.19885 个百分点；前第一期化肥、农药、劳动力价格每上涨 1 个百分点，红茶 QCI_{31} 分别上升 0.515760、0.414448、0.208313 个百分点；当期人民币实际有效汇率每上升 1 个百分点，红茶 QCI_{31} 上升 0.800438 个百分点。前第一期人民币实际有效汇率每上升 1 个百分点，红茶 QCI_{31} 下降 0.895678 个百分点。

最后，用 OLS 法估计变量 $LnQCI_{32}$、F_1 和 F_2 的回归方程。根据 AIC 与 SC 最小准则，结合第三章的理论分析推论与经验判定，经反复试验，得到以下回归方程：

$$LnQCI_{32} =-0.262529F_1+0.210403F_2-0.557748F_2\ (-1)\ +$$

$$2.404334 \hspace{4cm}(5-147)$$

$$(-8.066735)\ (2.596995)\ (-5.484692)\ (6.621254)$$

$$R^2=0.884621 \quad DW=2.092845 \quad F=28.11276$$

式（5-147）中括号内数字为 t 检验值，从式中可以看出部分 t 检验值大，变量影响不显著。回归方程整体拟合好，因为可决系数（$R^2 = 0.884621$）大。另外，采用 Q 统计值来判断回归方程估计结果的残差是否存在自相关性。所得结果如表 5.116 所示。

表 5.116　投入品价格上涨对绿茶 QCI_{32} 影响的估计滞后 12 期的 Q 统计值

Autocorrelation	Partial Correlation		AC	PAC	Q-Stat	Prob
		1	0.065	0.065	0.0941	0.759
		2	-0.164	-0.169	0.7261	0.696
		3	-0.087	-0.066	0.9145	0.822
		4	0.032	0.016	0.9422	0.918
		5	0.032	0.004	0.9705	0.965
		6	0.033	0.033	1.0030	0.985
		7	0.010	0.016	1.0064	0.995
		8	-0.025	-0.015	1.0296	0.998
		9	-0.006	0.005	1.0308	0.999
		10	0.000	-0.007	1.0308	1.000
		11	0.000	-0.005	1.0308	1.000
		12	0.000	-0.001	1.0308	1.000

由表 5.116 可以看出回归方程估计结果的残差不存在自相关性。由于
回归方程改进估计结果通过了各项计量经济学的检验，可将 F_1、F_2 变为原
来的解释变量，可得实证模型（5-113）的回归方程：

$$LnQCI_{32} = -0.214899LnP_1 + 0.188291LnP_1(-1) - 0.189432P_2 +$$
$$0.140845LnP_2(-1) - 0.152376LnP_3 + 0.035092LnP_3(-1) +$$
$$0.088913LnREER - 0.504540LnREER(-1) + 2.404334$$

$$(5-148)$$

实证结果表明，当期化肥、农药、劳动力价格每上涨 1 个百分点，绿
茶 QCI_{32} 分别下降 0.214899、0.189432、0.152376 个百分点；前第一期化
肥、农药、劳动力价格每上涨 1 个百分点，绿茶 QCI_{32} 分别上升 0.188291、
0.140845、0.035092 个百分点；当期人民币实际有效汇率每上升 1 个百分
点，绿茶 QCI_{32} 上升 0.088913 个百分点。前第一期人民币实际有效汇率每
上升 1 个百分点，绿茶 QCI_{32} 下降 0.504540 个百分点。

（三）分析结果及进一步解释

通过以上实证分析得出以下几点结论：

1. 投入品价格上涨对茶叶整体 IMS_3、红茶 IMS_{31}、绿茶 IMS_{32} 的影响效
应明显有别

（1）当期化肥、农药和劳动力价格每上涨 1 个百分点，茶叶 IMS_3 分别
上升 0.008904 个百分点和下降 0.012988、0.075284 个百分点。这一结论
不能完全验证第三章第五节的推论 7，可能是因当期投入品价格上涨幅度
较大，生产者理性地减少用量较多的化肥、增加替代品，在一定程度上降
低了茶叶的生产成本及其出口价格的涨幅，保持或拉大了茶叶的出口价格
与世界茶叶平均出口价格的差距，增强了我国茶叶的价格竞争力，带来茶
叶的出口额占全世界茶叶出口总额中的比重增加，导致茶叶 IMS_3 上升；但
因茶叶生产对农药、劳动力的需求弹性较小，生产者无法增加替代品而较
多减少其使用量而使生产成本涨幅增加，在一定程度上推动了生产价格和
出口价格上涨，弱化了茶叶的价格竞争力，使得茶叶出口额占全世界茶叶

出口总额中的比重降低，导致茶叶 IMS_3 下降。

当期化肥、农药和劳动力价格每上涨 1 个百分点，红茶 IMS_{31} 分别上升 0.018271、下降 0.045622 和 0.228772 个百分点；这一结论不能完全验证第三章第五节中的推论 7，导致红茶 IMS_{31} 上升和下降的原因可能与茶叶 IMS_3 基本相同，这里不再赘述。

当期化肥、农药和劳动力价格每上涨 1 个百分点，绿茶 IMS_{32} 分别下降 0.204772、0.176659 和 0.130133 百分点；这一结论验证了第三章第五节中的推论 7，导致绿茶 IMS_{31} 下降的原因可能与茶叶 IMS_3 基本相同，这里不再赘述。前期化肥价格、农药价格和劳动力价格每上涨 1 个百分点，绿茶 IMS_{32} 分别上升 0.103634、0.077520 和 0.019314 个百分点；这一结论无法验证第三章第五节中的推论 7，可能是因当期投入品价格持续上涨，生产者理性地优化投入品资源配置，在一定程度上降低了绿茶的生产成本及其出口价格的涨幅，保持或拉大了绿茶的出口价格与世界绿茶平均出口价格的差距，增强了我国绿茶的价格竞争力，带来绿茶的出口额占全世界绿茶出口总额中的比重增加，导致绿茶 IMS_{32} 上升。

（2）当期人民币实际有效汇率上升对茶叶 IMS_3 产生一定的负面影响，即当期人民币实际有效汇率每上涨 1 个百分点，茶叶 IMS_3 下降 0.357404 个百分点。这一结论验证了第三章第五节的推论 8，导致茶叶 IMS_3 下降的原因可能与水果 IMS_2 相同，这里不再赘述。当期人民币实际有效汇率每上涨一个百分点，红茶 IMS_{31} 下降 1.055439 个百分点。这一结论验证了第三章第五节的推论 8，导致红茶 IMS_{31} 下降的原因可能与水果 IMS_2 相同，这里不再赘述。当期人民币实际有效汇率每上涨 1 个百分点，绿茶 IMS_{32} 下降 0.277695 个百分点。这一结论验证了第三章第五节的推论 8，导致绿茶 IMS_{32} 下降的原因可能与水果 IMS_2 相同，这里不再赘述。前期人民币实际有效汇率每上涨 1 个百分点，绿茶 IMS_{32} 上升 0.150017 个百分点。可能是因为人民币持续升值使生产者根据人民币升值预期或国际市场消费需求，谋求薄利多销理性地调低中国绿茶的出口价格，在一定程度上拉大了中国绿茶出口价格和世界绿茶平均出口价格的差距，保持或增强了中国绿茶出口的价格竞争力，带来中国绿茶出口额占世界绿茶出口总额中的比重增加，最终导致绿茶 IMS_{32} 上升；也有可能是因人民币升值，生产者着力提高产品质量，积极开拓国际市场，从而使得中国绿茶国际市场广度顺差和数量顺差扩大，带来中国绿茶出口额占世界宽皮柑橘出口总额中的比重增加，最终导致绿茶 IMS_{32} 上升。

2. 投入品价格上涨对茶叶整体 RCA_3、红茶 RCA_{31}、绿茶 RCA_{32} 的影响效应有所不同

（1）投入品价格上涨对茶叶 RCA_3 产生一定负面影响，即当期化肥、农药、劳动力价格每上涨 1 个百分点，茶叶 RCA_3 分别下降 0.195654、0.264185、0.497901 个百分点。这一结论验证了第三章第五节的推论 7，导致茶叶 RCA_3 下降的原因可能与蔬菜 RCA_1 相同，这里不再赘述。

当期化肥、农药、劳动力价格每上涨 1 个百分点，红茶 RCA_{31} 分别上升 0.059704 和下降 0.143508、0.72575 个百分点。这一结论验证了第三章第五节的推论 7，导致红茶 RCA_{31} 下降的原因可能与蔬菜 RCA_1 相同，这里不再赘述。当期化肥、农药、劳动力价格每上涨 1 个百分点，绿茶 RCA_{32} 分别下降 1.009927、0.914823、0.812351 个百分点。这一结论验证了第三章第五节的推论 7，导致绿茶 RCA_{32} 下降的原因可能与蔬菜 RCA_1 相同，这里不再赘述。前期化肥、农药、劳动力价格每上涨 1 个百分点，绿茶 RCA_{32} 分别上升 0.850394、0.636112、0.158488 个百分点。这一结论无法验证第三章第五节的推论 7，导致绿茶 RCA_{32} 上升的原因可能与马铃薯 RCA_{11} 相同，这里不再赘述。

（2）当期人民币实际有效汇率上升对茶叶 RCA_3 产生一定的负面影响，即当期人民币实际有效汇率每上升 1 个百分点，茶叶 RCA_3 下降 1.476041 个百分点。这一结论验证了第三章第五节的推论 8，导致茶叶 RCA_3 下降的原因可能与蔬菜 RCA_1 相同，这里不再赘述。当期人民币实际有效汇率每上升 1 个百分点，红茶 RCA_{31} 下降 3.354315 个百分点。这一结论验证了第三章第五节的推论 8。导致红茶 RCA_{31} 下降的原因可能与蔬菜 RCA_1 相同，这里不再赘述。当期人民币实际有效汇率每上升 1 个百分点，绿茶 RCA_{32} 上升

0.000598 个百分点。可能是因人民币趋势性升值，促使生产者着力提高产品质量，积极开拓国际市场，从而使得中国绿茶国际市场广度顺差和数量顺差扩大，带来中国绿茶的出口额占国内出口商品总额中的比重相对世界绿茶的出口额占世界商品出口总额中的比重有所增加，最终导致绿茶 RCA_{32} 上升。前期人民币实际有效汇率每上升 1 个百分点，绿茶 RCA_{32} 下降 2.278698 个百分点。可能是因人民币趋势性升值，直接拉动绿茶出口价格较快上涨，使得中国绿茶的出口额占国内出口商品总额中的比重相对世界绿茶的出口额占世界商品出口总额中的比重有所降低，最终导致绿茶 RCA_{32} 下降。

3. 投入品价格上涨对茶叶整体 TSC_3、红茶 TSC_{31}、绿茶 TSC_{32} 的影响效应有所不同

（1）当期投入品价格上涨对茶叶 TSC_3 产生一定的负面影响，即当期化肥、农药、劳动力价格每上涨 1 个百分点，茶叶 TSC_3 分别下降 0.012211、0.013565、0.019626 个百分点。这一结论验证了第三章第五节的推论 7，导致茶叶 TSC_3 下降的原因可能与苹果 TSC_{23} 相同，这里不再赘述。当期化肥、农药、劳动力价格每上涨 1 个百分点，红茶 TSC_{31} 分别下降 0.027962、0.039369、0.077472 个百分点。这一结论验证了第三章第五节的推论 7，导致红茶 TSC_{31} 下降的原因可能与苹果 TSC_{23} 相同，这里不再赘述。当期化肥、农药、劳动力价格每上涨 1 个百分点，绿茶 TSC_{32} 分别下降 0.008888、0.009037、0.011008 个百分点。这一结论验证了第三章第五节的推论 7，导致绿茶 TSC_{32} 下降的原因可能与苹果 TSC_{23} 相同，这里不再赘述。前期化肥、农药、劳动力价格每上涨 1 个百分点，绿茶 TSC_{32} 分别上升 0.012140、0.011501、0.011740 个百分点。这一结论无法验证第三章第五节的推论 7，导致绿茶 TSC_{32} 上升的原因可能与甜橙 TSC_{21} 相同，这里不再赘述。

（2）当期人民币实际有效汇率上升对茶叶 TSC_3、红茶 TSC_{31}、绿茶 TSC_{32} 均产生一定的负面影响，即当期人民币实际有效汇率每上升 1 个百分点，茶叶 TSC_3 下降 0.042493 个百分点、红茶 TSC_{31} 下降 0.238319 个百分点、绿茶 TSC_3 下降 0.016720 个百分点。这一结论验证了第三章第五节的推论 8，导致茶叶 TSC_3、红茶 TSC_{31}、绿茶 TSC_{32} 下降的原因可能与水果类

产品甜橙 TSC_{21}、宽皮柑橘 TSC_{22}、苹果 TSC_{23} 相同，这里不再赘述。前期人民币实际有效汇率每上升 1 个百分点，绿茶 TSC_{32} 上升 0.008558 个百分点。这一结论无法验证第三章第五节的推论 8，导致绿茶 TSC_{32} 上升的原因可能与甜橙 TSC_{21} 相同，这里不再赘述。

4. 投入品价格上涨对茶叶 QCI_3、红茶 QCI_{31}、绿茶 QCI_{32} 产生的影响效应基本相同

（1）当期化肥、农药、劳动力价格每上涨 1 个百分点，茶叶 QCI_3 分别下降 0.511779、0.365755、0.137465 个百分点，红茶 QCI_{31} 分别下降 0.476690、0.384666、0.19885 个百分点，绿茶 QCI_{32} 分别下降 0.214899、0.189432、0.152376 个百分点。这一结论验证了第三章第五节中的推论 7，导致当期茶叶 QCI_3、红茶 QCI_{31}、绿茶 QCI_{32} 下降的原因可能与宽皮柑橘 QCI_{22} 相同，这里不再赘述。前期化肥、农药、劳动力价格每上涨 1 个百分点，茶叶 QCI_3 分别上升 0.488963、0.365755、0.091128 个百分点，红茶 QCI_{31} 分别上升 0.515760、0.414448、0.208313 个百分点，绿茶 QCI_{32} 分别上升 0.188291、0.140845、0.035092 个百分点。这一结论无法验证第三章第五节中的推论 7，导致前期茶叶 QCI_3、红茶 QCI_{31}、绿茶 QCI_{32} 上升的原因可能与宽皮柑橘 QCI_{22} 相同，这里不再赘述。

（2）当期和前期人民币实际有效汇率上升对茶叶 QCI_3、红茶 QCI_{31}、绿茶 QCI_{32} 均产生正负兼有的影响。即人民币实际有效汇率每上升 1 个百分点，茶叶 QCI_3 上升 1.188918 个百分点，红茶 QCI_{31} 上升 0.800438 个百分点，绿茶 QCI_{32} 上升 0.088913 个百分点。这一结论无法验证第三章第五节中的推论 8，可能是因为茶叶生产者为了适应市场需求着力强化产品质量竞争力，积极采用先进适用栽培技术和加强茶叶园科学管理，在一定程度上提高了茶叶质量，导致茶叶 QCI、红茶 QCI_{31}、绿茶 QCI_{32} 有所上升。前期人民币实际有效汇率每上升 1 个百分点，茶叶 QCI_3 下降 1.310216 个百分点，红茶 QCI_{31} 下降 0.895678 个百分点，绿茶 QCI_{32} 下降 0.504540 个百分点。这一结论验证了第三章第五节中的推论 8，可能是因前一期人民币升值幅度较大，生产者为了薄利多销理性地调低出口价格，适度减少投入

品用量或改用其他替代品，在一定程度上弱化了茶叶质量竞争力，最终导致茶叶 QCI_3、红茶 QCI_{31}、绿茶 QCI_{32} 有所下降。

（四）投入品价格上涨和人民币升值对茶叶整体和红茶、绿茶显性竞争力影响的比较分析

1. 投入品价格上涨对茶叶整体和红茶、绿茶显性国际竞争力的影响符号相同，但影响程度不同

具体表现如下：

（1）投入品价格上涨，当期带来茶叶整体 IMS_3 和红茶 IMS_{31}、绿茶 IMS_{32} 总体下降，且其影响程度为绿茶 IMS_{32}＞红茶 IMS_{31}＞茶叶整体 IMS_3。表明投入品价格上涨当期对茶叶整体 IMS_3 和红茶 IMS_{31}、绿茶 IMS_{32} 均产生一定的负向影响，但其影响程度不同。说明投入品价格上涨在一定程度上弱化了茶叶整体 IMS_3 和红茶 IMS_{31}、绿茶 IMS_{32}，但茶叶整体国际市场占有率较之红茶和绿茶高。

（2）投入品价格上涨，当期带来茶叶 RCA_3、红茶 RCA_{31}、绿茶 RCA_{32} 总体下降，且其影响程度为绿茶 RCA_{32}＞茶叶整体 RCA_3＞红茶 RCA_{31}。表明投入品价格上涨对茶叶整体 RCA_3 和红茶 RCA_{31}、绿茶 RCA_{32} 均产生一定的负向影响，但其影响程度不同。说明投入品价格上涨在一定程度上弱化了茶叶整体 RCA_3 和红茶 RCA_{31}、绿茶 RCA_{32}，但红茶显示性比较优势较之茶叶整体和绿茶强。

（3）投入品价格上涨，当期带来茶叶 TSC_3、红茶 TSC_{31}、绿茶 TSC_{32} 总体下降，且其影响程度为红茶 TSC_{31}＞茶叶整体 TSC_3＞绿茶 TSC_{32}。前期带来绿茶 TSC_{32} 上升，且其上升幅度较小。表明投入品价格上涨当期对茶叶整体 TSC_3、红茶 TSC_{31}、绿茶 TSC_{32} 均产生一定的负向影响，但其影响程度不同；前期对绿茶 TSC_{32} 产生一定的正向影响。说明投入品价格上涨当期在一定程度上弱化了茶叶整体 TSC_3、红茶 TSC_{31}，前期在一定程度上强化了绿茶 TSC_{32}，可见绿茶的贸易竞争力较之茶叶整体和红茶强。

（4）投入品价格上涨，当期带来茶叶 QCI_3、红茶 QCI_{31}、绿茶 QCI_{32} 总

体下降，且其影响程度为红茶 QCI_{31} ＞茶叶整体 QCI_3 ＞绿茶 QCI_{32}。前期带来绿茶 QCI_{32} 上升，且其上升幅度较小。表明投入品价格上涨当期对茶叶整体 QCI_3、红茶 QCI_{31}、绿茶 QCI_{32} 均产生一定的负向影响，但其影响程度不同；前期对绿茶 QCI_{32} 产生一定的正向影响。说明投入品价格上涨当期在一定程度上弱化了茶叶整体 QCI_3、红茶 QCI_3，前期在一定程度上强化了绿茶 QCI_{32}，可见绿茶的质量竞争力较之茶叶整体和红茶强。

2. 人民币升值对茶叶整体和红茶、绿茶显性国际竞争力的影响符号相同，但影响程度不同

具体表现如下：

（1）当期人民币升值带来茶叶整体 IMS_3 和红茶 IMS_{31}、绿茶 IMS_{32} 总体下降，且其影响程度为红茶 IMS_{31} ＞茶叶整体 IMS_3 ＞绿茶 IMS_{32}。表明当期人民币升值对茶叶整体 IMS_3 和红茶 IMS_{31}、绿茶 IMS_{32} 均产生一定的负向影响，但其影响程度有所不同。说明当期人民币升值在一定程度上弱化了茶叶整体 IMS_3 和红茶 IMS_{31}、绿茶 IMS_{32}，但前期对茶叶整体 IMS_3 和红茶 IMS_{31}、绿茶 IMS_{32} 并无影响。可见绿茶的国际市场占有率较之茶叶整体和红茶强。

（2）当期人民币升值带来茶叶整体 RCA_3 和红茶 RCA_{31} 下降、绿茶 RCA_{32} 上升，且其影响程度为红茶 RCA_{31} ＞茶叶整体 RCA_3 ＞绿茶 RCA_{32}。表明人民币升值当期对茶叶整体 RCA_3 和红茶 RCA_{31} 均产生一定的负向影响，但其影响程度有所不同；而对绿茶 RCA_{32} 产生一定的正向影响。前期对绿茶 RCA_{32} 产生一定的负向影响。说明人民币升值当期在一定程度上弱化了茶叶整体 RCA_3 和红茶 RCA_{31}、强化了绿茶 RCA_{32}，前期在一定程度上弱化了绿茶 RCA_{32}。但前期对茶叶整体 RCA_3 和红茶 RCA_{31} 并无影响。可见绿茶的显示性比较优势较之茶叶整体和红茶强。

（3）当期人民币升值带来茶叶整体 TSC_3 和红茶 TSC_{31}、绿茶 TSC_{32} 下降，且其影响程度为红茶 RCA_{31} ＞茶叶整体 RCA_3 ＞绿茶 RCA_{32}。前期人民币升值带来绿茶 TSC_{32} 上升。表明人民币升值当期对茶叶整体 TSC_3 和红茶 TSC_{31}、绿茶 TSC_{32} 均产生一定的负向影响，但其影响程度有所不同。前期对绿茶 RCA_{32} 产生一定的正向影响。说明人民币升值当期在一定程度上弱化了茶叶整体 RCA_3 和红茶 RCA_{31}、绿茶 TSC_{32}，前期在一定程度上强化了

绿茶 RCA_{32}。但前期对茶叶整体 RCA_3 和红茶 RCA_{31} 并无影响。可见绿茶的贸易竞争力较之茶叶整体和红茶强。

（4）当期人民币升值带来茶叶整体 QCI_3 和红茶 QCI_{31}、绿茶 QCI_{32} 上升，且其影响程度为茶叶整体 QCI_3>红茶 QCI_{31}>绿茶 QCI_{32}。前期人民币升值带来茶叶整体 QCI_3 和红茶 QCI_{31}、绿茶 QCI_{32} 下降，且其影响程度为茶叶整体 QCI_3>红茶 QCI_{31}>绿茶 QCI_{32}。表明人民币升值当期对茶叶整体 QCI_3 和红茶 QCI_{31}、绿茶 QCI_{32} 均产生一定的正向影响，但其影响程度有所不同。前期人民币升值对茶叶整体 QCI_3 和红茶 QCI_{31}、绿茶 QCI_{32} 均产生一定的负向影响，但其影响程度有所不同。说明人民币升值当期在一定程度上强化了茶叶整体 QCI_3 和红茶 QCI_{31}、绿茶 QCI_{32}，前期在一定程度上弱化了茶叶整体 QCI_3 和红茶 QCI_{31}、绿茶 QCI_{32}。可见绿茶质量竞争力较之红茶和茶叶整体强。

四、投入品价格上涨对花卉显性国际竞争力影响的实证分析

（一）花卉国际市场占有率、显示性比较优势指数、贸易竞争力指数、质量竞争力指数的估计及走势描述

按照国际市场占有率、显示性比较优势指数、贸易竞争力指数、质量竞争力指数的一般计算方法，本章以 1992—2011 年的时序数据作为样本区间对我国花卉国际竞争力指标 IMS_4、RCA_4、TSC_4、QCI_4 进行测算，估计结果如图 5.39 至图 5.42 所示。

从图 5.39、图 5.40 中可以看出，1992—2011 年我国花卉 IMS_4 和 RCA_4 总体呈现波动上升态势，年均分别上升 58.31、13.62 个百分点，这与第三章第五节中的推论 9 和推论 10 相悖，可能与投入品优化配置、加大科技投入、降本增效，使得我国花卉出口价格继续保持与世界花卉平均出口价格低差距，不断增大花卉出口额及其在国内商品出口总额中的比重相关，同时也可能与世界其他花卉主产国供给不足，国际市场需求拉动中国花卉出口额持续增长相关。

国际市场占有率

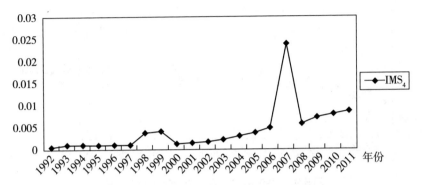

图 5.39　1992—2011 年花卉 IMS₄ 变化走势图

显示性比较优势指数

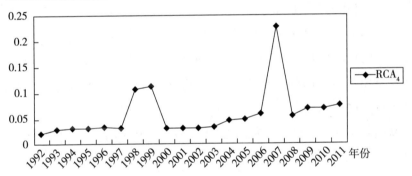

图 5.40　1992—2011 年花卉 RCA₄ 变化走势图

贸易竞争力指数

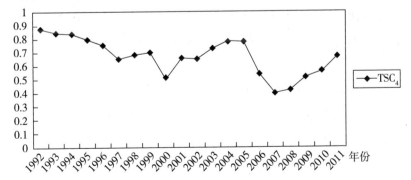

图 5.41　1992—2011 年花卉 TSC₄ 变化走势图

质量竞争力指数

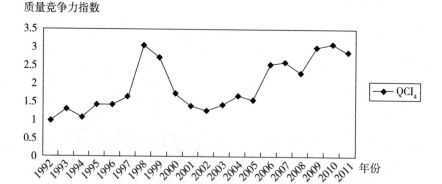

图 5.42　1992—2011 年花卉 QCI_4 变化走势图

从图 5.41 可以看出，1992—2011 年我国花卉 TSC_4 总体呈现波动下降态势，但以 2007 年为拐点，前期持续波动下行，年均下降 3.64 个百分点，这与第三章第五节中的推论 9 与推论 10 相符，可能与投入品价格上涨和人民币升值的负面影响有关；后期有所回升，年均上升 17.02 个百分点，这与第三章第五节中的推论 9 和推论 10 相悖，可能与 IMS_4 上升原因相同，这里不再赘述。

从图 5.42 可以看出，1992—2011 年我国花卉 QCI_4 总体呈现波动上升态势，并以 1998 年为拐点，前期持续波动上升，年均上升 34.56 个百分点，这与第三章第五节中的推论 9 和推论 10 相悖，可能与投入品优化配置、加大科技投入提高花卉质量有关。后期波动下行，年均下降 14.48 个百分点，这与第三章第五节中的推论 9 和推论 10 相符，但 2005 年后花卉 QCI_4 开始反弹，年均上升 14.15 个百分点，这与第三章第五节中的推论 3 和推论 4 相悖。可能与前期花卉 QCI_4 波动上升的原因相同，这里不再赘述。

以上仅从不同时序数据区间与不同视角描述和分析了投入品价格和人民币汇率变动对花卉显性国际竞争力的影响，是否符合客观实际，有待采用上述四个经验指标建立多元线性回归模型，动态考察其影响方向和大小，并对第三章第五节中的推论 9 与推论 10 进行检验。

（二）投入品价格上涨对花卉显性国际竞争力影响的实证分析

1. 实证模型的设定

根据第三章第三节和第四节的理论分析，考虑到对时间序列数据取对数后不会改变其时序性质，同时可以最大限度地避免异方差的产生，容易得到平稳序列，因此本章对变量进行自然对数处理。但由于贸易竞争力指数有负数，因此无法对其进行自然对数的处理。由上可得出以下实证模型：

$$LnIMS_4 = a_4 + \beta_{153}LnP_1 + \beta_{154}LnP_2 + \beta_{155}LnP_3 + \beta_{156}LnREER + \mu_{42} \quad (5-149)$$

$$LnRCA_4 = b_4 + \beta_{157}LnP_1 + \beta_{158}LnP_2 + \beta_{159}LnP_3 + \beta_{160}LnREER + \mu_{43} \quad (5-150)$$

$$LnTSC_4 = c_4 + \beta_{161}LnP_1 + \beta_{162}LnP_2 + \beta_{163}LnP_3 + \beta_{164}LnREER + \mu_{44} \quad (5-151)$$

$$LnQCI_4 = d_4 + \beta_{165}LnP_1 + \beta_{166}LnP_2 + \beta_{167}LnP_3 + \beta_{168}LnREER + \mu_{45} \quad (5-152)$$

式中，β_{153}、β_{154}、β_{155}、β_{156}分别为花卉国际市场占有率对化肥价格、农药价格、劳动力价格和人民币实际有效汇率变化的弹性系数；β_{157}、β_{158}、β_{159}、β_{160}分别为花卉显示性比较优势指数对化肥价格、农药价格、劳动力价格和人民币实际有效汇率变化的弹性系数；β_{161}、β_{162}、β_{163}、β_{164}分别为花卉贸易竞争指数对化肥价格、农药价格、劳动力价格和人民币实际有效汇率的弹性系数；β_{165}、β_{166}、β_{167}、β_{168}分别为花卉质量竞争力指数对化肥价格、农药价格、劳动力价格和人民币实际有效汇率变化的弹性系数。

2. 实证分析

（1）单位根检验

首先对变量 $LnIMS_4$、$LnRCA_4$、$LnTSC_4$、$LnQCI_4$进行检验，通过检验发现 $LnIMS_4$、$LnRCA_4$在10%的显著水平下能拒绝原假设，即为平稳变量。$LnTSC_4$、$LnQCI_4$在10%显著水平下能接受原假设，即为非平稳变量。再对 $LnTSC_4$、$LnQCI_4$取一阶差分，结果 $\triangle LnTSC_4$、$\triangle LnQCI_4$都在10%的显著水平下拒绝原假设，表明是平稳变量。检验结果如表5.117所示。

表 5.117　ADF 单位根检验结果表

变量	检验形式	ADF 统计量（t）	临界值（t_0）		结论
			10%临界值	5%临界值	
$LnIMS_4$	(c, t, 0)	−3.386051	−3.277364	−3.673616	无单位根
$LnRCA_4$	(c, t, 0)	−3.441494	−3.277364	−3.673616	无单位根
$LnTSC_4$	(c, t, 4)	−3.28617	−3.324976	−3.759743	有单位根
$\triangle TSC_4$	(c, t, 0)	−3.468323	−3.286909	−3.690814	无单位根
$LnQCI_4$	(0, t, 0)	−1.809368	−2.655194	−1.962813	有单位根
$\triangle LnQCI_4$	(0, t, 0)	−4.118985	−2.660551	−3.040391	无单位根

注：检验形式（c, t, q）分别表示单位根检验方程包含常数项、时间趋势和滞后阶数。△表示一阶差分。

（2）协整检验

下面使用 Eviews6.0 软件对 $LnIMS_4$ 和 F_1、F_2 之间关系，$LnRCA_4$ 和 F_1、F_2 之间关系，$LnTSC_4$ 和 F_1、F_2 之间关系以及 $LnQCI_4$ 和 F_1、F_2 之间关系分别进行 Johansen 协整检验，以确定它们之间是否具有长期稳定关系。检验结果如表 5.118 至表 5.121 所示。

表 5.118　$LnIMS_4$ 与 F_1、F_2 关系的 Johansen 协整检验

零假设：协整向量个数	特征值	迹统计量	迹的临界值（5%显著水平）
0*	0.85806	42.55383	29.79707
至多 1 个	0.335219	7.411481	15.49471
至多 2 个	0.003445	0.062117	3.841466

注：＊表示在 5%显著水平上显著。

表 5.119　$LnRCA_4$ 与 F_1、F_2 关系的 Johansen 协整检验

零假设：协整向量个数	特征值	迹统计量	迹的临界值（5%显著水平）
0*	0.851935	47.07359	29.79707
至多 1 个	0.505844	12.69177	15.49471
至多 2 个	0.000193	0.00348	3.841466

注：＊表示在 5%显著水平上显著。

表 5.120 LnTSC$_4$ 与 F$_1$、F$_2$ 关系的 Johansen 协整检验

零假设：协整向量个数	特征值	迹统计量	迹的临界值（5%显著水平）
0*	0.824412	41.30735	29.79707
至多1个	0.409433	9.99427	15.49471
至多2个	0.028161	0.514181	3.841466

注：*表示在5%显著水平上显著。

表 5.121 LnQCl$_4$ 与 F$_1$、F$_2$ 关系的 Johansen 协整检验

零假设：协整向量个数	特征值	迹统计量	迹的临界值（5%显著水平）
0*	0.917253	68.83086	42.91525
至多1个	0.630813	23.97549	25.87211
至多2个	0.285034	6.039355	12.51798

注：*表示在5%显著水平上显著。

由表 5.118 至表 5.121 中的迹统计量表明，在5%的显著水平下，原假设三个变量序列不存在协整关系都被拒绝，至多存在一个协整关系没有和至多存在两个协整关系都没有被拒绝。因此，变量序列 LnIMS$_4$ 与 F$_1$、F$_2$ 之间，LnRCA$_4$ 与 F$_1$、F$_2$ 之间，LnTSC$_4$ 与 F$_1$、F$_2$ 之间，LnQCl$_4$ 与 F$_1$、F$_2$ 之间都存在长期的协整关系。

（3）实证模型及修正

首先，采用 OLS 法估计变量 LnIMS$_4$、F$_1$ 和 F$_2$ 的回归方程。根据 AIC 与 SC 最小准则，结合第三章的理论分析推论与经验判定，经反复试验，得到以下回归方程：

$$LnIMS_4 = -0.038322F_1 - 5.132929F_2 \qquad (5-153)$$
$$(-0.30976) \quad (-5.343148)$$
$$R^2 = 0.274515 \quad DW = 1.038951$$

式（5-153）中括号内数字为 t 检验值，从式中可以看出部分 t 检验值不大，部分变量影响不显著。回归方程整体拟合不好，因为可决系数（$R^2 = 0.274515$）较大。另外，采用 Q 统计值来判断回归方程估计结果的残差是否存在自相关性。所得结果如表 5.122 所示。

表 5.122　投入品价格上涨对花卉 IMS_4 影响的估计滞后 12 期的 Q 统计值

Autocorrelation	Partial Correlation		AC	PAC	Q-Stat	Prob
		1	0.449	0.449	4.6606	0.031
		2	0.104	-0.122	4.9240	0.085
		3	-0.126	-0.157	5.3375	0.149
		4	-0.186	-0.065	6.2931	0.178
		5	-0.077	0.063	6.4669	0.263
		6	-0.028	-0.042	6.4911	0.370
		7	-0.048	-0.084	6.5689	0.475
		8	-0.024	0.020	6.5904	0.581
		9	0.007	0.027	6.5921	0.680
		10	0.000	-0.041	6.5921	0.763
		11	0.000	-0.013	6.5921	0.831
		12	0.000	0.015	6.5921	0.883

由表 5.122 可知回归方程估计结果的残差存在自相关性。下面采用加权最小二乘法对其进行修正，权数为初步估计残差绝对值的倒数，可以得到以下改进方程：

$$LnIMS_4 = -0.060178F_1 - 4.930564F_2 \tag{5-154}$$
$$(-5.451118)\ (-49.005271)$$
$$R^2 = 0.982226 \quad DW = 1.485482$$

式（5-154）中括号内数字为 t 检验值，从式中可以看出 t 检验值较大，变量影响显著。改进回归方程整体拟合很好，因为可决系数（$R^2 = 0.982226$）很大。另外，采用 Q 统计值来判断回归方程改进估计结果的残差是否存在自相关性。所得结果如表 5.123 所示。

由表 5.123 可知回归方程改进估计结果的残差不存在自相关性。由于回归方程改进估计结果通过了各项计量经济学的检验，可将 F_1、F_2 变为原来的解释变量，可得实证模型（5-149）的回归方程：

$$LnIMS_4 = 1.631536LnP_1 + 1.213847LnP_2 + 0.278322LnP_3 -$$
$$4.483445LnREER \tag{5-155}$$

表 5.123　农业投入品价格上涨对花卉 IMS_4 影响的改进估计滞后 12 期的 Q 统计值

Autocorrelation	Partial Correlation		AC	PAC	Q-Stat	Prob
		1	0.162	0.162	0.6098	0.435
		2	-0.224	-0.258	1.8412	0.398
		3	-0.069	0.020	1.9659	0.580
		4	0.003	-0.049	1.9662	0.742
		5	0.011	0.007	1.9700	0.853
		6	-0.094	-0.117	2.2482	0.896
		7	-0.036	0.008	2.2916	0.942
		8	0.002	-0.047	2.2919	0.971
		9	0.017	0.015	2.3031	0.986
		10	0.000	-0.024	2.3031	0.993
		11	0.000	0.012	2.3031	0.997
		12	0.000	-0.020	2.3031	0.999

实证结果表明，当期化肥价格、农药价格、劳动力价格每上涨 1 个百分点，花卉 IMS_4 就分别上升 1.631536、1.213847、0.278322 个百分点，当期人民币汇率每上升 1 个百分点，花卉 IMS_4 下降 4.483445 个百分点。

接着，采用 OLS 法估计变量 $LnRCA_4$、F_1 和 F_2 的回归方程。根据 AIC 与 SC 最小准则，结合第三章的理论分析推论与经验判定，经反复试验，得到以下回归方程：

$$LnRCA_4 = -0.040216F_1 - 2.4601F_2 \tag{5-156}$$
$$(-0.488149) \quad (-3.845578)$$
$$R^2 = 0.149587 \quad DW = 1.562079$$

式（5-156）中括号内数字为 t 检验值，从式中可以看出部分 t 检验值很小，部分变量影响不显著。回归方程整体拟合差，因为可决系数（$R^2 = 0.149587$）偏小。另外，采用 Q 统计值来判断回归方程估计结果的残差是否存在自相关性。所得结果如表 5.124 所示。

由表 5.124 可知回归方程估计结果的残差不存在自相关性。下面采用加权最小二乘法对其进行修正，权数为初步估计残差绝对值的倒数，可以得到以下改进方程：

$$LnRCA_4 = -0.041764F_1 - 2.465897F_2 \tag{5-157}$$
$$(-2.335047) \quad (-20.28005)$$

$$R^2 = 0.895592 \quad DW = 1.61122$$

表 5.124　投入品价格上涨对花卉 RCA_4 影响的估计滞后 12 期的 Q 统计值

Autocorrelation	Partial Correlation		AC	PAC	Q-Stat	Prob
		1	0.214	0.214	1.0653	0.302
		2	-0.112	-0.166	1.3735	0.503
		3	-0.173	-0.117	2.1444	0.543
		4	-0.267	-0.237	4.1019	0.392
		5	-0.111	-0.048	4.4610	0.485
		6	-0.045	-0.112	4.5239	0.606
		7	-0.106	-0.191	4.9041	0.672
		8	0.302	0.302	8.2545	0.409
		9	0.263	0.068	11.028	0.274
		10	-0.071	-0.161	11.247	0.339
		11	-0.043	0.064	11.339	0.415
		12	-0.111	0.015	12.015	0.444

式（5-157）中括号内数字为 t 检验值，从式中可以看出 t 检验值较大，变量影响显著。改进回归方程整体拟合好，因为可决系数（R^2 = 0.895592）大。另外，可采用 Q 统计值来判断回归方程改进估计结果的残差是否存在自相关性。所得结果如表 5.125 所示。

表 5.125　投入品价格上涨对花卉 RCA_4 影响的改进估计滞后 12 期的 Q 统计值

Autocorrelation	Partial Correlation		AC	PAC	Q-Stat	Prob
		1	0.111	0.111	0.2861	0.593
		2	0.101	0.090	0.5367	0.765
		3	-0.044	-0.065	0.5860	0.900
		4	-0.195	-0.198	1.6318	0.803
		5	-0.107	-0.061	1.9698	0.853
		6	-0.057	-0.002	2.0734	0.913
		7	-0.322	-0.336	5.5784	0.590
		8	0.155	0.205	6.4647	0.595
		9	0.007	0.001	6.4664	0.692
		10	0.007	-0.105	6.4685	0.774
		11	0.135	0.063	7.3618	0.769
		12	0.091	0.129	7.8182	0.799

由表 5.125 可以看出回归方程改进估计结果的残差不存在自相关性。由于回归方程改进估计结果通过了各项计量经济学的检验，可将 F_1、F_2 变为原来的解释变量，可得实证模型（5-150）的回归方程：

$$LnRCA_4 = 0.808469LnP_1 + 0.600357LnP_2 + 0.133468LnP_3 -$$

$$2.240947LnREER \qquad (5-158)$$

实证结果表明，当期化肥价格、农药价格、劳动力价格每上涨 1 个百分点，花卉 RCA_4 就分别上升 0.808469、0.600357、0.133468 个百分点；当期人民币实际有效汇率每上升 1 个百分点，花卉 RCA_4 就下降 2.240947 个百分点。

然后，用 OLS 法估计变量 $LnTSC_4$、F_1 和 F_2 的回归方程。根据 AIC 与 SC 最小准则，结合第三章的理论分析推论与经验判定，经反复试验，得到以下回归方程：

$$LnTSC_4 = -0.319728F_1 - 0.390814F_2 + 2.721388 \qquad (5-159)$$

$$(-3.07227) \quad (-0.875279) \quad (2.103274)$$

$$R^2 = 0.460511 \quad DW = 1.055178$$

式（5-159）中括号内数字为 t 检验值，从式中可以看出部分 t 检验值不大，部分变量影响不显著。回归方程整体拟合差，因为可决系数（$R^2 = 0.460511$）不大。另外，采用 Q 统计值来判断回归方程估计结果的残差是否存在自相关性。所得结果如表 5.126 所示。

表 5.126　投入品价格上涨对花卉 TSC_4 的影响估计滞后 12 期的 Q 统计值

Autocorrelation	Partial Correlation		AC	PAC	Q-Stat	Prob
		1	0.338	0.338	2.6467	0.104
		2	-0.120	-0.264	2.9961	0.224
		3	-0.279	-0.169	5.0162	0.171
		4	-0.196	-0.068	6.0690	0.194
		5	-0.112	-0.114	6.4390	0.266
		6	0.049	0.046	6.5155	0.368
		7	-0.020	-0.165	6.5290	0.480
		8	-0.011	0.005	6.5336	0.588
		9	-0.000	-0.029	6.5336	0.686
		10	0.000	-0.051	6.5336	0.769
		11	0.000	-0.002	6.5336	0.836
		12	0.000	-0.049	6.5336	0.887

由表 5.126 可以看出回归方程估计结果的残差存在自相关性。下面采

用加权最小二乘法对其进行修正，权数为初步估计残差绝对值的倒数，可以得到以下改进方程：

$$LnTSC_4 = -0.331958F_1 - 0.343125F_2 + 2.7674 \tag{5-160}$$

$$(-14.97549)\quad(-4.576685)\quad(11.32893)$$

$$R^2 = 0.933806 \quad DW = 1.904518$$

式（5-160）中括号内数字为 t 检验值，从式中可以看出 t 检验值较大，变量影响显著。改进回归方程整体拟合好，因为可决系数（R^2 = 0.933806）大。另外，采用 Q 统计值来判断回归方程改进估计结果的残差是否存在自相关性。所得结果如表 5.127 所示。

表 5.127　投入品价格上涨对花卉 TSC_4 影响的估计改进滞后 12 期的 Q 统计值

Autocorrelation	Partial Correlation		AC	PAC	Q-Stat	Prob
		1	-0.021	-0.021	0.0106	0.918
		2	-0.174	-0.175	0.7526	0.686
		3	-0.192	-0.207	1.7083	0.635
		4	-0.344	-0.422	4.9630	0.291
		5	-0.005	-0.203	4.9637	0.420
		6	0.312	0.094	8.0262	0.236
		7	0.071	-0.087	8.1951	0.316
		8	0.064	-0.024	8.3465	0.400
		9	-0.072	-0.033	8.5531	0.480
		10	-0.140	0.031	9.4188	0.493
		11	-0.137	-0.147	10.336	0.500
		12	0.094	-0.002	10.821	0.544

由表 5.127 可以看出回归方程改进估计结果的残差不存在自相关性。由于回归方程改进估计结果通过了各项计量经济学的检验，可将 F_1、F_2 变为原来的解释变量，可得实证模型（5-151）的回归方程：

$$LnTSC_4 = -0.06608LnP_1 - 0.085698LnP_2 - 0.15435LnP_3 -$$

$$0.43863LnREER + 2.7674 \tag{5-161}$$

实证结果表明，当期化肥价格、农药价格、劳动力价格每上涨 1 个百分点，花卉 TSC_4 就分别下降 0.066080、0.085698、0.154346 个百分点；当期人民币实际有效汇率每上升 1 个百分点，花卉 TSC_4 就下降 0.438631 个百分点。

最后，采用 OLS 法估计变量 $LnQCI_4$、F_1 和 F_2 的回归方程。根据 AIC
与 SC 最小准则，结合第三章的理论分析推论与经验判定，经反复试验，
得到以下回归方程：

$$LnQCI_4 = -0.876196F_1 + 1.118897F_1(-1) - 1.213945F_2 \qquad (5\text{-}162)$$
$$(-2.301876)(2.81448)(-3.526488)$$
$$R^2 = 0.57434 \quad DW = 1.904869$$

式（5-162）中括号内数字为 t 检验值。从式中可以看出 t 检验值较
大，变量影响显著。回归方程整体拟合不差，因为可决系数（R^2 =
0.57434）不小。另外，采用 Q 统计值来判断回归方程估计结果的残差是
否存在自相关性。所得结果如表 5.128 所示。

表 5.128　投入品价格上涨对花卉 QCI_4 的影响估计滞后 12 期的 Q 统计值

Autocorrelation	Partial Correlation		AC	PAC	Q–Stat	Prob
		1	0.003	0.003	0.0002	0.990
		2	−0.015	−0.015	0.0056	0.997
		3	−0.035	−0.034	0.0353	0.998
		4	−0.342	−0.342	3.1444	0.534
		5	−0.106	−0.124	3.4625	0.629
		6	0.026	0.007	3.4836	0.746
		7	−0.184	−0.243	4.6129	0.707
		8	0.095	−0.060	4.9424	0.764
		9	0.092	0.003	5.2838	0.809
		10	−0.139	−0.207	6.1417	0.803
		11	0.213	0.075	8.4038	0.677
		12	−0.065	−0.116	8.6424	0.733

由表 5.128 可以看出回归方程改进估计结果的残差不存在自相关性。
由于回归方程改进估计结果通过了各项计量经济学的检验，可将 F_1、F_2 变
为原来的解释变量，可得实证模型（5-152）的回归方程：

$$LnQCI_4 = -0.070347LnP_1 + 0.613167LnP_1(-1) - 0.148352LnP_2 +$$
$$0.580909LnP_2(-1) - 0.387998LnP_3 + 0.593005LnP_3(-1) -$$
$$1.436621LnREER + 0.432242LnREER(-1) \qquad (5\text{-}163)$$

实证结果表明，当期化肥、农药、劳动力价格每上涨 1 个百分点，花
卉 QCI_4 就分别下降 0.070347、0.148352、0.387998 个百分点；当期人民币

实际有效汇率每上升 1 个百分点, QCI_4 下降 1.436621 个百分点。前一期化肥、农药、劳动力价格每上涨 1 个百分点, 花卉 QCI_4 就分别上升 0.613167、0.580909、0.593005 个百分点; 前一期人民币实际有效汇率每上升 1 个百分点, 花卉 QCI_4 就上升 0.432242 个百分点。

(三) 分析结果及进一步解释

通过以上实证分析, 得出以下几点结论:

1. 当期投入品价格上涨对花卉 IMS_4 产生一定的正向影响, 人民币升值对花卉 IMS_4 产生一定的负向影响

当期化肥、农药、劳动力价格每上涨 1 个百分点, 花卉 IMS_4 就分别上升 1.631536、1.213847、0.278322 个百分点。这一结论无法验证第三章第五节中的推论 9, 可能是因花卉生产者理性地优化投入品配置和依靠技术进步作用保持了花卉生产成本的相对稳定, 在一定程度上减缓了花卉生产成本的上涨幅度, 使得中国花卉出口价格与世界花卉平均出口价格的差距基本不变或有所拉大, 带来的花卉出口额占全世界花卉出口总额中的比重增加, 导致花卉 IMS_4 上升。

当期人民币实际有效汇率上升对花卉国际竞争力产生负面影响, 即当期人民币汇率每上升 1 个百分点, 花卉 IMS_4 下降 4.483445 个百分点。这一结论验证了第三章第五节中的推论 10, 导致花卉 IMS_4 下降的原因可能与水果 IMS_2 基本相同, 这里不再赘述。

2. 当期投入品价格上涨对花卉 RCA_4 产生一定的正向影响, 人民币升值对花卉 IMS_4 产生一定的负向影响

当期化肥、农药、劳动力价格每上涨 1 个百分点, 花卉 RCA_4 就分别上升 0.808469、0.600357、0.133468 个百分点。这一结论无法验证第三章第五节中的推论 9, 可能是因投入品价格上涨生产者理性优化投入品资源配置和采用先进适用栽培技术, 在一定程度上降低了花卉生产成本, 减缓了花卉出口价格涨幅, 保持或拉大了中国花卉出口价格与世界花卉平均出口

价格的差距，带来中国花卉的出口额占国内出口商品总额中的比重相对世界花卉的出口额占世界商品出口总额中的比重有所增加，导致花卉 RCA_4 有所上升。

当期人民币实际有效汇率每上升 1 个百分点，RCA_4 就下降 2.240947 个百分点。这一结论验证了第三章第五节中的推论 10，导致花卉 RCA_4 下降的原因可能与蔬菜 RCA_1 基本相同，这里不再赘述。

3. 当期投入品价格上涨对花卉 TSC_4 产生一定的负向影响，人民币升值对花卉 IMS_4 产生一定的负向影响

当期化肥、农药、劳动力价格每上涨 1 个百分点，花卉 TSC_4 就分别下降 0.066080、0.085698、0.154346 个百分点。这一结论验证了第三章第五节中的推论 9，导致花卉 TSC_4 下降的原因可能与蔬菜 TSC_1 基本相同，这里不再赘述。

当期人民币实际有效汇率上升对花卉 TSC_4 产生一定的负面影响。即当期人民币实际有效汇率每上涨 1 个百分点，花卉 TSC_4 就下降 0.438631 个百分点。这一结论验证了第三章第五节中的推论 10，导致花卉 TSC_4 下降的原因可能与蔬菜 TSC_1 基本相同，这里不再赘述。

4. 不同时期投入品价格上涨对花卉 QCI_4 产生的影响有别，人民币升值对花卉 QCI_4 产生的影响明显不同

当期化肥价格、农药价格、劳动力价格每上涨 1 个百分点，花卉 QCI_4 就分别下降 0.070347、0.148352、0.387998 个百分点；这一结论验证了第三章第五节中的推论 9。前一期化肥价格、农药价格、劳动力价格每上涨 1 个百分点，花卉 QCI_4 就分别上升 0.613167、0.580909、0.593005 个百分点；这一结论无法验证第三章第五节中的推论 9。花卉 QCI_4 下降和上升的原因可能与茶叶 QCI_3 相同，这里不再赘述。

当期人民币实际有效汇率每上升 1 个百分点，QCI_4 下降 1.436621 个百分点。这一结论验证了第三章第五节中的推论 10，可能是因当期人民币升值幅度较大，花卉生产者为了薄利多销理性地调低花卉出口价格，适度减

少投入品用量或改用其他替代品，在一定程度上弱化了花卉整体质量竞争力，最终导致花卉 QCI_4 下降。前一期人民币实际有效汇率每上升 1 个百分点，花卉 QCI_4 就上升 0.432242 个百分点。这一结论无法验证第三章第五节中的推论 10，可能是因为花卉生产者为了适应市场需求着力强化产品质量竞争力，积极采用先进适用栽培技术和加强花卉园科学管理，在一定程度上提高了花卉质量，导致花卉 QCI_4 有所上升。

五、投入品价格上涨对园艺产品各类品种显性国际竞争力影响的实证分析结论

（一）投入品价格上涨，对我国园艺产品各类品种显性国际竞争力的影响效应存在明显差异性

1. 投入品价格上涨，当期带来 IMS_1、IMS_2、IMS_4 上升和 IMS_3 下降，前一期带来 IMS_1 上升；就其影响大小而言，当期为 $IMS_4 > IMS_2 > IMS_1 > IMS_3$

表明不同时期投入品价格上涨对园艺产品不同类品种国际市场占有率的影响符号和大小并不相同，且当期的正向影响效应是主要的。当期投入品价格上涨在一定程度上弱化了茶叶的国际市场占有率，前一期投入品价格上涨在一定程度上增强了蔬菜的国际市场占有率。

2. 投入品价格上涨，当期带来 RCA_1、RCA_3 下降和 RCA_2、RCA_4 上升；就其影响大小而言，当期为 $RCA_4 > RCA_3 > RCA_1 > RCA_2$

表明投入品价格上涨对园艺产品不同类品种显示性比较优势指数的影响符号和大小有所不同。当期投入品价格上涨在一定程度上增强了水果和花卉的显示性比较优势，而弱化了蔬菜和茶叶的显示性比较优势。

3. 投入品价格上涨，当期带来 TSC_1、TSC_3、TSC_4 下降和 TSC_2 上升；就其影响大小而言，当期为 $RCA_2 > RCA_1 > RCA_4 > RCA_3$

表明投入价格上涨对园艺产品不同类品种贸易竞争力指数的影响符号和大小有别。当期投入品价格上涨在一定程度上增强了水果的贸易竞争

力，而弱化了蔬菜、茶叶和花卉的贸易竞争力。

4. 投入品价格上涨，当期带来 QCI_3、QCI_4 下降，前期带来 QCI_3、QCI_4 上升；就其影响大小而言，当期为 $QCI_3 > QCI_4$，前期为 $QCI_4 > QCI_3$

表明不同时期投入品价格上涨对茶叶和花卉质量竞争力指数的影响符号与大小不同。当期投入品价格上涨在一定程度上弱化了茶叶和花卉的质量竞争力。前期投入品价格上涨在一定程度上增强了茶叶和花卉的质量竞争力。

（二）人民币升值，对我国园艺产品各类品种显性国际竞争力的影响效应有所不同

1. 人民币升值，当期导致 IMS_1、IMS_2、IMS_3、IMS_4 下降，前一期导致 IMS_1 上升；就其影响大小而言，当期为 $IMS_4 > IMS_2 > IMS_1 > IMS_3$

表明不同时期人民币升值对园艺产品不同类品种国际市场占有率的影响符号和大小有别，且当期的负面影响效应是主要的。前期人民币升值在一定程度上增强了蔬菜的国际市场占有率。

2. 人民币升值，当期导致 RCA_1、RCA_2、RCA_3、RCA_4 下降；就其影响大小而言，当期为 $RCA_4 > RCA_3 > RCA_2 > RCA_1$

表明人民币升值对园艺产品不同类品种显示性比较优势均产生了负向影响效应，但影响程度有所不同。

3. 人民币升值，当期导致 TSC_1、TSC_2、TSC_3、TSC_4 下降；就其影响大小而言，当期为 $TSC_2 > TSC_4 > TSC_1 > TSC_3$

表明人民币升值对园艺产品不同类品种贸易竞争力均产生了负向影响效应，但影响程度有所不同。

4. 人民币升值，当期导致 QCI_3、QCI_4 下降，前期导致 QCI_4 上升；就其影响大小来看，当期为 $QCI_4 > QCI_3$

表明不同时期人民币升值对茶叶和花卉质量竞争力的影响符号和大小并不完全相同，当期人民币升值在不同程度上弱化了茶叶和花卉的质量竞

争力；前期人民币升值在一定程度上增强了花卉的质量竞争力。

（三）投入品价格上涨和人民币升值对园艺产品各类品种显性国际竞争力的影响效应存在明显差异性，且其影响符号和大小存在一定的不确定性和可控性

从当期和前期的影响符号来看，投入品价格上涨对园艺产品各类品种显性国际竞争力各经验指标的负向影响略逊于其正向影响；人民币升值对园艺产品各类品种显性国际竞争力各经验指标的负向影响是主要的。

就当期和前期的影响程度而言，投入品价格上涨对园艺产品各类品种显性国际竞争力各经验指标的正向影响程度一般大于其负向影响，且对花卉、水果的影响程度一般大于对蔬菜和茶叶的影响；人民币升值对园艺产品各类品种显性国际竞争力各经验指标的负向影响程度明显大于其正向影响，且对水果、花卉的负向影响程度一般大于对蔬菜和茶叶的影响。

由此可见，投入品价格上涨是弱化园艺产品各类品种显性国际竞争力的重要原因，人民币升值是影响园艺产品各类品种显性国际竞争力的主要因素；前者的影响符号和大小主要取决于投入品价格上涨幅度与其优化配置水平、科技进步贡献率大小以及市场需求。后者的影响符号和大小主要取决于人民币升值幅度与生产（经营）者对其预期、园艺品种结构与质量以及市场供求。

第六章　投入品价格上涨对园艺产品各类品种潜在国际竞争力影响的实证研究

随着经济全球一体化、区域化和贸易自由化的进程加快，中国农业乃至园艺产业国际化趋势正在形成。按照比较优势原则进行资源优化配置，参与国际竞争已成为中国园艺产业发展的必然选择。但是应该看到，近20年来随着我国园艺产业的快速发展，投入品价格持续较快上涨，导致园艺产品国内资源成本大幅上升，在一定程度上弱化了中国园艺产品的比较优势及其潜在国际竞争力。如何保持和强化中国园艺产品的比较优势，实现园艺产业的持续、稳定、协调发展至关重要。因此，运用比较优势理论和计量经济学方法深入研究和探讨投入品价格上涨对我国园艺产品国内资源成本系数和社会净收益的影响，对于提高中国园艺产品的潜在国际竞争力具有重要的理论意义和实践价值。

本章以马铃薯、茄子、甜橙、宽皮柑橘、苹果、红茶、绿茶和菊花的国内资源成本系数和社会净收益为例，采用1992—2011年的国内时序数据，通过构建多元线性回归模型就投入品价格上涨对园艺产品生产的比较优势影响进行实证分析。全章分为投入品价格上涨对园艺产品各类品种国内资源成本系数影响的实证分析、投入品价格上涨对园艺产品各类品种社会净收益影响的实证分析及实证分析结论等几个部分。

一、投入品价格上涨对园艺产品各类品种国内资源成本系数影响的实证分析

（一）园艺产品各类品种国内资源成本系数的估计及其走势描述

1. 园艺产品国内资源成本系数 DRCC 的计算方法及说明

为估计园艺产品国内资源成本系数 DRCC，本章将采用通用的计算方法，计算公式如下：

$$DRCC_j = \left[\left(\sum_{s=2}^{n} F_{sj}V_{sj} - E_j \right) / \left(U_j - M_j - R_j \right) \right] / SRE_j \qquad (6-1)$$

式（6-1）中，F_{sj} 表示园艺产品生产活动所需第 s 种生产要素的数量；V_{sj} 表示园艺产品生产活动所需第 s 种生产要素的机会成本；E_j 表示外部效果；U_j 表示以影子汇率计边境价格（外币）计算的园艺产品产值；M_j 表示以影子汇率计到岸价格（外币）计算的园艺产品生产活动所需的可进口性中间投入品的价值；R_j 表示园艺产品生产活动所需的国外直接生产成本，以机会成本（外币）计算；SRE_j（shadow price of foreign exchange）表示影子汇率，以本国货币表示的一单位外币所代表的真正价值；s 为所投入生产要素种数，将所需外汇设为第一种投入要素，所以从 2 开始。

根据上述方法估算园艺产品国内资源成本系数，若估计结果 DRCC<1，则表明生产园艺产品替代进口，如果采用国内资源可以节约外汇支出；反之，生产园艺产品出口，如果采用国内资源可以增加外汇收入，说明本国生产园艺产品具有比较优势或具有潜在国际竞争力；DRCC 值越小，则表明生产园艺产品的比较优势或潜在国际竞争力越强。若估计结果 DRCC>1，则表明采用国内资源生产园艺产品的成本高于净外汇所得，说明本国生产园艺产品缺乏比较优势或缺乏潜在国际竞争力，应该进口；DRCC 值越大，则表明园艺产品的比较劣势越突出或越缺乏潜在国际竞争力；若估计结果 DRCC=1，则表明采用国内资源生产园艺产品处于利益均衡状态。因此，将不同类园艺产品的 DRCC 值进行比较，可以判断园艺产品不同类品种生

产的比较优势或比较劣势。

2. 园艺产品 DRCC 相关参数的选择与确定

本章在运用 DRCC 法就我国园艺产品的比较优势或潜在国际竞争力进行评估之前，必须对与国内资源成本系数 DRCC 相关的产出物品和投入物品即贸易品、非贸易品和特殊投入物品进行界定，然后再估算确定这些物品的影子价格。

（1）贸易品、非贸易品和特殊投入物品的界定

①贸易品。通常是指生产或消费影响国家出口和进口的物品，本章是指园艺产品及其生产过程中所使用的国产或进口的化肥、农药等主要农业投入物品。

②非贸易品。通常是指生产或消费不影响国家出口和进口的物品，本章是指园艺产品生产过程中所使用的土地、塑料薄膜、燃料动力、小农具、农家肥、畜力等不可出口贸易的投入物品。

③特殊投入物品。通常是指人力资源，本章是指园艺产品生产过程中所使用的农业劳动力。

（2）相关参数的估算与确定

①园艺产品影子价格的估算

园艺产品影子价格的估算一般采用以下两种方法：一是如当年园艺产品是净出口时，则其影子价格是以离岸价格为基础进行估计的。具体估算公式如下：园艺产品影子价格＝以影子汇率计算的离岸价格／（1+贸易费率）。二是如当年园艺产品是净进口时，则其影子价格是以到岸价格为基础进行估计的。具体估算公式如下：园艺产品影子价格＝以影子汇率计算的到岸价格×（1+贸易费用率）。

②园艺产品用化肥、农药机会成本的估算

化肥和农药是园艺产品生产中的主要投入品，所占其物质费用的比重较大，其中有相当一部分是国内稀缺的进口化肥、农药，是典型的贸易品。本章对园艺产品生产中所用化肥和农药机会成本的估算公式如下：一是国产化肥、农药机会成本＝影子汇率计算的到岸价×（1+贸易费用率）×

每亩化肥、农药用量×（国产化肥、农药用量/化肥、农药施用总量）。二是进口化肥、农药机会成本=影子汇率计到岸价×（1+贸易费用率）×每亩化肥、农药用量×（进口化肥、农药量/化肥、农药施用总量）。

③园艺产品用劳动力机会成本的估算

劳动用工费用是我国园艺产品生产成本中的主要组成部分，随着工业化、城镇化的快速发展，农村劳动力机会成本不断上升。因此科学合理估算农村劳动力机会成本对园艺产品国内资源成本的准确估计影响很大。本章采用《全国农产品成本收益资料汇编》中的计算方法，以劳动日用工来反映劳动报酬或劳动用工费用。其计算公式如下：劳动力机会成本=当年农民人均纯收入×每个农业劳动力负担人口数÷全年劳动力天数（250天）×劳动用工数。

④园艺产品用土地机会成本的估算

由于我国土地的所有权归国家和集体拥有，广大农民只有通过家庭承包责任制签约后才能取得土地经营权，因此园艺产品生产中所用土地机会成本的估算与国外有所不同。在园艺产品生产的各项成本支出中，与土地相关的费用主要有土地承包费、农业税金和村提留、乡统筹、两工支出以及其他成本外支出等。自2004年后，国家全面取消农业税金、村提留、乡统筹和两工支出等费用。因此，本章在对我国园艺产品生产中所用土地机会成本的估算方法采取如下两种：一是2004年前园艺产品生产所用土地机会成本=每亩土地承包费+每亩农业税+每亩成本外支出；二是2004年后园艺产品生产中所用土地机会成本=每亩自营地折租+每亩土地流转租金+每亩成本外支出。

⑤园艺产品用种苗、农家肥、畜力机会成本的估算

本章以马铃薯、宽皮柑橘、菊花和绿茶种苗、农家肥和使用畜力的实际成本直接作为机会成本。

⑥园艺产品用其他投入机会成本的估算

除对上述②、③、④、⑤项机会成本的估算外，生产过程中涉及的其他成本项目，如塑料薄膜、燃料动力、小农具购置修理、棚架材料、机械

作业、排灌、固定资产折旧以及其他生产费用等计算十分复杂，且在马铃薯、宽皮柑橘、菊花和绿茶生产成本中所占比重很小，因此，本章将其实际成本扣除相关税收等转移支付部分，作为机会成本直接计入国内资源成本。

3. 以蔬菜、水果、茶叶、花卉为例，对马铃薯、茄子、甜橙、宽皮柑橘、苹果、红茶、绿茶、菊花 DRCC 的估计结果及走势描述

按照国内资源成本系数的通用估算方法，本章以 1992—2011 年的时序数据作为样本区间，以蔬菜、水果、茶叶、花卉为例，具体对我国马铃薯 $DRCC_{11}$、茄子 $DRCC_{12}$、甜橙 $DRCC_{21}$、宽皮柑橘 $DRCC_{22}$、苹果 $DRCC_{23}$、红茶 $DRCC_{31}$、绿茶 $DRCC_{32}$、菊花 $DRCC_{41}$ 进行估计，估计结果如表 6.1、表 6.2 所示。

表 6.1　1992—2011 年马铃薯、茄子、甜橙、宽皮柑橘 DRCC 估计结果

年　份	国内资源成本系数			
	马铃薯 $DRCC_{11}$	茄子 $DRCC_{12}$	甜橙 $DRCC_{21}$	宽皮柑橘 $DRCC_{22}$
1992	0.470155	0.528171	0.242606	0.190824
1993	0.230220	0.208204	0.318461	0.177972
1994	0.253363	0.214697	0.286891	0.158963
1995	0.230910	0.205425	0.412418	0.147746
1996	0.334897	0.158034	0.576002	0.223541
1997	0.397422	0.102299	0.421572	0.165570
1998	0.326657	0.122926	0.666994	0.250694
1999	0.330690	0.499864	0.490519	0.471881
2000	0.374250	0.480425	0.668847	0.435104
2001	0.481991	0.448279	0.642576	0.499260
2002	0.430344	0.381232	0.367031	0.407997
2003	0.292475	0.387910	0.308667	0.329673
2004	0.284614	0.291908	0.330322	0.295239
2005	0.326921	0.692118	0.219682	0.283752
2006	0.334061	0.546342	0.252139	0.451634

续表

年 份	国内资源成本系数			
	马铃薯 $DRCC_{11}$	茄子 $DRCC_{12}$	甜橙 $DRCC_{21}$	宽皮柑橘 $DRCC_{22}$
2007	0.329322	0.667151	0.214953	0.216663
2008	0.355077	0.726591	0.428081	0.175335
2009	0.276018	0.850741	0.374871	0.203631
2010	0.402838	0.855557	0.324329	0.284563
2011	0.234974	0.742414	0.218956	0.200784

表 6.1 中数据显示，1992—2011 年我国马铃薯 $DRCC_{11}$、茄子 $DRCC_{12}$ 的变化总体呈现波动下降和波动上升态势，前者与第三章第五节中的推论 11 和 12 相悖，可能与生产者优化投入品资源配置、依靠科技进步降本增效，增强了马铃薯的潜在国际竞争力相关；后者与第三章第五节中的推论 13 和 14 相符，可能与投入品价格上涨和人民币升值的负面影响有关。

表 6.1 中数据显示，1992—2011 年我国甜橙 $DRCC_{21}$、宽皮柑橘 $DRCC_{22}$ 的变化总体呈现先升后降的波动态势，基本上是以 2000 年或 2001 年为拐点，前期波动上升，年均分别上升 19.52、16.16 个百分点。这与第三章第五节中的推论 15 和 16、17 和 18 相符，可能与投入品价格上涨和人民币升值的负面影响有关；后期波动下行，年均分别下降 6.11、5.98 个百分点，这与第三章第五节中的推论 15 和 16、17 和 18 相悖，可能与生产者优化投入品资源配置、依靠科技进步作用降本增效，增强了甜橙和宽皮柑橘的潜在国际竞争力相关。

表 6.2 1992—2011 年苹果、红茶、绿茶、菊花 DRCC 估计结果

年 份	国内资源成本系数			
	苹果 $DRCC_{23}$	红茶 $DRCC_{31}$	绿茶 $DRCC_{32}$	菊花 $DRCC_{41}$
1992	0.159475	0.639752	0.594397	0.486791
1993	0.212329	0.605283	0.949823	0.452851
1994	0.590336	0.629508	0.683806	0.299687

年　份	国内资源成本系数			
	苹果 $DRCC_{23}$	红茶 $DRCC_{31}$	绿茶 $DRCC_{32}$	菊花 $DRCC_{41}$
1995	0.244559	0.421553	0.93373	0.366012
1996	0.300794	0.852644	1.007916	0.665371
1997	0.228787	0.900919	1.091905	0.503697
1998	0.240011	1.212782	0.946538	0.776755
1999	0.242918	0.763417	1.110911	1.605287
2000	0.252386	0.963197	1.27555	1.526709
2001	0.264474	0.853374	0.926861	1.188882
2002	0.317002	0.933943	1.55818	0.949754
2003	0.216866	1.076823	1.350148	1.005506
2004	0.221276	1.353062	0.742502	0.974748
2005	0.217026	1.266056	1.672146	0.884081
2006	0.204185	1.027642	1.485525	0.791287
2007	0.326802	0.914744	1.44319	0.859633
2008	0.242787			
2009	0.358505			
2010	0.336512			
2011	0.291639			

　　表 6.2 中数据显示，1992—2011 年我国苹果 $DRCC_{23}$ 的变化总体呈现波动微升态势，年均上升 4.14 个百分点。这与第三章第五节中的推论 19 和 20 相符，可能与投入品价格上涨和人民币升值的负面影响有关。

　　表 6.2 中数据显示，1992—2007 年我国红茶 $DRCC_{31}$、绿茶 $DRCC_{32}$、菊花 $DRCC_{41}$ 的变化总体呈现波动上升态势，年均分别上升 2.68、8.92、4.79 个百分点。这与第三章第五节中的推论 21 和 22、23 和 24、25 和 26 相符，可能与投入品价格上涨和人民币升值的负面影响有关。

　　以上仅从不同的时序数据区间描述与分析了投入品价格上涨和人民币升值对马铃薯、茄子、甜橙、宽皮柑橘、苹果、红茶、绿茶、菊花的潜在国际竞争力的影响，是否符合客观实际，有待采用上述指标建立多元线性回归模型，动态考察其影响方向和大小，并对第三章第五节中的推论 11 和 12、13 和 14、15 和 16、17 和 18、19 和 20、21 和 22、23 和 24、25 和 26 进行检验。

（二）实证模型的设定

根据第三章的理论分析，考虑到以时间序列数据取对数后不会改变其时序性质，同时可以最大限度地避免异方差的产生，容易得到平稳序列，因此本书对变量进行自然对数处理，可得出如下实证模型：

$$\text{LnDRCC}_{11} = 0_1 + \gamma_1 \text{LnP}_1 + \gamma_2 \text{LnP}_2 + \gamma_3 \text{LnP}_3 + \gamma_4 \text{LnSRE} + \mu_{46} \qquad (6\text{-}2)$$

$$\text{LnDRCC}_{12} = p_1 + \gamma_5 \text{LnP}_1 + \gamma_6 \text{LnP}_2 + \gamma_7 \text{LnP}_3 + \gamma_8 \text{LnSRE} + \mu_{47} \qquad (6\text{-}3)$$

$$\text{LnDRCC}_{21} = q_1 + \gamma_9 \text{LnP}_1 + \gamma_{10} \text{LnP}_2 + \gamma_{11} \text{LnP}_3 + \gamma_{12} \text{LnSRE} + \mu_{48} \qquad (6\text{-}4)$$

$$\text{LnDRCC}_{22} = r_1 + \gamma_{13} \text{LnP}_1 + \gamma_{14} \text{LnP}_2 + \gamma_{15} \text{LnP}_3 + \gamma_{16} \text{LnSRE} + \mu_{49} \qquad (6\text{-}5)$$

$$\text{LnDRCC}_{23} = s_1 + \gamma_{17} \text{LnP}_1 + \gamma_{18} \text{LnP}_2 + \gamma_{19} \text{LnP}_3 + \gamma_{20} \text{LnSRE} + \mu_{50} \qquad (6\text{-}6)$$

$$\text{DRCC}_{31} = t_1 + \gamma_{21} \text{P}_1 + \gamma_{22} \text{P}_2 + \gamma_{23} \text{P}_3 + \gamma_{24} \text{SRE} + \mu_{51} \qquad (6\text{-}7)$$

$$\text{DRCC}_{32} = u_1 + \gamma_{25} \text{P}_1 + \gamma_{26} \text{P}_2 + \gamma_{27} \text{P}_3 + \gamma_{28} \text{SRE} + \mu_{52} \qquad (6\text{-}8)$$

$$\text{DRCC}_{41} = v_1 + \gamma_{29} \text{P}_1 + \gamma_{30} \text{P}_2 + \gamma_{31} \text{P}_3 + \gamma_{32} \text{SRE} + \mu_{53} \qquad (6\text{-}9)$$

式中，γ_1、γ_2、γ_3、γ_4 分别为马铃薯 DRCC_{11} 对化肥价格 P_1、农药价格 P_2、劳动力价格 P_3 和人民币影子汇率 SRE 变化的弹性系数；γ_5、γ_6、γ_7、γ_8 分别为茄子 DRCC_{12} 对化肥价格 P_1、农药价格 P_2、劳动力价格 P_3 和人民币影子汇率 SRE 变化的弹性系数；γ_9、γ_{10}、γ_{11}、γ_{12} 分别为甜橙 DRCC_{21} 对化肥价格 P_1、农药价格 P_2、劳动力价格 P_3 和人民币影子汇率 SRE 变化的弹性系数；γ_{13}、γ_{14}、γ_{15}、γ_{16} 分别为宽皮橘 DRCC_{22} 对化肥价格 P_1、农药价格 P_2、劳动力价格 P_3 和人民币影子汇率 SRE 的变化的弹性系数；γ_{17}、γ_{18}、γ_{19}、γ_{20} 分别为苹果 DRCC_{23} 对化肥价格 P_1、农药价格 P_2、劳动力价格 P_3 和人民币影子汇率 SRE 变化的弹性系数；γ_{21}、γ_{22}、γ_{23}、γ_{24} 分别为红茶 DRCC_{31} 对化肥价格 P_1、农药价格 P_2、劳动力价格 P_3 和人民币影子汇率 SRE 的边际；γ_{25}、γ_{26}、γ_{27}、γ_{28} 分别为绿茶 DRCC_{32} 对化肥价格 P_1、农药

价格 P_2、劳动力价 P_3 格和人民币影子汇率 SRE 的边际；γ_{29}、γ_{30}、γ_{31}、γ_{32} 分别为菊花 $DRCC_{41}$ 国内资源成本系数对化肥价格 P_1、农药价格 P_2、劳动力价格 P_3 和人民币影子汇率 SRE 的边际。

(三) 实证分析

1. 求 P_1、P_2、P_3 和 SRE 及红茶、绿茶和菊花的 DRCC 的标准化值

要研究 P_1、P_2、P_3 和 SRE 对红茶、绿茶和菊花的 DRCC 的影响，也就只能对 P_1、P_2、P_3 和 SRE 及红茶、绿茶和菊花的 DRCC 取标准化值。如表 6.3、表 6.4 所示。

表 6.3　P_1、P_2、P_3 和 SRE 的标准化

年　份	P_1	P_2	P_3	SRE
1992	-2.08556	-1.62567	-1.30834	-2.63391
1993	-1.74409	-1.69787	-1.19665	-2.28389
1994	-0.89194	-1.17441	-1.0371	0.85439
1995	0.61854	0.58551	-0.68608	0.50371
1996	1.24303	1.69561	-0.30315	0.45551
1997	0.74159	1.48803	-0.25529	0.42354
1998	0.23399	1.04580	-0.31911	0.40953
1999	-0.0398	0.47721	-0.33506	0.40848
2000	-0.40281	-0.07333	-0.25529	0.40861
2001	-0.50433	-0.38019	-0.19146	0.40678
2002	-0.3905	-0.57874	-0.09573	0.40678
2003	-0.31667	-0.58777	-0.06382	0.40678
2004	0.30475	-0.26286	1.11688	0.40651
2005	1.00308	0.20645	1.14879	0.29504
2006	1.00923	0.36891	1.65936	0.00698
2007	1.2215	0.51331	2.12206	-0.47483

表 6.4 红茶 $DRCC_{31}$、绿茶 $DRCC_{32}$ 和菊花 $DRCC_{41}$ 的标准化

年 份	红茶 $DRCC_{31}$	绿茶 $DRCC_{32}$	菊花 $DRCC_{41}$
1992	-1.02715	-1.59918	-0.90975
1993	-1.16272	-0.49855	-0.99879
1994	-1.06744	-1.32231	-1.40061
1995	-1.88532	-0.54839	-1.22661
1996	-0.18986	-0.31866	-0.44125
1997	0	-0.05857	-0.8654
1998	1.22654	-0.50873	-0.14904
1999	-0.54079	0.00028	2.02458
2000	0.24494	0.51011	1.81843
2001	-0.18699	-0.56966	0.93216
2002	0.12988	1.38532	0.30482
2003	0.69182	0.74111	0.45108
2004	1.77825	-1.14055	0.37039
2005	1.43607	1.73823	0.13252
2006	0.4984	1.16033	-0.11092
2007	0.05437	1.02923	0.06839

2. 共线性诊断

在对实证模型进行参数估计之前，先求得 LnP_1、LnP_2、LnP_3 和 LnSRE 及 P_1（标准化）、P_2（标准化）、P_3（标准化）和 SRE（标准化）相关系数矩阵如表 6.5 及表 6.6 所示。

表 6.5 LnP_1、LnP_2、LnP_3 和 LnSRE 相关系数矩阵

	LnP_1	LnP_2	LnP_3	LnSRE
LnP_1	1	0.90655	0.905627	-0.015985
LnP_2	0.90655	1	0.715658	0.087117
LnP_3	0.905627	0.715658	1	-0.126287
LnSRE	-0.015985	0.087117	-0.126287	1

从各自变量的相关系数可知，最小的相关系数为 0.087117，最大的达到了 0.90655。虽然变量 SRE 与变量 P_1、P_2 和 P_3 之间相关性不大，但变量 P_1、P_2 和 P_3 之间仍存在严重的多重共性，故而不能用最小二乘法进行参数估计，需要采用主成分回归法建立回归模型。

表6.6　P_1、P_2、P_3 和 SRE 相关系数矩阵

	P_1	P_2	P_3	SRE
P_1	1	0.863864	0.713689	0.611689
P_2	0.863864	1	0.361125	0.568716
P_3	0.713689	0.361125	1	0.265564
SRE	0.611689	0.568716	0.265564	1

从各自变量的相关系数可知，最小的相关系数也达到 0.265564，最大的达到了 0.863864。各变量之间存在较严重的多重共性，故而不能用最小二乘法进行参数估计，需要采用主成分回归法建立回归模型。

3. 主成分分析

运用 EVIEWS6.0 软件对 LnP_1、LnP_2、LnP_3 及 P_1、P_2、P_3 和 SRE 进行主成分分析，相关数据如表6.7及表6.8所示。

表6.7　LnP_1、LnP_2、LnP_3 主成分分析结果

		第一主成分	第二主成分	第三主成分
特征向量	LnP_1	0.604583	-0.001513	-0.79654
	LnP_2	0.563356	-0.706148	0.428935
	LnP_3	0.563124	0.708063	0.426073
特 征 值		2.688255	0.284343	0.027402
贡 献 率		0.8961	0.0948	0.0091
累积贡献率		0.8961	0.9909	1

由表 6.7 可知，第一主成分特征值为 2.688255，贡献率为 0.8961，说明它对原来的四个指标的信息解释率达到了 89.61%，提取第一主成分就可以代替原来的四个指标。利用第一主成分的特征向量可以得到第一主成分的表达式为：

$$F_5 = 0.604583LnP_1 + 0.563356LnP_2 + 0.563124LnP_3 \tag{6-10}$$

将数据代入式（6-10）中，得到 F_5 的值。

表 6.8　P_1、P_2、P_3 和 SRE 主成分分析结果

		第一主成分	第二主成分	第三主成分	第四主成分
特	P_1	0.590707	0.112553	-0.179076	-0.778671
征	P_2	0.526446	-0.271049	-0.628247	0.504671
向	P_3	0.419976	0.774495	0.306933	0.359959
量	SRE	0.444454	-0.560377	0.692120	0.096996
特 征 值		2.737541	0.785188	0.443272	0.033999
贡 献 率		0.684400	0.196300	0.110800	0.008500
累积贡献率		0.684400	0.880700	0.991500	1

由表 6.8 可知，第一主成分特征值为 2.737541，贡献率为 0.6844，说明它对原来的四个指标的信息解释率达到了 68.44%，提取第一主成分就可以代替原来的四个指标。利用第一主成分的特征向量可以得到第一主成分的表达式为：

$$F_6 = 0.590707P_1 + 0.526446P_2 + 0.419976P_3 + 0.444454SRE \tag{6-11}$$

将数据代入式（6-11）中，得到 F_6 的值。

4. 单位根检验

由于大多数时间序列数据通常是上下波动而不平稳的，如采用一般的 OLS 估计方法往往难以避免会出现伪回归现象。因此，本章拟采用扩展的迪克—富勒检验法来检验上述变量的单位根是否存在的可能性。其基本原理如下：设临界值为 t_0，那么对于任何检验的 t 值，如果 $t > t_0$，则拒绝原假设，表明变量不存在单位根；反之，如果 $t < t_0$，则接受原假设，表明变量

存在单位根。

下面对变量 $LnDRCC_{11}$、$LnDRCC_{12}$、$DRCC_{21}$、$DRCC_{22}$、$LnDRCC_{23}$、
$LnDRCC_{31}$、$DRCC_{32}$、$DRCC_{41}$、$LnSRE$、F_5 和 F_6 进行检验，通过检验发现
$LnDRCC_{11}$、$LnDRCC_{12}$、$LnDRCC_{31}$、$DRCC_{32}$、$DRCC_{41}$ 和 F_6 在 10% 显著水平
下都拒绝原假设，表明是平稳变量。$DRCC_{21}$、$DRCC_{22}$、$LnDRCC_{23}$、$LnSRE$
和 F_5 在 10% 显著水平下都不能拒绝原假设，表明都是非平稳变量。再对
$DRCC_{21}$、$DRCC_{22}$、$LnDRCC_{23}$、$LnSRE$ 和 F_5 取一阶差分，结果 $\triangle DRCC_{21}$、
$\triangle LDRCC_{22}$、$\triangle LnDRCC_{23}$、$\triangle LnSRE$ 和 $\triangle F_5$ 都在 10% 的显著水平下拒绝原
假设，表明是平稳变量。结果如表 6.9 所示。

表 6.9　ADF 单位根检验结果

变　量	检验形式	ADF 统计量（t）	临界值（t_0）		结　论
			10%临界值	5%临界值	
F_5	(0, t, 0)	−1.108689	−2.655194	−3.02997	非平稳
$\triangle F_5$	(0, t, 0)	−2.676619	−2.660551	−3.040391	平稳
F_6	(c, t, 1)	−6.591842	−3.342253	−3.791172	平稳
$LnSRE$	(c, t, 0)	−2.848136	−3.277364	−3.673616	非平稳
$\triangle LnSRE$	(c, t, 0)	−4.783383	−3.286909	−3.690814	平稳
$LnDRCC_{11}$	(c, t, 0)	−3.774705	−3.277364	−3.673616	平稳
$LnDRCC_{12}$	(c, t, 0)	−4.303435	−3.324976	−3.759743	平稳
$LnDRCC_{21}$	(c, t, 0)	−2.486078	−3.277364	−3.673616	非平稳
$\triangle LnDRCC_{21}$	(c, t, 0)	−5.454568	−3.286909	−3.690814	平稳
$LnDRCC_{22}$	(c, t, 0)	−1.735271	−3.277364	−3.673616	非平稳
$\triangle LnDRCC_{22}$	(c, t, 0)	−4.606871	−3.286909	−3.690814	平稳
$LnDRCC_{23}$	(c, t, 0)	−4.500478	−3.277364	−3.673616	平稳
$DRCC_{31}$	(c, t, 2)	−3.784256	−3.362984	−3.828975	平稳
$DRCC_{32}$	(c, t, 1)	−5.739998	−3.342253	−3.791172	平稳
$DRCC_{41}$	(c, t, 0)	−1.434838	−3.324976	−3.759743	非平稳

注：检验形式（c, t, q）分别表示单位根检验方程包含常数项、时间趋势和滞后阶数。
$\triangle$ 表示一阶差分。

从表 6.9 检验结果显示，其中一部分原始变量虽然存在单位根，但将其进行一阶差分后却不存在单位根。

5. 协整检验

通常情况下，假设两个变量都是单整变量，那么只有当它们的单整阶数完全相同时才能进行协整。但是，假设三个以上变量都是单整变量且具有不同的单整阶数时，也有可能采取线性组合而构成低级同阶单整变量后再进行协整。下面对 $LnDRCC_{11}$、F_5 和 LnSRE 之间，$LnDRCC_{12}$、F_5 和 LnSRE 之间，$LnDRCC_{21}$、F_5 和 LnSRE 之间，$LnDRCC_{22}$、F_5 和 LnSRE 之间，$LnDRCC_{23}$、F_5 和 LnSRE 之间，$DRCC_{31}$ 和 F_6 之间，$DRCC_{32}$ 和 F_6 之间，$DRCC_{41}$ 和 F_6 之间关系分别进行 Johansen 协整检验来确定它们之间是否可能存在长期的稳定关系。其 Johansen 协整检验结果如表 6.10 至表 6.17 所示。

表 6.10　$LnDRCC_{11}$ 和 F_5、LnSRE 之间关系的 Johansen 协整检验结果

零假设协整向量个数	特征值	迹统计量	迹的临界值（5%显著水平）
0*	0.907806	43.91502	25.87211
至多 1 个	0.529014	10.54097	12.51798

表 6.11　$LnDRCC_{12}$ 和 F_5、LnSRE 之间关系的 Johansen 协整检验结果

零假设协整向量个数	特征值	迹统计量	迹的临界值（5%显著水平）
0*	0.933976	56.84146	29.79707
至多 1 个	0.336855	7.922076	15.49471
至多 2 个	0.028927	0.528357	3.841466

表 6.12　$LnDRCC_{21}$ 和 F_5、LnSRE 之间关系的 Johansen 协整检验结果

零假设协整向量个数	特征值	迹统计量	迹的临界值（5%显著水平）
0*	0.967614	72.40567	29.79707
至多 1 个	0.388322	10.66493	15.49471
至多 2 个	0.096019	1.817053	3.841466

表 6.13　$LnDRCC_{22}$ 和 F_5、LnSRE 之间关系的 Johansen 协整检验结果

零假设协整向量个数	特征值	迹统计量	迹的临界值（5%显著水平）
0*	0.65181	26.69719	24.27596
至多1个	0.287313	7.707061	12.3209
至多2个	0.085572	1.610222	4.129906

表 6.14　$LnDRCC_{23}$ 和 F_5、LnSRE 之间关系的 Johansen 协整检验结果

零假设协整向量个数	特征值	迹统计量	迹的临界值（5%显著水平）
0*	0.986872	87.35726	29.79707
至多1个	0.350543	9.362746	15.49471
至多2个	0.084729	1.593624	3.841466

表 6.15　$DRCC_{31}$ 和 F_6 之间关系的 Johansen 协整检验结果

零假设协整向量个数	特征值	迹统计量	迹的临界值（5%显著水平）
0*	0.844364	32.82088	25.87211
至多1个	0.383755	6.777554	12.51798

表 6.16　$DRCC_{32}$ 和 F_6 之间关系的 Johansen 协整检验结果

零假设协整向量个数	特征值	迹统计量	迹的临界值（5%显著水平）
0*	0.951426	67.89718	29.79707
至多1个	0.848911	29.45257	0.848911

表 6.17　$DRCC_{41}$ 和 F_6 之间关系的 Johansen 协整检验结果

零假设协整向量个数	特征值	迹统计量	迹的临界值（5%显著水平）
0*	0.848911	29.45257	15.49471
至多1个	0.192546	2.994162	3.841466

由表 6.10 至表 6.17 中的迹统计量表明，在 5% 的置信水平上，原假设三个变量序列不存在协整关系都被拒绝，但至多存在一个或两个协整关系都没有被拒绝，说明 $LnDRCC_{11}$、F_5 和 LnSRE 之间，$LnDRCC_{12}$、F_5 和

LnSRE 之间，$DRCC_{21}$、F_5 和 LnSRE 之间，$DRCC_{22}$、F_5 和 LnSRE 之间，Ln-$DRCC_{23}$、F_5 和 LnSRE 之间，$DRCC_{31}$ 和 F_6 之间，$DRCC_{32}$ 和 F_6 之间，$DRCC_{41}$ 和 F_6 之间都存在某种协整关系。

6. 主成分回归实证模型

首先，用 OLS 法估计变量 $LnDRCC_{11}$ 和 F_5、LnSRE 的回归方程。根据 AIC 与 SC 最小准则，结合第三章的理论分析推论与经验判定，经过反复试验，得到如下方程：

$$LnDRCC_{11} = -0.653339F_5 + 0.662471F_5 \ (-1) \ -0.168752LnSRE \quad (6-12)$$
$$(-2.186591) \ (\ 2.270796) \ (-1.970082)$$
$$R^2 = 0.199662 \quad DW = 1.898645$$

式（6-12）中括号内数字为 t 检验值，从式中可以看出部分 t 检验值大，变量影响显著。回归方程整体拟合不太好，因为可决系数（$R^2 = 0.199662$）小。另外，采用 Q 统计值来判断回归方程估计结果的残差是否存在自相关性。所得结果如表 6.18 所示。

表 6-18　投入品价格上涨对马铃薯 $DRCC_{11}$ 影响改进估计滞后 12 期的 Q 统计值

Autocorrelation	Partial Correlation		AC	PAC	Q-Stat	Prob
		1	-0.116	-0.116	0.2993	0.584
		2	0.078	0.065	0.4417	0.802
		3	-0.273	-0.262	2.3020	0.512
		4	0.058	-0.001	2.3909	0.664
		5	0.149	0.202	3.0222	0.697
		6	0.168	0.142	3.8872	0.692
		7	-0.216	-0.225	5.4331	0.607
		8	-0.146	-0.149	6.2030	0.625
		9	-0.173	-0.113	7.3959	0.596
		10	-0.083	-0.277	7.7010	0.958
		11	-0.007	-0.191	7.7033	0.740
		12	-0.008	-0.016	7.7066	0.808

由表 6-18 可知回归方程改进估计结果的残差不存在自相关性。由于回归方程改进估计结果通过了各项计量经济学的检验，可将 F_6 变为原来的解释变量，可得实证模型（6-2）的回归方程：

$$LnDRCC_{11} = -0.394998LnP_1 + 0.400519LnP_1 \ (-1) \ -0.368062LnP_2$$

$$+0.373207LnP_2（-1）-0.367911LnP_3+$$

$$0.373053LnP_3（-1）-0.168752LnSRE \qquad (6-13)$$

实证结果表明，当期化肥价格、农药价格和劳动力价格每上涨 1 个百分点，马铃薯 $DRCC_{11}$ 就分别下降 0.394998、0.368062 和 0.367911 个百分点；前期化肥价格、农药价格和劳动力价格每上涨 1 个百分点，马铃薯 $DRCC_{11}$ 就分别上升 0.400519、0.373207 和 0.373053 个百分点；当期人民币实际有效汇率每上升 1 个百分点，马铃薯 $DRCC_{11}$ 就下降 0.168752 个百分点。

接着，用 OLS 法估计变量 $LnDRCC_{12}$ 和 F_5、LnSRE 的回归方程。根据 AIC 与 SC 最小准则，结合第三章的理论分析推论与经验判定，经过反复试验，得到如下方程：

$$LnDRCC_{12} = 0.525006F_5 - 2.228272LnSRE + 10.01468 \qquad (6-14)$$

$$（2.666202）（-2.145974）（1.3988）$$

$$R^2 = 0.428046 \quad DW = 1.079404 \quad F = 6.361326$$

式（6-10）中括号内数字为 t 检验值，从式中可以看出部分 t 检验值小，变量影响不显著。回归方程整体拟合不太好，因为可决系数（$R^2 = 0.428046$）小。另外，采用 Q 统计值来判断回归方程估计结果的残差是否存在自相关性。所得结果如表 6.19 所示。

表 6.19　投入品价格上涨对茄子 $DRCC_{12}$ 的影响估计滞后 12 期的 Q 统计值

Autocorrelation	Partial Correlation		AC	PAC	Q-Stat	Prob
		1	0.438	0.438	4.4504	0.035
		2	0.175	-0.021	5.1991	0.074
		3	-0.120	-0.234	5.5731	0.134
		4	-0.124	0.023	5.9952	0.200
		5	-0.143	-0.059	6.5951	0.253
		6	-0.164	-0.135	7.4382	0.282
		7	-0.021	0.126	7.4530	0.383
		8	-0.019	-0.067	7.4666	0.487
		9	0.008	-0.051	7.4691	0.588
		10	0.000	0.040	7.4691	0.681
		11	0.000	-0.036	7.4691	0.760
		12	0.000	-0.019	7.4691	0.825

由表 6.19 可以看出回归方程估计结果的残差不存在自相关性。下面采用加权最小二乘法对其进行修正，权数为初步估计残差绝对值的倒数，可以得到以下改进方程：

$$LnDRCC_{12} = 0.475134F_5 - 2.275446LnSRE + 10.74563 \qquad (6-15)$$

$$(4.662162) \quad (-3.374462) \quad (2.085991)$$

$$R^2 = 0.969571 \quad DW = 1.487634 \quad F = 137.7963$$

式（6-15）中括号内数字为 t 检验值，从式中可以看出 t 检验值大，变量影响显著。改进回归方程整体拟合好，因为可决系数（$R^2 = 0.969571$）大。另外，采用 Q 统计值来判断回归方程改进估计结果的残差是否存在自相关性。所得结果如表 6.20 所示。

表 6.20　投入品价格上涨对茄子 $DRCC_{12}$ 的影响改进估计滞后 12 期的 Q 统计值

Autocorrelation	Partial Correlation		AC	PAC	Q-Stat	Prob
		1	0.251	0.251	1.4582	0.227
		2	0.252	0.201	3.0068	0.222
		3	-0.033	-0.149	3.0353	0.386
		4	-0.085	-0.112	3.2358	0.519
		5	-0.157	-0.082	3.9620	0.555
		6	-0.141	-0.055	4.5912	0.597
		7	-0.058	0.032	4.7064	0.696
		8	-0.091	-0.074	5.0099	0.757
		9	-0.025	-0.028	5.0350	0.831
		10	0.000	0.019	5.0350	0.889
		11	0.000	-0.027	5.0350	0.929
		12	0.000	-0.024	5.0350	0.957

由表 6.20 中可以看出，回归方程改进估计结果的残差不存在自相关性。由于回归方程改进估计结果通过了各项计量经济学的检验，可将 F_5 变为原来的解释变量，可得实证模型（6-3）的回归方程：

$$LnDRCC_{12} = 0.287258LnP_1 + 0.267670LnP_2 + 0.267559LnP_3 -$$

$$2.275446LnSRE + 10.74563 \qquad (6-16)$$

实证结果表明，当期化肥价格、农药价格和劳动力价格每上涨 1 个百分点，茄子 $DRCC_{12}$ 就分别上升 0.287258、0.267670 和 0.267559 个百分点；当期人民币实际有效汇率每上升 1 个百分点，茄子 $DRCC_{12}$ 就下降

2. 275446 个百分点。

接着，用 OLS 法估计变量 $LnDRCC_{21}$ 和 F_5、LnSRE 的回归方程。根据 AIC 与 SC 最小准则，结合第三章的理论分析推论与经验判定，经过反复试验，得到如下方程：

$$LnDRCC_{21} = -0.817724F_5 + 0.466444F_5(-1) - 1.404354LnSRE +$$
$$1.65294 LnSRE(-1) \qquad\qquad (6\text{-}17)$$
$$(-1.587346)\ (0.912333)\ (-1.247628)\ (1.356405)$$
$$R^2 = 0.271551 \quad DW = 1.416175$$

式（6-17）中括号内数字为 t 检验值，从式中可以看出部分 t 检验值小，变量影响不显著。回归方程整体拟合不太好，因为可决系数（$R^2 = 0.303329$）小。另外，采用 Q 统计值来判断回归方程估计结果的残差是否存在自相关性。所得结果如表 6.21 所示。

表 6.21　投入品价格上涨对甜橙 $DRCC_{21}$ 的影响估计滞后 12 期的 Q 统计值

Autocorrelation	Partial Correlation		AC	PAC	Q-Stat	Prob
		1	0.255	0.255	1.4419	0.230
		2	0.186	0.129	2.2505	0.325
		3	-0.058	-0.144	2.3352	0.506
		4	0.092	0.126	2.5612	0.634
		5	-0.226	-0.272	4.0151	0.547
		6	-0.052	0.037	4.0986	0.663
		7	-0.174	-0.088	5.1058	0.647
		8	-0.097	-0.109	5.4474	0.709
		9	0.040	0.233	5.5104	0.788
		10	0.000	-0.177	5.5104	0.855
		11	0.000	0.049	5.5104	0.904
		12	0.000	0.004	5.5104	0.939

由表 6.21 可以看出回归方程估计结果的残差不存在自相关性。下面采用加权最小二乘法对其进行修正，权数为初步估计残差绝对值的倒数，可以得到以下改进方程：

$$LnDRCC_{21} = -0.751982F_5 + 0.392743F_5(-1) - 1.35021LnSRE +$$
$$1.606119LnSRE(-1) \qquad\qquad (6\text{-}18)$$

$$（-10.93845）（6.072761）（-7.513799）（6.403971）$$

$$R^2 = 0.997661 \quad DW = 1.14303$$

式（6-18）中括号内数字为 t 检验值，从式中可以看出 t 检验值大，变量影响显著。改进回归方程整体拟合好，因为可决系数（$R^2 = 0.997661$）大。另外，采用 Q 统计值来判断回归方程改进估计结果的残差是否存在自相关性。所得结果如表 6.22 所示。

表 6.22　投入品价格上涨对甜橙 $DRCC_{21}$ 的影响改进估计滞后 12 期的 Q 统计值

Autocorrelation	Partial Correlation		AC	PAC	Q–Stat	Prob
		1	0.413	0.413	3.7753	0.052
		2	0.016	−0.187	3.7809	0.151
		3	0.014	0.104	3.7856	0.286
		4	0.020	−0.033	3.7966	0.434
		5	−0.167	−0.205	4.5902	0.468
		6	−0.168	0.005	5.4517	0.487
		7	−0.159	−0.148	6.2893	0.506
		8	−0.098	0.020	6.6402	0.576
		9	0.075	0.149	6.8618	0.652
		10	0.000	−0.182	6.8618	0.738
		11	0.000	0.120	6.8618	0.810
		12	0.000	−0.124	6.8618	0.867

由表 6.22 中可以看出，回归方程改进估计结果的残差不存在自相关性。由于回归方程改进估计结果通过了各项计量经济学的检验，可将 F_5 变为原来的解释变量，可得实证模型（6-4）的回归方程：

$$LnDRCC_{21} = -0.454636LnP_1 + 0.237446LnP_1（-1）-0.423634LnP_2 +$$

$$0.221254LnP_2（-1）-0.423459LnP_3 + 0.221163LnP_3（-1）-$$

$$1.35021LnSRE + 1.606119LnSRE（-1） \tag{6-19}$$

实证结果表明，当期化肥价格、农药价格和劳动力价格每上涨 1 个百分点，甜橙 $DRCC_{21}$ 就分别下降 0.454636、0.423634 和 0.423459 个百分点；前期化肥价格、农药价格和劳动力价格每上涨 1 个百分点，甜橙 $DRCC_{21}$ 就分别上升 0.237446、0.221254 和 0.221163 个百分点；当期人民币实际有效汇率每上升 1 个百分点，甜橙 $DRCC_{21}$ 就下降 1.35021 个百分

点。前期人民币实际有效汇率每上升 1 个百分点，甜橙 $DRCC_{21}$ 就上升
1.606119 个百分点。

接着，用 OLS 法估计变量 $LnDRCC_{22}$ 和 F_5、$LnSRE$ 的回归方程。根据
AIC 与 SC 最小准则，结合第三章的理论分析推论与经验判定，经过反复试
验，得到如下方程：

$$LnDRCC_{22} = -1.378684F_5 + 1.213669F_5(-1) - 1.2512LnSRE +$$
$$1.255221LnSRE(-1) \tag{6-20}$$
$$(-2.529041)\ (2.243263)\ (-1.050416)\ (0.973371)$$
$$R^2 = 0.303329 \quad DW = 1.438273$$

式（6-20）中括号内数字为 t 检验值，从式中可以看出部分 t 检验值
小，变量影响不显著。回归方程整体拟合不太好，因为可决系数（$R^2 =$
0.303329）小。另外，采用 Q 统计值来判断回归方程估计结果的残差是否
存在自相关性。所得结果如表 6.23 所示。

表 6.23　投入品价格上涨对宽皮柑橘 $DRCC_{22}$ 的影响估计滞后 12 期的 Q 统计值

Autocorrelation	Partial Correlation		AC	PAC	Q–Stat	Prob
		1	0.223	0.223	1.1031	0.294
		2	0.258	0.219	2.6671	0.264
		3	-0.089	-0.202	2.8624	0.413
		4	0.100	0.113	3.1260	0.537
		5	0.004	0.039	3.1266	0.680
		6	-0.081	-0.306	4.1332	0.659
		7	-0.308	-0.231	7.2901	0.399
		8	-0.321	-0.125	11.029	0.200
		9	-0.296	-0.227	14.534	0.105
		10	0.031	0.232	14.577	0.148
		11	-0.032	0.075	14.627	0.200
		12	0.051	-0.079	14.774	0.254

由表 6.23 可以看出回归方程估计结果的残差不存在自相关性。下面采
用加权最小二乘法对其进行修正，权数为初步估计残差绝对值的倒数，可
以得到以下改进方程：

$$LnDRCC_{22} = -1.682044F_5 + 1.439933F_5(-1) - 1.432939LnSRE +$$
$$1.530102LnSRE(-1) \tag{6-21}$$

$$(-9.396383)（8.952331）（-10.89142）（7.906343）$$

$$R^2 = 0.936418 \ DW = 1.699338$$

式（6-21）中括号内数字为 t 检验值，从式中可以看出 t 检验值大，变量影响显著。改进回归方程整体拟合好，因为可决系数（$R^2 = 0.936418$）大。另外，采用 Q 统计值来判断回归方程改进估计结果的残差是否存在自相关性。所得结果如表 6.24 所示。

表 6.24　投入品价格上涨对宽皮柑橘 $DRCC_{22}$ 的影响改进估计滞后 12 期的 Q 统计值

Autocorrelation	Partial Correlation		AC	PAC	Q-Stat	Prob
		1	0.098	0.098	0.2120	0.645
		2	0.138	0.129	0.6560	0.720
		3	-0.192	-0.222	1.5713	0.666
		4	0.095	0.128	1.8130	0.770
		5	0.115	-0.161	2.1926	0.822
		6	-0.076	-0.209	2.3708	0.883
		7	-0.403	-0.427	7.7766	0.353
		8	-0.236	-0.070	9.8015	0.279
		9	-0.141	-0.043	10.595	0.304
		10	0.103	-0.016	11.064	0.353
		11	0.016	0.094	11.077	0.437
		12	-0.067	0.022	11.336	0.500

从表 6.24 中可以看出，回归方程改进估计结果的残差不存在自相关性。由于回归方程改进估计结果通过了各项计量经济学的检验，可将 F_5 变为原来的解释变量，可得实证模型（6-5）的回归方程：

$$LnDRCC_{22} = -1.016935LnP_1 + 0.870559LnP_1（-1）-0.947590LnP_2$$

$$+0.811195LnP_2（-1）-0.947199LnP_3 + 0.810861LnP_3（-1）$$

$$-1.432939LnSRE + 1.530102LnSRE（-1） \qquad (6-22)$$

实证结果表明，当期化肥价格、农药价格和劳动力价格每上涨 1 个百分点，宽皮柑橘 $DRCC_{22}$ 就分别下降 1.016935、0.947590 和 0.947199 个百分点；前期化肥价格、农药价格和劳动力价格每上涨 1 个百分点，宽皮柑橘 $DRCC_{22}$ 就分别上升 0.870559、0.811195 和 0.810861 个百分点；当期人民币实际有效汇率每上升 1 个百分点，宽皮柑橘 $DRCC_{22}$ 就下降 1.432939 个百分点。前期人民币实际有效汇率每上升 1 个百分点，宽皮柑橘 $DRCC_{22}$

就上升 1.530102 个百分点。

接着，用 OLS 法估计变量 $LnDRCC_{23}$ 和 F_5、LnSRE 的回归方程。根据 AIC 与 SC 最小准则，结合第三章的理论分析推论与经验判定，经过反复试验，得到如下方程：

$$LnDRCC_{23} = 0.260542F_5 + 2.936662LnSRE - 3.055182\ LnSRE\ (-1) -$$
$$2.450058 \hspace{5cm} (6-23)$$
$$(2.943221)\ (4.328661)\ (-5.434865)\ (-0.807741)$$
$$R^2 = 0.663488 \quad DW = 1.66179 \quad F = 9.858333$$

式（6-23）中括号内数字为 t 检验值，从式中可以看出部分 t 检验值小，变量影响不显著。回归方程整体拟合不太好，因为可决系数（R^2 = 0.663488）小。另外，采用 Q 统计值来判断回归方程估计结果的残差是否存在自相关性。所得结果如表 6.25 所示。

表 6.25　投入品价格上涨对苹果 $DRCC_{23}$ 的影响估计滞后 12 期的 Q 统计值

Autocorrelation	Partial Correlation		AC	PAC	Q–Stat	Prob
		1	0.158	0.158	0.5557	0.456
		2	-0.030	-0.057	0.5768	0.749
		3	-0.326	-0.321	3.2279	0.358
		4	-0.324	-0.258	6.0210	0.198
		5	-0.075	-0.028	6.1825	0.289
		6	0.196	0.124	7.3592	0.289
		7	0.073	-0.152	7.5348	0.375
		8	-0.037	-0.184	7.5839	0.475
		9	-0.062	0.013	7.7395	0.561
		10	0.000	0.107	7.7395	0.654
		11	0.000	-0.088	7.7395	0.736
		12	0.000	-0.162	7.7395	0.805

由表 6.25 可以看出回归方程估计结果的残差不存在自相关性。下面采用加权最小二乘法对其进行修正，权数为初步估计残差平方的倒数，可以得到以下改进方程：

$$LnDRCC_{23} = 0.319926F_5 + 3.378546LnSRE - 3.271362LnSRE\ (-1) -$$
$$4.397568 \hspace{5cm} (6-24)$$
$$(5.780375)\ (9.957771)\ (-46.3055)\ (-1.917647)$$

$$R^2 = 0.999981 \quad DW = 1.713789 \quad F = 1614.892$$

式（6-24）中括号内数字为 t 检验值，从式中可以看出 t 检验值大，变量影响显著。改进回归方程整体拟合好，因为可决系数（$R^2 = 0.999981$）大。另外，采用 Q 统计值来判断回归方程改进估计结果的残差是否存在自相关性。所得结果如表 6.26 所示。

表 6.26　投入品价格上涨对苹果 $DRCC_{23}$ 的影响改进估计滞后 12 期的 Q 统计值

Autocorrelation	Partial Correlation		AC	PAC	Q-Stat	Prob
		1	0.220	0.220	1.0760	0.300
		2	-0.272	-0.337	2.8102	0.245
		3	-0.318	-0.195	5.3386	0.149
		4	-0.055	-0.019	5.4191	0.247
		5	0.077	-0.061	5.5866	0.349
		6	0.030	-0.071	5.6147	0.468
		7	-0.001	-0.003	5.6148	0.585
		8	-0.026	-0.042	5.6387	0.688
		9	0.001	-0.004	5.6387	0.775
		10	0.000	-0.020	5.6387	0.845
		11	0.000	-0.010	5.6387	0.896
		12	0.000	-0.006	5.6387	0.933

从表 6.26 中可以看出，回归方程改进估计结果的残差不存在自相关性。由于回归方程改进估计结果通过了各项计量经济学的检验，可将 F_5 变为原来的解释变量，可得实证模型（6-6）的回归方程：

$$LnDRCC_{23} = 0.188983LnP_1 + 0.168424LnP_2 + 0.134361LnP_3 +$$
$$3.378546LnSRE - 3.271362LnSRE\ (-1) - 4.397568 \qquad (6-25)$$

实证结果表明，当期化肥、农药价格和劳动力价格每上涨 1 个百分点，苹果 $DRCC_{23}$ 就分别上升 0.188983、0.168424 和 0.13436 个百分点；当期人民币实际有效汇率每上升 1 个百分点，苹果 $DRCC_{23}$ 就上升 3.378546 个百分点。前期人民币实际有效汇率每上升 1 个百分点，苹果 $DRCC_{23}$ 就下降 3.271362 个百分点。

其次，用 OLS 法估计变量 $DRCC_{31}$ 和 F_6 的回归方程。根据 AIC 与 SC 最小准则，结合第三章的理论分析推论与经验判定，经过反复试验，得到如下方程：

$$DRCC_{31} = -0.113713F_6 + 0.40724F_6 (-1) + 0.142736 \qquad (6-26)$$

$$(-0.328607)(1.435438)(0.549711)$$

$$R^2 = 0.300246 \quad DW = 1.318993 \quad F = 2.574436$$

式（6-26）中括号内数字为 t 检验值，从式中可以看出部分 t 检验值不大，部分变量影响不显著。方程整体拟合差，因为可决系数（R^2 = 0.300246）小。另外，采用 Q 统计值来判断回归方程估计结果的残差是否存在自相关性。所得结果如表 6.27 所示。

表 6.27　投入品价格上涨对红茶 $DRCC_{31}$ 的影响估计滞后 12 期的 Q 统计值

Autocorrelation	Partial Correlation		AC	PAC	Q-Stat	Prob
		1	-0.064	-0.064	0.0751	0.784
		2	0.008	0.004	0.0763	0.963
		3	0.298	0.300	1.9694	0.579
		4	-0.101	-0.069	2.2070	0.698
		5	-0.055	-0.081	2.2831	0.809
		6	-0.038	-0.144	2.3237	0.888
		7	-0.057	-0.013	2.4263	0.933
		8	-0.235	-0.226	4.4332	0.816
		9	-0.197	-0.215	6.0760	0.732
		10	0.021	-0.000	6.0994	0.807
		11	-0.116	0.021	6.9520	0.803
		12	0.021	0.105	6.9906	0.858

由表 6.27 可以看出回归方程估计结果的残差不存在自相关性。下面采用加权最小二乘法对其进行修正，权数为初步估计残差绝对值的倒数，可以得到以下改进方程：

$$DRCC_{31} = -0.082312F_6 + 0.377744F_6 (-1) + 0.124838 \qquad (6-27)$$

$$(-2.828064)(16.00158)(6.400901)$$

$$R^2 = 0.995629 \quad DW = 1.567784 \quad F = 469.3782$$

式（6-27）中括号内数字为 t 检验值，从式中可以看出 t 检验值大，变量影响显著。改进回归方程整体拟合好，因为可决系数（R^2 = 0.995629）大。另外，采用 Q 统计值来判断回归方程改进估计结果的残差是否存在自相关性。所得结果如表 6.28 所示。

表 6.28　投入品价格上涨对红茶 $DRCC_{31}$ 的影响改进估计滞后 12 期的 Q 统计值

Autocorrelation	Partial Correlation		AC	PAC	Q-Stat	Prob
		1	0.151	0.151	0.4168	0.519
		2	0.313	0.297	2.3385	0.311
		3	−0.214	−0.328	3.3152	0.346
		4	0.237	0.285	4.6163	0.329
		5	−0.134	−0.104	5.0756	0.407
		6	0.126	−0.051	5.5288	0.478
		7	−0.011	0.239	5.5324	0.595
		8	0.000	−0.312	5.5324	0.699
		9	0.000	0.218	5.5324	0.786
		10	0.000	0.015	5.5324	0.853
		11	0.000	−0.283	5.5324	0.903
		12	0.000	0.458	5.5324	0.938

从表 6.28 中可以看出，回归方程改进估计结果的残差不存在自相关性。由于回归方程改进估计结果通过了各项计量经济学的检验，可将 F_6 变为原来的解释变量，可得实证模型（6-7）的回归方程：

$$DRCC_{31} = -0.048622P_1 + 0.223136P_1(-1) - 0.043333P_2 +$$
$$0.198862P_2(-1) - 0.034569P_3 + 0.158643P_3(-1) -$$
$$0.036584SRE + 0.167890SRE(-1) + 0.124838 \qquad (6-28)$$

实证结果表明，当期化肥价格、农药价格和劳动力价格每上涨 1 个单位，红茶 $DRCC_{31}$ 就分别下降 0.048622、0.043333 和 0.034569 个单位；前期化肥价格、农药价格和劳动力价格每上涨 1 个单位，宽皮柑橘 $DRCC_{31}$ 就分别上升 0.223136、0.198862 和 0.158643 个单位；当期人民币实际有效汇率每上升 1 个单位，宽皮柑橘 $DRCC_{31}$ 就下降 0.036584 个单位。前期人民币实际有效汇率每上升 1 个单位，宽皮柑橘 $DRCC_{31}$ 就上升 0.167890 个单位。

其次，用 OLS 法估计变量 $DRCC_{32}$ 和 F_6 的回归方程。根据 AIC 与 SC 最小准则，结合第三章的理论分析推论与经验判定，经过反复试验，得到如下方程：

$$DRCC_{32} = -0.217324F_6 + 0.425714F_6(-1) + 0.209234 \qquad (6-29)$$
$$(-0.648053)\ (1.548417)\ (0.831513)$$

$$R^2 = 0.257026 \quad DW = 1.858658 \quad F = 2.07565$$

式（6-29）中括号内数字为 t 检验值，从式中可以看出部分 t 检验值不大，部分变量影响不显著。方程整体拟合差，因为可决系数（$R^2 = 0.257026$）小。另外，采用 Q 统计值来判断回归方程估计结果的残差是否存在自相关性。所得结果如表 6.29 所示。

表 6.29　投入品价格上涨对绿茶 $DRCC_{32}$ 的影响估计滞后 12 期的 Q 统计值

Autocorrelation	Partial Correlation		AC	PAC	Q-Stat	Prob
		1	0.053	0.053	0.0505	0.822
		2	0.065	0.062	0.1332	0.936
		3	0.368	0.364	3.0172	0.389
		4	-0.109	-0.163	3.2901	0.511
		5	-0.052	-0.092	3.3585	0.645
		6	-0.095	-0.246	3.6126	0.729
		7	-0.145	-0.026	4.2842	0.747
		8	-0.252	-0.240	6.6051	0.580
		9	-0.179	-0.045	7.9617	0.538
		10	-0.045	0.009	8.0662	0.622
		11	-0.108	0.081	8.8064	0.640
		12	-0.005	0.013	8.8085	0.719

由表 6.29 可以看出回归方程估计结果的残差不存在自相关性。下面采用加权最小二乘法对其进行修正，权数为初步估计残差绝对值的倒数，可以得到以下改进方程：

$$DRCC_{32} = -0.350286F_6 + 0.521473F_6(-1) + 0.262040 \qquad (6-30)$$
$$(-4.706362) \quad (7.144996) \quad (2.715377)$$

$$R^2 = 0.817137 \quad DW = 1.518315 \quad F = 26.81151$$

式（6-30）中括号内数字为 t 检验值，从式中可以看出 t 检验值大，变量影响显著。改进回归方程整体拟合好，因为可决系数（$R^2 = 0.817137$）大。另外，采用 Q 统计值来判断回归方程改进估计结果的残差是否存在自相关性。所得结果如表 6.30 所示。

从表 6.30 中可以看出，回归方程改进估计结果的残差不存在自相关性。由于回归方程改进估计结果通过了各项计量经济学的检验，可将 F_6 变为原来的解释变量，可得实证模型（6-8）的回归方程：

$$DRCC_{32} = -0.206916P_1 + 0.308038P_1 (-1) -0.184407P_2 +$$
$$0.274527P_2 (-1) -0.147112P_3 + 0.219006P_3 (-1) -$$
$$0.15569SRE + 0.231771SRE (-1) +0.26204 \qquad (6-31)$$

表 6.30　投入品价格上涨对绿茶 $DRCC_{32}$ 的影响改进估计滞后 12 期的 Q 统计值

Autocorrelation	Partial Correlation		AC	PAC	Q–Stat	Prob
		1	0.180	0.180	0.5892	0.443
		2	0.214	0.188	1.4909	0.475
		3	0.243	0.191	2.7499	0.432
		4	−0.044	−0.155	2.7945	0.593
		5	0.049	−0.007	2.8560	0.722
		6	−0.303	−0.363	5.4594	0.486
		7	−0.065	0.078	5.5922	0.588
		8	−0.285	−0.260	8.5535	0.381
		9	−0.304	−0.062	12.488	0.187
		10	−0.066	−0.015	12.712	0.240
		11	−0.099	0.174	13.335	0.272
		12	−0.003	−0.072	13.336	0.345

实证结果表明，当期化肥价格、农药价格和劳动力价格每上涨 1 个单位，绿茶 $DRCC_{32}$ 就分别下降 0.206916、0.184407 和 0.147112 个单位；前期化肥价格、农药价格和劳动力价格每上涨 1 个单位，绿茶 $DRCC_{32}$ 就分别上升 0.308038、0.274527 和 0.219006 个单位；当期人民币实际有效汇率每上升 1 个单位，绿茶 $DRCC_{32}$ 就下降 0.15569 个单位。前期人民币实际有效汇率每上升 1 个单位，绿茶 $DRCC_{32}$ 就上升 0.231771 个单位。

最后，用 OLS 法估计变量 $DRCC_{41}$ 和 F_6 的回归方程。根据 AIC 与 SC 最小准则，结合第三章的理论分析推论与经验判定，经过反复试验，得到如下方程：

$$DRCC_{41} = -0.701886F_6 + 0.747759F_6 (-1) +0.322179 \qquad (6-32)$$
$$(-2.1897) (2.845426) (1.33952)$$

$$R^2 = 0.409914 \quad DW = 1.267300 \quad F = 4.168006$$

式（6-32）中括号内数字为 t 检验值，从式中可以看出部分 t 检验值不大，部分变量影响不显著。方程整体拟合差，因为可决系数（$R^2 = 0.409914$）小。另外，采用 Q 统计值来判断回归方程估计结果的残差是否存在自相关性。所得结果如表 6.31 所示。

表 6.31　投入品价格上涨对菊花 $DRCC_{41}$ 的影响估计滞后 12 期的 Q 统计值

Autocorrelation	Partial Correlation		AC	PAC	Q–Stat	Prob
		1	0.317	0.317	1.8256	0.177
		2	-0.256	-0.396	3.1093	0.211
		3	-0.201	0.050	3.9651	0.265
		4	0.182	0.201	4.7337	0.316
		5	0.182	-0.057	5.5828	0.349
		6	-0.305	-0.365	8.2129	0.223
		7	-0.380	-0.030	12.826	0.076
		8	-0.089	-0.102	13.114	0.108
		9	0.068	-0.164	13.314	0.149
		10	0.013	0.057	13.322	0.206
		11	-0.074	0.044	13.667	0.252
		12	-0.018	-0.113	13.695	0.321

由表 6.31 可以看出回归方程估计结果的残差不存在自相关性。下面采用加权最小二乘法对其进行修正，权数为初步估计残差绝对值的倒数，可以得到以下改进方程：

$$DRCC_{41} = -0.717008F_6 + 0.7501727F_6(-1) + 0.320144 \qquad (6-33)$$
$$(-53.93522)\ (156.9174)\ (68.65643)$$
$$R^2 = 0.999718 \quad DW = 1.212985$$

式（6-33）中括号内数字为 t 检验值，从式中可以看出 t 检验值大，变量影响显著。改进回归方程整体拟合好，因为可决系数（$R^2 = 0.999718$）大。另外，采用 Q 统计值来判断回归方程改进估计结果的残差是否存在自相关性。所得结果如表 6.32 所示。

从表 6.32 中可以看出，回归方程改进估计结果的残差不存在自相关性。由于回归方程改进估计结果通过了各项计量经济学的检验，可将 F_6 变为原来的解释变量，可得实证模型（6-9）的回归方程：

$$DRCC_{41} = -0.423542P_1 + 0.443132P_1(-1) - 0.377466P_2 +$$
$$0.394925P_2(-1) - 0.301126P_3 + 0.315054P_3(-1) -$$
$$0.318677SRE + 0.333417SRE(-1) + 0.320144 \qquad (6-34)$$

实证结果表明，当期化肥价格、农药价格和劳动力价格每上涨 1 个单位，菊花 $DRCC_{41}$ 就分别下降 0.423542、0.377466 和 0.301126 个单位；前期化肥价格、农药价格和劳动力价格每上涨 1 个单位，菊花 $DRCC_{41}$ 就分别上升 0.443132、0.394925 和 0.315054 个单位；当期人民币实际有效汇率每上升 1 个单位，菊花 $DRCC_{41}$ 就下降 0.318677 个单位。前期人民币实际有效汇率每上升 1 个单位，菊花 $DRCC_{41}$ 就上升 0.333417 个单位。

表 6.32　投入品价格上涨对菊花 $DRCC_{41}$ 的影响改进估计滞后 12 期的 Q 统计值

Autocorrelation	Partial Correlation		AC	PAC	Q–Stat	Prob
		1	0.272	0.272	1.3509	0.245
		2	0.296	0.240	3.0746	0.215
		3	0.109	−0.021	3.3259	0.344
		4	−0.075	−0.189	3.4564	0.485
		5	−0.131	−0.121	3.8953	0.565
		6	−0.356	−0.282	7.4816	0.279
		7	−0.402	−0.269	12.643	0.081
		8	−0.124	0.190	13.201	0.105
		9	−0.043	0.229	13.278	0.150
		10	−0.169	−0.294	14.737	0.142
		11	0.078	−0.035	15.123	0.177
		12	−0.068	−0.170	15.520	0.214

（四）分析结论及进一步解释

1. 当期投入品价格上涨对马铃薯的国内资源成本系数产生一定的正面影响

当期化肥、农药和劳动力价格每上涨 1 个百分点，马铃薯 $DRCC_{11}$ 分别下降 0.394998、0.368062 和 0.373053 个百分点。这一结论无法验证第三章第五节中的推论 11，可能是因生产者着力优化投入品资源配置和依靠科技进步，在一定程度上有利抑制马铃薯国内资源机会成本和进口化肥、农药机会成本上升，导致马铃薯国内资源机会成本上升幅度小于以人民币标价的国内产值与人民币标价的进口化肥、农药机会成本之差的上升幅度而使马铃薯 $DRCC_{11}$ 下降。前一期投入品价格上涨对马铃薯潜在国际竞争力产生一定的负面影响，即前一期化肥、农药和劳动力价格每上涨 1 个百分点，马铃薯 $DRCC_{11}$ 分别上升 0.400519、0.373207 和 0.373053 个百分点。这一结论验证了第三章第五节中的推论11，可能是因生产者根据市场需求，为使既定产量基本不变，势必保持或适度增加当期投入品用量，导致马铃薯国内资源机会成本上升幅度大于以人民币标价的国内产值与人民币标价的进口化肥、农药机会成本之差的上升幅度而使马铃薯 $DRCC_{11}$ 上升。上述解释说明在一定的条件下，投入品价格上涨对马铃薯潜在国际竞争力的负面影响生产者是可以进行适度调控的，甚至可能改变其影响符号和大小，但是应该看到这种微观调控的作用是有限的。就长期而言，随着农业投入品价格持续较快上涨，其对马铃薯潜在国际竞争力的负面影响也会凸显出来。

2. 当期人民币升值对马铃薯的国内资源成本系数产生一定的正面影响

当期人民币每升值1个百分点，马铃薯 $DRCC_{11}$ 下降0.168752个百分点。这一结论无法验证第三章第五节中的推论12，导致马铃薯 $DRCC_{11}$ 下降的原因有待进一步研究。

3. 当期投入品价格上涨对茄子的国内资源成本系数产生一定的负面影响

当期化肥、农药和劳动力价格每上涨1个百分点，茄子 $DRCC_{12}$ 就分别上升0.287258、0.267670和0.267559个百分点。这一结论验证了第三章第五节中的推论13，可能是因农业投入品价格上涨的传导效应在一定程度上推动了茄子国内资源成本上升，最终导致 $DRCC_{12}$ 上升。

4. 当期人民币升值对茄子的国内资源成本系数产生一定的正面影响

当期人民币每升值1个百分点，茄子 $DRCC_{12}$ 下降2.275446个百分点。这一结论无法验证第三章第五节中的推论14，导致茄子 $DRCC_{12}$ 下降的原因有待进一步研究。

5. 当期投入品价格上涨对甜橙的国内资源成本系数产生一定的正面影响

化肥、农药价格和劳动力价格每上涨1个百分点，甜橙 $DRCC_{21}$ 就分别下降0.554073、0.516290和0.516077个百分点。这一结论无法验证第三章第五节中的推论15，其下降的原因可能与马铃薯相同，这里不再赘述。

前一期投入品价格上涨对甜橙潜在国际竞争力产生一定的负面影响，即前一期化肥、农药和劳动力价格每上涨 1 个百分点，甜橙 $DRCC_{21}$ 就分别上升 0.533823、0.497421 和 0.497217 个百分点。这一结论验证了第三章第五节中的推论 15，其上升的原因可能与马铃薯相同，这里不再赘述。

6. 当期人民币升值对甜橙的国内资源成本系数产生一定的正面影响

当期人民币实际有效汇率每上升 1 个百分点，甜橙 $DRCC_{21}$ 就下降 1.35021 个百分点。这一结论无法验证第三章第五节中的推论 16，导致甜橙 $DRCC_{21}$ 下降的原因有待进一步研究。前期人民币实际有效汇率每上升 1 个百分点，甜橙 $DRCC_{21}$ 就上升 1.606119 个百分点。这一结论验证了第三章第五节中的推论 16，可能是因前期人民币升值导致甜橙国内资源机会成本下降幅度小于以人民币标价的国内产值与进口化肥、农药机会成本之差的下降幅度而使甜橙 $DRCC_1$ 上升。

7. 当期投入品价格上涨对宽皮柑橘的国内资源成本系数产生一定的正面影响

当期化肥价格、农药价格和劳动力价格每上涨 1 个百分点，宽皮柑橘 $DRCC_{22}$ 就分别下降 1.016935、0.947590 和 0.947199 个百分点；这一结论无法验证第三章第五节中的推论 17，导致其下降的原因可能与甜橙相同，这里不再赘述。前期化肥价格、农药价格和劳动力价格每上涨 1 个百分点，宽皮柑橘 $DRCC_{22}$ 就分别上升 0.870559、0.811195 和 0.810861 个百分点。这一结论无法验证第三章第五节中的推论 17，导致其下降的原因可能与甜橙相同，这里不再赘述。

8. 当期人民币升值对宽皮柑橘的国内资源成本系数产生一定的正面影响

当期人民币实际有效汇率每上升 1 个百分点，宽皮柑橘 $DRCC_{22}$ 就下降 1.432939 个百分点。这一结论无法验证第三章第五节中的推论 18，导致宽皮柑橘 $DRCC_{22}$ 下降的原因有待进一步研究。前期人民币实际有效汇率每上升 1 个百分点，宽皮柑橘 $DRCC_{22}$ 就上升 1.530102 个百分点。这一结论验证了第三章第五节中的推论 18，导致宽皮柑橘 $DRCC_{22}$ 上升的原因可能与甜橙相同，这里不再赘述。

9. 当期投入品价格上涨对苹果的国内资源成本系数产生一定的负面
影响

当期化肥、农药价格和劳动力价格每上涨 1 个百分点，苹果 $DRCC_{23}$ 就
分别上升 0.188983、0.168424 和 0.13436 个百分点。这一结论验证了第三
章第五节中的推论 19，可能是因农业投入品价格上涨的价格传导效应在一
定程度上推动了苹果国内资源成本上升，最终导致 $DRCC_{12}$ 上升。

10. 当期人民币升值对苹果的国内资源成本系数产生一定的负面影响

当期人民币实际有效汇率每上升 1 个百分点，苹果 $DRCC_{23}$ 就上升
3.378546 个百分点。这一结论验证了第三章第五节中的推论 20，导致苹果
$DRCC_{23}$ 上升的原因可能与人民币升值的汇率传导效应有关。前期人民币实
际有效汇率每上升 1 个百分点，苹果 $DRCC_{23}$ 就下降 3.271362 个百分点。
这一结论无法验证第三章第五节中的推论 20，导致苹果 $DRCC_{23}$ 下降的原
因有待进一步研究。

11. 当期投入品价格上涨对红茶的国内资源成本系数产生一定的正面
影响

当期化肥价格、农药价格和劳动力价格每上涨 1 个单位，红茶 $DRCC_{31}$
就分别下降 0.048622、0.043333 和 0.034569 个单位。这一结论无法验证
第三章第五节中的推论 21，其下降的原因可能与马铃薯相同，这里不再赘
述。前期化肥价格、农药价格和劳动力价格每上涨 1 个单位，红茶 $DRCC_{31}$
就分别上升 0.223136、0.198862 和 0.158643 个单位；其上升的原因可能
与马铃薯相同，这里不再赘述。

12. 当期人民币升值对红茶的国内资源成本系数产生一定的正面影响

当期人民币实际有效汇率每上升 1 个单位，红茶 $DRCC_{31}$ 就下降
0.036584 个单位。这一结论无法验证第三章第五节中的推论 22，导致红茶
$DRCC_{31}$ 下降的原因有待进一步研究。前期人民币实际有效汇率每上升 1 个
单位，红茶 $DRCC_{31}$ 就上升 0.167890 个单位。这一结论验证了第三章第五
节中的推论 22，可能是前期人民币升值导致红茶国内资源机会成本下降幅

度小于以人民币标价的国内产值与进口化肥、农药机会成本之差的下降幅度而使红茶 $DRCC_{31}$ 上升。

13. 当期投入品价格上涨对绿茶的国内资源成本系数产生一定的正面影响

当期化肥、农药和劳动力价格每上涨 1 个单位，绿茶 $DRCC_{32}$ 分别下降 0.206916、0.184407 和 0.147112 个单位。这一结论无法验证第三章第五节的推论 23，导致绿茶 $DRCC_3$ 下降的原因可能与上述红茶相同，这里不再赘述。前一期农业投入品价格上涨对绿茶潜在国际竞争力产生一定的负面影响，即前一期化肥、农药和劳动力价格每上升 1 个单位，绿茶 $DRCC_{32}$ 分别上升 0.308038、0.274527 和 0.219006 个单位。这一结论验证了第三章第五节的推论 23，导致绿茶 $DRCC_{32}$ 上升原因可能与上述红茶相同，这里不再赘述。

14. 当期人民币升值对绿茶的国内资源成本系数产生一定的正面影响

即当期人民币每升值 1 个百分点，绿茶 $DRCC_{32}$ 下降 0.155686 个单位。这一结论无法验证第三章第五节中的推论 24，导致绿茶 $DRCC_{32}$ 下降的原因有待进一步研究。前一期人民币升值对绿茶潜在国际竞争力产生一定的负面影响。即人民币每升值 1 个单位，绿茶 $DRCC_{32}$ 上升 0.231771 个单位。这一结论验证了第三章第五节中的推论 24，导致绿茶 $DRCC_{32}$ 上升的原因可能与上述红茶相同，这里不再赘述。

15. 当期投入品价格上涨对菊花的国内资源成本系数产生一定的正向影响

即当期化肥、农药和劳动力价格每上涨 1 个单位，菊花 $DRCC_{41}$ 分别下降 0.423542、0.377466 和 0.301126 个单位。这一结论无法验证第三章第五节的推论 25，导致菊花 $DRCC_{41}$ 下降的原因可能与上述红茶相同，这里不再赘述。前一期农业投入品价格上涨对菊花潜在国际竞争力产生一定的负面影响，即前一期化肥、农药和劳动力价格每上升 1 个单位，菊花 $DRCC_{41}$ 分别上升 0.308038、0.274527 和 0.219006 个单位。这一结论验证了第三章第五节的推论 25，导致菊花 $DRCC_{41}$ 上升的原因可能与上述红茶相同，这里不再赘述。

16. 当期人民币升值对菊花的国内资源成本系数产生一定的正向影响

即人民币每升值 1 个单位，菊花 $DRCC_{41}$ 下降 0.318677 个单位。这一结论无法验证第三章第五节中的推论 26，导致菊花 $DRCC_{41}$ 下降的原因有待进一步研究。前一期人民币升值对菊花潜在国际竞争力产生一定的正面影响。即人民币每升值 1 个单位，菊花 $DRCC_{41}$ 上升 0.333417 个单位。这一结论验证了第三章第五节中的推论 26，导致菊花 $DRCC_{41}$ 上升的原因可能与上述红茶相同，这里不再赘述。

17. 当期投入品价格上涨对园艺产品各类品种国内资源成本系数的影响不同

当期投入品价格上涨对马铃薯、甜橙、宽皮柑橘、红茶、绿茶、菊花潜在国际竞争力的影响符号为负，而对茄子、苹果潜在国际竞争力的影响符号为正；前期投入品价格上涨对马铃薯、甜橙、宽皮柑橘、红茶、绿茶、菊花潜在国际竞争力的影响符号为正，而对茄子、苹果的潜在国际竞争力并无影响；但其影响程度有别，即 $DRCC_{22}>DRCC_{21}>DRCC_{41}>DRCC_{11}>DRCC_{12}>DRCC_{32}>DRCC_{23}>DRCC_{31}$。表明投入品价格上涨对宽皮柑橘 $DRCC_{22}$ 对对甜橙 $DRCC_{21}$、菊花 $DRCC_{41}$、马铃薯 $DRCC_{11}$、茄子 $DRCC_{12}$ 的影响程度次之，而对红茶 $DRCC_{31}$、苹果 $DRCC_{23}$、绿茶 $DRCC_{32}$ 的影响程度最小，说明园艺产品中茶叶类的潜在国际竞争力较强，蔬菜类、花卉类次之，水果类较弱。可能与其自然属性及其投入品优化配置比例不同有关。

18. 当期人民币升值对园艺产品各类品种国内资源成本系数的影响有所不同

当期人民币升值对茄子、马铃薯、宽皮柑橘、甜橙、菊花、绿茶、红茶潜在国际竞争力的影响符号为负，而对苹果潜在国际竞争力的影响符号为正；前期人民币升值对宽皮柑橘、菊花、绿茶、红茶潜在国际竞争力的影响符号为正，对苹果潜在国际竞争力的影响符号为负，而对马铃薯、茄子、甜橙的潜在国际竞争力并无影响；但其影响程度明显不同，即 $DRCC_{23}>DRCC_{12}>DRCC_{21}>DRCC_{22}>DRCC_{41}>DRCC_{32}>DRCC_{11}>DRCC_{31}$。表明人民币

升值对苹果 $DRCC_{23}$、茄子 $DRCC_{12}$ 的影响程度最大，对甜橙 $DRCC_{21}$、宽皮柑橘 $DRCC_{22}$、菊花 $DRCC_{41}$、绿茶 $DRCC_{32}$ 的影响程度次之，而对马铃薯 $DRCC_{11}$、红茶 $DRCC_{31}$ 的影响程度最小，说明园艺产品中马铃薯、红茶的潜在国际竞争力较强，甜橙、宽皮柑橘、菊花、绿茶的潜在国际竞争力次之，苹果 $DRCC_{23}$、茄子 $DRCC_{12}$ 的潜在国际竞争力较弱。可能与其自然属性及其国内资源机会成本的差异性相关。

二、投入品价格上涨对园艺产品各类品种社会净收益影响的实证分析

(一) 园艺产品各类品种社会净收益的估计及其走势描述

1. 园艺产品社会净收益 NSP 的计算方法及说明

社会净收益 NSP 与国内资源成本 DRC 有着密切的联系，它表示某项产品生产活动所带来的社会净损益。其计算公式如下：

$$NSP_j = (U_j - M_j - R_j) SRE_j - V_{sj} + E_j \tag{6-35}$$

式 (6-35) 中，NSP_j 表示 j 生产活动的社会净收益；F_{sj} 表示园艺产品生产活动所需第 s 种生产要素的数量；V_{sj} 表示园艺产品生产活动所需第 s 种生产要素的机会成本；E_j 表示外部效果；U_j 表示以影子汇率计边境价格（外币）计算的园艺产品产值；M_j 表示以影子汇率计到岸价格（外币）计算的园艺产品生产活动所需的可进口性中间投入品的价值；R_j 表示园艺产品生产活动所需的国外直接生产成本，以机会成本（外币）计算；SRE_j (shadow price of foreign exchange) 表示影子汇率，以本国货币表示的一单位外币所代表的真正价值；s 为所投入生产要素种数，将所需外汇设为第一种投入要素，所以从 2 开始。

根据上节园艺产品国内资源成本系数估计结果，一般来说，若 DRCC < 1 时，则 NSP > 0，表明园艺产品生产活动可取得社会净收益，说明我国发展园艺产品生产能获得一定的社会效益，具有园艺产品资源配置的有效

性，从经济全球化的国际分工视角度来看，中国发展园艺产业拥有比较优
势；反之，若 DRCC>1 时，则 NSP<0，表明园艺产品生产活动会产生社会
净损失，说明我国园艺产品生产无经济效益，资源配置缺乏效率；若
DRCC=1，则 NSP 为 0，表明园艺产品生产活动刚好达到利益均衡状态，
说明园艺产品生产处于利益平衡点，资源配置无效率。因此通过考察园艺
产品生产资源配置是否具有效率或园艺产品的社会净收益大小，可以判断
园艺产品生产是否具有比较优势或潜在国际竞争力。

2. 以蔬菜、水果、茶叶、花卉类为例，对马铃薯、茄子、甜橙、宽皮
柑橘、苹果、红茶、绿茶、菊花 NSP 的估计结果及走势描述

按照社会净收益的通用估算方法，本章以 1992—2011 年的时序数据作
为样本区间，以蔬菜、水果、茶叶、花卉类为例，具体对我国马铃薯
NSP_{11}、茄子 NSP_{12}、甜橙 NSP_{21}、宽皮柑橘 NSP_{22}、苹果 NSP_{23}、红茶
NSP_{31}、绿茶 NSP_{32}、菊花 NSP_{41} 进行估计，估计结果如表 6.33 和表 6.34
所示。

表 6.33　1992—2011 年马铃薯、茄子、甜橙、宽皮柑橘 NSP 的估计结果

年　份	社会净收益			
	马铃薯 NSP_{11}	茄子 NSP_{12}	甜橙 NSP_{21}	宽皮柑橘 NSP_{22}
1992	281.693404	1592.650131	2326.6761	3995.363054
1993	1089.684525	2203.60343	1742.46237	4253.707249
1994	1106.543888	2854.755084	2439.452429	5000.852654
1995	2006.54322	4404.250818	1300.30295	6116.367592
1996	1225.638313	5393.532337	826.139589	4081.498563
1997	856.99737	10750.68099	1556.3969	4503.192422
1998	1172.052423	10085.00254	673.095248	2101.364399
1999	1162.093562	1472.386968	1311.383894	1646.563029
2000	941.514754	1381.760571	576.100981	1247.84711
2001	693.416981	1588.756742	734.71898	1162.98827
2002	777.732702	1966.175527	3046.257994	1790.312123

续表

年　份	社会净收益			
	马铃薯 NSP$_{11}$	茄子 NSP$_{12}$	甜橙 NSP$_{21}$	宽皮柑橘 NSP$_{22}$
2003	1393.481375	2080.400609	4733.460749	2403.286569
2004	1436.325378	2598.361262	3637.124059	2533.994356
2005	1512.105804	1027.815034	3328.507872	2693.627023
2006	1459.94091	2173.988831	4618.463591	2279.342794
2007	1914.402654	1339.122516	5044.919075	4994.215473
2008		1092.817716	2519.143634	1796.595005
2009		578.964465	2984.938015	2197.599282
2010		617.06253	3666.345342	1322.71411
2011		1675.577276	7759.235127	3141.464368

表 6.33 中数据显示，1992—2011 年我国马铃薯 NSP$_{11}$ 的变化总体呈现波动上升态势，年均上升 4.78 个百分点。茄子 NSP$_{12}$ 的变化总体呈现先升后降的波动态势，并以 2008 年为拐点，前期快速上升，年均上升 76.15 个百分点。这与第三章第五节中的推论 11 和 12、推论 13 和 14 相悖，可能与生产者优化投入品资源配置、依靠科技进步作用、降本增效，增强了马铃薯 NSP$_{11}$ 和茄子 NSP$_{12}$ 的潜在国际竞争力相关。后期呈现持续波动下降势头，年均下降 38.59 个百分点。这与第三章第五节中的推论 11 和 12、推论 13 和 14 相符，可能与投入品价格上涨和人民币升值有关。

表 6.33 中数据显示，1992—2011 年我国甜橙 NSP$_{21}$ 宽总体呈现先降后升的态势，并以 2001 年为拐点，前期波动下降，年均下降 6.84 个百分点。这与第三章第五节中的推论 15 和 16 相符，可能与投入品价格上涨和人民币升值有关。后期呈现波动上升趋势，年均上升 86.88 个百分点。这与第三章第五节中的推论 15 和 16 相悖，可能与生产者优化投入品资源配置、依靠科技进步作用、降本增效，增强了甜橙 NSP$_{21}$ 的潜在国际竞争力相关。

表 6.33 中数据显示，1992—2011 年我国宽皮柑橘 NSP$_{22}$ 总体呈现波动下降态势，年均下降 1.07 个百分点。这与第三章第五节中的推论 17 和 18

相符，可能与投入品价格上涨和人民币升值的负面影响有关。

表 6.34　1992—2011 年苹果、红茶、绿茶、菊花 NSP 的估计结果

年　份	社会净收益			
	苹果 NSP_{23}	红茶 NSP_{31}	绿茶 NSP_{32}	菊花 NSP_{41}
1992	3159.523469	220.766891	305.148768	640.87902
1993	2327.155243	337.922129	30.499517	474.297836
1994	1657.619339	373.928789	317.0474	1568.41459
1995	3345.050995	423.305451	52.783688	1553.341102
1996	3229.077613	107.49398	-9.70753	545.995082
1997	3884.720032	90.216189	-79.619268	620.56595
1998	3605.589869	-107.229235	61.795089	341.441605
1999	3689.945791	213.75169	-105.137115	-578.975046
2000	3144.08243	32.319639	-225.884209	-381.147284
2001	2722.871231	130.024298	78.940241	-171.953493
2002	2425.342555	48.509105	-336.468579	53.28182
2003	3399.062091	-56.471485	-277.7394	-5.482576
2004	4234.254783	-215.92147	303.854085	28.89454
2005	4125.733482	-218.410794	-443.415068	139.408706
2006	5418.156254	-25.023111	-338.859769	327.455408
2007	4215.151828	88.276965	-370.140402	218.318694
2008	5941.736457			
2009	4964.974771			
2010	5891.591391			
2011	7553.577486			

表 6.34 中数据显示，1992—2011 年我国苹果 NSP_{23} 总体呈现波动上升
态势，年均上升 6.95 个百分点。这与第三章第五节中的推论 19 和 20 相
悖，可能与生产者优化投入品资源配置、依靠科技进步作用、降本增效，

增强了苹果 NSP_{23} 的潜在国际竞争力相关。

表 6.34 中数据显示，1992—2011 年我国红茶 NSP_{31}、绿茶 NSP_{32} 总体呈现波动快速下降态势。这与第三章第五节中的推论 21 和 22、23 和 24 相符，可能与投入品价格上涨和人民币升值的负面影响有关。

表 6.34 中数据显示，1992—2011 年我国菊花 NSP_{41} 总体呈现波动下降态势，年均下降 4.40 个百分点，这与第三章第五节中的推论 25 和 26 相符，可能与投入品价格上涨和人民币升值的负面影响有关。

以上仅从不同的时序数据区间描述与分析了投入品价格上涨和人民币升值对马铃薯、茄子、甜橙、宽皮柑橘、苹果、红茶、绿茶、菊花潜在国际竞争力的影响，是否符合客观实际，有待采用上述各指标建立多元线性回归模型，动态考察其影响方向和大小，并对第三章第五节中的推论 11 和 12、13 和 14、15 和 16、17 和 18、19 和 20、21 和 22、23 和 24、25 和 26 进行了检验。

(二) 实证模型的设定

根据第三章的理论分析和第五章的实证分析可知，考虑对时间序列数据取对数后不会改变其时序性质，同时可以最大限度地避免异方差的产生，容易得到平稳序列，因此本章对变量进行自然对数处理，可得出如下实证模型：

$$LnNSP_{11} = o_2 + \gamma_{33}LnP_1 + \gamma_{34}LnP_2 + \gamma_{35}LnP_3 + \gamma_{36}LnSRE + \mu_{54} \qquad (6-36)$$

$$LnNSP_{12} = p_2 + \gamma_{37}LnP_1 + \gamma_{38}LnP_2 + \gamma_{39}LnP_3 + \gamma_{40}LnSRE + \mu_{55} \qquad (6-37)$$

$$LnNSP_{21} = q_2 + \gamma_{41}LnP_1 + \gamma_{42}LnP_2 + \gamma_{43}LnP_3 + \gamma_{44}LnSRE + \mu_{56} \qquad (6-38)$$

$$LnNSP_{22} = r_2 + \gamma_{45}LnP_1 + \gamma_{46}LnP_2 + \gamma_{47}LnP_3 + \gamma_{48}LnSRE + \mu_{57} \qquad (6-39)$$

$$LnNSP_{23} = s_2 + \gamma_{49}LnP_1 + \gamma_{50}LnP_2 + \gamma_{51}LnP_3 + \gamma_{52}LnSRE + \mu_{58} \qquad (6-40)$$

$$NSP_{31} = t_2 + \gamma_{53}P_1 + \gamma_{54}P_2 + \gamma_{55}P_3 + \gamma_{56}SRE + \mu_{59} \qquad (6-41)$$

$$NSP_{32} = u_2 + \gamma_{57}P_1 + \gamma_{58}P_2 + \gamma_{59}P_3 + \gamma_{60}SRE + \mu_{60} \qquad (6-42)$$

$$NSP_{41} = v_2 + \gamma_{61}P_1 + \gamma_{62}P_2 + \gamma_{63}P_3 + \gamma_{64}SRE + \mu_{61} \qquad (6-43)$$

式中，γ_{33}、γ_{34}、γ_{35}、γ_{36} 分别为马铃薯 NSP_{11} 对化肥价格 P_1、农药价

格 P_2、劳动力价格 P_3 和人民币影子汇率 SRE 变化的弹性系数；γ_{37}、γ_{38}、γ_{39}、γ_{40} 分别为茄子 NSP_{12} 对化肥价格 P_1、农药价格 P_2、劳动力价格 P_3 和人民币影子汇率 SRE 变化的弹性系数；γ_{41}、γ_{42}、γ_{43}、γ_{44} 分别为甜橙 NSP_{21} 对化肥价格 P_1、农药价格 P_2、劳动力价格 P_3 和人民币影子汇率 SRE 变化的弹性系数；γ_{45}、γ_{46}、γ_{47}、γ_{48} 分别为宽皮柑橘 NSP_{22} 对化肥价格 P_1、农药价格 P_2、劳动力价格 P_3 和人民币影子汇率 SRE 的变化的弹性系数；γ_{49}、γ_{50}、γ_{51}、γ_{52} 分别为苹果 NSP_{23} 对化肥价格 P_1、农药价格 P_2、劳动力价格 P_3 和人民币影子汇率 SRE 变化的弹性系数；γ_{53}、γ_{54}、γ_{55}、γ_{56} 分别为红茶 NSP_{31} 对化肥价格 P_1、农药价格 P_2、劳动力价格 P_3 和人民币影子汇率 SRE 的边际；γ_{57}、γ_{58}、γ_{59}、γ_{60} 分别为绿茶 NSP_{32} 对化肥价格 P_1、农药价格 P_2、劳动力价 P_3 格和人民币影子汇率 SRE 的边际；γ_{61}、γ_{62}、γ_{63}、γ_{64} 分别为菊花 NSP_{41} 国内资源成本系数对化肥价格 P_1、农药价格 P_2、劳动力价格 P_3 和人民币影子汇率 SRE 的边际。

（三）实证分析

1. 求红茶、绿茶和菊花的 NSP 的标准化值

由于红茶、绿茶和菊花部分的 NSP 值为负数，所以不能对红茶、绿茶和菊花部分的 NSP 的值取对数，要研究 P_1、P_2、P_3 和 SRE 对红茶、绿茶和菊花的 NSP 的影响，就只能对红茶、绿茶和菊花的 NSP 取标准化值。如表 6.35 所示。

表 6.35　红茶 NSP、绿茶 NSP 和菊花 NSP 的标准化

年　份	红茶 NSP	绿茶 NSP	菊花 NSP
1992	0.6788	1.47798	0.5184
1993	1.28795	0.38075	0.23523
1994	1.47517	1.52551	2.09513
1995	1.73191	0.46977	2.0695
1996	0.08984	0.22012	0.35711

续表

年 份	红茶 NSP	绿茶 NSP	菊花 NSP
1997	0	−0.05918	0.48387
1998	−1.02662	0.50578	0.00938
1999	0.64233	−0.16112	−1.55524
2000	−0.30103	−0.64351	−1.21895
2001	0.20698	0.57427	−0.86334
2002	−0.21686	−1.0853	−0.48046
2003	−0.76271	−0.85067	−0.58035
2004	−1.59177	1.47281	−0.52192
2005	−1.60471	−1.51255	−0.33405
2006	−0.59919	−1.09485	−0.01439
2007	−0.01008	−1.21982	−0.19991

2. 单位根检验

由于大多数时间序列数据是非平稳的，使用 OLS 估计法可能会出现伪回归现象，因为这种显著性检验所确定的变量关系，有时是不存在的。因此，下面将采用扩展的迪克—富勒检验法来验证上述变量是否存在单位根。其基本原理如下：设临界值为 t_0，那么对于任何检验的 t 值，如果 $t > t_0$，则拒绝原假设，表明变量不存在单位根；反之，如果 $t < t_0$，则接受原假设，表明变量存在单位根。

对变量 $LnNPS_{11}$、$LnNPS_{12}$、$LnNPS_{21}$、$LnNPS_{22}$、$LnNPS_{23}$、NPS_{31}、NPS_{32}、NPS_{41} 进行检验，通过检验我们发现 $LnNPS_{11}$、$LnNPS_{12}$、$LnNPS_{23}$、NPS_{31}、NPS_{32} 都在 10% 的显著水平下拒绝原假设，表明是平稳变量；$LnNPS_{21}$、$LnNPS_{22}$、NPS_{41} 都在 10% 的显著水平下接受原假设，表明是非平稳变设，再对 $LnNPS_{21}$、$LnNPS_{22}$、NPS_{41} 取一阶差分，结果 $\triangle LnNPS_{21}$、$\triangle LnNPS_{22}$、$\triangle NPS_{41}$ 都在 10% 的显著水平下拒绝原假设，表明是平稳变量。结果如表 6.36 所示。

表 6.36　ADF 单位根检验结果表

变量	检验形式	ADF 统计量（t）	临界值（t_0）		结论
			10%临界值	5%临界值	
$LnNSP_{11}$	（c，t，0）	−4.379332	−3.286909	−3.690814	平稳
$LnNSP_{12}$	（c，t，4）	−3.823979	−3.324976	−3.759743	平稳
$LnNSP_{21}$	（c，t，0）	−2.51232	−3.277364	−3.673616	非平稳
$\triangle LnNSP_{21}$	（c，t，0）	−4.852833	−3.286909	−3.690814	平稳
$LnNSP_{22}$	（c，t，0）	−1.150102	−2.655194	−3.02997	非平稳
$\triangle LnNSP_{22}$	（c，t，0）	−3.501957	−2.660551	−3.040391	平稳
$LnNSP_{23}$	（c，t，0）	−3.289125	−3.277364	−3.673616	平稳
NSP_{31}	（c，t，2）	−4.000165	−3.362984	−3.828975	平稳
NSP_{32}	（c，t，1）	−4.476109	−3.342253	−3.791172	平稳
NSP_{41}	（c，t，3）	−2.645163	−3.38833	−3.875302	非平稳
$\triangle NSP_{41}$	（c，t，0）	−3.453755	−3.791172	−3.342253	平稳

注：检验形式（c，t，q）分别表示单位根检验方程包含常数项、时间趋势和滞后阶数。$\triangle$表示一阶差分。

表 6.36 检验结果表明一部分原始变量存在单位根，但是将其进行一阶差分后不存在单位根。

3. 协整检验

通常情况下，假设两个变量都是单整变量，那么只有当它们的单整阶数完全相同时才能进行协整。但是，假设三个以上变量都是单整变量且具有不同的单整阶数时，也有可能采取线性组合而构成低级同阶单整变量后再进行协整。下面对 $LnNSP_{11}$、F_5 和 LnSRE 之间，$LnNSP_{12}$、F_5 和 LnSRE 之间，$LnNSP_{21}$、F_5 和 LnSRE 之间，$LnNSP_{22}$、F_5 和 LnSRE 之间，$LnNSP_{23}$、F_5 和 LnSRE 之间，NSP_{31} 和 F_6 之间，NSP_{32} 和 F_6 之间，NSP_{41} 和 F_6 之间分别进行 Johansen 协整检验来确定它们之间是否可能存在长期的稳定关系，来确定它们之间是否存在长期稳定关系的可能性。其 Johansen 协整检验结果如表 6.37 至表 6.44 所示。

表 6.37　LnNSP$_{11}$和 F$_5$、LnSRE 之间关系的 Johansen 协整检验结果

零假设协整向量个数	特征值	迹统计量	迹的临界值（5%显著水平）
0*	0.76837	35.8184	24.27596
至多1个	0.3806	9.491369	12.3209
至多2个	0.047147	0.869303	4.129906

表 6.38　LnNSP$_{12}$和 F$_5$、LnSRE 之间关系的 Johansen 协整检验结果

零假设协整向量个数	特征值	迹统计量	迹的临界值（5%显著水平）
0*	0.947088	61.35805	29.79707
至多1个	0.370274	8.453683	15.49471
至多2个	0.007152	0.129206	3.841466

表 6.39　LnNSP$_{21}$和 F$_5$、LnSRE 之间关系的 Johansen 协整检验结果

零假设协整向量个数	特征值	迹统计量	迹的临界值（5%显著水平）
0*	0.9709	77.22188	29.79707
至多1个	0.495113	13.55565	15.49471
至多2个	0.0673	1.254085	3.841466

表 6.40　LnNSP$_{22}$和 F$_5$、LnSRE 之间关系的 Johansen 协整检验结果

零假设协整向量个数	特征值	迹统计量	迹的临界值（5%显著水平）
0*	0.952762	69.94184	29.79707
至多1个	0.523477	14.99571	15.49471
至多2个	0.087763	1.653393	3.841466

表 6.41　LnNSP$_{23}$和 F$_5$、LnSRE 之间关系的 Johansen 协整检验结果

零假设协整向量个数	特征值	迹统计量	迹的临界值（5%显著水平）
0*	0.96554	69.6058	29.79707
至多1个	0.354188	8.982746	15.49471
至多2个	0.059924	1.112297	3.841466

表 6.42 NSP_{31} 和 F_6 之间关系的 Johansen 协整检验结果

零假设协整向量个数	特征值	迹统计量	迹的临界值（5%显著水平）
0*	0.830065	28.09988	15.49471
至多1个	0.209268	3.287147	3.841466

表 6.43 NSP_{32} 和 F_6 之间关系的 Johansen 协整检验结果

零假设协整向量个数	特征值	迹统计量	迹的临界值（5%显著水平）
0*	0.83809	28.70857	15.49471
至多1个	0.205387	3.218602	3.841466

表 6.44 NSP_{41} 和 F_6 之间关系的 Johansen 协整检验结果

零假设协整向量个数	特征值	迹统计量	迹的临界值（5%显著水平）
0*	0.913316	43.61545	25.87211
至多1个	0.488244	9.378702	12.51798

表 6.37 至表 6.44 中的迹统计量表明，在 5% 的置信水平上，原假设三个变量序列不存在协整关系都被拒绝，但至多存在一个协整关系和两个协整关系都没有被拒绝。说明变量 $LnNSP_{11}$、F_5 和 $LnSRE$ 之间，$LnNSP_{12}$、F_5 和 $LnSRE$ 之间，$LnNSP_{21}$、F_5 和 $LnSRE$ 之间，$LnNSP_{22}$、F_5 和 $LnSRE$ 之间，$LnNSP_{23}$、F_5 和 $LnSRE$ 之间，NSP_{31} 和 F_6 之间，NSP_{32} 和 F_6 之间，NSP_{41} 和 F_6 之间都存在某种协整关系。

4. 主成分回归实证模型

首先，用 OLS 法估计变量 $LnNSP_{11}$ 和 F_5、$LnSRE$ 的回归方程。根据 AIC 与 SC 最小准则，结合第三章的理论分析推论与经验判定，经过反复试验，得到如下方程：

$$LnNSP_{11} = 1.415733F_5 - 0.903858F_5(-1) + 0.499263LnSRE \qquad (6-44)$$
$$(3.350545)\ (-2.190872)\ (4.121645)$$
$$R^2 = 0.49519\ \ DW = 2.267875$$

式（6-44）中括号内数字为 t 检验值。从式中可以看出 t 检验值不大，变量影响显著。回归方程整体拟合也不好，因为可决系数（$R^2 = 0.49519$）不大。另外，采用 Q 统计值来判断回归方程估计结果的残差是否存在自相关性。所得结果如表 6.45 所示。

表 6.45　投入品价格上涨对马铃薯 NSP_{11} 的影响估计滞后 12 期的 Q 统计值

Autocorrelation	Partial Correlation		AC	PAC	Q–Stat	Prob
		1	−0.273	−0.273	1.6563	0.198
		2	0.144	0.075	2.1451	0.342
		3	−0.263	−0.223	3.8636	0.277
		4	0.191	0.074	4.8295	0.305
		5	0.037	0.153	4.8684	0.432
		6	0.084	0.064	5.0836	0.533
		7	−0.277	−0.237	7.6285	0.366
		8	0.038	−0.069	7.6799	0.465
		9	−0.148	−0.146	8.5790	0.480
		10	−0.042	−0.288	8.6282	0.568
		11	−0.113	−0.180	9.2696	0.597
		12	−0.000	−0.058	9.2696	0.680

由表 6.45 可知回归方程改进估计结果的残差不存在自相关性。由于回归方程改进估计结果通过了各项计量经济学的检验，可将 F_6 变为原来的解释变量，可得实证模型（6-36）的回归方程：

$$LnNSP_{11} = 0.855928LnP_1 - 0.546457LnP_1(-1) + 0.797562LnP_2 -$$
$$0.509194LnP_2(-1) + 0.797233LnP_3 -$$
$$0.508984LnP_3(-1) + 0.499263LnSRE \qquad (6-45)$$

实证结果表明，当期化肥价格、农药价格和劳动力价格每上涨 1 个百分点，马铃薯 NSP_{11} 就分别上升 0.855928、0.797562 和 0.797233 个百分点；前期化肥价格、农药价格和劳动力价格每上涨 1 个百分点，马铃薯 NSP_{11} 就分别下降 0.546457、0.509194 和 0.508984 个百分点；当期人民币实际有效汇率每上升 1 个百分点，马铃薯 NSP_{11} 就上升 0.499263 个百分点。

其次，用 OLS 法估计变量 $LnNSP_{12}$ 和 F_5、$LnSRE$ 的回归方程。根据 AIC 与 SC 最小准则，结合第三章的理论分析推论与经验判定，经过反复试验，得到如下方程：

$$LnNSP_{12} = -0.431913F_5 - + 2.847126LnSRE - 8.140007 \qquad (6-46)$$

$$(-1.691822)(2.114913)(-0.876946)$$

$$R^2=0.319075 \quad DW=1.142648 \quad F=3.983026$$

式（6-46）中括号内数字为 t 检验值。从式中可以看出部分 t 检验值大，变量影响显著。回归方程整体拟合不好，因为可决系数（$R^2=0.319075$）小。另外，采用 Q 统计值来判断回归方程估计结果的残差是否存在自相关性。所得结果如表 6.46 所示。

表 6.46　投入品价格上涨对茄子 NSP_{12} 的影响估计滞后 12 期的 Q 统计值

Autocorrelation	Partial Correlation		AC	PAC	Q–Stat	Prob
		1	0.436	0.436	4.4107	0.036
		2	0.104	−0.107	4.6754	0.097
		3	−0.185	−0.236	5.5635	0.135
		4	−0.214	−0.035	6.8174	0.146
		5	−0.099	0.049	7.1029	0.213
		6	−0.035	−0.057	7.1421	0.308
		7	−0.019	−0.059	7.1547	0.413
		8	−0.010	0.005	7.1587	0.520
		9	−0.005	−0.001	7.1599	0.620
		10	0.000	−0.020	7.1599	0.710
		11	0.000	−0.013	7.1599	0.786
		12	0.000	0.001	7.1599	0.847

由表 6.46 可知回归方程改进估计结果的残差存在自相关性。下面采用加权最小二乘法对其进行修正，权数为初步估计残差绝对值的倒数，可以得到以下改进方程：

$$LnNSP_{12}=-0.427768F_5+3.034456LnSRE-9.411577 \tag{6-47}$$

$$(-12.80773)(9.642029)(-4.849222)$$

$$R^2= \quad DW=1.920715 \quad F=89.13457$$

式（6-47）中括号内数字为 t 检验值，从式中可以看出 t 检验值大，变量影响显著。改进方程整体拟合好，因为可决系数（$R^2=0.999934$）大。另外，采用 Q 统计值来判断回归方程改进估计结果的残差是否存在自相关性。所得结果如表 6.47 所示。

表 6.47　投入品价格上涨对茄子 NSP_{12} 影响的改进估计滞后 12 期的 Q 统计值

Autocorrelation	Partial Correlation		AC	PAC	Q-Stat	Prob
		1	0.039	0.039	0.0344	0.853
		2	0.329	0.328	2.6842	0.261
		3	-0.091	-0.126	2.8984	0.408
		4	-0.162	-0.296	3.6166	0.460
		5	-0.150	-0.075	4.2772	0.510
		6	-0.086	0.096	4.5114	0.608
		7	-0.072	-0.030	4.6891	0.698
		8	-0.074	-0.172	4.8874	0.770
		9	-0.067	-0.104	5.0655	0.829
		10	0.000	0.086	5.0655	0.887
		11	0.000	0.044	5.0655	0.928
		12	0.000	-0.125	5.0655	0.956

由表 6.47 可知回归方程改进估计结果的残差不存在自相关性。由于回归方程改进估计结果通过了各项计量经济学的检验，可将 F_5 变为原来的解释变量，可得实证模型（6-37）的回归方程：

$$LnNSP_{12} = -0.258621LnP_1 - 0.240986LnP_2 - 0.240886LnP_3 +$$
$$3.034456LnSRE - 9.411578 \tag{6-48}$$

实证结果表明，当期化肥价格、农药价格和劳动力价格每上涨 1 个百分点，茄子 NSP_{12} 就分别下降 0.258621、0.240986 和 0.240886 个百分点；当期人民币实际有效汇率每上升 1 个百分点，茄子 NSP_{12} 就上升 3.034456 个百分点。

其次，用 OLS 法估计变量 $LnNSP_{21}$ 和 F_5、$LnSRE$ 的回归方程。根据 AIC 与 SC 最小准则，结合第三章的理论分析推论与经验判定，经过反复试验，得到如下方程：

$$LnNSP_{21} = 1.723626F_5 - 0.712815F_5 (-1) + 2.896305LnSRE -$$
$$2.874238LnSRE (-1) \tag{6-49}$$
$$(1.751691) (-0.729928) (1.347108) (-1.234822)$$
$$R^2 = 0.369495 \quad DW = 1.248436$$

式（6-49）中括号内数字为 t 检验值。从式中可以看出部分 t 检验值小，变量影响不显著。回归方程整体拟合不好，因为可决系数（ $R^2 =$

0.369495）小。另外，采用 Q 统计值来判断回归方程估计结果的残差是否
存在自相关性。所得结果如表 6.48 所示。

表 6.48　投入品价格上涨对甜橙 NSP_{21} 的影响估计滞后 12 期的 Q 统计值

Autocorrelation	Partial Correlation		AC	PAC	Q–Stat	Prob
		1	0.335	0.335	2.4848	0.115
		2	0.066	−0.052	2.5864	0.274
		3	−0.030	−0.040	2.6087	0.456
		4	0.151	0.201	3.2143	0.523
		5	−0.194	−0.365	4.2919	0.508
		6	−0.119	0.098	4.7262	0.579
		7	−0.301	−0.336	7.7433	0.356
		8	−0.140	0.032	8.4509	0.391
		9	0.085	0.352	8.7360	0.462
		10	0.000	−0.511	8.7360	0.557
		11	0.000	0.788	8.7360	0.646
		12	0.000	−2.666	8.7360	0.725

由表 6.48 可知回归方程改进估计结果的残差存在自相关性。下面采用
加权最小二乘法对其进行修正，权数为初步估计残差平方的倒数，可以得
到以下改进方程：

$$LnNSP_{21} = 1.948437F_5 - 1.017267F_5（-1）+2.456081LnSRE -$$
$$2.357756LnSRE（-1） \qquad\qquad (6-50)$$
$$（8.332064）（-3.84906）（7.498498）（-6.008239）$$
$$R^2 = 0.999977 \quad DW = 1.163227$$

式（6-50）中括号内数字为 t 检验值，从式中可以看出 t 检验值大，
变量影响显著。改进方程整体拟合好，因为可决系数（$R^2 = 0.999977$）
大。另外，采用 Q 统计值来判断回归方程改进估计结果的残差是否存在自
相关性。所得结果如表 6.49 所示。

由表 6.49 可知回归方程改进估计结果的残差不存在自相关性。由于回
归方程改进估计结果通过了各项计量经济学的检验，可将 F_5 变为原来的解
释变量，可得实证模型（6-38）的回归方程：

$$LnNSP_{21} = 1.177992LnP_1 - 0.615022LnP_1(-1) + 1.097664LnP_2 -$$
$$0.573083LnP_2(-1) + 1.097212LnP_3 - 0.572847LnP_3(-1) +$$
$$2.456081LnSRE - 2.357756LnSRE(-1) \qquad (6-51)$$

表 6.49　投入品价格上涨对甜橙 NSP_{21} 影响的改进估计滞后 12 期的 Q 统计值

Autocorrelation	Partial Correlation		AC	PAC	Q-Stat	Prob
		1	0.437	0.437	4.2244	0.040
		2	0.096	−0.117	4.4388	0.109
		3	0.027	0.040	4.4574	0.216
		4	−0.064	−0.103	4.5668	0.335
		5	−0.041	0.039	4.6149	0.465
		6	0.002	0.006	4.6151	0.594
		7	−0.092	−0.122	4.8974	0.672
		8	−0.062	0.036	5.0352	0.754
		9	0.017	0.034	5.0462	0.830
		10	0.000	−0.023	5.0462	0.888
		11	0.000	−0.004	5.0462	0.929
		12	0.000	−0.010	5.0462	0.956

　　实证结果表明，当期化肥价格、农药价格和劳动力价格每上涨 1 个百分点，甜橙 NSP_{21} 就分别上升 1.177992、1.097664 和 1.097212 个百分点；前期化肥价格、农药价格和劳动力价格每上涨 1 个百分点，甜橙 NSP_{21} 就分别下降 0.615022、0.573083 和 0.572847 个百分点；当期人民币实际有效汇率每上升 1 个百分点，甜橙 NSP_{21} 就上升 2.456081 个百分点；前期人民币实际有效汇率每上升 1 个百分点，甜橙 NSP_{21} 就下降 2.357756 个百分点。

　　其次，用 OLS 法估计变量 $LnNSP_{22}$ 和 F_5、LnSRE 的回归方程。根据 AIC 与 SC 最小准则，结合第三章的理论分析推论与经验判定，经过反复试验，得到如下方程：

$$LnNSP_{22} = 2.425238F_5 - 1.958577F_5(-1) + 0.660091LnSRE \qquad (6-52)$$
$$(3.401003) \quad (-2.813039) \quad (3.228962)$$

$$R^2 = 0.337767 \quad DW = 1.139302$$

　　式（6-52）中括号内数字为 t 检验值。从式中可以看出部分 t 检验值大，变量影响显著。回归方程整体拟合不好，因为可决系数（$R^2 =$

0.337767）小。另外，采用 Q 统计值来判断回归方程估计结果的残差是否
存在自相关性。所得结果如表 6.50 所示。

图 6.50　投入品价格上涨对宽皮柑橘 NSP_{22} 的影响估计滞后 12 期的 Q 统计值

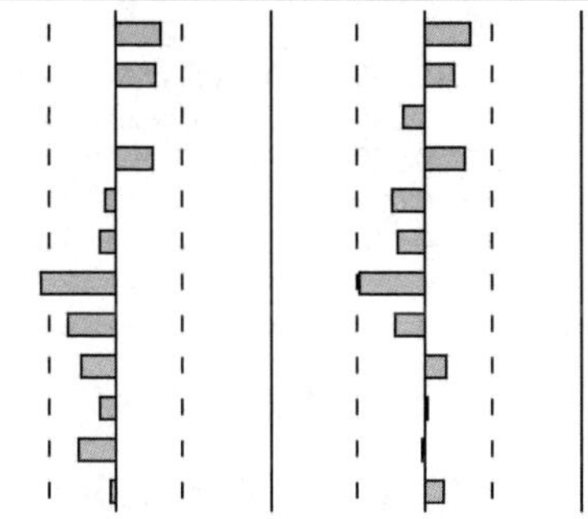

Autocorrelation	Partial Correlation		AC	PAC	Q-Stat	Prob
		1	0.307	0.307	2.0940	0.148
		2	0.270	0.194	3.8106	0.149
		3	0.003	−0.142	3.8108	0.283
		4	0.246	0.266	5.4266	0.246
		5	−0.072	−0.218	5.5739	0.350
		6	−0.108	−0.178	5.9352	0.430
		7	−0.515	−0.436	14.742	0.039
		8	−0.332	−0.193	18.736	0.016
		9	−0.232	0.140	20.889	0.013
		10	−0.102	0.012	21.348	0.019
		11	−0.257	−0.013	24.654	0.010
		12	−0.046	0.130	24.773	0.016

由表 6.50 可知回归方程改进估计结果的残差存在自相关性。下面采用
加权最小二乘法对其进行修正，权数为初步估计残差绝对值的倒数，可以
得到以下改进方程：

$$LnNSP_{22} = 2.456966F_5 - 1.987608F_5\,(-1)\, + 0.658688LnSRE \qquad (6-53)$$
$$(31.11099)\,(-23.92686)\,(4.393348)$$
$$R^2 = 0.959039 \quad DW = 1.577824$$

式（6-53）中括号内数字为 t 检验值，从式中可以看出 t 检验值大，
变量影响显著。改进方程整体拟合好，因为可决系数（$R^2 = 0.959039$）
大。另外，采用 Q 统计值来判断回归方程改进估计结果的残差是否存在自
相关性。所得结果如表 6.51 所示。

由表 6.51 可知回归方程改进估计结果的残差不存在自相关性。由于回
归方程改进估计结果通过了各项计量经济学的检验，可将 F_5 变为原来的解
释变量，可得实证模型（6-39）的回归方程：

$$LnNSP_{22} = 1.485440LnP_1 - 1.201674LnP_1\,(-1)\, + 1.384147LnP_2 -$$
$$1.119731LnP_2\,(-1)\, + 1.383577LnP_3 -$$
$$1.119270LnP_3\,(-1)\, + 0.658688LnSRE \qquad (6-54)$$

表 6.51　投入品价格上涨对宽皮柑橘 NSP_{22} 影响的改进估计滞后 12 期的 Q 统计值

Autocorrelation	Partial Correlation		AC	PAC	Q–Stat	Prob
		1	0.144	0.144	0.4621	0.497
		2	0.001	−0.021	0.4621	0.794
		3	−0.043	−0.041	0.5085	0.917
		4	0.207	0.224	1.6462	0.800
		5	0.030	−0.038	1.6716	0.892
		6	−0.116	−0.125	2.0838	0.912
		7	−0.439	−0.412	8.4930	0.291
		8	−0.242	−0.231	10.620	0.224
		9	−0.120	−0.130	11.197	0.262
		10	0.029	0.077	11.235	0.340
		11	−0.118	0.079	11.924	0.369
		12	−0.178	−0.089	13.732	0.318

实证结果表明，当期化肥价格、农药价格和劳动力价格每上涨 1 个百分点，宽皮柑橘 NSP_{22} 就分别上升 1.485440、1.384147 和 1.383577 个百分点；前期化肥价格、农药价格和劳动力价格每上涨 1 个百分点，宽皮柑橘 NSP_{22} 就分别下降 1.201674、1.119731 和 1.119270 个百分点；当期人民币实际有效汇率每上升 1 个百分点，宽皮柑橘 NSP_{22} 就上升 0.658688 个百分点。

其次，用 OLS 法估计变量 $LnNSP_{23}$ 和 F_5、LnSRE 的回归方程。根据 AIC 与 SC 最小准则，结合第三章的理论分析推论与经验判定，经过反复试验，得到如下方程：

$$LnNSP_{23} = 0.509047F_5 - 0.026324F_5 (-1) - 1.503802LnSRE +$$
$$1.174351LnSRE (-1) + 6.874221 \qquad (6-55)$$
$$(2.532077) (-0.135703) (-2.725696) (2.541708) (2.795942)$$
$$R^2 = 0.900723 \quad DW = 1.826277 \quad F = 31.75493$$

式（6-55）中括号内数字为 t 检验值。从式中可以看出部分 t 检验值不大，变量影响不显著。回归方程整体拟合不好，因为可决系数（$R^2 = 0.900723$）大。另外，采用 Q 统计值来判断回归方程估计结果的残差是否存在自相关性。所得结果如表 6.52 所示。

表 6.52　投入品价格上涨对苹果 NSP_{23} 的影响估计滞后 12 期的 Q 统计值

Autocorrelation	Partial Correlation		AC	PAC	Q–Stat	Prob
		1	0.068	0.068	0.1018	0.750
		2	-0.051	-0.056	0.1634	0.922
		3	-0.331	-0.326	2.8983	0.408
		4	-0.354	-0.356	6.2224	0.183
		5	-0.101	-0.167	6.5126	0.259
		6	0.178	0.027	7.4902	0.278
		7	-0.013	-0.318	7.4955	0.379
		8	-0.006	-0.341	7.4969	0.484
		9	-0.042	-0.255	7.5657	0.578
		10	0.000	-0.253	7.5657	0.671
		11	0.000	-0.549	7.5657	0.752
		12	0.000	-1.246	7.5657	0.818

由表 6.52 可知回归方程改进估计结果的残差存在自相关性。下面采用加权最小二乘法对其进行修正，权数为初步估计残差绝对值的倒数，可以得到以下改进方程：

$$LnNSP_{23} = 0.53168F_5 - 0.065904F_5(-1) - 1.59357LnSRE +$$
$$1.2666148LnSRE(-1) + 6.979373 \tag{6-56}$$
$$(21.48675)(-1.859847)(-18.8565)(22.4963)(17.36796)$$
$$R^2 = 1 \quad DW = 1.445972 \quad F = 12464.08$$

式（6-56）中括号内数字为 t 检验值，从式中可以看出 t 检验值大，变量影响显著。改进方程整体拟合好，因为可决系数（$R^2 = 1$）大。另外，采用 Q 统计值来判断回归方程改进估计结果的残差是否存在自相关性。所得结果如表 6.53 所示。

由表 6.53 可知回归方程改进估计结果的残差不存在自相关性。由于回归方程改进估计结果通过了各项计量经济学的检验，可将 F_5 变为原来的解释变量，可得实证模型（6-40）的回归方程：

$$LnNSP_{23} = 0.314067LnP_1 - 0.038930LnP_1(-1)$$
$$+0.279901LnP_2 - 0.034695LnP_2(-1) + 0.223293LnP_3 -$$
$$0.027678LnP_3(-1) - 1.59357LnSRE +$$
$$1.266614LnSRE(-1) + 6.979373 \tag{6-57}$$

表 6.53　投入品价格上涨对苹果 NSP_{23} 影响的改进估计滞后 12 期的 Q 统计值

Autocorrelation	Partial Correlation		AC	PAC	Q-Stat	Prob
		1	0.230	0.230	1.1711	0.279
		2	-0.168	-0.234	1.8368	0.399
		3	-0.362	-0.291	5.0980	0.165
		4	-0.211	-0.112	6.2810	0.179
		5	0.081	0.049	6.4697	0.263
		6	0.242	0.085	8.2611	0.220
		7	-0.013	-0.185	8.2667	0.310
		8	-0.023	0.086	8.2864	0.406
		9	-0.035	0.054	8.3346	0.501
		10	0.000	-0.010	8.3346	0.596
		11	0.000	-0.048	8.3346	0.683
		12	0.000	0.014	8.3346	0.758

实证结果表明，当期化肥价格、农药价格和劳动力价格每上涨 1 个百分点，苹果 NSP_{23} 就分别上升 0.314067、0.279901 和 0.223293 个百分点；前期化肥价格、农药价格和劳动力价格每上涨 1 个百分点，苹果 NSP_{23} 就分别下降 0.038930、0.034695 和 0.027678 个百分点；当期人民币实际有效汇率每上升 1 个百分点，苹果 NSP_{23} 就下降 1.59357 个百分点。前一期人民币实际有效汇率每上升 1 个百分点，苹果 NSP_{23} 就上升 1.266614 个百分点。

接着，用 OLS 法估计变量 NSP_{31} 和 F_6 的回归方程。根据 AIC 与 SC 最小准则，结合第三章的理论分析推论与经验判定，经过反复试验，得到如下方程：

$$NSP_{31} = 0.100475F_6 - 0.439586F_6(-1) - 0.119757 \qquad (6-58)$$
$$(0.297345) \quad (-1.586769) \quad (-0.472321)$$

$$R^2 = 0.361926 \quad DW = 1.141408 \quad F = 3.403293$$

式（6-58）中括号内数字为 t 检验值，从式中可以看出部分检验值不大，部分变量影响不显著。回归方程整体拟合不差，因为可决系数（R^2 = 0.361926）小。另外，采用 Q 统计值来判断回归方程估计结果的残差是否存在自相关性。所得结果如表 6.54 所示。

表 6.54　投入品价格上涨对红茶 NSP_{31} 影响的估计滞后 12 期的 Q 统计值

Autocorrelation	Partial Correlation		AC	PAC	Q-Stat	Prob
		1	0.413	0.413	3.1070	0.078
		2	0.354	0.221	5.5589	0.062
		3	-0.091	-0.375	5.7359	0.125
		4	0.083	0.228	5.8968	0.207
		5	0.005	0.092	5.8973	0.316
		6	0.046	-0.203	5.9574	0.428
		7	-0.000	0.106	5.9574	0.545
		8	0.000	0.037	5.9574	0.652
		9	0.000	-0.095	5.9574	0.744
		10	0.000	0.053	5.9574	0.819
		11	0.000	0.012	5.9574	0.879
		12	0.000	-0.040	5.9574	0.918

由表 6.54 可知回归方程改进估计结果的残差不存在自相关性。下面采
用加权最小二乘法对其进行修正，权数为初步估计残差平方的倒数，可以
得到以下改进方程：

$$NSP_{31} = 0.130248F_6 - 0.494129F_6(-1) - 0.142584 \qquad (6-59)$$
$$(13.46663)\ (-49.23362)\ (-35.23933)$$
$$R^2 = 0.999498 \quad DW = 2.121504 \quad F = 7741.581$$

式（6-59）中括号内数字为 t 检验值，从式中可以看出 t 检验值大，
变量影响显著。改进方程整体拟合好，因为可决系数（$R^2 = 0.999498$）
大。另外，采用 Q 统计值来判断回归方程改进估计结果的残差是否存在自
相关性。所得结果如表 6.55 所示。

由表 6.55 可知回归方程改进估计结果的残差不存在自相关性。由于回
归方程改进估计结果通过了各项计量经济学的检验，可将 F_6 变为原来的解
释变量，可得实证模型（6-41）的回归方程：

$$NSP_{31} = 0.076938P_1 - 0.291885P_1(-1) + 0.068569P_2 -$$
$$0.260132P_2(-1) + 0.054701P_3 - 0.207522P_3(-1) +$$
$$0.057889RE - 0.219618SRE(-1) - 0.142584 \qquad (6-60)$$

实证结果表明，当期化肥价格、农药价格和劳动力价格每上涨 1 个百
分点，红茶 NSP_{31} 就分别上升 0.076938、0.068569 和 0.054701 个百分点；

前一期化肥价格、农药价格和劳动力价格每上涨 1 个百分点，红茶 NSP_{31} 就分别下降 0.291885、0.260132 和 0.207522 个百分点；当期人民币实际有效汇率每上升 1 个百分点，红茶 NSP_{31} 就上升 0.057889 个百分点。前一期人民币实际有效汇率每上升 1 个百分点红茶 NSP_{31} 就下降 0.219618 个百分点。

表 6.55　投入品价格上涨对红茶 NSP_{31} 影响的改进估计滞后 12 期的 Q 统计值

Autocorrelation	Partial Correlation		AC	PAC	Q-Stat	Prob
		1	−0.095	−0.095	0.1653	0.684
		2	0.015	0.006	0.1695	0.919
		3	−0.242	−0.243	1.4164	0.702
		4	0.160	−0.123	2.0079	0.734
		5	0.142	0.178	2.5242	0.773
		6	0.017	−0.017	2.5326	0.865
		7	0.000	0.071	2.5326	0.925
		8	0.000	0.067	2.5326	0.960
		9	0.000	−0.050	2.5326	0.980
		10	0.000	−0.016	2.5326	0.990
		11	0.000	0.003	2.5326	0.996
		12	0.000	−0.036	2.5326	0.998

接着，用 OLS 法估计变量 NSP_{32} 和 F_6 的回归方程。根据 AIC 与 SC 最小准则，结合第三章的理论分析推论与经验判定，经过反复试验，得到如下方程：

$$NSP_{32} = 0.294953F_6 - 0.501171F_6(-1) - 0.229272 \qquad (6-61)$$
$$(0.895432) \quad (-1.855812) \quad (-0.927609)$$
$$R^2 = 0.305676 \quad DW = 2.057557 \quad F = 2.641501$$

式（6-61）中括号内数字为 t 检验值，从式中可以看出部分检验值不大，部分变量影响不显著。回归方程整体拟合不差，因为可决系数（R^2 = 0.305676）小。另外，采用 Q 统计值来判断回归方程估计结果的残差是否存在自相关性。所得结果如表 6.56 所示。

由表 6.56 可知回归方程改进估计结果的残差不存在自相关性。下面采用加权最小二乘法对其进行修正，权数为初步估计残差绝对值的倒数，可以得到以下改进方程：

$$NSP_{32} = 2.456966F_6 - 1.987608F_6(-1) + 0.658688 \quad\quad (6-62)$$

$$(3.643624)\quad(-5.728871)\quad(-2.2923)$$

$$R^2 = 0.73344 \quad DW = 1.880248 \quad F = 16.50898$$

表 6.56 投入品价格上涨对绿茶 NSP_{32} 影响的估计滞后 12 期的 Q 统计值

Autocorrelation	Partial Correlation		AC	PAC	Q-Stat	Prob
		1	−0.064	−0.064	0.0751	0.784
		2	0.008	0.004	0.0763	0.963
		3	0.298	0.300	1.9694	0.579
		4	−0.101	−0.069	2.2070	0.693
		5	−0.055	−0.081	2.2831	0.809
		6	−0.038	−0.144	2.3237	0.883
		7	−0.057	−0.013	2.4263	0.933
		8	−0.235	−0.226	4.4332	0.816
		9	−0.197	−0.215	6.0760	0.732
		10	0.021	−0.000	6.0994	0.807
		11	−0.116	0.021	6.9520	0.803
		12	0.021	0.105	6.9908	0.858

式（6-62）中括号内数字为 t 检验值，从式中可以看出 t 检验值大，变量影响显著。改进方程整体拟合好，因为可决系数（$R^2 = 0.73344$）大。另外，采用 Q 统计值来判断回归方程改进估计结果的残差是否存在自相关性。所得结果如表 6.57 所示。

表 6.57 投入品价格上涨对绿茶 NSP_{32} 影响的改进估计滞后 12 期的 Q 统计值

Autocorrelation	Partial Correlation		AC	PAC	Q-Stat	Prob
		1	0.001	0.001	7.E−06	0.998
		2	0.214	0.214	0.8955	0.639
		3	0.244	0.255	2.1610	0.540
		4	−0.070	−0.115	2.2736	0.686
		5	0.174	0.069	3.0418	0.694
		6	−0.302	−0.361	5.6297	0.466
		7	0.052	0.053	5.7160	0.573
		8	−0.248	−0.251	7.9641	0.437
		9	−0.329	−0.194	12.566	0.183
		10	0.006	−0.004	12.568	0.249
		11	−0.144	0.211	13.882	0.240
		12	−0.036	−0.033	13.990	0.301

由表 6.57 可知回归方程改进估计结果的残差不存在自相关性。由于回

归方程改进估计结果通过了各项计量经济学的检验，可将 F_6 变为原来的解释变量，可得实证模型（6-42）的回归方程：

$$NSP_{32} = 0.20077P_1 - 0.293341P_1(-1) + 0.178925P_2 -$$
$$0.261430P_2(-1) + 0.142739P_3 - 0.208557P_3(-1) +$$
$$0.151058SRE - 0.220713RE(-1) - 0.295751 \qquad (6-63)$$

实证结果表明，当期化肥价格、农药价格和劳动力价格每上涨 1 个百分点，绿茶 NSP_{32} 就分别上升 0.200773、0.178925 和 0.142739 个百分点；前一期化肥价格、农药价格和劳动力价格每上涨 1 个百分点，绿茶 NSP_{32} 就分别下降 0.293341、0.261430 和 0.208557 个百分点；当期人民币实际有效汇率每上升 1 个百分点，绿茶 NSP_{32} 就上升 0.151058 个百分点。前期人民币实际有效汇率每上升 1 个百分点，绿茶 NSP_{32} 就下降 0.220713 个百分点。

最后，用 OLS 法估计变量 NSP_{41} 和 F_6 的回归方程。根据 AIC 与 SC 最小准则，结合第三章的理论分析推论与经验判定，经过反复试验，得到如下方程：

$$NSP_{41} = 0.938944F_6 - 0.945181F_6(-1) - 0.378273 \qquad (6-64)$$
$$(3.550923) \qquad (-4.359978) \quad (-1.90652)$$
$$R^2 = 0.614713 \quad DW = 1.461386 \quad F = 9.57281$$

式（6-64）中括号内数字为 t 检验值，从式中可以看出部分检验值不大，部分变量影响不显著。回归方程整体拟合不差，因为可决系数（$R^2 = 0.6147137$）小。另外，采用 Q 统计值来判断回归方程估计结果的残差是否存在自相关性。所得结果如表 6.58 所示。

由表 6.58 可知回归方程改进估计结果的残差不存在自相关性。由于回归方程改进估计结果通过了各项计量经济学的检验，可将 F_6 变为原来的解释变量，可得实证模型（6-43）的回归方程：

$$NSP_{41} = 0.554641P_1 - 0.558325P_1(-1) + 0.494303P_2 -$$
$$0.497587P_2(-1) + 0.394334P_3 - 0.396953P_3(-1) +$$
$$0.417317SRE - 0.420089SRE(-1) - 0.378273 \qquad (6-65)$$

表 6.58　投入品价格上涨对菊花 NSP$_{41}$ 影响的估计滞后 12 期的 Q 统计值

Autocorrelation	Partial Correlation		AC	PAC	Q-Stat	Prob
		1	0.264	0.264	1.2689	0.260
		2	−0.033	−0.110	1.2899	0.525
		3	0.174	0.232	1.9347	0.586
		4	0.086	−0.042	2.1068	0.716
		5	0.064	0.100	2.2116	0.819
		6	−0.275	−0.410	4.3498	0.629
		7	−0.399	−0.236	9.4134	0.224
		8	−0.083	−0.027	9.6636	0.289
		9	−0.090	−0.010	10.012	0.350
		10	−0.156	0.034	11.259	0.338
		11	−0.055	0.086	11.453	0.406
		12	−0.008	−0.012	11.459	0.490

实证结果表明，当期化肥价格、农药价格和劳动力价格每上涨 1 个百分点，菊花 NSP$_{41}$ 就分别上升 0.554641、0.494303 和 0.394334 个百分点；前期化肥价格、农药价格和劳动力价格每上涨 1 个百分点，菊花 NSP$_{41}$ 就分别下降 0.558325、0.497587 和 0.396953 个百分点；当期人民币实际有效汇率每上升 1 个百分点，菊花 NSP$_{41}$ 就上升 0.417317 个百分点。前期人民币实际有效汇率每上升 1 个百分点菊花 NSP$_{41}$ 就下降 0.420089 个百分点。

（四）分析结论及进一步解释

通过以上实证分析得出以下结论。

1. 当期投入品价格上涨对马铃薯的社会净收益产生一定的正面影响

当期化肥、农药和劳动力价格每上涨 1 个百分点，马铃薯 NSP$_{11}$ 分别上升 0.855928、0.797562 和 0.797233 个百分点。这一结论无法验证第三章第五节中的推论 11，可能是因生产者着力优化投入品资源配置和依靠科技进步，在一定程度上有利抑制马铃薯国内机会成本和进口化肥、农药机会成本上升，导致马铃薯的国内资源机会成本上升幅度小于以人民币标价的国内产值与人民币标价的进口化肥、农药机会成本之差的上升幅度，带来马铃薯 NSP$_{11}$ 上升；前一期投入品价格上涨对马铃薯的社会净收益产生一定的负面影响，即前一期化肥、农药和劳动力价格每上升 1 个百分点，

马铃薯 NSP_{11} 分别下降 0.546457、0.509194 和 0.508984 个百分点。这一结论验证了第三章第五节的推论 11，可能是因投入品价格持续上涨，生产者根据市场需求，为使既定产量基本不变势必保持或适度增加投入品用量，导致马铃薯国内资源机会成本上升幅度大于以人民币标价的国内产值与人民币标价的进口化肥、农药机会成本之差的上升幅度，带来马铃薯的 NSP_{11} 下降。上述解释说明在一定的条件下投入品价格上涨对马铃薯潜在国际竞争力的负面影响是可以进行适度调控的，甚至可能改变其影响方向和大小，但是应该看到这种微观调控作用是有限的。就长期而言，随着农业投入品价格持续较快上涨，其对马铃薯潜在国际竞争力的负面影响就会凸显出来。

2. 当期人民币升值会对马铃薯的社会净收益产生一定的正面影响

当期人民币每升值 1 个百分点，马铃薯 NSP_{11} 上升 0.499263 个百分点。这一结论无法验证第三章第五节中的推论 12，导致马铃薯 NSP_{11} 上升的原因有待进一步研究。

3. 当期投入品价格上涨对茄子的社会净收益产生一定的负面影响

即当期化肥价格、农药价格和劳动力价格每上涨 1 个百分点，茄子 NSP_{12} 就分别下降 0.258621、0.240986 和 0.240886 个百分点。这一结论验证了第三章第五节中的推论 13，导致茄子 NSP_{12} 下降的原因可能与上述马铃薯相同，这里不再赘述。

4. 当期人民币升值会对茄子的社会净收益产生一定的正面影响

当期人民币实际有效汇率每上升 1 个百分点，茄子 NSP_{12} 就上升 3.034456 个百分点。这一结论无法验证第二章第五节中的推论 14，导致茄子 NSP_{12} 上升的原因有待进一步研究。

5. 当期投入品价格上涨对甜橙的社会净收益产生一定的正向影响

当期化肥、农药和劳动力价格每上涨 1 个百分点，甜橙 NSP_{21} 就分别上升 0.904715、0.843022 和 0.842675 个百分点。这一结论无法验证第三章第五节中的推论 15，导致 NSP_{21} 上升的原因可能与上述马铃薯相同，这里不再赘述。前一期化肥价格、农药价格和劳动力价格每上涨 1 个百分点，

甜橙 NSP_{21} 就分别下降 0.752697、0.701370 和 0.842675 个百分点。这一结论验证了第三章第五节中的推论 15，导致甜橙 NSP_{21} 下降的原因可能与上述马铃薯相同，这里不再赘述。

6. 当期人民币升值对甜橙社会净收益产生一定的正向影响

人民币实际有效汇率每上升 1 个百分点，甜橙 NSP_{21} 就上升 2.456081 个百分点。这一结论无法验证第三章第五节中的推论 16，导致甜橙 NSP_{21} 上升的原因有待进一步研究。前一期人民币实际有效汇率每上升 1 个百分点，甜橙 NSP_{21} 就下降 2.357756 个百分点。这一结论验证了第三章第五节中的推论 22，可能是因前一期人民币升值导致甜橙国内资源机会成本下降幅度小于以人民币标价的国内产值与进口化肥、农药机会成本之差的下降幅度而带来甜橙 NSP_{21} 下降。

7. 当期投入品价格上涨对宽皮柑橘社会净收益产生一定的正向影响

当期化肥、农药和劳动力价格每上涨 1 个百分点，宽皮柑橘 NSP_{22} 分别上升 1.485440、1.384147 和 1.383577 个百分点。这一结论无法验证第三章第五节中的推论 17，导致 NSP_{22} 上升的原因可能与上述马铃薯相同，这里不再赘述。前一期投入品价格上涨对宽皮柑橘社会净收益产生一定的负面影响，即前一期化肥、农药和劳动力价格每上升 1 个百分点，宽皮柑橘 NSP_{22} 分别下降 1.201674、1.119731 和 1.119270 个百分点。这一结论验证了第三章第五节中的推论 17，导致宽皮柑橘 NSP_{22} 下降的原因可能与上述马铃薯相同，这里不再赘述。

8. 当期人民币升值对宽皮柑橘社会净收益产生一定的正向影响

人民币实际有效汇率每上升 1 个百分点，宽皮柑橘 NSP_{22} 上升 0.658688 个百分点。这一结论无法验证第三章第五节中的推论 18，导致宽皮柑橘 NSP_{22} 上升的原因有待进一步研究。

9. 当期投入品价格上涨对苹果社会净收益产生一定的正向影响

当期化肥、农药和劳动力价格每上涨 1 个百分点，苹果 NSP_{23} 就分别上升 0.314067、0.279901 和 0.223293 个百分点。这一结论无法验证第三章第五节中的推论 19，导致 NSP_{23} 上升的原因可能与上述马铃薯相同，这里不再赘述。前一期投入品价格上涨对苹果社会净收益产生一定的负面影响，即前一期化肥、农药和劳动力价格每上升 1 个百分点，苹果 NSP_{23} 就分别下降 0.038930、0.034695 和 0.027678 个百分点。这一结论验证了第三章第五节中的推论 19，导致苹果 NSP_{23} 下降的原因可能与上述马铃薯相同，这里不再赘述。

10. 当期人民币升值对苹果的社会净收益产生一定的负向影响

当期人民币实际有效汇率每上升 1 个百分点，苹果 NSP_{23} 就下降 1.59357 个百分点。这一结论验证了第三章第五节中的推论 20，可能是因前一期人民币升值导致苹果国内资源机会成本下降幅度小于以人民币标价的国内产值与进口化肥、农药机会成本之差的下降幅度而带来苹果 NSP_{23} 下降。前一期人民币实际有效汇率每上升 1 个百分点，苹果 NSP_{23} 就上升 1.266614 个百分点。这一结论无法验证第三章第五节中的推论 20，导致苹果 NSP_{23} 上升的原因有待进一步研究。

11. 当期投入品价格上涨对红茶的社会净收益产生一定的正向影响

当期化肥、农药和劳动力价格每上涨 1 个百分点，红茶 NSP_{31} 就分别上升 0.076938、0.068569 和 0.054701 个百分点。这一结论无法验证第三章第五节中的推论 21，导致 NSP_{31} 上升的原因可能与上述马铃薯相同，这里不再赘述。前一期投入品价格上涨对红茶的社会净收益产生一定的负面影响，即前一期化肥、农药和劳动力价格每上升 1 个百分点，红茶 NSP_{31} 就分别下降 0.291885、0.260132 和 0.207522 个百分点。这一结论验证了第三章第五节中的推论 21，导致 NSP_{31} 下降的原因可能与上述马铃薯相同，这里不再赘述。

12. 当期人民币升值会对红茶的社会净收益产生一定的正向影响

当期人民币实际有效汇率每上升 1 个百分点，红茶 NSP_{31} 就上升 0.057889 个百分点。这一结论无法验证第三章第五节中的推论 22，导致绿茶 NSP_{31} 上升的原因有待进一步研究。前一期人民币实际有效汇率每上升 1 个百分点，红茶 NSP_{31} 就下降 0.219618 个百分点。这一结论验证了第三章第五节中的推论 22，导致红茶 NSP_{31} 下降的原因可能与上述甜橙相同，这里不再赘述。

13. 当期投入品价格上涨对绿茶的社会净收益产生一定的正向影响

当期化肥、农药和劳动力价格每上涨 1 个百分点，绿茶 NSP_{32} 就分别上升 0.200773、0.178925 和 0.142739 个百分点。这一结论无法验证第三章第五节中的推论 23，导致 NSP_{32} 上升的原因可能与上述马铃薯相同，这里不再赘述。前一期投入品价格上涨对绿茶的社会净收益产生一定的负面影响，即前一期化肥、农药和劳动力价格每上升 1 个百分点，绿茶 NSP_{32} 就分别下降 0.293341、0.261430 和 0.208557 个百分点。这一结论验证了第三章第五节中的推论 23，导致绿茶 NSP_{32} 下降的原因可能与上述马铃薯相同，这里不再赘述。

14. 当期人民币升值会对绿茶的社会净收益产生一定的正向影响

当期人民币实际有效汇率每上升 1 个百分点，绿茶 NSP_{32} 上升 0.151058 个百分点。这一结论无法验证第三章第五节中的推论 24，导致绿茶 NSP_{32} 上升的原因有待进一步研究。而前一期人民币升值对绿茶社会净收益产生一定的负向影响，即前一期人民币实际有效汇率每上升 1 个百分点，绿茶 NSP_{32} 会下降 0.220713 个百分点。这一结论验证了第三章第五节中的推论 24，导致 NSP_{32} 下降的原因可能与上述甜橙相同，这里不再赘述。

15. 当期投入品价格上涨对菊花的社会净收益产生一定的正向影响

当期化肥、农药和劳动力价格每上涨 1 个百分点，菊花 NSP_{41} 分别上升 0.554641、0.494303 和 0.394334 个百分点。这一结论无法验证第三章第五节中的推论 25，导致 NSP_4 上升的原因可能与上述马铃薯相同，这里不再赘述。前一期投入品价格上涨对菊花社会净收益产生一定的负向影响，即前一期化肥、农药和劳动力价格每上升 1 个百分点，菊花 NSP_{41} 分别下降 0.558325、0.497587 和 0.396953 个百分点。这一结论验证了第三章第五节中的推论 25，导致菊花 NSP_{41} 下降的原因可能与上述马铃薯相同，这里不再赘述。

16. 当期人民币升值会对菊花社会净收益产生一定的正向影响

当期人民币实际有效汇率每上升 1 个百分点，菊花 NSP_{41} 上升

0.417317 个百分点。这一结论无法验证第三章第五节中的推论 26，导致菊花 NSP_{41} 上升的原因有待进一步研究。而前一期人民币升值对菊花的社会净收益产生一定的负向影响，即前一期人民币实际有效汇率每上升 1 个百分点，菊花 NSP_{41} 会下降 0.420089 个百分点。这一结论验证了第三章第五节中的推论 26，导致菊花 NSP_{41} 下降的原因可能与上述甜橙相同，这里不再赘述。

17. 当期投入品价格上涨对园艺产品各类品种社会净收益的影响不同

当期投入品价格上涨对马铃薯、甜橙、宽皮柑橘、苹果、红茶、绿茶、菊花社会净收益的影响符号为正，而对茄子的社会净收益的影响符号为负；前期投入品价格上涨对对马铃薯、甜橙、宽皮柑橘、苹果、红茶、绿茶、菊花的社会净收益的影响符号为负，而对茄子的社会净收益并无影响。但其影响程度有所不同，即 $NSP_{22} > NSP_{21} > NSP_{11} > NSP_{41} > NSP_{23} > NSP_{12} > NSP_{32} > NSP_{31}$。表明投入品价格上涨对宽皮柑橘 NSP_{22}、甜橙 NSP_{21}、马铃薯 NSP_{11} 的影响程度较大，对菊花 NSP_{41}、苹果 NSP_{23}、茄子 NSP_{12} 的影响程度次之，对红茶 NSP_{31}、绿茶 NSP_{32} 的影响程度较小。说明园艺产品中茶叶类的潜在国际竞争力较强，蔬菜类、花卉类次之，水果类较弱。可能与其自然属性及其投入品优化配置比例不同有关。

18. 当期人民币升值对园艺产品各类品种社会净收益的影响有所不同

当期对马铃薯、茄子、宽皮柑橘、甜橙、菊花、绿茶、红茶社会净收益的影响符号为正，而对苹果潜在国际竞争力的影响符号为负；前期人民币升值对甜橙、菊花、绿茶、红茶社会净收益的影响符号为负，对苹果社会净收益的影响符号为正，而对马铃薯、茄子、宽皮柑橘的社会净收益并无影响；但其影响程度明显不同，即 $NSP_{12} > NSP_{21} > NSP_{23} > NSP_{22} > NSP_{11} > NSP_{41} > NSP_{32} > NSP_{31}$。表明人民币升值对茄子、甜橙、苹果的潜在国际竞争力影响最大，对宽皮柑橘、马铃薯、菊花的潜在国际竞争力影响次之，而对红茶、绿茶的潜在国际竞争力影响最小。说明园艺产品中红茶、绿茶的潜在国际竞争力较强，宽皮柑橘、马铃薯、菊花的潜在国际竞争力次之，茄子、甜橙、苹果的潜在国际竞争力较弱。可能与其自然属性及其国内资源机会成本的差异性有关。

三、投入品价格上涨对园艺产品各类品种
潜在国际竞争力影响的实证分析结论

(一) 投入品价格上涨对园艺产品各类品种潜在国际竞争力的影响

具体表现如下:

1. 投入品价格上涨对园艺产品不同品种国内资源成本系数的影响效应有别

投入品价格上涨,当期带来马铃薯、甜橙、宽皮柑橘、红茶、绿茶、菊花国内资源成本系数下降,而带来茄子、苹果国内资源成本系数上升;前期带来马铃薯、甜橙、宽皮柑橘、红茶、绿茶、菊花国内资源成本系数上升;但其影响程度有别,即 $DRCC_{22}>DRCC_{21}>DRCC_{41}>DRCC_{11}>DRCC_{12}>DRCC_{32}>DRCC_{23}>DRCC_{31}$。表明投入品价格上涨对宽皮柑橘 $DRCC_{22}$、甜橙 $DRCC_{21}$ 的影响程度较大,对菊花 $DRCC_{41}$、马铃薯 $DRCC_{11}$、茄子 $DRCC_{12}$ 的影响程度次之,而对红茶 $DRCC_{31}$、苹果 $DRCC_{23}$、绿茶 $DRCC_{32}$ 的影响程度较小,说明园艺产品中茶叶类的潜在国际竞争力较强,蔬菜类、花卉类次之,水果类较弱。

2. 投入品价格上涨对园艺产品各类品种社会净收益的影响符号和大小不同

投入品价格上涨,当期带来马铃薯、甜橙、宽皮柑橘、苹果、红茶、绿茶、菊花的社会净收益上升,而带来茄子的社会净收益下降;前期带来马铃薯、甜橙、宽皮柑橘、苹果、红茶、绿茶、菊花的社会净收益下降。但其影响程度有所不同,即 $NSP_{22}>NSP_{21}>NSP_{11}>NSP_{41}>NSP_{23}>NSP_{12}>NSP_{32}>NSP_{31}$。表明投入品价格上涨对宽皮柑橘 NSP_{22}、甜橙 NSP_{21}、马铃薯 NSP_{11} 的影响程度较大,对菊花 NSP_{41}、苹果 NSP_{23}、茄子 NSP_{12} 的影响程度次之,而对红茶 NSP_{31}、绿茶 NSP_{32} 的影响程度较小。说明园艺产品中茶

叶类的潜在国际竞争力较强，蔬菜类、花卉类次之，水果类较弱。

（二）人民币升值对园艺产品各类品种潜在国际竞争力的影响

具体表现如下：

1. 人民币升值对园艺产品不同品种国内资源成本系数的影响效应明显有别

人民币升值当期带来茄子、宽皮柑橘、菊花、马铃薯、绿茶、甜橙、红茶国内资源成本系数下降，而带来苹果国内资源成本系数上升；前期带来宽皮柑橘、菊花、绿茶、红茶上升，却带来苹果国内资源成本系数下降。但其影响程度明显不同，即 $DRCC_{23} > DRCC_{12} > DRCC_{22} > DRCC_{41} > DRCC_{32} > DRCC_{31} > DRCC_{11} > DRCC_{21}$。表明人民币升值对苹果 $DRCC_{23}$、茄子 $DRCC_{12}$ 的影响程度最大，对宽皮柑橘 $DRCC_{22}$、菊花 $DRCC_{41}$、马铃薯 $DRCC_{11}$、绿茶 $DRCC_{32}$ 的影响程度次之，而对甜橙 $DRCC_{21}$、红茶 $DRCC_{31}$ 的影响程度最小，说明园艺产品中甜橙、红茶的潜在国际竞争力较强，宽皮柑橘、菊花、马铃薯、绿茶的潜在国际竞争力次之，苹果 $DRCC_{23}$、茄子 $DRCC_{12}$ 的潜在国际竞争力最弱。

2. 人民币升值对园艺产品各类品种社会净收益的影响符号和大小明显不同

人民币升值当期带来茄子、甜橙、宽皮柑橘、马铃薯、菊花、绿茶、红茶的社会净收益上升，而带来苹果的社会净收益下降；前期带来甜橙、菊花、绿茶、红茶的社会净收益下降，却带来苹果的社会净收益上升。而对马铃薯、茄子、宽皮柑橘的社会净收益无影响；但其影响程度明显不同，即茄子 NSP_{12} > 甜橙 NSP_{21} > 苹果 NSP_{23} > 宽皮柑橘 NSP_{22} > 马铃薯 NSP_{11} > 菊花 NSP_{41} > 绿茶 NSP_{32} > 红茶 NSP_{31}。表明人民币升值对茄子、甜橙、苹果的潜在国际竞争力影响最大，对宽皮柑橘、马铃薯、菊花的潜在国际竞争力影响次之，而对红茶、绿茶的潜在国际竞争力影响最小。说明园艺产品中红茶、绿茶的潜在国际竞争力较强，宽皮柑橘、马铃薯、菊花的潜在国际竞争力次之，茄子、甜橙、苹果的潜在国际竞争力较弱。

（三）投入品价格上涨和人民币升值对园艺产品各类品种潜在国际竞争力的影响

投入品价格上涨和人民币升值，当期对园艺产品各类品种国内资源成本系数和社会净收益的影响符号基本为正，前期的影响符号基本为负，且人民币升值对园艺各类品种国内资源成本系数和社会净收益的影响程度明显大于投入品价格上涨的影响。说明人民币升值是弱化园艺产品各类品种潜在国际竞争力的主要外因，投入品价格上涨是弱化园艺产品各类品种潜在国际竞争力的重要内因。

第七章　投入品价格上涨对不同规模和经营方式的园艺产品国际竞争力影响的实证研究

——基于 9 省（区、市）28 县（市）867 户橘农调查数据的分析

　　进入 21 世纪以来，随着经济全球化和我国工业化、城镇化与农业现代化进程的加快，稀缺资源的需求拉动和成本推动的共同作用，加剧了我国农村劳动力、化肥、农药等主要投入品价格持续较快上涨，不仅增大了园艺产品国内资源成本、减少了社会净收益，挤压了农民的增收空间，而且推动了园艺产品生产价格和出口价格上涨，在一定程度上弱化了我国园艺产品的国际竞争优势，导致园艺产品出口贸易难度加大，园艺产品增产难以增收。尤其是近几年来国内通胀压力加大、人民币持续升值，投入品价格上涨幅度增大，使得分散性、零碎化的园艺产品生产与出口面临严峻挑战。因此深入研究投入品价格上涨和人民币升值对我国和规模不同经营方式的园艺产品潜在国际竞争力的影响并探讨有效对策，对于培育新型园艺产业经营主体，构建集约化、组织化、社会化相结合的新型园艺产品经营体系，推进我国园艺产品规模化、专业化、标准化生产，增强园艺产品比较优势与国际竞争力，促进园艺产业持续、健康发展和农民稳定增收具有十分重要的现实意义。

　　前文第四章、第五章、第六章分别就投入品价格上涨对园艺产品显性国际竞争力和潜在国际竞争力的影响进行了实证分析，并得出了相应的分析结论。为了进一步研究投入品价格上涨对不同规模（大、中、小）和经营方式（专业、兼业）的园艺产品潜在国际竞争力的影响，本章以我国园艺产业水果中的主导产品柑橘为例，试图在全国 9 省（区、市）28 县

（市）867 户橘农调查样本的基础上进行实证比较研究。全章分为相关文献
回顾与概念的界定、数据来源与样本农户的基本信息、投入品价格上涨对
不同规模和经营方式的柑橘潜在国际竞争力影响的实证分析及实证分析结
论等几个部分。

一、相关文献回顾与概念的界定

（一）相关文献回顾

规模经济和专业化生产能否改进小农经济效率、提高农产品比较优势
与国际竞争力一直是国内外学者有争议的话题，在理论界持有三种不同的
观点：一是以日本发展经济学家速水佑次郎、神门善久（Yujiro Hayami
and Yoshihisa Godo）为代表的主流观点。他们基于西方经济学的规模经济
理论，认为"小农户兼业化经营是制约日本农地规模扩大而使农业劳动生
产率比美国低下的根本原因"，"农户兼业化带来农业细小规模经营格局的
凝固化和农业劳动力的老龄化与女性化，使日本农产品价格远高于国际市
场价格"；① 在我国现阶段农村情况下，由于"农户普遍的兼业化促使土地
细碎化和粗放经营，带来农业投入要素质量尤其是劳动力素质下降"，②
"农户兼业化不利于农业结构调整，也不利于农户增加对土地的投入，在
一定程上降低了土地产出率和利用率，阻碍了农业生产率提高"，③ "兼业
农户的资本和劳动投入、化肥农药等农资用量、土地利用程度等方面均
低于专业农户，不同类型兼业农户的农业投入行为、土地经营规模以及
土地利用效率等方面也存在很大差异"，④ "因受土地细碎化影响，我国粮
食生产总体上是规模报酬不变，唯有农业经营规模扩大才有利于促进农

---

① 傅晨、毛益男：《兼业化：日本农业的困境与启示》，《世界农业》1998 年第 8 期。
② 陈晓红、汪朝霞：《苏州农户兼业行为的因素分析》，《中国农村经济》2007 年第 4 期。
③ 何文玉、刘国柄：《农户兼业对农业结构调整的影响》，《内江师范学院学报》2007 年第
4 期。
④ 梁流涛、曲福田：《不同兼业类型农户的土地利用行为和效率分析——基于经济发达地区
的实证研究》，《资源科学》2008 年第 10 期。

民增收"①，主张"现阶段农户经营土地 50—100 亩为投入产出效率最高"；② 同时发现"户均规模小地块过于分散细碎，使得水稻生产的可变成本中劳动力成本远远高于化肥、农药等投入品成本，如以劳动生产率为评价标准，适度土地经营规模即规模经济是存在的"，③ 因此提出"中国农业的根本出路在于发展规模经济"。④ 在柑橘产业领域，许多学者主张"柑橘生产规模化、专业化经营"，⑤ 并要"按照生态适应性原则，发挥区域比较优势，推行柑橘适度规模经营"，⑥ 认为"中国柑橘现行的生产经营方式主要是以家庭承包经营为主，即使一些较大规模的水果生产基地也被分割成'各自为战'的小生产经营单元，已成为影响农民收入提高和制约柑橘国际竞争力提升的重要原因"，⑦ 强调指出"我国柑橘果园零星分散，绝大多数是兼业农户，难以形成规模优势和推行标准化生产与科学管理，应该大力推进柑橘区域化布局、规模化生产和专业化经营"。⑧ "随着我国柑橘生产成本不断上升和出口的比较优势逐渐丧失，必须实行集约化生产和规模经济"。⑨ 二是以向国成、韩绍凤（2007）为代表的相悖观点。他们基于经济学家杨小凯、黄有光的超边际经济学的分工经济理论，应用尤格阿里（Allyn Young）关于"分工四化"的阐述，认为"农村小农户兼业化的兴起与发展是在我国现阶段农村社会制度条件下形成的小农户家庭内分工的

---

① 许庆等：《规模经济、规模报酬与农业适度规模经营》，《经济研究》2011 年第 3 期。

② 沈贵银：《探索现代农业多元化规模经营制度——对十七届三中全会关于农村基本经营制度创新有关问题的思考》，《农业经济问题》2009 年第 5 期。

③ 齐城：《农村劳动力转移与土地适度规模经营实证分析——以河南信阳市为例》，《农业经济问题》2008 年第 4 期。

④ 许经勇：《农业的根本出路在于发展规模经济》，《理论界》1995 年第 4 期。

⑤ 谭淑豪：《现行农地经营格局对农业生产成本的影响》，《农业技术经济》2011 年第 4 期。

⑥ 祁春节：《中国柑橘产业经济分析与政策研究》，中国农业出版社 2003 年版，第 42—50 页。

⑦ 乔娟、颜军林：《中国柑橘鲜果国际竞争力的比较分析》，《中国农村经济》2002 年第 11 期。

⑧ 何劲、祁春节：《农业投入品价格上涨对我国园艺产品收益影响的经济计量分析——以柑橘为例》，《生态经济》2010 年第 5 期。

⑨ 陈正坤：《我国柑橘出口比较优势及其可持续性研究》，硕士学位论文，华中农业大学，2010 年，第 45—46 页。

组织均衡形态，引致了迂回经济的发展和催生了农民组织化的演进，在一定程度上促进了农户土地规模的扩大和小农经济效率的提高"，明确指出"小规模经营通过精耕细作、间（套）种来提高土地生产率，具有大农场所不具备的优势"。[①] 魏蓓（2010）认为"从农业经营主体经济效益角度考量，规模化经营的农产品单位成本明显低于小规模经营模式"。[②] 国外学者迪亚·Y. Z. 扎克·J. W.（Dia, Y. Z. Zaik, J. W., 2010）研究表明，"尼日利亚阿达马瓦州姆比伯地区小规模种植玉米是有利可图的，因为可以获得 ES>1 的规模经济系数和大于 1 的平均成本效率指数"。[③] 三是以梅建明（2003）为代表的折中观点。他们基于中国农村的现实国情考察，认为兼业农户和专业农户所拥有的土地面积和劳动力等生产资源基本相同，两种农户的生产效率差异不大，主张农村经济发展必须走农户兼业化与农户专业化并举的路径，提出"中国农业发展目标模式应该是实现大量小规模的兼业户与一部分适度规模的专业农户并存的经营格局"。[④]

以上观点都得到了来自实证研究的支持。王婷、于少康（2002）通过对江西农村大（10—50 亩）、中（5—10 亩）、小（1—5 亩）三种不同种植规模农户的年收入进行了实证分析，发现"种田大户每增加一亩耕地的年收入额外增加 467 元，种田中户的年收入额外增加 120 元，种田小户的年收入额外增加 55 元。说明种田大户取得了规模经济效益，其他农户的年收入为规模不经济"。[⑤] 翁克瑞（2004）运用模拟法验证了"我国现阶段农地规模经营并没有明显提升农产品国际竞争力，也没有明显提高农产品国际贸易绩效，更没有明显降低生产成本、实现规模报酬递增等问题"，

① 向国成、韩绍凤：《分工与农业组织化演进：基于间接定价理论模型的分析》，《经济学季刊》2007 年第 2 期。

② 魏蓓：《我国耕地小规模经营与发达国家规模经营的对比分析》，《华中农业大学学报》（社会科学版）2010 年第 1 期。

③ Dia, Y. Z. Zaik, J. W., "Economics of Scale and Cost Efficiency in Small Scaie Maize Production in Mubi Morth Local Government in Adamawa State, Nigeria", *Agricultural Journal*, 2010, 5 (3).

④ 梅建明：《工业化进程中的农户兼业经营问题的实证分析——以湖北省为例》，《中国农村经济》2003 年第 6 期。

⑤ 王婷、于少康：《不同种植规模农户收入的实证分析》，《农业考古》2006 年第 6 期。

同时也验证了"农地规模经营存在内部交易成本过高问题,说明现阶段我国农业种植业不宜通过规模经营提高农产品国际竞争力"。[①] 普罗斯特曼等人(1996)在研究小农场与大农场的投入产出时发现,"在巴西,规模不足1公顷小规模农场的成本收益率比 1—10 公顷的中规模农场每公顷的成本收益率高出约 2 倍,比 200—2000 公顷的大规模农场高出 30 倍;在印度,2 公顷以下的小规模农场每公顷的成本收益率比 10 公顷以上较大规模农场每公顷的成本收益率高出 1 倍多"。[②]

总之,对于规模经济和专业化经营能否改进小农经济效率的问题,国内外学者基于不同理论和视角展开了辨识,得出不同的实证结论,为推进我国小农经济发展提供了可供选择的路径。但是他们的研究内容仅局限在要素投入量的变化与产出的边际效率上,并未深入研究要素价格变化与产品比较优势的因果关系,更未涉及投入品价格和汇率变化对不同规模和经营方式的柑橘国际竞争力的影响问题。由于适度规模经营和专业化生产是当代学界的主流观点和现代农业发展方向,为了获得具有一定理论价值和实践意义的研究结论,本章试图以柑橘为研究对象,吸收前人关于规模经济、专业化和柑橘国际竞争力的有关研究成果,采用我国柑橘主产区的翔实调查数据,通过构建面板数据模型,全面考察投入品价格上涨和人民币升值对不同规模和经营方式的柑橘国际竞争力的影响方向及大小并进行比较分析,进而得出科学结论。

(二)相关概念的界定

1. 柑橘农户(简称橘农)不同经营规模划分的依据

由于我国农村人均耕地资源少,土地细碎化程度高,导致我国高价值农产品生产的农户经营规模与欧美等农业发达国家的专业化农户相比,均属于小规模或微小规模农户,农户经营规模大小只是相对于高价值农业产

---

① 翁克瑞:《农产品国际竞争力的影响因素分析》,硕士学位论文,华中农业大学,2004 年,第 41—60 页。

② 普斯特罗曼:《中国农业的规模经营:政策适当吗?》,《中国农村观察》1996 年第 6 期。

业农户群体内部而言所呈现的规模差异。本章对柑橘农户经营规模的划分
依据主要基于：（1）由于经营规模的划分迄今没有严格的理论依据，本章
只能根据所选取的柑橘产业类型或农户所从事的柑橘生产类别特性，以全
国9省（市）、区28个县（市）柑橘主产区被调查样本农户的实际生产经
营特点为依据进行比较合理划分。（2）从国内现有相关的研究文献看，"对
于农户经营规模的划分标准主要是以种植面积大小为依据"，[①]并且划分标
准的差异不大，"一般将5亩以下视为小规模，6—10亩视为中规模，10亩
以上视为较大规模（李岳云等，1999）"。[②]（3）根据本章在全国9省
（市）、区柑橘主产区调查样本的统计特征，10亩以下和10亩以上的经营
农户出现的累计频数和累计百分比处在全部样本农户的累计分布图上的两
个峰值点，结合当地农户对经营规模的经验认同，并考虑国内学者的划分
标准，本章将柑橘农户的经营规模界定为三种：（1）小规模为1—10亩；
（2）中规模10—30亩；（3）大规模30—100亩。

2. 关于柑橘专业户和兼业户的界定

我国具有发展柑橘产业得天独厚的自然条件，适应栽培柑橘的地域广
阔，但主要集中分布在浙江、福建、广东、江西、湖南、广西、湖北、四
川、重庆9个省（市）、自治区。经过三十多年的农村改革与发展，现已
形成各具特色的跨省际的四大柑橘产业带，即浙南—闽西—粤东柑橘带、
赣南—湘南—桂北柑橘带、长江上中游柑橘带和鄂西—湘西柑橘带，被称
为中国南方柑橘主产区。这些柑橘主产区因地处华东、华南和长江上中游
的丘陵山区，经济发展相对滞后，人均土地面积差异较大，户均柑橘栽培
面积不尽相同，广大农户家庭除种植柑橘外，还生产一些自食为主的粮
食、油料、蔬菜等农副产品。柑橘主产区中除少数柑橘种植大户外，绝大
部分农户中有剩余劳动力的青壮年男子一般外出打工或从事其他非农产业

---

　　① 李谷成：《中国农村经济制度变迁、农业生产绩效与动态演进——基于1978—2005年省际
面板数据的DEA实证》，《制度经济学研究》2009年第5期。

　　② 李岳云、兰海涛：《不同经营规模农户经营行为的研究》，《中国农村观察》1999年第4期。

工作，因而形成了不同类型的柑橘专业户和柑橘兼业户。为研究需要，本章根据国内外学者对专业和兼业农户的不同描述，结合我国柑橘主产区的农户实际，将柑橘专业户和兼业户作出如下界定：所谓柑橘专业户是指家庭经济体中无非农收入或柑橘种植年收入占全年农业总收入 80% 以上的柑橘农户；所谓柑橘兼业户是指家庭经济体中有非农收入且占家庭全年总收入的 20% 以上或柑橘种植年收入占全年农业总收入 80% 以下的柑橘农户。

二、数据来源与样本农户的基本信息

（一）数据来源

本章所用数据来源于我国柑橘主产区实地调查资料。为了收集近几年柑橘成本收益的翔实数据，笔者利用 2012 年的寒暑假期间，组织有志于柑橘经济研究的部分本科生和少数研究生，分赴福建、浙江、广东、湖南、湖北、江西、广西、四川、重庆等 9 省（市）、自治区柑橘主产区 28 个全国重点县（市），先后对部分乡镇橘农进行了入户调查。得到了华中农业大学园艺经济研究所和各乡（镇）、村领导的大力支持尤其是橘农的热情配合，使调查工作十分顺利而有成效。为了达到预期目标、确保调查质量，笔者事前组织少数同学对问卷内容进行了预调查，并在完善问卷内容的基础上就调查方法和内容对调查小组全体成员进行了专题培训。调查组成员每到一个乡（镇）、村，首先向当地分管领导或负责人了解柑橘生产的基本情况，并根据当地橘农种植面积大小和专业或兼业经营方式划分为大、中、小三种规模级别和两种经营方式，然后根据各村不同规模不同经营方式的构成情况按照每个县（市）大约调查 20—30 户的样本数量，随机抽样调查。为了保证既定调查样本数量和质量，笔者还组织抽样橘农进行了短期应急培训，并对分组调查情况进行了核查。本次抽样调查共发放问卷 900 份，回收问卷 890 份，回收率为 98.89%，剔去内容填写错误或无

法核实的废卷 23 份，最终获取有效问卷为 867 份，问卷回收有效率
为 96.33%。

（二）样本农户的基本信息

1. 样本农户的分布

本次专题调查涉及南方 9 省（市）、自治区中的 28 个全国重点柑橘主
产县（市）56 个乡（镇）橘农，被调查农户在地域上的具体分布情况如
表 7.1 所示。

表 7.1　样本农户的地域分布情况

地域	浙江	福建	广东	湖南	湖北	江西	广西	四川	重庆
农户数（户）	146	47	53	128	131	117	82	58	105
比例（%）	16.84	5.42	6.11	14.76	15.11	13.49	9.46	6.69	12.11

2. 样本农户的基本信息

本次调查数据如表 7.2 所示，被调查橘农具有以下基本特点：（1）户
主男性多、女性少，分别占被调查总户数的 85.12% 和 14.88%，说明农户
中男性劳动力仍是柑橘生产的主力军；（2）户主多数年龄较大，平均年龄
为 50 岁，分布区间为 30—70 岁，其中，40 岁以上占 87.08%，这与当前
柑橘主产区从事柑橘生产的农户绝大多数为中老年人的现状完全相符；（3）
户主多数文化程度较低，初中及初中以下学历的户主占被调查总户数的
71.86%，高中（中专）及以上学历的户主占 28.14%；（4）兼业农户较多，
从事柑橘种植及其他农业生产的农户占总户数的 64.94%，从事非农就业
的农户占被调查总户数的 35.06%，表明柑橘主产区兼业经营现象比较普
遍。由此可见，户主老龄化、低文化和农户兼业化现象是我国柑橘主产区
柑橘生产主体的基本特征。

表 7.2   样本农户及户主的基本信息

项 目	选 项	户数（户）	占总数的比例（%）
户主性别	男性	738	85.12
	女性	129	14.88
户主年龄	40 岁以下	112	12.92
	40—60 岁	666	76.82
	60 岁以上	89	10.26
户主文化程度	小学及以下	249	28.72
	初中	374	43.14
	高中及以上	180	20.76
	大专及以上	64	7.38
农户从业类别	务农（种植柑橘）	563	64.94
	务工（经商）	291	33.56
	其他职业	13	1.50

3. 样本农户的经营方式与种植规模

表 7.3 中数据显示，在被调查的 867 户样本农户中柑橘种植面积最小的为 0.6 亩，最大的为 100 亩，其中 10 亩以下的农户为 514 户，10—30 亩的农户为 246 户，30 亩以上的农户为 107 户，分别占被调查总户数的 59.29%、28.37%、12.34%。按照柑橘农户经营方式划分，在被调查农户样本中专业户为 219 户，兼业户为 648 户，分别占被调查总户数的 25.26%、74.74%，农户中小规模（10 亩以下）、中等规模（10—30 亩）、大规模（30—100 亩）分别占被调查总户数的 59.29%、28.37% 和 12.34%。

表 7.3 样本农户的柑橘经营方式与种植规模

柑橘经营方式		柑橘种植规模			合 计
		小规模	中等规模	大规模	
专业	户 数	129	62	28	219
	占比例（%）	14.88	7.15	3.23	25.26
兼业	户 数	385	184	79	648
	占比例（%）	44.41	21.22	9.11	74.74

值得注意的是，随着我国工业化、农村城镇化进程加快，柑橘主产区农村青壮年劳动力外出打工的现象比较普遍。表7.3中数据表明，我国南方9省（区、市）柑橘主产区农户中的专业户仅占四分之一，兼业户约占四分之三，可见现阶段我国柑橘种植业的专业化程度不高，柑橘兼业化经营仍是当前柑橘主产区的基本经营方式；同时也显示，我国柑橘主产区种植规模为10亩以下的农户所占比重达59.29%，而种植规模为30亩以上的农户仅占12.34%，说明柑橘主产区中大多数农户的种植规模较小，柑橘种植面积零碎化仍然是当今柑橘生产经营的主要特征。由此可见，柑橘生产经营的零碎化、兼业化是导致我国柑橘产业经济效率不高和国际竞争力不强的主要成因之一。

三、投入品价格上涨对不同规模和经营方式的柑橘国际竞争力影响的实证分析

（一）实证模型初步选择

根据第三章理论分析，投入品价格上涨和人民币升值会对不同规模不同经营方式的柑橘国际竞争力产生一定的影响，为了考察前者对后者的影响符号和大小必须合理选择计量模型。由于国内外涉及这一命题的研究尚不多见，可借鉴的文献稀缺，尤其是所调查的一手资料因橘农缺乏完整记载柑橘成本收益的习惯和条件限制，仅有最近五年的翔实数据可用，这给选用一般线性回归模型可能带来时序数据不足而使计量分析结论不够准确

的困难，因而考虑选择面板数据模型为宜，不仅能识别和度量单纯的时间序列和横截面数据所不能发现的影响因素，而且能综合两个维度上的信息，其分析效果也会优于其他计量模型，这样可以弥补以往研究的不足。因此，本章初步选用的面板模型如下：

$$(LnDRCC)_{it} = f\left((LnP_1)_{it}, (LnP_2)_{it}, (LnP_3)_{it}, (LnSRE)_{it}\right) + u_{it} \quad (7-1)$$

$$(LnNSP)_{it} = f\left((LnP_1)_{it}, (LnP_2)_{it}, (LnP_3)_{it}, (LnSRE)_{it}\right) + u_{it} \quad (7-2)$$

其中，i 代表横截面维度，t 代表时间维度；LnDRCC 为国内资源成本系数的自然对数；LnNSP 为社会净收益的自然对数；LnP_1 为化肥价格的自然对数；LnP_2 为农药价格的自然对数；LnP_3 为劳动力价格的自然对数；LnSRE 为人民币汇率的自然对数；u_{it} 为均值为 0 的白噪声序列。

（二）实证模型的确定

由于面板数据模型类型多样，可根据经验来确定面板模型的具体类型。首先根据前几章的分析可以确定投入品价格上涨对柑橘各类品种种植的影响是不同的，因此可以判定面板模型应选择变系数模型。其次是选用固定效应模型还是随机效应模型？借鉴前人的研究经验，考虑本章研究的调查农户不是从各调查点总体随机抽样的，而是按照一定的规则抽样选取的，表明当不能把观测个体当作从一个大总体中随机抽样的结果时，必须选取固定效应模型。基于上述考虑，本章确定建立了一个变系数固定效应模型如下：

$$(LnDRCC_3)_{it} = 1 + (\varepsilon_1)_{it}(LnP_1)_{it} + (\varepsilon_2)_{it}(LnP_2)_{it} + (\varepsilon_3)_{it}(LnP_3)_{it}$$
$$u_{it} + (\varepsilon_4)_{it}(LnSRE)_{it} + u_{it} \quad (7-3)$$

$$(LnNSP_3)_{it} = m + (\varepsilon_5)_{it}(LnP_1)_{it} + (\varepsilon_6)_{it}(LnP_2)_{it} + (\varepsilon_7)_{it}(LnP_3)_{it}$$
$$u_{it} + (\varepsilon_8)_{it}(LnSRE)_{it} + u_{it} \quad (7-4)$$

其中，ε_1、ε_2、ε_3、ε_4 分别为柑橘资源成本系数对化肥价格、农药价格、劳动力价格和人民币影子汇率变化的弹性系数；ε_5、ε_6、ε_7、ε_8 分别为柑橘社会净收益对化肥价格、农药价格、劳动力价格和人民币影子汇率变化的弹性系数，u_{it} 为均值为 0 的白噪声序列。

（三）共线性诊断

求得近五年 LnP_1、LnP_2、LnP_3 和 LnSRE 相关系数矩阵如表7.4所示。

表 7.4 LnP_1、LnP_2、LnP_3 和 LnSRE 相关系数矩阵

	LnP_1	LnP_2	LnP_3	LnSRE
LnP_1	1	0.963834	0.715335	−0.917429
LnP_2	0.963834	1	0.817115	−0.976780
LnP_3	0.715335	0.817115	1	−0.90721
LnSRE	−0.917429	−0.976780	−0.90721	1

从各自变量的相关系数可知最小相关系数为0.715335，最大相关系数达到了0.976780，相关系数都在0.7以上。各变量之间存在大的多重共线性，故可采取主成分分析法计算出主成分值。

（四）主成分分析

用 EviewsS6.0 软件对 LnP_1、LnP_2、LnP_3 和 LnSRE 进行主成分分析，相关数据如表7.5所示。

表 7.5 LnP_1、LnP_2、LnP_3 和 LnSRE 主成分分析结果

		第1主成分	第2主成分	第3主成分	第4主成分
特征向量	LnP_1	0.493389	0.561531	0.658774	−0.085242
	LnP_2	0.515129	0.255534	−0.522118	0.629871
	LnP_3	0.469384	−0.78303	0.344258	0.219158
	LnSRE	0.51580	0.046558	0.771559	0.369439
特征值		3.654617	0.311948	0.027514	0.005922
贡献率		0.913700	0.078000	0.006900	0.001500
累积贡献率		0.913700	0.991600	0.998500	1

由表7.5可知，第1主成分特征值为3.654617，贡献率达到了0.913700，

说明它对原来的四个指标的信息解释率达到了 91.37%，因此可提取第 1 主成分代替原来的四个指标。利用第 1 主成分的特征向量可以得到第 1 主成分的表达式为：

$$F_7 = 0.493389LnP_1 + 0.515129LnP_2 + 0.469384LnP_3 - 0.520469LnSRE$$

$$(7-5)$$

将数据代入式（7-5）中，得到 F_7 的值。

（五）回归结果与分析

F_7 替代 LnP_1、LnP_2、LnP_3 和 $LnSRE$ 后所形成的变系数固定效应模型的回归结果如表 7.6、表 7.7 所示。

表 7.6　回归结果 1

农户种植类型	F_7 系数值	t 统计值	Sig.
小规模专业户	0.543749	3.0015	0.0534
中规模专业户	0.329520	2.00045	0.0635
大规模专业户	0.182320	1.79871	0.0838
小规模兼业户	0.597497	3.10333	0.0531
中规模兼业户	0.982365	5.5059	0.0328
大规模兼业户	1.194467	6.72236	0.0205
共同截距	2.496442	7.716492	0.0141
R 值	0.869920		
DW 值	2.221381		
F 统计值	8.972437		

表7.7　回归结果2

农户种植类型	F_7 系数值	t 统计值	Sig.
小规模专业户	-0.776784	-4.630783	0.0694
中规模专业户	-0.470740	-2.643498	0.0818
大规模专业户	-0.260457	-2.495733	0.0972
小规模兼业户	-0.781560	-4.778953	0.0633
中规模兼业户	-1.403378	-5.167301	0.0534
大规模兼业户	-1.706381	-7.995168	0.0126
共同截距	3.457419	9.166145	0.0022
R 值	0.909745		
DW 值	2.074857		
F 统计值	10.92638		

从表 7.6 和表 7.7 可知模型整体拟合效果较好。可决系数分别达 0.869920 和 0.909745，LnF_7 对 $LnDRCC_3$ 和 $LnNSP_3$ 的敏感系数都通过了 t 检验。可确定以上模型是通过统计检验的模型。

将 F_7 的表达式再代回式（7-3）和式（7-4），得到以下新的估计结果。如表 7.8、表 7.9 所示。

表 7.8　模型（1）估计结果

农户种植类型	LnP_1 系数1值	LnP_2 系数2值	LnP_3 系数3值	LnSRE 系数4值	t 统计值	Sig.
小规模专业户	0.268280	0.280101	0.255227	-0.283004	3.0015	0.0534
中规模专业户	0.162582	0.169745	0.154671	-0.171505	2.00045	0.0635
大规模专业户	0.089955	0.093918	0.085578	-0.094892	1.79871	0.0838
小规模兼业户	0.294798	0.307788	0.280456	-0.310979	3.10333	0.0531
中规模兼业户	0.484688	0.506045	0.461106	-0.511291	5.5059	0.0328
大规模兼业户	0.589337	0.615305	0.560664	-0.621683	6.72236	0.0205
共同截距	2.496442				7.716492	0.0141

续表

农户种植类型	LnP₁	LnP₂	LnP₃	LnSRE	t 统计值	Sig.
	系数 1 值	系数 2 值	系数 3 值	系数 4 值		
R 值	0.869920					
DW 值	2.221381					
F 统计值	8.972437					

表 7.9　模型（2）估计结果

农户种植类型	LnP₁	LnP₂	LnP₃	LnSRE	t 统计值	Sig.
	系数 1 值	系数 2 值	系数 3 值	系数 4 值		
小规模专业户	−0.383257	−0.400144	−0.364610	0.404292	−4.630783	0.0694
中规模专业户	−0.232258	−0.242492	−0.220958	0.245006	−2.643498	0.0818
大规模专业户	−0.128507	−0.134169	−0.122254	0.135560	−2.495733	0.0972
小规模兼业户	−0.385613	−0.402604	−0.366852	0.406778	−4.778953	0.0633
中规模兼业户	−0.692411	−0.722921	−0.658723	0.730415	−5.167301	0.0534
大规模兼业户	−0.841910	−0.879006	−0.800948	0.888118	−7.995168	0.0126
共同截距	3.457419				9.166145	0.0022
R 值	0.909745					
DW 值	2.074857					
F 统计值	10.92638					

（六）分析结论及进一步解释

通过以上实证分析，得出以下几点结论：

1. 在相同经营方式条件下，投入品价格上涨对不同规模专业化经营的柑橘潜在国际竞争力均产生一定的负面影响，且其影响程度有所不同

化肥价格每上涨 1 个百分点，小、中、大规模专业化经营的柑橘DRCC 分别上升 0.268280、0.162582 和 0.089955 个百分点，而 NSP 分别下降 0.383257、0.232258 和 0.128507 个百分点；农药价格每上涨 1 个百分点，小、中、大规模专业化经营的柑橘 DRCC 分别上升 0.280101、

0.169745 和 0.093918 个百分点，而 NSP 分别下降 0.400144、0.242492 和
0.134169 个百分点；劳动力价格每上涨 1 个百分点，小、中、大规模专业
化经营的柑橘 DRCC 分别上升 0.255227、0.154671 和 0.085578 个百分点，
而 NSP 分别下降 0.364610、0.220958 和 0.122254 个百分点。表明投入品
价格上涨使得大规模专业化经营的柑橘 DRCC 上升幅度小于中规模、中规
模小于小规模，而大规模专业化经营的柑橘 NSP 下降幅度小于中规模、中
规模小于小规模。这一结论验证了第三章第五节中的推论 27，说明在专业
化经营条件下，投入品价格上涨对大、中、小不同规模经营的柑橘潜在国
际竞争力均产生了负面影响，但其影响程度存在明显的差异性。

2. 在相同经营方式条件下，投入品价格上涨对不同规模兼业化经营的
柑橘潜在国际竞争力均产生一定的负面影响，且其影响程度不同

化肥价格每上涨 1 个百分点，小、中、大规模兼业化经营的柑橘
DRCC 分别上升 0.294798、0.484688 和 0.589337 个百分点，而 NSP 分别
下降 0.385613、0.692411 和 0.841910 个百分点；农药价格每上涨 1 个百
分点，小、中、大规模兼业化经营的柑橘 DRCC 分别上升 0.307788、
0.506045 和 0.615305 个百分点，而 NSP 分别下降 0.402604、0.722921 和
0.879006 个百分点；劳动力价格每上涨 1 个百分点，小、中、大规模兼业
化经营的柑橘 DRCC 分别上升 0.280456、0.461106 和 0.560664 个百分点，
而 NSP 分别下降 0.366852、0.658723 和 0.800948 个百分点。表明投入品
价格上涨使得大规模兼业化经营的柑橘 DRCC 上升幅度大于中规模、中规
模大于小规模，而使大规模兼业化经营的柑橘 NSP 下降幅度大于中规模、
中规模大于小规模。这一结论验证了第三章第五节中的推论 28，说明在兼
业化经营条件下投入品价格上涨对大、中、小不同规模经营的柑橘潜在国
际竞争力均产生一定的负面影响，但其影响程度也存在一定的差异性。

3. 在相同种植规模条件下，投入品价格上涨对专业化经营的柑橘潜在
国际竞争力的负面影响程度要小于对兼业化经营的柑橘潜在国际竞争力的
影响

化肥、农药、劳动力价格上涨对同一规模专业化经营的柑橘 DRCC 上

升幅度和 NSP 下降幅度分别小于兼业化经营的柑橘 DRCC 上升幅度和 NSP
下降幅度。这一结论验证了第三章第五节中的推论 29，可能是因为柑橘专
业化经营有利于家庭经济体中人力资本和物质资本的投入，强化了资产专
用性和分工的专业性，生产者技术的熟练程度更高，可以节约投入品消
耗，降低柑橘生产的机会成本、降低国内资源成本系数、提高社会净收
益，在一定程度上抵消了投入品价格上涨的负面影响；而"柑橘兼业化经
营者谋求的是家庭效用的最大化和个人的边际收益最大化，使得家庭优势
资源向非农产业转移，带来要素投入量的减小和质的下降以及土地粗放经
营"（梁流涛、曲福田，2008），导致柑橘单位生产成本相对专业化经营较
高，当投入品价格上涨时会在一定程度上加大柑橘生产机会成本、增大国
内资源成本系数、降低社会净收益。

4. 在相同经营方式条件下，人民币升值对不同规模专业化经营的柑橘
潜在国际竞争力均产生一定的负面影响，且其影响程度有所不同

人民币升值每上升 1 个百分点，小、中、大规模专业化经营的柑橘
DRCC 就分别上升 0.283004、0.171505、0.094892 个百分点，而 NSP 就分
别下降 0.404292、0.245006、0.135560 个百分点。表明在专业化经营条件
下人民币升值对大规模经营的柑橘 DRCC 的负面影响程度小于中规模、中
规模小于小规模，而对大规模经营的柑橘 NSP 的负面影响程度小于中规
模、中规模小于小规模。这一结论验证了第三章第五节中的推论 30，说明
人民币升值对大、中、小不同规模专业化经营的柑橘潜在竞争力的负面影
响程度存在差异性。

5. 在相同经营方式条件下，人民币升值对不同规模兼业化经营的柑橘
潜在国际竞争力均产生一定的负面影响，且其影响程度不同

人民币升值每上升 1 个百分点，小、中、大规模兼业化经营的柑橘
DRCC 分别上升 0.310979、0.511291、0.621683 个百分点，而 NSP 分别下
降 0.406778、0.730415、0.888118 个百分点。表明人民币升值对大规模兼
业化经营的柑橘 DRCC 的负面影响程度大于中规模、中规模大于小规模，
而对大规模兼业化经营的柑橘 NSP 的负面影响程度明显大于中规模、中规

模大于小规模。这一结论验证了第三章第五节中的推论31，说明人民币升值对大规模与中、小规模兼业化经营的柑橘潜在国际竞争力的负面影响程度存在较明显的差异性。

6. 在相同种植规模条件下，人民币升值使得专业化经营的柑橘DRCC上升幅度小于兼业化经营的柑橘DRCC上升幅度；而使专业化经营的柑橘NSP下降幅度小于兼业化经营的柑橘NSP下降幅度

这一结论验证了第三章第五节中的推论32。可能是因在相同种植规模条件下从事专业化经营的柑橘资产专用性强于兼业化经营，最终导致人民币升值对专业化经营的柑橘国内资源机会成本和社会净收益的影响小于对兼业化经营的影响。说明专业化经营的柑橘潜在国际竞争力强于兼业化经营的柑橘潜在国际竞争力。

四、投入品价格上涨对不同规模和经营方式的园艺产品国际竞争力影响的实证分析结论

本章基于我国柑橘主产区9省（区、市）28县867户橘农的调查数据，通过构建面板数据模型，动态考察了投入品价格上涨和人民币升值对我国不同规模和经营方式的柑橘潜在国际竞争力的影响并进行了比较分析。得出以下基本结论。

（一）投入品价格上涨对我国柑橘主产区不同规模和经营方式的柑橘潜在国际竞争力均产生一定的负面影响，且其影响程度存在一定的差异性

在相同经营方式条件下，投入品价格上涨对较大规模专业化经营的柑橘潜在国际竞争力的负面影响程度小于对较小规模专业化经营的柑橘潜在国际竞争力的影响，而对较大规模兼业化经营的柑橘潜在国际竞争力的负面影响程度大于对较小规模兼业化经营的柑橘潜在国际竞争力的影响；在相同种植规模条件下，投入品价格上涨对专业化经营的柑橘潜在国际竞争

力的负面影响程度小于对兼业化经营的柑橘潜在国际竞争力的影响。表明在相同经营方式条件下，较大规模专业化经营的柑橘潜在国际竞争力大于较小规模专业化经营的柑橘潜在国际竞争力，而较大规模兼业化经营的柑橘潜在国际竞争力小于较小规模兼业化经营的柑橘潜在国际竞争力；在相同种植规模条件下，专业化经营的柑橘潜在国际竞争力大于兼业化经营的柑橘潜在国际竞争力。说明在现阶段农地制度条件下，我国柑橘主产区大规模专业化经营方式为适度规模最优经营方式。

（二）人民币升值对我国柑橘主产区不同规模和经营方式的柑橘潜在国际竞争力均产生负面影响，且其影响程度存在差异性

在相同经营方式条件下，人民币升值对较大规模专业化经营的柑橘潜在国际竞争力的负面影响程度小于对较小规模专业化经营的柑橘潜在国际竞争力的影响，而对较大规模兼业化经营的柑橘潜在国际竞争力的负面影响程度大于对较小规模兼业化经营的柑橘潜在国际竞争力的影响；在相同种植规模条件下，人民币升值对专业化经营的柑橘潜在国际竞争力的负面影响程度小于对兼业化经营的柑橘潜在国际竞争力的影响。表明在相同经营方式条件下，较大规模专业化经营的柑橘潜在国际竞争力大于较小规模专业化经营的柑橘潜在国际竞争力，而较大规模兼业化经营的柑橘潜在国际竞争力小于较小规模兼业化经营的柑橘潜在国际竞争力；在相同种植规模条件下，专业化经营的柑橘潜在国际竞争力大于兼业化经营的柑橘潜在国际竞争力。说明在现阶段农地制度条件下，我国柑橘主产区大规模专业化经营方式为柑橘最优经营模式。

第八章　投入品价格上涨对园艺产品国际竞争力影响的研究结论及政策建议

本书遵循现代经济学的研究范式，根据国际经济学、竞争力经济学、微观经济学、市场价格学、新制度经济学和计量经济学的相关理论与原理，构建了一个投入品价格上涨对园艺产品国际竞争力影响的理论分析框架。通过建立多元线性回归模型，不仅就投入品价格上涨对园艺产品整体及其各类品种显性国际竞争力的影响进行了经验研究，而且就投入品价格上涨对园艺产品潜在国际竞争力的影响进行了实证研究，同时以柑橘为例，通过构建面板数据模型就投入品价格上涨对柑橘主产区不同规模和经营方式的柑橘国际竞争力的影响进行了实证比较研究。本章将对第四章至第七章的实证研究所得结论进行归纳总结得出主要结论，并提出对策措施及政策建议。全章分为投入品价格上涨对园艺产品国际竞争力影响的研究结论和增强园艺产品国际竞争力的对策措施及政策建议两个部分。

一、投入品价格上涨对园艺产品国际竞争力影响的研究结论

（一）投入品价格上涨和人民币升值对园艺产品整体国际竞争力的影响

1. 投入品价格上涨对园艺产品整体国际竞争力的影响

化肥、农药价格上涨带来园艺产品整体 IMS 上升和 RCA、TSC 下降，

劳动力价格上涨带来园艺产品整体 IMS、RCA、TSC 下降，且劳动力价格上涨对园艺产品整体国际竞争力各指标的负面影响程度大于化肥、农药价格上涨的影响。

这一结论与第三章第五节中的推论 1 基本相符，说明投入品价格上涨对园艺产品整体国际竞争力产生了负面影响，但不同投入品价格上涨对园艺产品整体国际竞争力的影响效应存在一定差异性。

2. 人民币升值对园艺产品整体国际竞争力的影响

人民币升值导致园艺产品整体 IMS、RCA、TSC 下降。

这一结论验证了第三章第五节中的推论 2，说明人民币趋势性升值对园艺产品整体国际竞争力的影响符号为负，其影响大小可能主要与人民币升值幅度有关。

（二）投入品价格上涨和人民币升值对园艺产品各类品种显性国际竞争力的影响

1. 投入品价格上涨和人民币升值对蔬菜类产品显性国际竞争力的影响

（1）投入品价格上涨，当期带来蔬菜 IMS_1 上升，RCA_1、TSC_1 下降，马铃薯 IMS_{11}、RCA_{11}、QCI_{11} 上升、TSC_{11} 下降，茄子 IMS_{12}、RCA_{12}、TSC_{12} 下降，QCI_{12} 上升，前一期带来蔬菜 IMS_1 上升，马铃薯 RCA_{11}、QCI_{11} 上升，TSC_{11} 下降，前二期带来马铃薯 IMS_{11}、TSC_{11} 上升。

这一结论与第三章第五节中的推论 3 部分相符，表明投入品价格上涨不同时期对蔬菜类产品显性国际竞争力各指标的影响效应虽不相同，但其负效应是主要的。说明投入品价格上涨对蔬菜类产品显性国际竞争力不同层面的影响效应存在一定的差异性和可微控性，其影响符号和大小主要取决于投入品价格上涨幅度与其优化配置水平、科技进步贡献率大小以及市场需求。

（2）人民币升值，当期导致蔬菜整体 IMS_1、RCA_1、TSC_1 及马铃薯 IMS_{11}、RCA_{11}、QCI_{11}、TSC_{11}、QCI_{11}，茄子 IMS_{12}、RCA_{12}、TSC_{12}、QCI_{12} 全面下降，前一期带来蔬菜整体 IMS_1 上升，马铃薯 RCA_{11}、TSC_{11}、QCI_{11} 上

升，茄子 RCA_{12} 上升，前二期带来马铃薯 IMS_{11}、TSC_{11} 上升。

这一结论与第三章第五节中的推论 4 不完全相符，表明人民币趋势性升值对当期和前期蔬菜类产品显性国际竞争力各指标的影响效应并不完全相同，但其负效应是主要的。说明人民币升值对蔬菜类产品显性国际竞争力的影响符号和大小可能主要取决于人民币升值幅度与生产经营者对其预期、园艺品种结构与质量以及市场供求。

2. 投入品价格上涨和人民币升值对水果类产品显性国际竞争力的影响

（1）投入品价格上涨，当期带来水果整体 IMS_2、TSC_2 上升和 RCA_2 下降及甜橙 IMS_{21}、RCA_{21}、TSC_{21}、QCI_{21} 上升，宽皮柑橘 IMS_{22}、RCA_{22}、TSC_{22} 上升、QCI_{22} 下降，苹果 IMS_{23}、RCA_{23}、TSC_{23}、QCI_{23} 下降，前一期带来甜橙 IMS_{21}、RCA_{21}、QCI_{21} 下降、TSC_{21} 上升、宽皮柑橘 IMS_{22}、QCI_{22} 上升，苹果 IMS_{23}、RCA_{23}、QCI_{23} 上升。

这一结论与第三章第五节中的推论 5 部分相符，表明投入品价格上涨当期和前期对水果类产品显性国际竞争力各指标的影响效应并不相同，但其正效应是主要的。说明投入品价格上涨对水果类产品显性国际竞争力不同层面的影响存在一定的差异性和可微控性，其影响符号和大小主要取决于投入品价格上涨幅度与其优化配置水平、科技进步贡献率大小以及市场需求。

（2）人民币升值，当期导致水果整体 IMS_2、RCA_2、TSC_2 及甜橙 IMS_{21}、RCA_{21}、TSC_{21}、QCI_{21}、宽皮柑橘 IMS_{22}、RCA_{22}、TSC_{22}、QCI_{22}，苹果 IMS_{23}、RCA_{23}、TSC_{23}、QCI_{23} 全面下降，前一期带来甜橙 IMS_{21}、RCA_{21} 下降，TSC_{21}、QCI_{21} 上升；宽皮柑橘 IMS_{22}、QCI_{22} 上升，苹果 IMS_{22}、RCA_{22}、QCI_{23} 上升。

这一结论与第三章第五节中的推论 6 基本相符，表明人民币趋势性升值当期和前期对水果类产品显性国际竞争力各指标的影响效应虽不完全相同，但其负效应是主要的。说明人民币升值对水果类产品显性国际竞争力的影响符号和大小可能主要取决于人民币升值幅度与生产经营者对其预期、园艺品种结构与质量以及市场供求。

3. 投入品价格上涨和人民币升值对茶叶类产品显性国际竞争力的影响

（1）投入品价格上涨，当期带来茶叶整体 IMS_3、RCA_3、TSC_3、QCI_3 及红茶 IMS_{31}、RCA_{31}、TSC_{31}、QCI_{31}，绿茶 IMS_{32}、RCA_{32}、TSC_{32}、QCI_{31} 全面下降，前一期带来 QCI_3、红茶 QCI_{31}，绿茶 IMS_{32}、RCA_{32}、TSC_{32}、QCI_{32} 上升。

这一结论与第三章第五节中的推论 7 不完全相符，表明投入品价格上涨对当期和前一期茶叶类产品国际竞争力的影响效应虽有不同，但对其国际竞争力不同层面的负面影响是主要的，说明投入品价格上涨对茶叶类产品显性国际竞争力不同层面的影响存在一定的差异性和可微控性，其影响符号和大小主要取决于农业投入品价格上涨幅度与其优化配置水平、科技进步贡献率大小以及市场需求。

（2）人民币升值，当期导致茶叶整体 IMS_3、RCA_3、TSC_3 及其红茶 IMS_{31}、RCA_{31}、TSC_{31}，绿茶 IMS_{32}、RCA_{32}、TSC_{32} 下降和茶叶 QCI_3 及其红茶 QCI_{31}、绿茶 QCI_{32} 上升；前一期导致绿茶 RCA_{32} 下降、TSC_{32} 上升和茶叶 QCI_3，红茶 QCI_{31}，绿茶 QCI_{32} 下降。

这一结论与第三章第五节中的推论 8 基本相符，表明人民币趋势性升值对当期和前一期茶叶国际竞争力的影响效应虽不完全相同，但对茶叶国际竞争力不同层面的负面影响是主要的，说明人民币升值对茶叶显性国际竞争力的影响符号和大小可能主要取决于人民币升值幅度与生产经营者对其预期、园艺品种结构与质量以及市场供求。

4. 投入品价格上涨和人民币升值对花卉显性国际竞争力的影响

（1）投入品价格上涨，当期带来花卉 IMS_4、RCA_4 上升和 TSC_4、QCI_4 下降，前一期带来花卉 QCI_4 上升。

这一结论与第三章第五节中的推论 9 不完全相符，表明投入品价格上涨对当期和前期花卉显性国际竞争力各指标的影响效应并不相同，说明投入品价格上涨不同时期对花卉显性国际竞争力不同层面的影响存在一定的差异性和可微控性，其影响符号和大小主要取决于农业投入品价格上涨幅度与其优化配置水平、科技进步贡献率大小以及市场需求。

（2）人民币升值，当期导致花卉 IMS_4、RCA_4、TSC_4、QCI_4 下降，前一期导致花卉 QCI_4 上升。

这一结论与第三章第五节中的推论 10 基本一致，表明人民币趋势性升值当期和前期对花卉显性国际竞争力各指标的影响效应有所不同，但对花卉国际竞争力不同层面的负面影响是主要的，说明人民币升值对花卉显性国际竞争力的影响符号和大小主要取决于人民币升值幅度与生产经营者对其预期、园艺品种结构与质量以及市场供求。

（三）投入品价格上涨和人民币升值对园艺产品各类品种潜在国际竞争力的影响

1. 投入品价格上涨和人民币升值对马铃薯潜在国际竞争力的影响

（1）当期投入品价格上涨带来马铃薯 $DRCC_{11}$ 下降、NSP_1 上升，前一期投入品价格上涨引致马铃薯 $DRCC_{11}$ 上升、NSP_{11} 下降。

这一结论与第三章第五节中的推论 11 不完全相符，表明不同时期投入品价格上涨对马铃薯 $DRCC_{11}$、NSP_{11} 的影响效应明显不同，说明投入品价格上涨对马铃薯潜在国际竞争力的影响存在一定的可控性和时滞性，其影响符号和大小可能主要取决于投入品价格的涨幅及其优化配置水平和技术进步贡献率大小。

（2）当期人民币升值导致马铃薯 $DRCC_{11}$ 下降、NSP_{11} 上升。

这一结论与第三章第五节中的推论 12 相悖，表明人民币升值对马铃薯 $DRCC_{11}$、NSP_{11} 的影响效应为正，说明人民币升值对马铃薯潜在国际竞争力的影响存在一定的可控性，其影响符号和大小可能主要取决于人民币的升值幅度、投入品优化配置水平和技术进步贡献率大小。

2. 投入品价格上涨和人民币升值对茄子潜在国际竞争力的影响

（1）当期投入品价格上涨带来茄子 $DRCC_{12}$ 上升、NSP_{12} 下降。

这一结论与第三章第五节中的推论 13 相符，表明投入品价格上涨对茄子 $DRCC_{12}$、NSP_{12} 的影响效应为负，其影响大小可能主要取决于投入品价格的涨幅及其优化配置水平和技术进步贡献率大小。

（2）当期人民币升值导致茄子 $DRCC_{12}$ 下降、NSP_{12} 上升。

这一结论与第三章第五节中的推论 14 相悖，表明人民币升值对马铃薯 $DRCC_{11}$、NSP_{11} 的影响效应为正，说明人民币升值对茄子潜在国际竞争力的影响存在一定的可控性，其影响符号和大小可能主要取决于人民币的升值幅度、投入品优化配置水平和技术进步贡献率大小。

3. 投入品价格上涨和人民币升值对甜橙潜在国际竞争力的影响

（1）当期投入品价格上涨带来甜橙 $DRCC_{21}$ 下降、$NSP2_1$ 上升，前一期投入品价格上涨引致甜橙 $DRCC_{21}$ 上升、NSP_{21} 下降。

这一结论与第三章第五节中的推论 15 不完全相符，表明不同时期投入品价格上涨对甜橙 $DRCC_{21}$、NSP_{21} 的影响效应明显不同，说明投入品价格上涨对甜橙潜在国际竞争力的影响存在一定的可控性和时滞性，其影响符号和大小可能主要取决于投入品价格的涨幅及其优化配置水平和技术进步贡献率大小。

（2）当期人民币升值引致甜橙 $DRCC_{21}$ 下降、NSP_{21} 上升，前期导致甜橙 $DRCC_{21}$ 上升、NSP_{21} 下降。

这一结论与第三章第五节中的推论 16 不完全相符，表明人民币升值对甜橙 $DRCC_{21}$、NSP_{21} 的影响效应为正负兼有，说明人民币升值对甜橙潜在国际竞争力的影响存在一定的可控性，其影响符号和大小可能主要取决于人民币的升值幅度、投入品优化配置水平和技术进步贡献率大小。

4. 投入品价格上涨和人民币升值对宽皮柑橘潜在国际竞争力的影响

（1）当期投入品价格上涨带来宽皮柑橘 $DRCC_{22}$ 下降、NSP_{22} 上升，前期投入品价格上涨引致宽皮柑橘 $DRCC_{22}$ 上升、NSP_{22} 下降。

这一结论与第三章第五节中的推论 17 不完全相符，表明不同时期投入品价格上涨对宽皮柑橘 $DRCC_2$、NSP_2 的影响效应明显不同，说明投入品价格上涨对宽皮柑橘潜在国际竞争力的影响存在一定的可控性和时滞性，其影响符号和大小可能主要取决于投入品价格的涨幅及其优化配置水平和技术进步贡献率大小。

（2）当期人民币升值导致宽皮柑橘 $DRCC_{22}$ 下降、NSP_{22} 上升

这一结论与第三章第五节中的推论18相悖，表明人民币升值对宽皮柑橘 $DRCC_{22}$、NSP_{22} 的影响效应为正，说明人民币升值对宽皮柑橘潜在国际竞争力的影响存在一定的可控性，其影响符号和大小可能主要取决于人民币的升值幅度、投入品优化配置水平和技术进步贡献率大小。

5. 投入品价格上涨和人民币升值对苹果潜在国际竞争力的影响

（1）当期投入品价格上涨带来苹果 $DRCC_{12}$ 上升、NSP_{12} 下降。

这一结论与第三章第五节中的推论19相符，表明投入品价格上涨对苹果 $DRCC_{23}$、NSP_{23} 的影响效应为负，其影响大小可能主要取决于投入品价格的涨幅及其优化配置水平和技术进步贡献率大小。

（2）当期人民币升值导致苹果 $DRCC_{23}$ 上升、NSP_{23} 下降。前期导苹果 $DRCC_{23}$ 下降、NSP_{23} 上升。

这一结论与第三章第五节中的推论20不完全相符，表明人民币升值不同时期对苹果 $DRCC_{23}$、NSP_{23} 的影响效应不同，说明人民币升值对苹果潜在国际竞争力的影响存在一定的可控性，其影响符号和大小可能主要取决于人民币的升值幅度、投入品优化配置水平和技术进步贡献率大小。

6. 投入品价格上涨和人民币升值对红茶潜在国际竞争力的影响

（1）当期投入品价格上涨带来红茶 $DRCC_{31}$ 下降、NSP_{31} 上升，前一期投入品价格上涨引致红茶 $DRCC_{31}$ 上升、NSP_{31} 下降。

这一结论与第三章第五节中的推论21不完全相符，表明不同时期投入品价格上涨对红茶 $DRCC_{31}$、NSP_{31} 的影响效应不同，说明投入品价格上涨对红茶潜在国际竞争力的影响存在一定的可控性和时滞性，其影响符号和大小可能主要取决于投入品价格的涨幅及其优化配置水平和技术进步贡献率大小。

（2）当期人民币升值引致红茶 $DRCC_{31}$ 下降、NSP_{31} 上升，前期导致红茶 $DRCC_{31}$ 上升、NSP_{31} 下降。

这一结论与第三章第五节中的推论22不完全相符，表明人民币升值不

同时期对红茶 $DRCC_{31}$、NSP_{31} 的影响效应并不相同,说明人民币升值对红茶潜在国际竞争力的影响存在一定的不确定和可控性,其影响符号和大小可能主要取决于人民币的升值幅度、投入品优化配置水平和技术进步贡献率大小。

7. 投入品价格上涨和人民币升值对绿茶潜在国际竞争力的影响

(1) 当期投入品价格上涨带来绿茶 $DRCC_{32}$ 下降、NSP_{32} 上升,前一期投入品价格上涨带来绿茶 $DRCC_{32}$ 上升、NSP_{32} 下降。

这一结论与第三章第五节中的推论 23 不完全相符,表明不同时期农业投入品价格上涨对绿茶 $DRCC_{32}$、NSP_{32} 的影响效应明显不同,说明投入品价格上涨对绿茶潜在国际竞争力的影响存在一定的可控性和时滞性,其影响符号和大小可能主要取决于投入品价格的涨幅及其优化配置水平和技术进步贡献率大小。

(2) 当期人民币升值导致绿茶 $DRCC_2$ 下降、NSP_2 上升,前一期人民币升值导致绿茶 $DRCC_2$ 上升、NSP_2 下降。

这一结论与第三章第五节中的推论 24 不完全相符,表明不同时期人民币升值对绿茶 $DRCC_2$、NSP_2 的影响效应有所不同,说明人民币升值对绿茶潜在国际竞争力的影响效应存在一定的不确定和可控性,其影响符号和大小可能主要取决于人民币的升值幅度、投入品优化配置水平和技术进步贡献率大小。

8. 投入品价格上涨和人民币升值对菊花潜在国际竞争力的影响

(1) 当期投入品价格上涨带来菊花 $DRCC_4$ 下降、NSP_4 上升,前一期投入品价格上涨带来菊花 $DRCC_4$ 上升、NSP_4 下降。

这一结论与第三章第五节中的推论 25 不完全相符,表明不同时期农业投入品价格上涨对菊花 $DRCC_4$、NSP_4 的影响效应明显不同,说明投入品价格上涨对菊花潜在国际竞争力的影响存在一定的可控性和时滞性,其影响符号和大小可能主要取决于投入品价格的涨幅及其优化配置水平和技术进步贡献率大小。

（2）当期人民币升值导致菊花 $DRCC_4$ 下降、NSP_4 上升，前一期人民币升值导致菊花 $DRCC_4$ 上升、NSP_4 下降。

这一结论与第三章第五节中的推论26不完全相符，表明不同时期人民币升值对宽皮柑橘 $DRCC_4$、NSP_4 的影响效应有所不同，说明人民币升值对菊花潜在国际竞争力的影响存在一定的可控性和时滞性，其影响符号和大小可能主要取决于人民币的升值幅度、投入品优化配置水平和技术进步贡献率大小。

（四）投入品价格上涨和人民币升值对不同规模和经营方式的园艺产品国际竞争力的影响——以柑橘为例

1. 投入品价格上涨对不同规模和经营方式的柑橘国际竞争力的影响

（1）在相同经营方式条件下，投入品价格上涨引致不同种植规模的柑橘 DRCC 上升和 NSP 下降，且对较大规模专业化经营的柑橘 DRCC 上升幅度和 NSP 下降幅度均小于对较小规模专业化经营的柑橘 DRCC 上升幅度和 NSP 下降幅度；而对较大规模兼业化经营的柑橘 DRCC 的上升幅度和 NSP 下降幅度均大于对较小规模兼业化经营的柑橘 DRCC 上升和 NSP 下降幅度。

这一结论验证了第三章第五节中的推论27和28，说明较大规模专业化经营的柑橘比较小规模专业化经营的柑橘更具有潜在国际竞争力，较小规模兼业化经营的柑橘比较大规模兼业化经营的柑橘具有潜在国际竞争力。

（2）在相同种植规模条件下，投入品价格上涨引致不同经营方式（专业、兼业）的柑橘 DRCC 上升和 NSP 下降，且对专业化经营的柑橘 DRCC 上升和 NSP 下降幅度小于对兼业化经营的柑橘 DRCC 上升和 NSP 下降幅度。

这一结论验证了第三章第五节中的推论29，说明专业化经营的柑橘比兼业化经营的柑橘具有潜在国际竞争力。

2. 人民币升值对不同规模和经营方式的柑橘国际竞争力的影响

（1）在相同经营方式条件下，人民币升值导致不同种植规模的柑橘 DRCC 上升和 NSP 下降，且对较大规模专业化经营的柑橘 DRCC 上升幅度和 NSP 下降幅度均小于对较小规模专业化经营的柑橘 DRCC 上升幅度和 NSP 下降幅度；而对较大规模兼业化经营的柑橘 DRCC 的上升幅度和 NSP 下降幅度均大于对较小规模兼业化经营的柑橘 DRCC 上升和 NSP 下降幅度。

这一结论验证了第三章第五节中的推论 30 和 31，说明较大规模专业化经营的柑橘比较小规模专业化经营的柑橘更具有潜在国际竞争力，较小规模兼业化经营的柑橘比较大规模兼业化经营的柑橘具有潜在国际竞争力。

（2）在相同种植规模条件下，人民币升值导致不同经营方式的柑橘 DRCC 上升和 NSP 下降，且对专业化经营的柑橘 DRCC 上升和 NSP 下降幅度均小于对兼业化经营的柑橘 DRCC 上升和 NSP 下降幅度。

这一结论验证了第三章第五节中的推论 32，说明专业化经营的柑橘比兼业化经营的柑橘具有潜在国际竞争力。

二、增强园艺产品国际竞争力的对策措施及政策建议

提升我国园艺产品国际竞争力是一项涉及诸多因素的系统工程，也是一项事关园艺产品产业持续健康发展的长期战略任务，需要政府、生产者、消费者和全社会的共同努力。为了应对投入品价格上涨对园艺产品国际竞争力的负面影响，提高园艺产品的成本收益率和国际国内市场的占有率，实现园艺产业持续、稳定、协调发展，笔者的基本构想是：优化投入品资源配置，保持投入品价格的相对稳定，以实现园艺产品生产的低成本、高效益，强化园艺产品的价格竞争力；优化园艺产品结构和区域布局，增强园艺产品资源禀赋的比较优势，打造园艺产品知名品牌与特色，

以适应国际国内两个市场消费既要价廉更要质优的新需求，不断提升园艺产品的质量竞争力；优化园艺产品生产与消费的良好环境，提高现代园艺产业的装备水平和制度保障效应，建立园艺产业良性发展的长效机制，不断增强园艺产品的国际竞争力，以防御国外园艺产品大量进口，有效保护国内园艺产品市场。为实现上述构想，提出以下对策措施及政策建议。

（一）优化投入品资源配置，提高园艺产品生产效率

1. 合理调整化肥、农药投入结构，有效降低园艺产品生产物质费用

（1）搞好沃土工程建设，推广测土配方施肥。通过园艺产品种植大户带动和典型示范，使广大农民了解和使用科学施肥技术；鼓励农民增施有机肥，积造农家肥、沤制肥，扩大绿肥种植面积，提高秸秆过腹还田比例，促使化肥与有机肥结合施用，提高施肥效率。

（2）积极调整化肥产品结构，控制化肥生产总量，多产专用肥、复混肥，淘汰低浓度高污染化肥，大力发展生物肥、生化有机肥和农家肥，从根本上改变化肥投入结构。

（3）加大农药市场调控力度，严格控制国内农药生产总量和国外进口，引导农民科学使用农药；同时，要大力研发和推广使用低毒、高效农药和生物农药，重视选育、培育抗体强的新品种，确保园艺产品质量与安全。

2. 加快推进农业机械化，降低园艺产品生产人工成本

（1）改革传统的生产经营方式，通过柑橘生产布局的区域化、农地经营的规模化、生产环节的标准化来推进园艺产品生产机械化。

（2）发挥政府部门的引导作用，加大政策扶持力度，千方百计解决农业机械"买得起、用得好、有效益"的现实问题；同时还要鼓励农机企业和科研院所研发节水、节肥、节药、节油、节种等节约型专用农机产品，大力推广综合利用、高效植保等环保型机械化技术，促进园艺产品生产节本增效。

3. 强化科技进步作用，提高园艺产品产出水平

（1）依靠科技强化管理，大力推进园艺产品标准化生产。一是大力推广普及园艺产品栽培新技术、半自动化节水灌溉技术、机械深施化肥技术和测土配方施肥等项技术。二是加强苗木管理。大力推广良种苗木管理现代化，尽快形成"统一管理、统一标准、统一价格、统一供苗、统一经营"的良种繁育与供应体系。三是强化栽培管理。制定合理的单位产量标准，根据品种、土壤、气候、肥料种类和种植密度科学合理施肥和使用生长激素，实施生物病虫害防治技术，确保水果丰产不降质，增产能增收。四是严格质量管理。大力推行良好生产操作技术，建立健全生产全程质量控制体系，推进园艺产品生产源头的洁净化、生产经营标准化、质量安全监督制度化、市场营销现代化和规模经营品牌化，全面提升果蔬、茶叶品质与质量安全水平。

（2）加大高新技术开发力度，广泛开展科普教育和科技培训。一是加大科研投入，切实把园艺产品基础性和应用性的重点研发项目列入经常性国家和地方财政预算项目中，确保新品种繁育、栽培管理、储藏保鲜、精深加工等核心技术的研发工作顺利进行。二是建立一批由科研院校主导的、专业合作经济组织和种田能手参与的园艺科技成果试验、示范、推广基地，重点示范推广园艺新品种、栽培新技术，使科技成果迅速转化为生产力，真正把"科技兴农"落到实处。三是建立技术培训从业证书制度，大力实施"新型农民科技培训工程"，全面提高园艺生产者的综合素质，真正把"教育强园"落到实处。

4. 稳步推进适度规模经营，提高园艺产品规模经济效益

（1）深化农村土地制度改革，进一步完善农地承包权和经营权，赋予农民占有、使用、收益、处分、抵押等更加完整充分的土地财产权和发展权，加强对农户土地承包权的物权保护，促进农地资本化运作、专业化生产和规模化经营。

（2）建立健全农村土地承包经营权流转市场及其信息服务平台，加强农地流转用途监管，规范土地流转行为，为农地适度规模经营提供快速、

高效的聚集制度保障。探索建立土地经营权流转补贴制度和土地承包权退出机制，稳步推进农村土地完全自由流动。

（3）积极培育家庭农场、产业化龙头企业等新型园艺产业经营主体，稳步推进园艺产业专业化、规模化、集约化经营。加快发展专业合作社组织，大力发展园艺产品行业协会和各种类型的农业社会化的服务主体，为农户提供产前、产中和产后全程服务，把千家万户分散小农组织起来，形成一村一品或一乡一品的专业化生产、规模化经营，以获得外部规模经济效益；着力推进"公司+基地+农户"的园艺产品产业化经营模式，以龙头企业为依托，企业带基地、基地联农户，通过产加销、贸工农一体化运作，形成跨地区的专业化生产、企业化经营、系列化服务，以获得企业规模经济效益。

（4）探索建立土地经营权流转补贴制度，对转出农地农户和具有一定规模以上的转入主体实行财政补贴政策，鼓励小规模兼业农户转让承包地，引导已在城镇就业定居的农户退还承包地，大力推进园艺产业规模化、专业化、标准化经营。

（二）建立健全宏观调控的长效机制，保持投入品价格相对稳定

1. 建立农资价格调节基金，完善化肥、农药储备制度

（1）建立中央和地方两级化肥、农药调节基金，明确调节基金使用范围，专款专用滚动结存，并将调节基金的征收、使用、管理纳入制度化、法制化轨道，增强对农业投入品价格宏观调控能力。

（2）完善化肥、农药储备制度，提高市场供给调控能力。建立健全化肥、农药淡季商业储备制度和应急调控机制，适当增大化肥、农药淡季储备数量，有效控制农业投入品价格过快上涨；探索园艺产品主产区村、组、农户淡季储备化肥、农药办法，缓解或避免农村用肥、用药的季节性供求矛盾，保持农业投入品价格旺季相对稳定；综合运用税收、货币、财政政策，加强对化肥、农药的进出口管理，引导农资商业企业和农民合作

经济组织及时增加国内短缺化肥、农药品种进口，以平抑用肥、用药旺季市场价格暴涨或暴跌。

2. 推进农资企业产销一体化经营，有效降低农资产销成本

（1）加快发展农资产品连锁经营，有效降低化肥、农药产销成本。鼓励我国大中型农资生产、流通企业实行产销一体化经营，通过建立农资直销网络和发展会员制形式把化肥、农药送到农户家中或田间地头，依托连锁仓储店开展农药、化肥使用服务；支持有实力的生产、经营企业和规模化的社会资本参与化肥、农药行业经营，增强农资流通企业的自我发展能力。

（2）培育壮大农资流通主体，提高市场竞争力。鼓励有实力的农资经营企业整合、重组国内连锁企业网络资源，创建全国性或区域性的农资连锁企业集团，并通过与农技推广体系的改革创新相结合，探索农资产、销、服务一体化的新模式，实现化肥、农药产销成本最小化。

（3）建立乡镇以上农资流通企业的市场准入制度，设立准入最低门槛，通过执法监督和开展行业自律，规范企业经营行为，杜绝假冒伪劣化肥、农药进入市场损害农民利益。

3. 帮助农民就业与创业，引导农村劳动力平稳有序转移

（1）科学制定园艺产品主产区农村劳动力转移目标和现代园艺产业发展的劳动用工规划，确保农村劳动力转移就业适应园艺产业现代化发展需要，逐步建立健全农村劳动力有序转移的就业机制，促进农村劳动力转移与园艺产业协调发展。

（2）建立覆盖城乡职业教育和公共就业服务体系，积极开展艺生产技术和农民外出务工经商技能业务培训，增强农民科学种田和就业创业能力。同时要重视培养和造就一代新型职业农民，通过制定优惠政策措施，吸引一些有志于园艺产业发展的农业科技人才和农业经济管理人才从事现代园艺产业的生产与经营，逐步建立一支适应和推动我国园艺产业持续健康发展的生力军。

（3）大力推进乡镇企业结构、产品结构调整和产业升级，重点扶持发

展园艺产品加工业和相关产业，延伸产业链；培育壮大产业化龙头企业，引导农民向园艺产业的深度和广度进军，不断拓展农村非农就业空间，促进农村剩余劳动力就地就业与创业。

（4）不断完善促进创业带动就业的相关政策措施，鼓励外出农民返乡创业带动留乡农民就业。同时要大力堆进城市公共资源向农村乡镇倾斜，加快构建宜居、宜业、宜教、宜游的社会主义新农村建设，从根本上缩小城乡福利差距，有效抑制农村劳动力价格过快上涨。

（三）转变产业发展方式，增强园艺产品潜在竞争优势

1. 加强园艺产品主产区基础设施建设，提高农业生产力水平

（1）突出抓好园艺产品生产基地设施建设。根据我国园艺产品主产区特点大力发展高效节水灌溉，支持山丘产区建设雨水集蓄等小微型水利设施。通过自筹资金、财政补助等办法，鼓励农户自愿投工投劳，开展直接受益的小型水利设施建设。同时要加强县、乡抗旱排涝和农村水利技术服务体系建设，增强抵御自然灾害的能力。

（2）加强农村道路交通、电力、邮电通讯、农业信息等农产品流通基础设施建设，重点抓好山区公路、桥梁的规划与建设和互联网基础设施建设，提高农村交通运输整体水平和农村信息化水平。

2. 大力发展园艺产品加工业，促进园艺产品增值增效

（1）以赣南—湘南—桂北柑橘带和长江上中游柑橘带为优质甜橙原料基地，大力发展橙汁加工业，从根本上改变我国橙汁消费长期依赖进口的落后局面。

（2）以山东、河南、陕西、河北、辽宁等苹果、梨主产区为重点，加快发展梨苹罐头制品业。

（3）以福建、浙江、湖南、湖北、四川等省茶叶主产区为重点，加快发展精品绿茶、红茶、黑茶出口产品。

（4）以山东、河南、河北、江苏、湖北、四川、重庆等省市蔬菜主产区为重点，大力发展蔬菜精深加制品业，提高我国蔬菜制品国际竞争力。

（5）以云南、广东、福建、河南等省花卉主产区为重点，加快发展特色鲜花制品业，满足国内、国际两个市场消费需求。

（6）以培育壮大园艺产品加工龙头企业为重点，通过发展"家庭农场+基地+龙头企业""家庭农场+合作社+龙头企业"等多种垂直协作模式，大力推进园艺产品产、加、销一体化经营，从根本上解决园艺产业增产难以增收和交易成本高的老大难问题，不断提高园艺产业规模经济效益，实现我国园艺产业由生产、加工粗放型向精深加工、集约型发展方式的根本性转变。

3. 加快园艺产品市场现代化建设，降低园艺产品物流成本

（1）统筹制定全国农产品批发市场布局规划，支持园艺产品主产区重点批发市场建设和大中城市重点果、蔬、茶、花批发市场改造。通过培育壮大优势产区跨省际、跨县际的产业化龙头企业或引进大中型工商企业介入园艺产品批发市场建设和冷链物流配送中心建设，逐步形成以产地大型批发市场为核心，具有区域功能特征、覆盖全国的现代柑橘水果冷链物流新体系。

（2）大力发展园艺产品主产区的拍卖市场和建立重点销地期货市场，充分发挥拍卖市场的价格形成功能和期货市场的价格发现功能以及批发市场的信息传递功能，准确预测发布市场价格信号，有效降低和分散园艺产品生产经营风险。

（3）全面推进"双百市场工程"和"农超对接"，重点扶持果蔬生产基地与大型连锁超市、大专院校及大型企业产销对接，减少流通环节、降低流通成本。

（4）培育壮大农村专业合作经济组织，大力发展园艺产业经纪人队伍，不断提高其组织化、专业化水平，真正掌握市场决定价格的主动权。

（5）完善园艺产品流通服务体系建设，不断完善市场产品质量管理、信息沟通、电子商务、市场营运、财务结算、安全保卫等方面的服务功能，通过发挥市场机制作用和完善鲜活农产品绿色通道政策，促进园艺产品流通渠道便捷高效。

4. 建立健全园艺产品主产区农业社会化服务体系，强化园艺产品国际竞争力的科技支撑

（1）健全乡镇或区域性农业技术推广、动植物疫病防控、农产品质量监管等公共服务机构，创新管理体制和运行机制，采取公开招聘、竞聘上岗等方式择优聘用中高级专业技术人员，改革考评、分配制度，提高工作效率。

（2）加大对科技创新和新技术推广的支持力度，及时研究解决园艺产业面临或不断出现的新问题；同时要开展不同层次的科技培训和职业技术教育，不断提高广大农民科学种田的整体素质，依靠科技进步提高园艺产品质量、单产和竞争力。

（3）加快园艺产品质量安全标准与检验检测体系建设。为适应国际国内两个市场对接需要，修改完善园艺产品的质量安全国际标准和国家标准，建立健全中央、地方（省、县、乡）各级园艺产品质量安全检验、检测体系，完善质量安全检验、检测、检疫制度和质量监管与认证制度，规范公共服务行为和收费标准。

（四）紧贴国内国际市场，优化园艺品种结构提升产品质量

1. 适应国内市场消费需求，优化园艺品种结构、调整产品熟期结构

（1）在园艺品种结构上，减少供求失衡的品种种植面积，主攻单产、提高质量，增加生鲜果蔬、鲜花产品出口，保持园艺产品总量平稳增长；大力发展果、蔬、茶加工业，减少国外园艺产品制品进口，实现国内市场供求基本平衡。

（2）在园艺产品熟期结构上，扩大淡季鲜食品种种植面积，提高单位面积产量，切实解决季节性供求失衡矛盾，主推早熟水果、反季节蔬菜类等优新适宜品种，延长果品成熟上市时间，缩短蔬菜更新周期，减少国外进口果品消费替代，从根本上改变我国鲜果全年供给难和果汁加工原料淡季严重短缺的困境局面，逐步实现园艺产品周年供求基本平衡。

2. 满足国际市场供给，优化园艺产品区域布局，打造品牌特色

（1）在园艺产品种植区域布局上，根据资源禀赋比较优势，按照品种优良化、良种区域化、生产规模化的原则进行优势区域重新规划。重点加强我国柑橘"四带一基"①、梨苹生产大省和特色茶叶、花卉基地建设与发展，通过培育新品种、推广栽培新技术、增加田园新设施和实行适度规模经营，降低生产成本，强化园艺产品的价格竞争力。

（2）在园艺产业发展机制上，采取统一规划布局、统一租用山地、统一建设水电路、统一供应种苗、统一管理服务和分户承包经营的办法，对园艺产品生产基地实行专业化种植、标准化生产和科学化管理，强化园艺产品产销各环节的质量安全监督与检查，精心打造中国园艺产品特色和国际知名品牌，大力推进园艺产业由重产量轻质量、重生产轻销售、重内销轻出口的传统经营模式向重质量求效益、重品牌调结构、重出口扩内需的发展方式转变，不断提升中国园艺产品的质量竞争力。

3. 统筹两个市场，创新目标营销战略与策略，提高中国园艺产品市场占有率

（1）统筹两个市场，实施目标营销战略。一是瞄准国际市场，抓住世界一些园艺产品主产国产销不景气的有利时机，针对欧美、东南亚、南美市场不同国家、不同地区、不同消费群体实施差异化目标营销战略。二是立足国内市场，对于现时暂不具有较强国际竞争优势但在国内市场潜力又较大的果蔬产品应该制定并实施国内目标营销战略，在努力满足国内市场需求的同时不断提高其竞争力，随时可以参与国际市场竞争；对于现时生产过剩、品质欠佳的园艺产品必须调减不适宜的种植面积、改变其低价销售的营销策略或用于发展相关加工产业。

（2）统筹国际国内两个市场，实施差异化营销策略。一是实施产品差异化策略。采用错位、补位的市场定位方法，提供差异化园艺产品进入目标市场，逐步提升其市场份额。二是实施品牌个性化策略。广泛运用地理

---

① 四带一基：长江上中游柑橘带、赣南—湘南—桂北柑橘带、浙南—闽西—粤东柑橘带和丹江—宜都—邵阳柑橘带和一批特色柑橘生产基地。

标志策略以增强园艺产品的市场吸引力，不仅能使本地特色产品在国内国际市场上得到有效保护和推广，而且能改变被动推销为主动营销。三是实施价格差异化策略。首先要对园艺产品进行分类、分级、分等、分品牌，实行不同产品差别定价；其次再根据不同国家市场消费需求特点和非价格竞争因素，实行区域差别化定价和区别定价。四是实施渠道差异化策略。跟踪国际、国内两个市场，善于运用现代网络渠道，抢抓国外商机取得高回报；针对国内消费趋势选择"农超对接""农企对接""农校对接"等直销渠道，减少流通环节获得较好经济效益。五是实施促销差异化策略。在国际公共关系上应积极参与世贸组织谈判和双边自由贸易协议谈判，为中国园艺产品国际营销创造宽松、公平的竞争环境；在国外广告宣传上要注重实施文化促销，增加消费者对外来产品的文化亲和度和信赖度，并采取正确的国际营销推广策略积极开拓国际市场。

4. 优化升级园艺产品出口贸易结构，减少人民币升值的负面影响

随着我国经济的持续快速增长和外汇储备总量增多，人民币趋势性升值压力日渐增大，对我国仍属弱势产业的园艺产业已产生的负面影响不可低估。为此，必须不断开展技术创新，大力推进"科教兴农"战略和"节本增效"计划，加快实施"新型农民科技培训工程"和"阳光工程"，采用种植新技术、繁育新品种、推广新成果，推行园艺产品标准化生产和田园科学管理，强化园艺产品采后商品化处理与加工，全面提高园艺产品品质与质量安全，打造特色、绿色、有机园艺新产品，创建新品牌、提升老品牌，增强园艺产品质量竞争力，促进园艺产品出口贸易结构升级，从根本上化解人民持续升值带来的负面影响。

（五）完善相关政策法规，营造增强园艺产品国际竞争力的制度环境

1. 建立健全园艺产业持续健康发展的激励政策，增强园艺产品的比较优势

（1）充分利用 WTO 农业框架支持空间，加大财税支持力度。一是在园艺产品良种苗木繁育、基地建设、质量标准、病虫害防治、产学研合

作、科技成果转化、科普教育、技术推广、市场促销、检验检疫等基础性、公益性项目方面加大财政投入，逐步建立稳定的园艺产业发展投入机制；对园艺产品采后商品化处理、贮藏加工、产地批发市场改造升级、冷链物流设施建设等经营性项目给予贴息贷款。二是进一步减免园艺产业相关税费，提高园艺产品出口退税率。

（2）加强园艺产业风险防范，建立健全生产保险制度。支持地方政府设立园艺产品生产风险基金，鼓励农民自愿参加生产保险，降低不可预见的自然灾害和市场变化造成的经济损失，保障农民有稳定的基本收入并逐年有所增长。

（3）建立高效畅通的融资渠道，适应园艺产业发展信贷需求。各涉农金融机构要深化经营机制改革，拓宽信贷业务范围，切实解决农民小额信贷难问题，尽量满足农村剩余劳动力就业、创业信贷需求；各商业银行应不断扩大对园艺产业发展的信贷规模，支持园艺产品产、加、销一体化龙头企业做大做强。

（4）科学把握人民币汇率变动幅度。在我国经济持续快速发展和人民币升值压力增大的背景下，政府相关部门应该根据国内外经济和金融发展形势，以市场为基础，参考篮子货币汇率变动，保持人民币汇率水平基本稳定，并采取相应的配套政策措施，以减少人民币趋势性升值对我国农（园艺）产品国际竞争力的负面影响。

2. 加强农业立法与监督，增强园艺产品的综合国际竞争力

（1）按照 WTO 规则和我国农业法律框架修改、完善现行的相关法规，制定和修改国家和地方颁布的有关园艺产品苗木和产品质量管理方面的法律法规，制定或修订园艺产品栽培技术规范和标准化生产细则，建立健全园艺产品苗木与产品质量安全检验、检测、检疫及溯源制度；加强园艺产品苗木和产品的生产、流通与市场管理。

（2）参照国际标准修改和完善园艺苗木、产品质量与安全的不同品种、不同类别、不同等级、不同包装的国家标准和行业标准以及绿色环境标识、绿色技术标准、绿色包装、绿色卫生检疫等技术体系框架并纳入法

制轨道；制订或修订园艺产品苗木生产技术规程，建立健全园艺苗木、产品质量认证制度和市场准入制度，对出口园艺产品推行国际标准；按照国际惯例制定完善的园艺产品质量与安全标准体系和严格的检验检测制度与质量安全认证制度，加强园艺产品质量卫生与植物检疫 SPS 管理，强化出口质量检测，减少出口贸易障碍；同时也要制订严格和灵活的 SPS 标准，加强对进口园艺产品的检测等，有效防止国外园艺产品过多涌入国内市场。

参 考 文 献

1. 陈珏颖、王静怡、刘合光：《中国马铃薯进出口贸易分析及对策》，《世界农业》2014 年第 12 期。

2. 陈军：《中国水果产品的出口竞争力分析及对策研究》，《价格月刊》2014 年第 11 期。

3. 陈树生：《汇率理论与汇率政策研究》，湖南大学出版社 2005 年版。

4. 陈晓红、汪朝霞：《苏州农户兼业行为的因素分析》，《中国农村经济》2007 年第 4 期。

5. 陈正坤：《我国柑橘出口比较优势及其可持续性研究》，硕士学位论文，华中农业大学，2010 年。

6. 成维、祁春节：《中美甜橙生产成本与收益的比较研究》，《农业技术经济》2005 年第 5 期。

7. 程国强：《WTO 农业规则与中国农业发展》，中国经济出版社 2001 年版。

8. 程堂仁、王佳：《发展我国创新型花卉种业的思考》，《北方园艺》2013 年第 10 期。

9. 揣江宇、胡麦秀：《美国技术性壁垒对中美茶叶贸易影响的实证分析》，《中国农学通报》2013 年第 20 期。

10. 党夏宁：《农村劳动力转移提升农业生产效率的机制分析》，《管理现代化》2010 年第 2 期。

11. 道格拉斯·诺思：《经济史中的结构与变迁》，上海三联书店出版社 1991 年版。

12. 杜进朝：《汇率变动与贸易发展》，上海财经大学出版社 2004 年版。

13. 封紫、徐必巨、吴海兵：《论我国花卉产业发展瓶颈及应对措施》，《云南农业大学学报》2014 年第 6 期。

14. 傅晨、毛益男：《兼业化：日本农业的困境与启示》，《世界农业》1998 年第 8 期。

15. 高鸿业等主编：《研究生用西方经济学（微观经济部分）》，经济科学出版社 2000 年版。

16. 高铁生、郭冬乐：《中国化肥市场改革与发展报告》，中国市场出版社 2006 年版。

17. 耿献辉等：《中国梨出口影响因素及贸易潜力》，《华南农业大学学报》（社会科学版）2013 年第 1 期。

18. 耿献辉、齐博：《中国鲜切花出口：市场规模、市场分布与竞争力效应》，《农业经济问题》2011 年第 10 期。

19. 龚维斌：《劳动力外出就业对农业生产的影响》，《南京师大学报》（社会科学版）1999 年第 3 期。

20. 顾国达、牛晓婧、张钱江：《技术壁垒对国际贸易影响的实证分析——以中日茶叶贸易为例》，《国际贸易问题》2007 年第 6 期。

21. 管曦：《中国出口茶叶产品的比较优势探讨——基于不同类别和包装的分析》，《中国农村经济》2010 年第 1 期。

22. 郭松、马玉敏：《浅析农资价格走向对农民增收的影响》，《内蒙古统计》2007 年第 3 期。

23. 郭忠仁、朱洪武、汤诗杰：《我国花卉业的发展对策》，《植物资源与环境学报》2000 年第 2 期。

24. 国家发展和改革委员会价格司：《全国农产品成本收益资料汇编》，中国统计出版社 1992—2012 年版。

25. 国家计划委员会、建设部：《建设项目经济评价方法与参考》（第二版），中国统计出版社 1993 年版。

26. 国家统计局:《中国农村统计年鉴》,中国统计出版社 1992—2012 年版。

27. 国家统计局:《中国统计年鉴》,中国统计出版社 1992—2012 年版。

28. 韩冰:《辽宁省蔬菜产业出口竞争力研究》,硕士学位论文,沈阳理工大学,2011 年。

29. 何劲:《基于比较优势理论和竞争优势理论的实证研究——中外柑橘国际竞争力的文献述评》,《经济师》2012 年第 7 期。

30. 何劲、祁春节:《对柑橘类水果价格比较优势的影响研究》,《价格理论与实践》2013 年第 2 期。

31. 何劲、祁春节:《柑橘价格形成与利润分配的实证研究——以宜昌柑橘为例》,《西北农林科技大学学报》(社科版) 2009 年第 6 期。

32. 何劲、祁春节:《国际橙汁价格波动及其影响因素分析》,《国际贸易问题》2010 年第 9 期。

33. 何劲、祁春节:《农业生产资料价格上涨对橘农收入的影响》,《四川农业大学学报》2009 年第 4 期。

34. 何劲、祁春节:《农业投入品价格、人民币汇率对我国园艺产品比较优势的影响》,《经济纵横》2012 年第 4 期。

35. 何劲、祁春节:《农业投入品价格上涨对我国园艺产品收益影响的经济计量分析——以柑橘为例》,《生态经济》2010 年第 5 期。

36. 何劲、祁春节:《投入品价格和汇率对不同规模和经营方式的柑橘竞争力影响》,《西北农林科技大学学报》(社会科学版) 2014 年第 4 期。

37. 何劲、祁春节:《我国柑橘生产成本和价格变动的实证分析》,《经济纵横》2009 年第 2 期。

38. 何劲、祁春节:《中外柑橘产业发展模式比较与借鉴》,《经济纵横》2010 年第 2 期。

39. 何劲、祁春节:《中外柑橘鲜果价格比较研究——基于时间序列数据的分析》,《价格理论与实践》2010 年第 1 期。

40. 何劲、祁春节:《中外果蔬冷链物流比较与借鉴》,《世界农业》2009 年第 6 期。

41. 何劲:《中外投入品价格与农产品国际竞争力研究文献述评——基于影响效应和实证比较视角的分析》,《经济师》2012 年第 11 期。

42. 贺振华:《农户兼业及其对农村土地流转影响》,《上海财经大学学报》(哲社版) 2006 年第 3 期。

43. 胡恒洋、张俊峰:《农村劳动力转移对农业生产的影响及政策建议》,《中国经贸导刊》2008 年第 13 期。

44. 黄璐茜:《生态位视角下安化黑茶品牌竞争力评价研究》,硕士学位论文,中南林业科技大学,2013 年。

45. 黄卫平、彭刚主编:《国际经济学教程》,中国人民大学出版社2005 年版。

46. 黄文静:《浙江省茶叶市场竞争力评价及提升对策研究》,硕士学位论文,浙江农林大学,2013 年。

47. 黄祖辉、王朋:《农村土地流转:现状、问题及对策——兼论土地流转对现代农业发展的影响》,《浙江大学学报》(人文社科版) 2008 年第2 期。

48. 霍尚一、林坚:《我国柑橘的国际竞争力分析》,《国际商务——对外经济贸易大学学报》2007 年第 6 期。

49. 纪萍:《中国桃产业国际竞争力及出口影响因素研究》,硕士学位论文,西北农林科技大学,2011 年。

50. 江金启、赵辉:《农资价格波动与粮食主产区农民收入稳定》,《农业经济》2008 年第 12 期。

51. 金碚等:《竞争力经济学》,广东经济出版社 2003 年版。

52. 金琰、刘海清:《中国菠萝产业国际竞争力:基于 RCA 和 "钻石"模型的分析》,《世界农业》2013 年第 9 期。

53. 李崇光等主编:《经济学原理》,内蒙古教育出版社 1995 年版。

54. 李道和、迟泽新:《中国茶叶产业国际竞争力实证分析》,《农业技术经济》2007 年第 4 期。

55. 李谷成:《人力资本与中国区域农业全要素生产率增长——基于 DEA 视角的实证分析》,《财经研究》2009 年第 6 期。

56. 李谷成:《中国农村经济制度变迁、农业生产绩效与动态演进——基于 1978—2005 省际面板数据的 DEA 实证》,《制度经济学研究》2009 年第 6 期。

57. 李京栋、张吉国:《中国水果国际竞争力分析》,《国际商贸》2014 年第 3 期。

58. 李兰英、万超伟:《基于灰色关联的柑橘市场竞争力影响因素分析——以浙江省为例》,《林业经济》2013 年第 11 期。

59. 李梅生:《安溪铁观音茶产业竞争力提升研究》,硕士学位论文,福建农林大学,2013 年。

60. 李清光:《在中国茶叶国际竞争力的形成和提升研究》,博士学位论文,江南大学,2012 年。

61. 李秋杰:《加入 WTO 对我国花卉业的影响与对策》,硕士学位论文,中国农业大学,2004 年。

62. 李彤:《提升我国花卉的出口竞争力的对策研究》,《经济论坛》2008 年第 8 期。

63. 李旋:《绿色贸易壁垒对我国茶叶出口的影响分析》,硕士学位论文,暨南大学,2006 年。

64. 李玉敏、高志民:《论中国花卉产业的可持续发展》,《世界林业研究》2001 年第 3 期。

65. 李岳云、兰海涛:《不同经营规模农户经营行为的研究》,《中国农村观察》1999 年第 4 期。

66. 梁成亮等:《提升我国蔬菜种业国际竞争力的对策研究》,《安徽农业科学》2013 年第 24 期。

67. 梁流涛、曲福田:《不同兼业类型农户的土地利用行为和效率分析——基于经济发达地区的实证研究》,《资源科学》2008 年第 10 期。

68. 梁庆文等:《农业生产资料价格波动与农业经济发展关系的实证分析》,《运筹与管理》2006 年第 4 期。

69. 蔺丽莉:《当前我国农资价格异常变动的原因及对策》,《中国统计》2009 年第 2 期。

70. 凌华、王凯:《中国蔬菜对韩出口竞争力及贸易空间的拓展——以美国为参照》,《国际贸易问题》2010 年第 1 期。

71. 刘昌兴主编:《价格学》,西南财经大学出版社 1997 年版。

72. 刘导波:《稳定农业生产资料价格的对策研究》,《农村经济》2006 年第 3 期。

73. 刘汉成等:《我国苹果的比较优势与国际竞争力分析》,《国际贸易问题》2002 年第 6 期。

74. 刘汉圣、吕涛:《农业生产资料价格变动对农户的影响》,《中国农村观察》1997 年第 2 期。

75. 刘来吉:《当前我国农业生产资料价格上涨的原因及对策》,《价格与市场》2005 年第 7 期。

76. 刘晓光、葛立群:《中国水果产业国际竞争潜力评价及提升途径》,《沈阳农业大学学报》(社会科学版) 2006 年第 4 期。

77. 刘学忠:《我国大蒜国际竞争力的比较分析》,《国际贸易问题》2007 年第 6 期。

78. 刘雪:《中国蔬菜产业的国际竞争力研究》,博士学位论文,中国农业大学,2002 年。

79. 刘颖、祁春节:《中国柑橘出口现状及其面临的国际环境分析》,祁春节等:《柑橘产业经济与发展研究》,中国农业出版社 2009 年版。

80. 龙文军、王玉斌:《农业生产资料价格变动与农民收入增长问题研究》,《农业部软科学》2007 年第 12 期。

81. 鲁沂:《农业生产资料价格上涨的原因分析》,《粤港澳市场与价格》2008 年第 1 期。

82. 陆继亮:《斗南国际花卉产业园区:成功实现升级换代》,《中国花卉园艺》2014 年第 21 期。

83. 吕建兴等：《中国园艺产品出口增长的成因分析——基于 CMS 模型的分解》，《经济与管理》2011 年第 8 期。

84. 吕建兴、祁春节：《基于引力模型的我国柑橘出口贸易影响因素研究》，《林业经济问题》2011 年第 11 期。

85. 吕霜竹、霍学喜：《中国苹果出口欧盟市场价格竞争力研究》，《华中农业大学学报》（社会科学版）2013 年第 4 期。

86. 罗必良主编：《新制度经济学》，山西经济出版社 2005 年版。

87.《马克思恩格斯全集》第 23 卷，人民出版社 1998 年版。

88.《马克思恩格斯全集》第 25 卷，人民出版社 1998 年版。

89.《马克思恩格斯全集》第 6 卷，人民出版社 1998 年版。

90.《马克思恩格斯选集》第 1 卷，人民出版社 2012 年版。

91. 梅付春：《农业生产要素萎缩的影响、原因及对策——以河南为例》，《商业研究》2007 年第 12 期。

92. 梅建明：《工业化进程中的农户兼业经营问题的实证分析——以湖北省为例》，《中国农村经济》2003 年第 6 期。

93. 穆亚男：《中国大蒜国际竞争力的实证分析》，《对外经贸》2013 年第 5 期。

94. 农村社区转型与发展干预课题组：《农产品价格上涨对不同类型农户的影响》，《中国农村经济》2004 年第 11 期。

95. 潘伟光：《中韩两国水果业生产成本及价格竞争力比较——基于苹果、柑橘的分析》，《国际贸易问题》2005 年第 10 期。

96. 庞新：《运用综合手段调控农业生产资料价格》，《新疆社科论坛》2006 年第 4 期。

97. 普斯特罗曼：《中国农业的规模经营：政策适当吗?》，《中国农村观察》1996 年第 6 期。

98. 齐城：《农村劳动力转移与土地适度规模经营实证分析——以河南信阳市为例》，《农业经济问题》2008 年第 4 期。

99. 祁春节、彭可茂:《我国花卉进出口贸易分析与对策》,《林业经济》2002 年第 11 期。

100. 祁春节:《中国柑橘产业经济分析与政策研究》,中国农业出版社 2003 年版。

101. 祁春节:《中国园艺产业国际竞争力研究》,中国农业出版社 2006 年版。

102. 祁春节:《中美两国柑橘产业的比较研究》,《国际贸易问题》2000 年第 7 期。

103. 乔娟、颜军林:《中国柑橘鲜果国际竞争力的比较分析》,《中国农村经济》2002 年第 11 期。

104. 任素娟、高洋:《农资价格上涨的原因分析及对策》,《金融调研》2008 年第 6 期。

105. 萨伊:《政治经济学概论》,商务印书馆 1982 年版。

106. 申爱民:《我国茄子生产概况及发展趋势》,《现代农业科技》2007 年第 21 期。

107. 沈贵银:《探索现代农业多元化规模经营制度——对十七届三中全会关于农村基本经营制度创新有关问题的思考》,《农业经济问题》2009 年第 5 期。

108. 沈佐民、宛晓春:《促进中国茶叶出口贸易发展的思路与对策》,《农业经济问题》2007 年第 5 期。

109. 司伟、王秀清:《中国糖料生产成本差异及其原因分析》,《农业技术经济》2004 年第 2 期。

110. 宋莎等:《我国茶叶国际竞争力及出口影响因素分析》,《农业现代化研究》2013 年第 3 期。

111. 宋自奋等:《我国柑橘市场竞争力比较分析》,《安徽农业科学》2008 年第 26 期。

112. 苏航、谢金峰:《我国柑橘产业比较优势分析》,《产业观察》2003 年第 6 期。

113. 速水佑次郎、神门善久:《农业经济论》, 中国农业出版社 2003年版。

114. 孙佳、霍学喜:《中国鲜苹果出口市场分析与苹果生产结构研究》,《西北农林科技大学学报》(社会科学版) 2013 年第 1 期。

115. 谭淑豪:《现行农地经营格局对农业生产成本的影响》,《农业技术经济》2011 年第 4 期。

116. 谭向勇、武拉平:《中国主要农业生产资料市场分析》, 中国农业出版社 2007 年版。

117. 谭裕华、冯邦彦:《动态比较优势研究新进展》,《经济学动态》2008 年第 4 期。

118. 谭仲池:《健全农业生产资料价格调控体系》,《红旗文稿》2006年第 9 期。

119. 汤勇等:《中国蔬菜的比较优势与出口竞争力分析》,《农业技术经济》2006 年第 4 期。

120. 汤勇:《中国蔬菜的比较优势与出口竞争力分析》,《农业技术经济》2006 年第 4 期。

121. 唐晓华:《基于"钻石模型"的重庆市柑橘产业发展研究》, 硕士学位论文, 西南大学, 2008 年。

122. 唐志丹:《影子价格与产品成本》,《商业研究》2001 年第 12 期。

123. 佟家栋主编:《国际贸易学——理论与政策》, 高等教育出版社2003 年版。

124. 万金:《我国柑橘贸易顺差可持续性研究》,《国际贸易问题》2011 年第 11 期。

125. 万青、闫逢柱:《中国茶叶国际竞争力分析与政策建议》,《资源科学》2006 年第 4 期。

126. 王恩斗、王献宝:《农资价格问题研究及其解决对策》,《价格与市场》2007 年第 7 期。

127. 王华峰:《河南省农村劳动力转移对农业生产影响的调查》,《金融发展研究》2008 年第 7 期。

128. 王利云：《中国与美国水果国际竞争力比较研究》,《对外经贸》2014 年第 2 期。

129. 王娜等：《国内外花卉产业核心竞争力的对比分析》,《北方园艺》2014 年第 17 期。

130. 王婷、于少康：《不同种植规模农户收入的实证分析》,《农业考古》2006 年第 6 期。

131. 王威：《我国蘑菇出口的国际竞争力及影响因素华中分析》, 硕士学位论文, 山西财经大学, 2014 年。

132. 王晓英：《人民币汇率变动对中国园艺产品出口的影响分析》, 硕士学位论文, 华中农业大学, 2010 年。

133. 王秀娟、郑少锋：《中国苹果国际竞争力评价及提升对策》,《生态经济》2006 年第 12 期。

134. 王展图、高静：《重庆市柑橘产业竞争力及存在问题分析》,《西南农业大学学报》(社科版) 2008 年第 6 期。

135. 王志新：《通胀压力下农资价格上涨的应对策略研究》,《山东农业大学学报》(社科版) 2008 年第 4 期。

136. 问嵩冉：《江苏蔬菜国际竞争力问题研究》, 硕士学位论文, 南京农业大学, 2011 年。

137. 翁克瑞：《农产品国际竞争力的影响因素分析》, 硕士学位论文, 华中农业大学, 2004 年。

138. 吴芳、张向前：《我国园艺产业国际竞争力研究》,《科技管理研究》2011 年第 3 期。

139. 吴书和：《影子价格的计算与经济分析》,《长春理工大学学报》(社科版) 2003 年第 3 期。

140. 向国成、韩绍凤：《小农经济效率分工改进论》, 中国经济出版社 2007 年版。

141. 谢庆：《广东省茶叶产业国际竞争力分析——基于钻石理论模型

的分析》,《南方农村》2013 年第 10 期。

142. 徐国兴、祝剑如:《浅析化肥上涨原因及对策》,《价格月刊》2005 年第 2 期。

143. 徐善长:《生产要素市场化与经济体制改革》,人民出版社 2005 年版。

144. 许国权、陈春根:《基于 RCA 和国家钻石模型对我国茶叶国际竞争力的分析》,《国际贸易问题》2007 年第 11 期。

145. 许经勇:《农业的根本出路在于发展规模经济》,《理论界》1995 年第 4 期。

146. 许庆等:《规模经济、规模报酬与农业适度规模经营》,《经济研究》2011 年第 3 期。

147. 许松涛等:《农资价格上涨对农民生产的影响》,《金融调研》2005 年第 7 期。

148. 许咏梅、林坚:《西湖龙井村茶农户生产经营状况调查》,《茶叶》2008 年第 3 期。

149. 许咏梅、苏祝成:《中国茶叶生产成本——出口价格的国际比较研究》,《世界农业》2007 年第 3 期。

150. 许咏梅:《浙江淳安千岛湖茶叶批发市场发育状况调查》,《茶叶》2009 年第 2 期。

151. 许咏梅:《浙江省茶叶市场间纵向关联性分析》,《茶叶》2010 年第 4 期。

152. 亚当·斯密:《国民财富的性质和原因的研究》,商务印书馆 1988 年版。

153. 闫伟伟、徐秀英:《浙江茶叶竞争力实证分析》,《林业经济问题》2007 年第 27 期。

154. 杨小凯:《发展经济学:超边际分析与边际分析》,社会科学文献出版社 2003 年版。

155. 杨小凯、张永生:《对传统贸易理论的批评及新贸易理论的发展》，见 www. infram. agrinal. com，2002 年 12 月。

156. 杨小凯、张永生:《新兴古典经济学》，中国人民大学出版社 2000 年版。

157. 杨颖虹:《人民币升值对农产品进口贸易的影响及对策分析》，《农业经济》2006 年第 3 期。

158. 杨跃辉:《中国鲜切花显性国际竞争力分析》，《西北林学院学报》2013 年第 6 期。

159. 杨跃辉:《中国主要花卉产品国际竞争力研究》，博士学位论文，福建农林大学，2013 年。

160. 姚丽萍:《中国红茶外销发展策略探析》，《福建茶叶》2012 年第 5 期。

161. 姚文:《市场化改革对中国茶叶国际竞争力影响的实证研究》，《国际贸易问题》2011 年第 4 期。

162. 尹华、朱绿乐:《中美两国柑橘的国际竞争力比较分析》，《国际商务——对外经济贸易大学学报》2008 年第 5 期。

163. 余学军等:《我国柑橘国际竞争力现状及提升对策探讨》，《西南农业大学学报》(社会科学版) 2006 年第 2 期。

164. 余学军:《我国柑橘国际竞争力研究》，硕士学位论文，西南农业大学，2004 年。

165. 余艳锋:《中国甜橙国际竞争力的实证研究》，硕士学位论文，华中农业大学，2007 年。

166. 虞华:《农资价格上涨:原因与对策——试论对农民直接发放农资补贴》，《中国物价》2005 年第 5 期。

167. 张宝文:《在新的起点上扎实推进农业机械化》，《农机科技推广》2008 年第 8 期。

168. 张帆:《洛阳牡丹花卉产业出口竞争力研究》，硕士学位论文，河南科技大学，2013 年。

169. 张颢泽、陈晓明:《农业生产资料价格对农民收入增长的影响——基于动态 VAR 模型解释》,《财贸研究》2006 年第 6 期。

170. 张吉国等:《中国蔬菜产品国际竞争力实证研究》,《山东农业大学学报》(社会科学版) 2006 年第 3 期。

171. 张计育、莫正海:《21 世纪以来世界猕猴桃产业发展以及中国猕猴桃贸易与国际竞争力分析》,《中国农学通报》2014 年第 213 期。

172. 张金昌:《国际竞争力评价的理论和方法》,经济科学出版社 2002 年版。

173. 张磊:《实现农村劳动力有序转移的对策》,《经济纵横》2012 年第 4 期。

174. 张磊:《中国水果出口影响因素及竞争力的研究》,硕士学位论文,江南大学,2013 年。

175. 张涛:《中日蔬菜生产效率比较分析》,《现代经济探讨》2004 年第 6 期。

176. 张孝岳:《中外柑橘产业的比较及提高湖南柑橘市场竞争力的主要途径》,《湖南农业科学》2004 年第 1 期。

177. 张永良、侯铁栅:《中国苹果出口竞争力评价及国际比较》,《中国物价》2007 年第 2 期。

178. 张玉婷、刘宏曼:《中国柑橘鲜果国际竞争力的现状、影响因素及对策》,《世界农业》2009 年第 4 期。

179. 张玉:《中国柑橘生产成本变动及其对出口的影响》,硕士学位论文,华中农业大学,2009 年。

180. 张忠根、史清华:《农地生产效率变化及不同规模农户农地生产效率比较研究——浙江省农村固定观察点农户农地经营状况分析》,《中国农村经济》2001 年第 1 期。

181. 赵晓晨:《动态比较优势理论在实践中的发展》,《经济经纬》2007 年第 3 期。

182. 赵玉、祁春节:《进口价格波动对园艺产品出口的影响》,《中国物价》2007 年第 9 期。

183. 赵正霞:《如何抑制部分农资价格过快上涨——海南州农业生产资料价格刍议》,《青海统计》2006 年第 10 期。

184. 郑风田、李茹:《我国柑橘国际竞争力的比较优势分析》,《国际贸易问题》2003 年第 4 期。

185. 郑丽君主编:《市场价格学概论》, 中国商业出版社 1996 年版。

186. 郑少锋:《农产品成本核算体系及控制机理研究》, 博士学位论文, 西北农林科技大学, 2002 年。

187. 郑有贵:《劳动力机会成本提高对粮食生产影响分析》,《农业展望》2007 年第 10 期。

188. 中共中央、国务院:《关于加大统筹城乡发展力度进一步夯实农业农村发展基础设施的若干意见》, 2010 年 1 号文件。

189. 周春主编:《市场价格机制与生产要素价格研究》, 四川大学出版社 2006 年版。

190. 周应恒等:《我国切花出口国际竞争力的实证分析》,《国际商务》(对外经济贸易大学学报) 2007 年第 1 期。

191. 周忠英:《人民币汇率波动对我国进出口影响的实证分析》,《中国物价》2009 年第 7 期。

192. 朱步泉:《浅谈红茶在国内市场可持续发展的思考》,《福建茶叶》2014 年第 2 期。

193. 朱江平:《加强农民培训造就新型农民——访农业部科技教育司副司长杨雄年》,《农村工作通讯》2008 年第 8 期。

194. 左锋、曹明宏:《中国花卉国际竞争力的比较研究》,《世界农业》2005 年第 9 期。

195. Ahearn, M. Culver, D. Schoney, R. A., "Usefulness and Limitations of COP Estimates for Evaluating International Competitiveness: A Comparison of Canadian and U. S. Wheat", *American Journal of Agricultural Economics*, 1990, 72, 10.

196. Andrew M. Mcgregor, "The Export of Horticultural and High-value

Agricultural Products from the Pacific Island", *Pacific Economic Bulletin*, 2007, 22 (3).

197. Angelo, H. Berger, R. Hosokawa, R. T. Couto, L., "Competitiveness of Brazilian Tropical Sawnwood in the International Market", *Revista Arvore*, 2000, 24.

198. Antoine, Patrick A., "Modeling International Competitiveness", *AGRICOLA*, 1992.

199. A. Smith, *The Wealth of Nations*, New York: The Moden Library, 1937.

200. Azzouzi, E. Laytimi, A. Abidar, A., "Acta Agriculture Scandinavica Section C", *Food Economics*, 2007, 4.

201. B. Ohn, *Interregional and International Trade*, Cambridge, Mass: Harvard University Press, 1933.

202. Boudiche S. Bornaz, Kachouri F., "Competitiveness of the Olive Oil Sector in Tunisia: Price, Quality and National Competitive Advantage", *New Medit*, 2003, 2.

203. Brown, S. L., Eisenhardt, K. M., "The Art of Continuous Change: Linking Complexity Theory and Time – paced Evolution in Relentlessly Shifting Organizations", *Administrative Science Quarterly*, 1997 (42).

204. Burhan Ozkan, Handan Akcaoz, Feyza Karadeniz, "Energy Requirement and Economic Analysis of Citrus Production in Turkey", *Energy Conversion and Management*, 2004, Volume 45, Issues 11-12.

205. Catherne J. Morrison Paul, V. Eldon Ball, Ronald G. Felthoven, Arthur Grube, Richard F. Nehring, "Effective Cost and Chemical Use in United States Agricultural Production: Using the Environment as A 'Free' Input", *American of Agricultural Economics*, 2002, Volume 84, Issue 4.

206. Chang Moon, Alan M. Rugman, Alain Verbeke, "The Generalized Double Diamond Approach to International Competitiveness", *Research in Global*

Strategic Management, 1995 (5).

207. Choudhary, M. K., "Improvement of Agricultural Marketing Systems for Enhancing International Competitiveness with Special Reference to Fruit and Vegetables", *Agricultural Marketing*, 2006, 49, 23.

208. Chris R. Eggerman, "Impact of Fuel Price Increases on Texas Crop", *Southern Agricultural Economics Association Annual Meetings*, 2006 (2).

209. Chris Rowley&Robert Fitzgerald, "Manage in Hong Kong: Economic Development, Competitiveness and Industrialization", *Asia Pacific Business Review*, 1999, 6 (1).

210. Christine Wan jiru Gichure, "The Case of the Cut Flower Industry in Kenya, The Society of Business", *Economics and Ethics Book Series*, 2010, Volume 1, Part 1.

211. Cohen, G. Ladaga, S. P de Gil Roig, J. M., "Competitiveness of Argentina Exports of Fruit to the European Union: Its Analysis Using the Methods of the Boston Consulting Group (BCG) and the Refined Matrix of Viaene – Gellynck", *Revista de la Facultad de Agronomia (Universidad de Buenos Aires)*, 2000, 20, 15.

212. Daigneault, Adam J. Sohngen, Brent Sedjo, Roger, "Exchange Rates and The Competitiveness of the United States Timber Sector in A Global Economy", *Forest Policy and Economics*, 2008, 10 (3).

213. Dass S. R., Mathur, V. C., Singh J., "Comparative Advantage, Trends and Exportable Surplus in India's Tea Exports", *Indian Journal of Agricultural Marketing*, 1994 (Special Issue1).

214. David Ricardo, *The Principles of Political Economy and Taxation*, Homewood: lrwin, 1963.

215. Dia, Y. Z. Zalkuwi, J. W., "Economics of Scale and Cost Efficiency in Small Scale Maize Production in Mubi North Local Government in Adamawa State", *Nigerial Agricultural Journal*, 2010, 5, 19.

216. Dong-Sungm Cho, "A Dynamic Approach to International Competitiveness: The Case of Korea", *Journal of Far Eastern Business*, 1994 (1).

217. D. W. Holland, "Out Change in U. S. Agriculture: An Input-Output Analysis", *Southern Agricultural Economics Association*, 1973 (12).

218. Ernesto Tavoletti and Robbin te Velde, "Cutting Porter's Last Diamond: Competitive and Comparative (Dis) advantages in the Dutch Flower Cluster", *Transition Studies Review*, 2008 (2).

219. Fairchild G. F., Lee J. Y., "The Impact of Export Promotion and Competitiveness on Market Development and Maintenance: The Citrus Example", Staff Paper-University of Florida, Food and Resource Economics Department, Institute of Food and Agricultural Sciences (USA), 1990, No. 375.

220. Ganewatta, G., Waschik, R., Jayasuriya, S, et al., "Moving Up the Processing Ladder in Primary Product Exports: Sri Lanka's 'Value-added' Tea Industry", *Agricultural Economics*, 2005.

221. Grell H., "Flower Marketing Cooperative: A Strategy for Opening the Japanese Market to US", *Cut Flower Exports*, December 1998.

222. Hack M D, Groot NSP de (Eds.), Kleijn EH M de, et al., "The Competitiveness Monitor Applied on the Cut Flower Industry", *Acta Horticulturae*, 2000, 52 (4).

223. Halil Fidan, "Comparison of Citrus Sector Competitiveness between Turkey and EU-15 Member Countries", *HortScience*, 2009, 44 (1).

224. Harris, Richard G., "Exchange Rates and International Competitiveness of The Canadian Economy", Ottawa: Economic Council of Canada, 1992.

225. Heijbroek, M. A., "International Competitiveness of Integrated Fruit in North Western Europe", *Acta Horticulture*, 1993, 347 (347).

226. Henry Vega, "Transportation Costs of Fresh Flowers: A Comparison across Major Exporting Countries", *Candidate Center for Transportation Policy*.

227. Jaffee, S. Masakure, O., "Strategic Use of Private Standards to Enhance International Competitiveness: Vegetable Exports from Kenya and Elsewhere", *Food Policy*, 2005, 30, 27.

228. Jan Dalen and Roy Thurik, "Labor Productivity and Profitability in the Dutch Flower Trade", *Small Business Economics*, 1991.

229. Jane L. Hsu, Joyce J. Wann, "Competitiveness and Consumer Preferences of US Fruits in Taiwan", *Annual Meeting of the American Agricultural Economics Association-Canadian Agricultural Economics Society*, 2001, (8).

230. Jan van Dalen, Roy Thurik, "Labour Productivity and Profitability in the Dutch Flower Trade", *Small Business Economics*, 1991 (3).

231. Jayasuriya, R. T., "Economic Assessment of Technological Change and Land Degradation in Agriculture: Application to the Sri Lanka Tea Sector", *Agricultural Systems*, 2003.

232. Kathleen. A. Miller, Michael H. Glantz, "Climate and Economic Competitiveness: Florida Freezes and the Global Citrus Processing Industry", *Climatic Change*, 1998, Volume 12, Issue 2.

233. Kock, J. H. W. de Laubscher, J., "The Relative Competitiveness of the South African Wheat Industry with Regard to the International Wheat Market", *Agrekon*, 1993, 32, 10.

234. Koo Won W., Drennan Richard T., "Optimal Agricultural Production and Trade: Implications on International Competitiveness", *A Agricultural Economics Report (USA)*, 1990, No. 251.

235. Lany Martin, Randall Western, Erna van Duren, "Agribusiness Competitiveness across National Boundaries", *American Journal of Agricultural Economics*, 1991, (9).

236. Leroy Quance and Luther Tweeten, "Simulating the Impact of Input-price Inflation on Farm Income", *Southern Journal of Agricultural Economics*, 1971, 3 (1).

237. Lokap hadhana, T. Welsch, D. E., "Net Social Profitability and Domestic Resource Cost of Eight Agricultural Commodities in Thailand", *Staff Paper University of Minnesota*, Dept. of Agricultural and Applied Economics, 1982.

238. Macros Faua Neves, "The Relationship of Orange Growers and Fruit Juice Industry: An Overview of Brazil", 1997.

239. Mahesh N., Keshava Reddy T. R., Lalith Achoth A. N., et al., "Export Performance of Indian Tea Industry under the New Economic Environment", *Agriculture Tropical*, 2001, (34). 5.

240. Marianne Matthee, "Challenges for the Floriculture Industry in A Developing Country: A South African Perspective", *Development Southern Africa*, 2006, 7 (2).

241. Medeiros, V. X. Teixeira, E. C., "Competitiveness of Beef, Pig Meat and Chicken Meat Exports of the Mercosul Countries in the International Market", *Desafio Do Estado Diante De Uma Agricultura Em Transformacao*, (2Vol.): Anais Do XXXII Congresso Brasileiro De Economia E Sociologia Rural, Brasilia, DF, Brasil, 1994, 25 a 28 De Julho.

242. Mendez, Jose A., "The Development of The Colombian Cut Flower Industry", Country Economics Dept., World Bank, 1991.

243. Michael E. Porter, *The Competitive Advantage of Nations*, London: the Macmillan Press, 1990.

244. Munandar Jono M. Key, "Determinants of Export Competitiveness of the Indonesian Palm Oil and Tea Agro-industries", Philippines: UPLB, 2001.

245. Pierson, T. R. Allen, J. W., "Innovation, Entrepreneurship, and Non-price Factors: Implications for Competitiveness in International Trade", *Competitiveness in International Food Markets*, 1994, 11.

246. Pirazzoli, C. Palmieri, A. Rivaroli, S., "Competitiveness of Fruit Farming Systems between Globalization, Marketing and Quality", *Rivista di*

Frutticoltura e di Ortofloricoltura, 2004, 66.

247. P. Kmgman and H. Elpman, *Trade Policy and Market Structure* Cambridge, Mass: M. I. T. Press, 1989.

248. Preez, J. du, "International Competitiveness Rankings of Major World Apple Suppliers", *SA Fruit Journal*, 2005, 4.

249. Proctor, W. Phillips, B. Kelly, J. Hilst, R. van. ABARE, "Australian Citrus: Competitiveness of The US and Australian Citrus Industries", *Research Report*, 1992, 92, 43.

250. Reed, M. R., "Importance of Non-Price Factors to Competitiveness in International Food Trade", *Competitiveness in International Food Markets*, 1994, 15.

251. Rodriguez – Barrio, J. E. Buitrago Vera, J. M., " The Competitiveness of Spanish Food and Agricultural Products: The Case of Spanish Orange", *Revista de Estudios Agro-Sociales*, 1992, 2.

252. Rugman, Aln M. & D'Cruz, Joseph R., "The Double Diamond Model of International Competitiveness: The Canadian Experience", *Management International Riview*, 1993, (33).

253. Sereia, V. J. Camara, M. R. G. daCintra, M. V., "International Competitiveness of Brazilian and Parana State's Coffe Complex", Semina: Ciencias Agrarias (Londrina), 2008, 29, 31.

254. Silwal B. B., "Domestic Resource Cost of Tea Production in Nepal", *Research Paper Series*, 1983, (19).

255. Stephen C. Cooke, W. Burt Sundquist, "Cost Efficiency in U. S. Corn Production", *American Journal of Agricultural Economics*, 1989, Volume71, Issue 4.

256. Stephen Devadoss, Prasanna Sridharan, Thomas Wahl, "Effects of Trade Barriers on U. S. and World Apple Markets", *Canadian Journal of Agricultural Economics*, 2009, 57, (1).

257. Timothy J. Dalton, William A. Mastersb and Kenneth A. Foster, " Production Costs and Input Substitution in Zimbabwe's Smallholder Agriculture", *Agricultural Economics*, Volume 17, Issues 2 - 3, December 1997.

258. Tsai. J., "The Comparative Advantage of Taiwan's Major Cut Flowers", *Zemedelska Ekonomika*, 2001, 47, (6).

259. Viana, S. S. Silva, L. M. R. Lima, P. V. P. S. Leite, L. A. de. S., " The Competitiveness of the Ceara State, Brazil, in the International Fruit Market: the Case of Melon ", *Revista Ciencia Agronomica*, 2006, 37, 15.

260. Walter-Jorgensen, A., " Assessing the International Competitiveness of the Danish Food Sector", *Competitiveness in International Food Markets*, 1994, 7.

261. Wijnands, J., "The International Competitiveness of Fresh Tomatoes, Peppers and Cucumbers", *Acta Horticulture*, 2003, 13.

262. William M. Liefert, "The Allocative Efficiency of Material Input Use in Russian Agriculture", *Comparative Economics Studies*, 2005, Vol. 47, Issue 1.

263. Yercan, M. Isikli, E., "Domestic Resource Cost Approach for International Competitiveness of Turkish Horticultural Products", *African Journal of Agricultural Research*, 2009, 4, 32.

264. Zekri, S. Laajimi, A., "Survey on the Competitiveness of the Citrus Sub-sector in Tunisia", *Cahiers Options Mediterranean*, 2001, 57, 7.

后　记

农业投入品价格与农产品国际竞争力，是关乎我国农业发展和农民增收的热点与难点问题。改革开放以来，随着农业和农村经济快速发展，尤其是工业化和城镇化进程加快，使得农村劳动力、化肥、农药等主要投入品价格持续上涨，导致农产品生产、流通成本较快上升，推动了农产品出口价格上涨，在一定程度上降低了农民收入、影响了农产品国际竞争力，尤其是弱化了我国园艺产品出口的比较优势和价格竞争力。进入21世纪以来，由于人们生活水平不断提高，国内外农产品市场的产品质量与品牌竞争日趋激烈，亟待生产者优化品种结构、提升产品质量、打造知名品牌，增强农产品质量竞争力。因此，深入研究和探讨投入品价格上涨对农产品国际竞争力的影响及其应对策略，对于有效防止我国农产品尤其是园艺产品生产和出口贸易下滑，确保园艺产业持续、健康、协调发展和农民稳定增收无疑具有重要的理论价值与实践意义。

本书以我国生产、消费量大面广和出口量较多的园艺产品为研究对象，通过构建投入品价格上涨对园艺产品国际竞争力影响的理论分析框架，围绕前者对后者影响的因果关系与作用机理这个主题展开理论分析和实证研究。从理论上回答了投入品价格上涨对园艺产品国际竞争力影响的传导效应，揭示了我国园艺产品国际竞争力由强渐弱的内在规律性。同时采用多种研究方法，从实践上验证了投入品价格和人民币汇率变动对园艺产品整体和各类品种以及不同规模和经营方式的园艺产品国际竞争力的影响存在一定差异性和可控性。对此，提出了相应的政策建议，可为政府相关部门宏观决策和生产者微观决策提供科学依据。

　　本书是在笔者的博士学位论文和中央高校基本科研业务费专项基金项目"农业投入品价格上涨对园艺产品国际竞争力影响的理论分析与实证研究"成果的基础上整合修改完善而成的。在撰写、出版过程中得到了祁春节教授指导和人民出版社提出的修改建议，表示衷心感谢。值此书付梓之际，特别感谢华中农业大学经济管理学院的科研专项经费资助。

　　由于本书在研究过程中受文献资料数据来源的局限和本人的时间、精力所限，其研究深度和广度有待进一步开拓，且书中难免会有不足之处，恳请读者和专家批评指正。

何　劲

2015 年 12 月

责任编辑:吴焰东

封面设计:肖　辉

图书在版编目(CIP)数据

投入品价格上涨对园艺产品国际竞争力的影响研究/何劲 著. —北京:
　人民出版社,2016.6
　(农业与农村经济管理研究)
　ISBN 978－7－01－016134－1

Ⅰ.①投… Ⅱ.①何… Ⅲ.①园艺作物-作物经济-研究-中国
　Ⅳ.①F326.13

中国版本图书馆 CIP 数据核字(2016)第 083624 号

投入品价格上涨对园艺产品国际竞争力的影响研究
TOURUPIN JIAGE SHANGZHANG DUI YUANYICHANPIN GUOJI
JINGZHENGLI DE YINGXIANG YANJIU

何　劲　著

人民出版社 出版发行
(100706　北京市东城区隆福寺街 99 号)

北京中科印刷有限公司印刷　新华书店经销

2016 年 6 月第 1 版　2016 年 6 月北京第 1 次印刷
开本:710 毫米×1000 毫米 1/16　印张:25
字数:360 千字

ISBN 978－7－01－016134－1　定价:68.00 元

邮购地址 100706　北京市东城区隆福寺街 99 号
人民东方图书销售中心　电话 (010)65250042　65289539